汉语史学报

第二十九辑

浙江大学汉语史研究中心编

上海教育出版社

目　录

信札专题

CONTENTS

Research on Particular Books

Reading Notes

Graduates Forum

Letters

从历史文献看北方汉语里包括式的来源*

徐　丹

内容提要　汉语在12世纪出现的包括式和排除式的对立，当来自北方非汉民族语言的影响。历史材料和仅有的语料都表明，来源很可能是女真语。传播的人群为燕云的汉人、胡化了的汉人、汉化了的契丹人及女真人。12世纪《三朝北盟会编》里的语言材料表明，女真语里"自家"和"我家"的用法已形成最小对立，最初的语料只见于金朝女真人的对话中。燕云汉语最先接受了包括式的用法。

关键词　包括式　北方汉语　女真语　契丹语

一　引　言

汉语里包括式(咱们)和排除式(我们)的对立一直是汉语历时语言学里的一个重要课题。前贤已发表过很多文章，如吕叔湘(1940)、张清常(1982)、刘一之(1988)、梅祖麟(1988)等等。大多数学者如吕叔湘(1949)、太田辰夫([1958]1987)、王力([1958]1980)等都认为包括式是宋朝期间出现的。至于这种对立的来源，不少学者认为是受到了北方非汉民族的影响而产生的(张清常，1982；梅祖麟，1988等)，但缺乏具体论证①。刘一之(1988)认为这个句式真正出现的历史时段不早于12世纪，并列出了唐、五代、宋(金)、元、明各朝代16种白话资料。据笔者所见，迄今为止还没有比这些证据更早的例证。

关于包括式和排除式的对立来源于非汉民族语言影响这一假设，学者们一直苦于缺乏语言上的直接证据。从历史时代看，12世纪前后曾经在中国北方广阔的土地上演绎统治者的非汉民族，主要有辽朝、金朝。金朝甚至深入到了中原地区。西夏统治的地盘有限，没有扩展到汉人腹地。可以说12世纪时期对北方汉人影响较大的是辽、金两个朝代。辽朝统治者的语言是契丹语，金朝统治者的语言是女真语。契丹语、女真语的记录实为有限，这两种语言的文字被很多学者探讨过。但是由于已有的文字尚未被全部破译，故句法方面的概貌始终不大明朗②。

本文试图换一个角度探讨这一问题，即通过间接的证据——历史文献辅佐语言证据论证这一假设，说明汉语里的包括式和排除式的对立是受到了北方非汉人群语言的影响。换言之，是受到了阿尔泰语言的影响。关于"阿尔泰语系"的争论一直未休，本文暂不讨论这个

---

*　本研究受欧盟研究基金项目 ERC-2019-AdG 883700-TRAM 以及法国－中国香港国际合作项目 PHC PROCORE PROJECT N° 46864RH 的资助。感谢匿名审稿人的建议。

①　诚然，古汉语里早已有"惟我与尔有是夫"(《论语》)、"吾与汝毕力平险"(《列子》)这类句子，但是都不能算真正意义上的包括式。真正的例子都是12世纪以后见于宋、金时期文献的例证。

②　如在金光平、金启孮《女真语言文字研究》(1980：200)的著作里，由于女真语第一人称复数的材料缺失，引用的例句来自满语。

语系是否成立,仍采取"阿尔泰语言"这个术语以便讨论。蒙古语族、突厥语族、满—通古斯语族诸语都属于阿尔泰语言是不错的,而契丹语接近类似蒙古语族的语言,女真语接近通古斯语族的满语,这点学者们已经达成了共识。

纵观世界语言,没有包括式/排除式对立的语言为多数(请参见 WALS 网站提供的数据)。有这种对立的语言常常在地理分布上出现聚集的状态。根据 Bickel and Nichols (2005)基于近 300 个语言的统计,40%的语言都有这种对立。作者们的结论是,这个语言现象的地理区域特征很明显,语言内部演变的机制和语言外部的接触、影响都可促成包括式/排除式的产生。

本文重点放在了"包括式"的来源问题上,因为所谓"排除式"是人们的一种诠释,是和包括式相对而存在的。人类语言都有"我们",但不一定需要包括式/排除式的对立。这意味着,"我们"是最基本的无标记的形式,而"咱们"这类表达是有标记的、后来衍生出来的形式。很多学者已经指出了这点,如 LaPola (2005:291)认为,藏缅语里的包括式(inclusive)是后于排除式(exclusive)而兴起的,是一种有标记的创新形式。他发现,在 170 个藏缅语的语言和方言里(不限于中国境内),69 个语言或方言有包括式和排除式的区分。哈斯巴特尔(2007:27)在研究了阿尔泰语的包括式和排除式后,指出包括式"是晚于排除式形式出现的新的结构"。藏缅、阿尔泰语言的这种类同现象向我们表明,包括式是后起的,是有标记的形式,这在语言中是普遍存在的现象。汉语也是如此,在古汉语里,"我"可以表达复数,即无标记的第一人称的复数形式早已存在。宋朝时期文献中的"我"仍然可以表达单数或者复数。宋代"我"后开始出现了复数标记的不同变体,如"满、门、们"。"咱们"是在北方后来兴起的新的形式,与"我们"表达的意义对立。总而言之,包括式和排除式的句法地位不能等同对待。

由于这一对立具有普遍的地理区域特征,本文只限于讨论北方汉语里的这一对立句式。汉语南方方言与北方方言里的这种对立有着本质的不同①。本文的研究将不含汉语南方方言里的包括式和排除式,而尝试利用历史资料及十分有限的语料论证北方"包括式"在 12 世纪形成的可能性。

二 12 世纪时期的历史背景

本文锁定的目标在北方,那么就有必要看一看 12 世纪左右,中国北方的历史背景及各个人群的语言状况。

后晋开国皇帝石敬瑭(892—942),本为中亚人,后被后唐皇帝明宗李嗣源(867—933)赏识,曾为河东节度使。由于受到后唐末帝李从珂(885—936)的猜疑,以割让燕云十六州为条件求助于契丹,契丹帮助石敬瑭打败了后唐,石敬瑭建立了后晋。燕云十六州大致相当于今

① 北方的包括式和排除式形式非常统一,均用一种代词形式,而南方表达这个对立用了各种不同的形式,有语音形式、词汇形式,还有词组形式。南方方言里的包括式和排除式常常毫无关联,即可以没有共同语素,如闽语里的厦门话、潮州话、福州话(梅祖麟,1988)、台湾话,吴语里的温州话(王聪,2016),等等。南方的包括式和排除式来源各异,这与南亚语系尤其是南岛语系诸语都有干系,和北方形成的方式不同,另当别论。中国境内南北方的包括式和排除式从音到词的表达方式都相差甚远,这正是桥本万太郎([1978] 1985)早就论证过的中国境内语言具有地理语言学特征。

天的北京、天津北部、河北保定、河间以北、山西北部。燕云十六州后来成了辽国主要的农业区，长城以南区域比北部更具“天时地利”的条件(吴松弟，1997，卷四:21-22)，所以辽朝统治者很看重这个地方。宋朝统治者也难忘失地。金朝统治者看透了这点，以此地为资本，与宋朝周旋，借机盘剥宋朝。徐梦莘 12 世纪初编撰的《三朝北盟会编》惟妙惟肖地反映了这段历史。

燕云十六州从 938 年割让给契丹，到明朝 1368 年，一共历经了 430 年才全部收复到中原汉人统治者的手中。燕云十六州归辽的直接后果是宋朝北方从此再不得安宁。北方草原民族由此崛起，并稳定发展，最后扩张到中原地区，为日后蒙古元及清王朝的建立进行了铺垫。这一阶段的历史深刻地改变了中国历史的面貌，也改变了北方汉语的面貌。北方游牧民族和北方农耕民族——汉人开始杂居、通婚。辽太宗曾下诏：“诏契丹人授汉官者从汉仪，听与汉人婚姻。”(《辽史·太宗本纪》)。再如金朝世宗鼓励猛安谋克①人户，“与汉人错居，每四五十户结为保聚”(《金史》卷四六《食货志》)；金朝统治者的政策是，“猛安谋克杂厕汉地，听与契丹、汉人昏因以相固结”(《金史》卷四四《兵志》)。辽朝、金朝统治者将大批汉人掠到东北及东北西部草原地区等地；两个朝代的统治者又把大批契丹人、女真人群迁入华北(参见吴松弟，1997，卷四:9)，充实中原地区，以便巩固自己的统治。辽朝和金朝的统治者在这方面的政策如出一辙。

在这不断易主的四百多年间，燕云汉人先是“契丹化”，后又“女真化”，总体来说是“胡化”或“去汉化”。北宋苏辙出使辽国已发出感叹，“哀哉汉唐余，左衽今已半”。根据刘浦江(1998:60)的研究，“燕云汉人的胡化倾向还表现在他们的生活习俗上。从文献记载来看，辽朝对汉人始终坚持‘因俗而治’的政策，并未强迫他们改从胡俗”。纪楠楠(2006:24、43)谈到，“当幽云十六州的汉人成为辽朝属民之后，其不仅在性格方面，而且在生活习俗上也开始发生全面的‘胡化’……在宋人和辽朝的幽云汉人之间往往缺乏必要的认同感”。当金朝打败辽朝后，“大部分幽云汉人曾不遗余力协助金军攻宋”。这使得史书记载里，明显有嘲讽燕人这种态度的片段：“燕人先嫁契丹，今恐复嫁女真耳。”(《三朝北盟会编》，卷八:9B)四百多年的共同生活改变了当地的汉人，也深刻地影响了非汉人群。燕云十六州的人群杂居、语言频繁交流的态势是双向的运动。契丹人和女真人的精英阶层都熟悉甚至精通汉语，崇拜汉文化。此处仅举一例，在《金史》中，世宗(1123—1189)一方面要求女真人向汉人文化看齐，“朕所以令译《五经》者，正欲女直人知仁义道德所在耳”(《世宗本纪》)；另一方面又多次哀叹：“汝辈自幼惟习汉人风俗，不知女直纯实之风，至于文字语言，或不通晓，是忘本也。”(《世宗本纪》)“至于文字、语言或不通晓，是忘本也。”(《乐志》)世宗还责备海陵王：“亡辽不忘旧俗，朕以为是。海陵习学汉人风俗，是忘本也。”(《世宗本纪》)可以说这四百多年期间，是燕云汉人和游牧民族不断融合、互相同化的时期。这方面的历史文献及文章不胜枚举，此处不赘。

---

① 三百户为谋克，谋克十为猛安。

三 辽金统治时期的语言概况

现在再看看这一地区的语言概况。语言是文化的载体，是一个群体（不一定同祖同宗）的认同标志。如果说北方非汉人群——契丹人和女真人的语言对燕云十六州的汉人有很大影响，那么就要看看这几种语言之间的关系。北方和汉人接触的非汉群体不限于契丹和女真，还有奚人、室韦人、回鹘人、西夏人等，但对燕云汉人影响最大的当数契丹语和女真语。在《三朝北盟会编》（卷二〇：9B）里就记载了这样一段话：

当契丹强盛之时，虏_{改作俘}获异国人则迁徙于此杂处。南有渤海，北有铁离、吐浑，东南有高丽、靺鞨，西有女真、室韦，北有乌舍，西北有契丹、回纥、党项，西南有奚，故此地杂诸国风俗。凡聚会处，诸国人语言不能相通晓，则各为汉语以证，方能辨。

这表明当时汉语是各个群体之间的“通用语”。如《辽史·皇子表》中有这样的记载：“回鹘使至，无能通其语者。”契丹和女真人之间也语言不通。有史书为证：“女直初无文字，及破辽，获契丹、汉人，始通契丹、汉字，于是诸子皆学之。”（《金史·始祖以下诸子勖传》）这些历史文献告诉我们，女真人最初是如何努力学习别族语言和文化的。契丹语和女真语不属于同一个语族的语言，例如 Janhunen（2008），孙伯君、聂鸿音（2008），Janhunen（2012），呼格吉乐图（2017）等认为，契丹语更靠近蒙古语族语言；金启孮、乌拉熙春（1994），哈斯巴特尔（2008），Janhunen（2008）等认为，女真语是一种和满语相近的古老语言。契丹语和女真语虽然不属于同一个语族的语言，但女真人大概普遍掌握契丹语。女真人，尤其是精英阶层，基本都得通晓契丹语或者必须通晓契丹语。下面这段文字出自《金史》卷五三《选举志》：

国史院书写。正隆元年，定制，女直书写，试以契丹字书译成女直字，限三百字以上。契丹书写，以熟于契丹大小字，以汉字书史译成契丹字三百字以上，诗一首，或五言七言四韵，以契丹字出题。汉人则试论一道。

这种考试模式，使人确信女真人应该通晓契丹语，尤其是精英阶层。从上述历史记载也可以看出，女真人努力学习其他民族的语言和文化，继而创制了自己的文字。刘浦江（1998：59）曾谈到一个胡化汉人家族的墓志，耿氏家族某人“善骑射，聪敏绝伦，晓北方语”，再如其孙，“善骑射……自孩幼习将相艺，识番汉书”。这表明当时的燕人入辽后开始尚武、推崇番汉两种语言，这些都是“聪敏”的象征。这个事实也向我们表明，燕云汉人也是努力习得“北方语”即非汉语言的。燕云地区的汉人受到了外族语言的深刻影响。

从 10 世纪开始，燕云汉人与宋地其他汉人各自的语言都逐渐发生了不同的演变。这一地域汉人的语言奠定了北方话的基础。爱新觉罗·瀛生（2004：675）早就提出，现代北京话“源自宋、辽、金、元的幽燕语”。沈钟伟（Shen，2015：91）通过比较契丹小字、女真文字、八思巴文字指出，辽朝时期就奠定了现代北京话的语音基础①，且这些变化比《中原音韵》记录的早三百多年。傅林（2017：40）的研究也指出，“辽代的政治崛起使幽燕地区汉语方言的语音特征得以保持和扩散……在汉语北方方言演变的历史进程中，辽代是奠定后世格局的关键

① 沈钟伟（Shen，2015：91）：“The basic characteristics of modern Beijing Mandarin can be traced to the Liao Dynasty, about three centuries earlier than the ZYYY[Zhongyuan Yinyun].”

时期”。笔者同意他们的看法。周德清 1324 年编撰的《中原音韵》，反映了中古汉语语音向早期官话演变的过程。沈钟伟指出，其中许多语音现象，如浊塞音清化、重唇变轻唇、入声消失等，在非汉语文字和汉语的对音中已经清楚地有所反映。这些音韵变化表明辽朝汉语是早期官话的源头，部分变化邵雍早已涉及(参见雅洪托夫，[1980]1986)。而这些讲早期官话的人群恰恰分布在辽朝、金朝的地域，即燕云汉人的居住地。

四　关于《三朝北盟会编》

现在观察一下语料里透露的信息。刘一之(1988)列举了 16 种白话语料。12 世纪以降的后期资料里，汉语北方话里的“包括式”走向成熟并扩散开来，对此不必多加论述，我们只关注“包括式”最初在北方汉语里是如何形成的。最早的语料见于《三朝北盟会编》。该书是宋朝徐梦莘编撰的一部编年体史书，记录了宋、辽、金许多史实。其中宋金谈判的白话材料尤为珍贵。“包括式”的例句最初见于该语料(刘一之，1988)，该语料里面例子不多，却很能说明问题。《三朝北盟会编》的语言性质曾引起很多学者的关注，如梅祖麟(1980)，刘坚(1982)，刘坚、蒋绍愚 (1992)，范朝康(2000)，崔译文(2013)，胡敏韬(2018)等。《三朝北盟会编》记载了宋金两朝的谈判记录，所以里面有年代、有人物，清楚地记载了 12 世纪口头谈判的材料。只是各卷的语料性质并不均匀，比如对话部分，有些对话记录的白话成分多些，有的对话仍然是文言成分多。这很可能与作者徐梦莘参考汇集了 205 个不同的文献有关。白话成分在《燕云奉使录》中多有体现，梅祖麟(1980)已经注意到，当时在其他文献还未普遍出现的句式，在该篇中已经率先出现了，如语序“V 了 O”(其他文献还都是“VO 了”)，再如许多白话词“要、到、都”等而未用文言词“须、至、悉”等。仲伟民(1990)，邓广铭、刘浦江(1998)，黄宽重 (2003)，常征江 (2015)等学者对《三朝北盟会编》的版本进行了研究，一致认为《三朝北盟会编》的版本更接近原来记录的语言，而其他一些经过修改的文献，如宋朝杨仲良的《续资治通鉴长编纪事本末》(梅祖麟，1980)，清乾隆三十八年(1773)编纂的《四库全书》(常征江，2015)里面从《三朝北盟会编》抄录的文献，修改的地方很多。据黄宽重(2003)的研究，明朝修纂的《永乐大典》收录了《北盟录》《宋北盟录》不少资料，他认为，二者皆为《三朝北盟会编》的别名。仲伟民(1990:42)认为“《会编》集某人某事有关之材料，不加删节的全部记载，宁失之繁，不失之简”，这恰恰是《三朝北盟会编》的珍贵之处。我们的例句来自光绪三十四年(1908)的版本①，此本最大的优点是清人许涵度把《四库全书》涂抹的字句“均照原钞刻作正文”②，语言学工作者都知道，未加斧凿的语料更具价值。

五　“包括式”首先见于女真语的汉译口语语料

现在我们分析一下含有“包括式”的几个例句。这些例句大部分都出现在《燕云奉使录》

---

① 本文也参见了蒋绍愚校录的版本，见于刘坚、蒋绍愚《近代汉语语法资料汇编》，北京：商务印书馆，1992 年。

② 请参见《三朝北盟会编》(上海古籍出版社 1987 年影印版)邓广铭序。

中，这个历史事件的记录者、整理者是燕人赵良嗣（原名马植）。他极力主张宋朝联金击辽，并多次作为宋使去金国谈判。后来由于宋亡于金，有些史书归罪于他。功过是非，此处不论。但他的背景值得了解。《三朝北盟会编》里有这样的记载："良嗣族本汉人，素居燕京霍阴，自远祖以来，悉登仕路。"（卷一：3b）前面几节我们已经谈过，燕人先和契丹、后和女真都深度接触后"胡化"，这个过程约有四百多年，赵良嗣也不应例外。况且作为辽国大族，他当属上层阶级。精英阶层对契丹语都有所了解甚至熟练，赵良嗣多次去金国谈判时，金国还未处于绝对优势，金灭宋以后，燕云汉人才开始女真化，故赵良嗣不懂女真语在情理之中。赵良嗣出使金国在《三朝北盟会编》里明确记载为"宣和二年三月六日"，即1120年赵良嗣出使金国。后来赵良嗣又多次出使金国，在他负责编撰的《燕云奉使录》里，几次写到他和金人的对话需要译者，如宣和四年（1122）十二月三日那次谈判：

是日良至军前……见虏酋，令译者传言

同样，金人也不甚通晓汉语，或谈判不敢忽略，也需要翻译：

阿骨打及其下诸酋长大喜，继令译者问……

这样我们可以确知，赵良嗣不懂女真语，他记录的对话内容均是根据译者的译文。最初能见到记录的"包括式"都出现在对话里，且绝大部分都出自金人之口。"包括式"最初的形式是"自家"。吕叔湘（1940）早已指出："宋人自家一语，有（a）自己，（b）我，（c）你我三义。自家和音为咱。宋人用咱之例甚少。"在1984年（吕叔湘著，江蓝生补）的文章里，吕先生上述基本观点未变，即"咱"是"自家"的合音，进而又加进了几个《三朝北盟会编》的例子。太田辰夫（[1958]1987）跟随吕先生的观点，也认为在宋代产生了包括式和排除式的区别，"自家"演变为"咱""咱门"。关于"自家"有"自己"等用法，本文不予讨论，只看"自家"表达包括式的例子。上面已经说过，最早的例子都见于《三朝北盟会编》，而且多数例子都集中在《燕云奉使录》，即赵良嗣执笔的章节中。请看《三朝北盟会编》里的例句：

(1)阿骨打云："自家既已通好，契丹甚闲事，怎生和得？……"（卷四：4B）

(2)[粘罕①]且言："此是契丹男妇媳②，且教与自家劝酒，要见自家两国欢好。"（卷四：7A）

(3)二十二日见元帅粘罕，且言："今来所计议事节，与自家上京时说底话煞别也。"（卷一一：4B）

(4)粘罕且笑且言："……莫且自家门如今且把这事放着一边，厮杀则个。"（卷一四：6B）

在马扩（和其父马政、赵良嗣一起出使过金国）记录的《茅斋自叙》里，有一例燕人的例子：

(5)a. 事已如此，自家满③这里斗口做甚。（引自刘一之，1988：107）

b. [王介儒]"事已如此，自家这里斗口做甚。"（卷二三：4B）

上面五例中，例(2)包含了两次包括式"自家"，也可以说总数是六例。除了第五例是马扩记载的，其余的全是赵良嗣的记录。例(5)中，说话者是代表金国的王介儒。根据《三朝北

① 《金史·完颜宗翰传》记载"宗翰本名粘没喝，汉语讹为粘罕，国相撒改之长子也"。

② 刘坚、蒋绍愚（1992）校释："袁本作'儿媳'。"

③ 刘一之例句里的用字是"懑"。

盟会编》的记载，王介儒最初是为辽朝，即契丹人效力的，作为燕人，他对宋朝颇有怨恨之情，这似乎代表了部分燕人的心态（纪楠楠，2006）①。从《三朝北盟会编》的记载来看，为金国效力并作为金国使者的燕人不在少数②。《金史・外国传・西夏》对王介儒的记载是"左谏议大夫王介儒"。赵良嗣记载的文中（例1至例4），都出自金人之口。这里的"自家"不是指金国"自己"，而是指宋金两国。吕先生认为金人白话中，"自家"多用如"咱"，即包括式。上述例子已被刘一之（1988）的文章列举过了。本文例子中如果说话人身份已明，则不加注；若不明，则例子前面用方括号注明谁是说话者。这些例子是我们所见到的最早的金人汉译白话。虽然这些句子都被"译者"翻译成了汉语，但能看得出来，"自家"能更好地反映金人的语言，汉语里当时还没有别的词对译。

我们看到三个版本里，有一个例子值得注意，这句话恰恰是赵良嗣的话，其中也用"自家"作"咱们"讲。我们观察一下这些例子的异同。刘一之用的《三朝北盟会编》是"光绪四年岁次戊寅越东集印"的版本，刘坚、蒋绍愚（1992）用了三种版本校勘，包括光绪三十四年（1908）许涵度校刊本，光绪四年（1878）袁祖安活字本以及北京大学图书馆所藏旧抄本。

(6)a. 未若自家两朝本无相争。（引自刘一之，1988：106）

b. 未若自家两家本无相争……（引自刘坚、蒋绍愚，1992：90）

c. [良嗣]"未若自来删此二字两家本无相争，便通交好，万世所无，乃是好事。"（卷一四：6B，光绪三十四年版本）

这个例子和例(4)是在同一场合说的。金朝元帅粘罕与马扩和赵良嗣讨价还价，希望得到和契丹一样数目的银绢，马扩解释说是当时宋朝和契丹厮杀多年后讲和给契丹的银绢，粘罕嘲讽道是否打一仗也能得到这些银绢（见例4）。紧接着赵良嗣力图说服金国保持宋金以前的关系（见例6）。这里的例子有三个版本，这对我们理解"自家"有益，"自家两朝""自家两家""两家"，这些不同的表达都是"包括式"的意义。例(2)里的"自家两国"也是同一个构造。有的例句用"两家"，也表达"自家"或"自家两家"的意义，除了例(6c)里的"两家"表达"包括式"，其他例子如：

(7)粘罕大喜云："两家都如此，则甚好。"（卷四：6B）

(8)[兀室]"本待断绝，恐两家不好……"（卷一三：8B）

(9)[兀室]"便如西京地土两家分割一般，我亦合得一半。"（卷一四：5B）

上面的例子表明，金人的语言多被译为"自家"，有时被译为"两家"。如果说，上述例子里金人口中的"自家"表达的是"包括式"，有的"两家"是一种省略的说法，那么有无其他语言证据表明"自家"是一种"包括式"呢？我们注意到，金人对话中，"自家"与"我家"是严格对立的，即"自家"表达"包括式，而"我家"表达"排除式"。即"自家"和"我家"形成了最小对立。前人的研究未能注意到这点。最小对立是找出两个对比体中区别性特征的有效手段。尽管女真语被翻译成了汉语，但是这种对立只出自金人说的话，而不见于宋人的对话，那么我们有理由认为，女真语里有"包括式"和"排除式"的对立，否则这种规律的对立就不好理解，也无法解释为何宋人对话里没有这种对立。请看几个"排除式"的例子：

---

① 《三朝北盟会编》（卷八：6B）里有这样的记载，他明显反对宋朝希望动兵收复燕云十六州的计划，他见到宋使马扩时说："南朝每谓燕人思汉，殊不思自割属契丹已近二百年，岂无君臣父子之情。"

② 如"其人语言不逊，令一燕人译语云"（《三朝北盟会编》卷六一：8A）。

(10)阿骨打改作阿固达云:"我家自上祖相传止有如此风俗……"(卷四:15B)

(11)粘罕改作尼堪云:"这事本不别,只是为我家自著兵马取得,所以须要赋税,肯时便肯,不肯即休。"(卷一二:10B)

(12)粘罕改作尼堪云:"我家国中论事不尚退左右,要得人共知。"(卷二二:7A)

(13)[粘罕]"我家既得云中,闻你家始以兵来朔界,后赵良嗣、马扩等来,我皇帝责其败盟……"(卷五三:7A)

(14)[粘罕]"童贯再遣赵良嗣求祷我家,图燕京……"(卷五三:7A)

上述例子(10-14)中的"我家"都是金人对宋朝使者说的话,与前面引举的例子(1-6)截然不同。在《三朝北盟会编》中,金人说话的口气一直是咄咄逼人,特色鲜明。在例(10)至例(14)中,金人当着宋朝使者,责备宋朝(书里多记为"南朝")的语气很直白,"我家"显然把宋人排除在外。而例(1)至例(6)也是当着宋朝使者,"自家"完全包括双方。值得注意的是,这些例子无论是"包括式"还是"排除式",全部出自口头谈判材料,应该是当时的白话。这些例子记录表明谈判需要翻译。翻译尽量靠近元语言。所有出现的"自家""我家"的例子都极为口语化。除了例5、例6出自燕人之口,其余全部出自金人之口。"自家"和"我家"的对立不见于宋人的口中。

"我家"做定语的例子很多,此处仅举几例:

(15)阿骨打改作阿固达令译者言云:"契丹无道,我已杀败,应系契丹州域全是我家田地。"(卷四:4A)

(16)阿骨打改作阿固达云:"若不行军法后怎生使兵也。待一两日到居庸关你看我家兵将战斗有敢走么。"(卷一二:5A)

(17)[粘罕]"山前山后乃是我家旧地,更说做甚。"(卷二二:7B)

"我家"作为排除意义的出现次数很高,而"我们"作为排除意义的几乎看不到。刘一之发现的例子如下:

(18)a. 若是我们败,得物也,做主不得。我们过河去后,不只要这些物。(引自刘一之,1988:107)

b.[译者云,大金皇帝……]"若我们败时物也,做主不得,我们过河去后,不止要这些物。"(卷一六三:6B)

金人语言的排除式被译为"我们"的如此之少,而大部分都被译为"我家",这可以证明排除式"我家"和包括式"自家"形成对立。宋代文献第一人称单数/复数都用"我",《三朝北盟会编》也不例外。但是金人口语中的"自家""我家"对立,这种对立不见于宋人对话中的记录;在燕人白话中见到两例"自家"用如"包括式",而且都是在对话或谈判中,一例是燕人王介儒代表金人说话[例(5)],一例是燕人赵良嗣代表宋人和金人对话[例(6)]。从这些语料透露出来的信息,我们推测,当时女真语里这种对立已经存在。

那么契丹语是什么情况呢?史书里有一些记载,可以使我们窥见契丹语的一些信息。比如在有关契丹语的记载里,《魏书》《契丹国志》等书里,我们可以看到一些有关条目,历史学家都把契丹人和室韦人一直放在一起。《辽史·国语解》里说:"辽之初兴,与奚、室韦密迩,土俗言语大概近俚。"很显然,从基因角度来看,室韦确实是蒙古人群的祖先人群之一,即奠基者父系之一(Wei等,2017)。前面已经说过,从语言学的证据来看,契丹语和蒙古语的许多词汇有同源关系;学者们大多都认为,契丹语是一种更接近蒙古语族语言的语言,而女真语则是更接近满语的语言。“接近”也是基于语料里能够见到的实际语料做出的判断。契丹语虽然和蒙古语族的语言共享许多基本词汇，但是也有许多词汇和蒙古语族的语言大相径庭（Wu and Janhunen，2010；Vovin，2011）。所以 Janhunen（2003）称契丹语为“para-Mongolic”（我们暂且译为“准蒙古语”或“别类蒙古语”），说契丹语是一种蒙古语的近亲或别类是有一定道理和根据的，这个观点已为很多研究者接受。那么契丹人的语言里是否有这种对立呢？我们未见到契丹语里代词的用法，更不用说代词系统的全貌，故不清楚是否存在包括式/排除式的对立。金人一直沿用契丹文字，熟识契丹语，在金朝中期仍然使用契丹文字并通过契丹语学习汉语（夏宇旭，2010）。这些史实告诉我们，契丹语对女真语的影响是深刻的。从后代的满语和蒙古语族诸语的代词系统看，包括式和排除式的对立普遍存在。我们推测，当时契丹语里有可能存在这种对立。

六　包括式和排除式在北方非汉语言里的状况

兰司铁（1981[1957]：74）认为蒙古语、通古斯语的包括式来自第一人称与第二人称形式的组合形式，即 * bi-ta。Janhunen（2003：19）也认同这个假设，进一步说明包括式的形成是“第一人称单数形式 bi 加上第二人称复数形式 ta：bi＋ta＝ * bita＞ * bida/ * bide”。这个形式是一个复合词，过去的第一人称 ba 就成了排除式。根据 Janhunen（2003：19）的研究，大约在 13 世纪左右，蒙古语里的第一人称代词复数形式出现了这一创新形式，即包括式。

在“引言”里我们已经说过，通过研究不同语系、不同语族语言里的包括式和排除式，语言学家都注意到，包括式是后起的、有标记的形式。哈斯巴特尔（2007）也认为蒙古语里的排除式是单一构成，更好地保留了原来的面貌，而包括式则是复合构成，是后来产生的。在今天的蒙古族语言里，只有达斡尔语里第一人称复数的主格保留了 ba 的形式，其他蒙古族语言第一人称复数的主格形式都让位给了 bide 的形式。这个源自复合形式的词现在已经固定为一个词了。研究者早就注意到在《蒙古秘史》里，包括式和排除式俨然有别而不相混淆。Poppe（1954：50）指出《蒙古秘史》里包括式和排除式的对立非常清楚，bida 用于包括式，ba 用于排除式。蒙古语过去的第一人称主格用 ba，但现在的第一人称主格都用 bida 了。刘一之（1988）关于两个词在《蒙古秘史》旁译里对应汉语不同词的数目也很说明问题，即在绝大部分情况下，对译反映的这种对立很明显并且有规律。我们在上节谈到的金人口语里汉文对译也反映了女真语里包括式和排除式的对立。

我们看到历时的语言材料和历史文献都反映出了 12 至 13 世纪的女真语和蒙古语有包括式和排除式的对立，这个时期甚至更早的时候，契丹语有可能也有这种对立。这种对立恰恰出现在这一时期的北方汉语里，这种出现就绝非偶然。那么共时材料里，这些非汉语是什么状况呢？为了节省篇幅，例子略去，请参见表 1 的概述。

蒙古语在 13 世纪产生了包括式和排除式的对立（Janhunen，2003），但是在现代蒙古语里，主格都统一为一个形式，其他格位的包括式、排除式的词根形式虽然保留了，但是已经形存实亡了。同属于蒙古语族的语言发展也是各行其道。在甘青一带的几种语言，除了土族语外，东乡、保安、东部裕固、康家都仍然保留了这个区分。值得注意的是，国外学者和国内学者对东乡语和保安语的记录相反。斯钦朝克图(1999:176)指出:康家语"第一人称复数的排除式和包括式形式正好与古代蒙古语相反,同保安语和东乡语一致"。这一现象表明,东乡、保安、康家的表达形式发生了变化,没有遵循蒙古语的古老形式,这是出于什么动因,还需要进一步的研究。

表1里只记录了第一人称复数主格的情况。其他格位各语言都不相同,此处不计。从表中,我们可以看到,包括式可以产生,也可以消失,故不是一成不变的。请见下表,"+"表示有这种对立,"-"表示没有这种对立或这种对立在现代消失了。不同作者的不同研究结果都列在表中,研究结论相同的不重复。表1中的材料仅限于中国境内北部及西北非汉语言。

表1　北方非汉语第一人称复数主格包括式和排除式的对立

语言	是否存在对立	说明	材料来源
蒙古语族语言			
共同蒙古语形成期①	+	* ba 排除, * bida 包括	Janhunen,2003:18-19
13世纪《蒙古秘史》	+	ba 排除, bida 包括	Volker Rybatzki,2003:71
内蒙古正蓝旗(现代)	-	主格不分	道布,1983
蒙古国(现代)	-	主格不分	Svantesson,2003:164
鄂尔多斯	-	主格等不分(只有属格有区分)	Georg,2003a:202
达斡尔(莫力达瓦)	+	baa 排除, bed 包括	仲素纯,1982:50
达斡尔(海拉尔)	+	baa 排除, daa 包括	Tsumagari,2003:148
达斡尔(新疆)	+	manj 排除,bædən 包括	赵明鸣、冬瑛,1997:18-23
东乡(Santa)	+	bidʑiən 排除,matan 包括②	刘照雄,1981:49
保安(甘肃) 保安(青海)	+ +	bədə 排除,mangə 包括	布和、刘照雄,1982:33 陈乃雄,1986:175
土族(民和)	-	不分:主格 da. si 来自过去包括式 * bida: * bida. s	Slater,2003:314
土族(互助)	-	不分:主格 buda 来自过去包括式 * bida	Georg,2003b:298 照那斯图,1981a:25-26
东部裕固	+	buda 排除式,budas 包括式	照那斯图,1981b:25 Nugteren,2003:272
康家	+	bəde 排除,mənɔ 包括。有区别,但不严谨了	斯钦朝克图,1999:176

① Janhunen (2003:3) 把成吉思汗统一蒙古各部落时期的语言称为共同蒙古语(Common Mongolic)形成的时期。

② Kim (2003:356)记录的东乡语和国内学者相反。他记录的是:matang 是排除,bidien 是包括。同样,Wu (2003:336)记录的保安语也与国内学者相左,他记为 man'ge 是排除,bede 是包括。

续表

语言	是否存在对立	说明	材料来源
通古斯语族语言			
满语	+	bo 排除，mədzə 包括	王庆丰，2005：52 季永海等，1986：191
锡伯(新疆)	+	bo 排除，məs 包括	李树兰、仲谦，1986：66
鄂温克(海拉尔) 鄂温克	+	buu 排除，miti 包括 bū 排除，mit 包括	胡增益、朝克，1986：48 Poppe，1965：192
赫哲	+	bu 排除，bəti 包括	安俊，1986：37
鄂伦春	+	buu 排除，mitii/mir 包括	胡增益，1986：88
突厥语族语言			
撒拉	+ —	čosïm 排除，čo 包括 无区分	马伟，2013：95 林莲云，1985：53
西部裕固	—	无	陈宗振、雷选春，1985：81 Zhong，2019：238
藏缅语族语言			
安多藏语	+	ngəch'o 排除 əch'o 包括	Robin(即将出版)：108

Poppe (1965：192)曾经指出，突厥语族里区分包括式和排除式的语言很少。突厥语言里只有乌兹别克 Khiva 方言里有这种对立。表 1 里撒拉语和西部裕固语属于突厥语言，西部裕固语没有这种区分，这很容易理解，因为其他突厥语同，基本没有这个区分；而撒拉语里的这种区分显而易见来自安多藏语的影响。马伟(2013)的研究表明，安多藏语和撒拉语都有一个共同的语素(ch'o/čo，请见表 1)，记音的形式不同，但实属同一个语素。由于突厥语没有这个区分，那么借贷的方向一目了然。撒拉语受到当地安多藏语的长期影响，引进了这一语法功能的表达。

蒙古语族语言达斡尔语历史悠久，既和古蒙古语有很深的关系，又和女真语、古通古斯语有很深的关系。以至于学者们把这个语言最初列入到通古斯语支，后又列入到蒙古语语支(Todaeva，1986：1)。但是在蒙古语族语言里，达斡尔语又独树一帜，和其他现代蒙古语族语言有较大差异。钟素纯(2007：1872)认为：达斡尔语“基本的语言成分来源于未分化以前的统一的古代蒙古语”。我们认为这一定位是很准确的。达斡尔语很好地保留了 13 世纪蒙古语包括式和排除式的区别，不仅如此，达斡尔语完整地保留了《蒙古秘史》里的最初形式。达斡尔语是蒙古语和通古斯语的过渡带和连接带。再观察一下通古斯语，所有的语言都很好地保留了这个区分。

从地理角度看，甘肃青海一带的东乡、保安、康家属于蒙古语族的语言，却和通古斯语里的排除式、包括式呈现一致的形式，即起首辅音都用双唇塞音 b-(表达排除)和双唇鼻音 m-(表达包括)的交替形式。表 1 蒙古语族的语言显示，包括式和排除式有趋于消失的倾向，像其他蒙古语一样，土族语里已经失去这种对立，康家语里也开始有所模糊。可以说，蒙古语族语言里的这种对立在逐步退化。

通过考察对比历史材料和语言材料，我们看到北方汉语和非汉语言形成了一个连续统的演变链，但是非汉语里的演变很不一致，有的传承了，有的失去了(见图1)①。

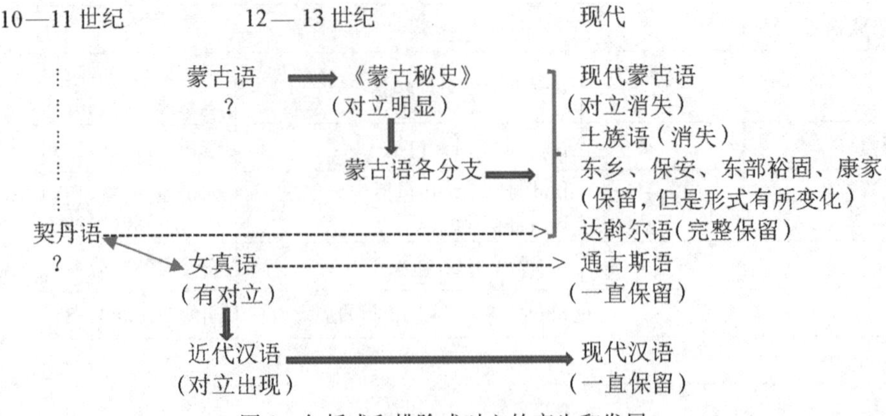

图1 包括式和排除式对立的产生和发展

图1中实线+箭头表示持续承传方向，虚线+箭头表示假设承传方向，双箭头表示相互影响。我们关注北方非汉语言包括式和排除式的产生和演变，是为了考察汉语里这种对立的来源。图1显示，12世纪以前的语言材料暂缺。契丹语和女真语有过密切接触和互相影响，12世纪的汉语文献出现了包括式(刘一之，1988)，第一次的记录出现在金人和汉人谈判的对话中([宋]《三盟北朝会编》)，汉语里包括式和"我们"产生了对立并一直保留了下来。《蒙古秘史》在13世纪记录了包括式，契丹语属于近似蒙古语类型的语言，Janhunen(2003：396)认为契丹语里的某些创新很可能影响了周边的蒙古语。如果Janhumen这个推测是对的话，那么可以反推契丹语里很可能也有这种对立，但是目前还未找到语言上的证据。契丹语在北方及燕云一带是通行的语言。如果金朝语言里有包括式和排除式的对立，这就很难排除准蒙古语——契丹语里有这种用法的可能性。

七 初步结论

我们的初步结论是，汉语里包括式和排除式的这个对立应该是受非汉民族语言的影响所致。从目前已有的材料看，金人的语言影响了北方汉语。汉语里早有"自家"的用法，由于语言接触促发了新的意义。今天遍布北方汉语的包括式，以及在蒙古语、通古斯语中广泛存在的例子都表明，这是历史某一阶段遗留下来的产物。很可能辽代汉语已经吸收了这个对立用法并传播扩散开来。我们注意到，传播这一用法的不是单一的群体，如有燕云汉人、汉化了的契丹人及女真人、胡化了的汉人等。由于语言方面的材料匮乏，我们的结论也不一定准确。这篇短文只是抛砖引玉的一个尝试。

参考文献

[1]Bickel, Balthasar and Johanna, Nichols. Inclusive-exclusive person vs. number categories worldwide

① 关于图1中的蒙古语，Wu and Janhunen (2010：15) 认为12到13世纪是Proto-Mongolic时期。

[M]// Filimonova Elena(ed.). *Clusivity: Typology and case studies of the inclusive-exclusive distinction*. Amsterdam: John Benjamins Publishing Company. 2005: 49-72.

[2]Filimonova Elena. *Clusivity: Typology and case studies of the inclusive-exclusive distinction*[M]. Amsterdam: John Benjamins Publishing Company. 2005.

[3]Georg, Stefan. Ordos[M]// J. Janhunen(ed.). *The Mongolic Languages*. London and New York: Routledge. 2003a: 193-209.

[4]Georg, Stefan. Mongghul[M]// J. Janhunen(ed.). *The Mongolic Languages*. London and New York: Routledge. 2003b: 286-306.

[5]Janhunen, Juha. Para-Mongolic[M]// J. Janhunen(ed.). *The Mongolic Languages*. London and New York: Routledge. 2003: 391-402.

[6]Janhunen, Juha. Liao: A Manchurian hydronym and its ethnohistorical context[J]. *Studia Etymologica Cracoviensia*. 2008: Vol. 13, 89-102.

[7]Janhunen, Juha. Understanding the language behind the scripts[J]. *Scripta*. 2012: 4, 107-132.

[8]LaPola, Randy J. The inclusive-exclusive distinction in Tibeto-Burman languages[M]//Filimonova Elena(ed.). *Clusivity: Typology and case studies of the inclusive-exclusive distinction*. Amsterdam: John Benjamins Publishing Company. 2005: 291-311.

[9]Nugteren, Hans. Shira Yughur[M]// J. Janhunen(ed.). *The Mongolic Languages*. London and New York: Routledge. 2003: 265-285.

[10]Poppe, Nicholas. *Grammar of written Mongolian*[M]. Wiesbaden: Otto Harrassowitz. 1954.

[11]Poppe, Nicolas. *Introduction to Altaic linguistics*[M]. Wiesbaden: Otto Harrassowitz. 1965.

[12]Robin, Françoise. (to appear) *Parlons Amdo* [M]. Paris: Harmattan.

[13]Rybatzki, Volker. Middle Mongol[M]// J. Janhunen (ed.). *The Mongolic Languages*. London and New York: Routledge. 2003: 391-402.

[14]Shen, Zhongwei. Early Mandarin seen from ancient Altaic scripts-The rise of a new phonological standard[M]// W. Y. S. Wang and CF Sun. *The Oxford handbook of Chinese linguistics*. Oxford: Oxford University Press. 2015: 91-103.

[15]Slater, Keith W. Mangguher[M]// J. Janhunen(ed.). *The Mongolic Languages*. London and New York: Routledge. 2003: 307-324.

[16]Svantesson, Jan-Olof. Khalkah[M]// J. Janhunen (ed.). *The Mongolic Languages*. London and New York: Routledge. 2003: 154-176.

[17]Todaeva, B. H. *ДагурскийЯзык* [Daur language][M]. Moscow: Oriental Literature Publishing House. 1986.

[18]Tsumagari, Toshiro. Dagur[M]// J. Janhunen (ed.). *The Mongolic Languages*. London and New York: Routledge. 2003. 129-153.

[19]Vovin, Alexander. A modest proposal on the decipherment of the Khitan-Jurchen bilingual text of 1134 (the Langjun inscription)[M]. *Proceedings of the 43rd Annual Meeting of the Permanent International Altaistic Conference*. Harrassowitz Verlag: Wiesbaden. 2011: 123-130.

[20]Wei Lan-Hai, Huang Yun-Zhi, et al. Phylogeny of Y-chromosome haplogroup C3b-F1756, an important paternal lineage in Altaic-speaking populations[J]. *Journal of Human Genetics*, 2017: 62: 915-918.

[21]Wu, Hugjiltu. Bonan[M]// J. Janhunen(ed.). *The Mongolic Languages*. London and New York: Routledge. 2003: 325-345.

[22]Wu, Yingzhe and Juha Janhunen. *New Materials on the Khitan Small Script. A Critical Edition*

of Xiao Dilu and Yelii Xiangwen[M]. Kent:Global Oriental. 2010.

[23]Zhong, Yarjis Xueqing. *Rescuing a language from extinction:Documentation and practical steps for the revitalization of (Western)Yugur*[D]. Canberra:Australian National University. 2019.

[24]爱新觉罗·瀛生. 满语杂识[M]. 北京:学苑出版社,2004.

[25]安俊. 赫哲语简志[M]. 北京:民族出版社,1986.

[26]布和,刘照雄. 保安语简志[M]. 北京:民族出版社,1982.

[27]常征江. 对四库馆臣删削《三朝北盟会编》的考察[J]. 北京师范大学学报(社会科学版),2015:5,105-121。

[28]陈乃雄. 保安语和蒙古语[M]. 呼和浩特:内蒙古人民出版社,1986.

[29]陈宗振,雷选春. 西部裕固语简志[M]. 北京:民族出版社,1985.

[30]崔译文. 三朝北盟会编言说概念场词汇系统研究[D]. 重庆:四川外国语大学,2013.

[31]道布. 蒙古语简志[M]. 北京:民族出版社,1983.

[32]邓广铭,刘浦江. 三朝北盟会编研究[J]. 文献,1998(1):93-117.

[33]恩和巴图. 达斡尔语和蒙古语[M]. 呼和浩特:内蒙古人民出版社,1988.

[34]范朝康. 三朝北盟会编口语词选释[J]. 贵州大学学报(社会科学版),2000(2):66-69

[35]傅林. 辽代汉语与河北方言语音层次的形成[J]. 河北大学学报(哲学社会科学版),2017(4):31-41。

[36]哈斯巴特尔. 蒙古语、突厥语和满一通古斯语第一人称代词比较[J]. 满语研究,2007(1):20-29.

[37]哈斯巴特尔. 女真语与满语的关系[J]. 满语研究,2008(2):23-29.

[38]呼格吉乐图. 契丹语与蒙古语共同词汇研究[D]. 呼和浩特:内蒙古大学,2017.

[39]胡敏韬. 三朝北盟会编中的三身代词句法语义特征[J]. 江南大学学报(人文社会科学版),2018(4):109-117.

[40]胡增益,朝克. 鄂温克语简志[M]. 北京:民族出版社,1986.

[41]胡增益. 鄂伦春语简志[M]. 北京:民族出版社,1986.

[42]黄宽重. 永乐大典中三朝北盟会编史料及其相关问题[J]. 文献,2003(2):98-112.

[43]纪楠楠. 论辽代幽云十六州的汉人问题[D]. 长春:东北师范大学,2006.

[44]季永海等. 满语语法[M]. 北京:民族出版社,1986.

[45]金光平,金启孮. 女真语言文字研究[M]. 北京:文物出版社,1980.

[46]金启孮,乌拉熙春. 女真语与满语关系浅议[J]民族语文,1994(1):11-16。

[47]吉日嘎拉. 试析契丹语和蒙古语的共同语言[J]. 赤峰学院学报(汉文哲学社会科学版),2011(4):10-11。

[48]兰司铁. 阿尔泰语言学导论[M]. 陈伟,沈成明,译. 北京:中国社会科学出版社,[1957]1981.

[49]李树兰,仲谦. 锡伯语简志[M]. 北京:民族出版社,1986.

[50]林莲云. 撒拉语简志[M]. 北京:民族出版社,1985.

[51]刘坚,蒋绍愚. 近代汉语语法资料汇编[M]. 北京:商务印书馆,1992.

[52]刘坚. 古代白话文献简述[J]. 语文研究,1982(1):97-104.

[53]刘浦江. 说"汉人"——辽金时代民族融合的一个侧面[J]. 民族研究,1998(6):57-65.

[54]刘一之. 关于北方方言中第一人称代词复数包括式和排除式对立的产生年代[M]//语言学论丛(第十五辑). 北京:商务印书馆,1988:92-110.

[55]刘照雄. 东乡语简志[M]. 北京:民族出版社,1981.

[56]吕叔湘. 释您,俺,咱,喒,附论们字[M]// 汉语语法论文集(增订本). 北京:商务印书馆(原载《华西协和大学中国文化研究所集刊》一卷二期),[1940]1984:1-37.

[57]吕叔湘. 说"们"[J]. 国文月刊,1949:79,1-9;80,4-11。

[58]吕叔湘著,江蓝生补. 近代汉语指代词[M]. 上海:学林出版社, 1985.
[59]马伟. 撒拉语形态研究[D]. 北京:中央民族大学,2013.
[60]梅祖麟. 三朝北盟会编里的白话资料[J]. 书目季刊, 1980(2):27-52。
[61]梅祖麟. 北方方言中第一人称代词复数包括式和排除式对立的来源[M]// 语言学论丛(第十五辑). 北京:商务印书馆,1988:141-145。
[62]桥本万太郎. 语言地理类型学[M]. 北京:北京大学出版社,[1978]1985.
[63]斯钦朝克图. 康家语[M]. 上海:上海远东出版社. 1999.
[64]孙伯君,聂鸿音. 契丹语研究[M]. 北京:中国社会科学出版社,2008.
[65]太田辰夫. 中国语历史文法[M]. 蒋绍愚,徐昌华,译. 北京:北京大学出版社,[1958]1987.
[66]脱脱. 金史[M]. 北京:中华书局,1975.
[67]王聪. 汉语人称代词研究[D]. 上海:上海师范大学,巴黎:法国国立东方语言文化学院,2016.
[68]王力. 汉语史稿(中册)[M]. 北京:中华书局,[1958]1980.
[69]王庆丰. 满语研究[M]. 北京:民族出版社,2005.
[70]吴松弟. 中国移民史(卷四)[M]. 福州:福建人民出版社, 1997.
[71]夏宇旭. 金代契丹人研究[D]. 长春:吉林大学, 2010.
[72]徐梦莘. 三朝北盟会编[M]. 影印光绪三十四年许涵度刻本,上海:上海古籍出版社,1987.
[73]雅洪托夫. 十一世纪的北京音[M]// 唐作藩,胡双宝,编选. 汉语史论集. 北京:北京大学出版社,[1980]1986:187-196.
[74]叶隆礼. 契丹国志[M]. 上海:上海古籍出版社,1985.
[75]张清常. 汉语"咱们"的起源[M]//语言研究论丛(第二辑). 天津:天津人民出版社, 1982:91-95。
[76]赵明鸣,冬瑛塔城. 地区达斡尔语语法的一些特点[J]. 语言与翻译, 1997:4,18-23.
[77]照那斯图. 土族语简志[M]. 北京:民族出版社, 1981a.
[78]照那斯图. 东部裕固语简志[M]. 北京:民族出版社,1981b.
[79]钟素纯. 达斡尔语简志[M]. 北京:民族出版社,1982.
[80]钟素纯. 达斡尔语[M]//孙宏开. 中国的语言. 北京:商务印书馆,2007:1872-1891.
[81]仲伟民. 三朝北盟会编传本及其体例[J]. 史学史研究, 1990(2):36-42.

The Source of the Inclusive Use in Northern Chinese: An Investigation Utilizing Historical Materials

Xu Dan

Abstract: The inclusive-exclusive distinction in the first plural person pronoun attested in the Chinese language in the 12th century appears to come from non-Chinese or non-Han languages in the North. Both historical materials and scarce linguistic examples suggest that the source is likely the Jurchen language. People who had spread this usage might be Han, Altaicized Han, or Sinicized Khitans and Jurchens from the Yanyun area. The *Sanmeng Beichao Huibian* from the 12th century shows that *zijia* (we-inclusive) and *wojia* (we-exclusive) were used distinctively in the Jurchen language, forming a minimal pair, and the first examples of this usage are found in dialogues of Jurchens. The Chinese language spoken in the Yanyun area was the first one which had adopted this inclusive use.

Key words: Inclusive, Northern Chinese, Jurchen language, Khitan language

通信地址：Hegestraße 59，Raum 06－308
邮　　编：55122 Mainz，Germany
E-mail：dan. xu-song@ehess. fr

汉语虚义助动词“为”的来源及发展*

刘文正

内容提要 汉语虚义助动词“为”来源于带动词宾语的泛义动词“为”，并进一步发展为被动标记。其形成发展与系列的构式演变有关：$为_{行}\ O_{普通N} \rightarrow 为\ O_{V\rightarrow N事件} \rightarrow 为_{次}\ V_{核} \rightarrow 为_{被动}V_{核} \rightarrow 为_{被动}N_{施}\ V_{核}$。“为”也经历了“行为动词→泛义动词→虚义助动词→被动标记”的发展过程。构式的压制使动词进入构式之中充当“为”的宾语，进入构式的动宾短语阻断压制，并使“为”变成虚义助动词，“$为_{次}\ V_{核}$”用于受事主语句后，“为”吸收句子的被动义演变为被动标记。

关键词 为 虚义助动词 被动标记

一 问题的提出

一般认为，古汉语中“为”是意义非常宽泛的动词，可以表示“作、做、造、治、处理、安排”等意义，在具体语境中可以代替这些意义具体的动词(王力，1999；郭锡良，1999)，但是，这些研究立足于释义角度，很少注意其搭配成分的差异。姚振武(1998)将与“为”搭配的成分分为“事类”和“具体指称成分”，认为先秦与事类搭配的“为”表示“成为”或“是”。姚氏的这种区分让学界开始注意不同的搭配与“为”的意义的关系，将研究推向了新的高度。但将“为”解读为“成为”或“是”则是有问题的。刘文正(2022)指出“$为_{是}$”来源于“$为_{担任}$”，而“$为_{成为}$”来源于“$为_{制作}$”，这些发展演变在甲骨文中尚未开始，西周时期也未完成，可甲骨文中已经出现“为＋事类成分”的组合，如“为祀”。此外，姚振武(1988)注意到古汉语“见V”之“见”兼表主动和被动的特点，虽然没有直接讨论“为”字，但对此后的“为”字研究有很重要的影响，让学界开始注意到“为＋动词”也有既表主动又表被动的特点。在姚氏的影响下，刘瑞明(1991：26；1993：92-93；2012：1261、1264、1280)对“为”的用法和特点给予了高度关注，认为“为”是泛义动词，相当于动词词头，“为＋动词”相当于动词①。刘氏的论述很有价值，纠正了很多训诂学上的误解。然而，其所述也有很多不足：1)仍然从训诂释义出发，未从历时演变的角度对“为”的意义和搭配的变化中开展研究；2)如果不同搭配的“为”均是泛义动词，那么，“为＋N”与“为＋V”到底有没有区别？作为泛义动词或词头的成分怎么可能置于名词之前？3)对“为”的性质的认识还不够清晰。此外，他既将“为”视为泛义动词，又视为词头，还认为它和动词是联合关系，这些结论都显得很随意。

---

* 基金项目：国家社科基金重点项目“与被动标记、虚义动词及话语标记相关的构式在历时演变中的压制和反压制研究”(17AYY017)。

① 如：为守＝守 为改＝改 为动＝动 为变＝变 为炊＝炊 为言＝言 为供＝供 为饮＝饮 为死＝死 为出＝出 为生＝生 为卒＝卒 为听＝听 为问＝问 为报＝报，等等。

总体来看,对"为"的研究还处在初步阶段。很多方面有待进一步深入。如:

1)动词为什么会与"为"搭配?"为+V"与"为+N"有何区别?

2)随着时间的推移,"为+V"有没有变化?如果有,是怎样变化的?"为"的意义又有何相应变化?

3)"为"字被动式是怎样形成的?

4)促成这些变化的原因和机制是什么?

对这些问题加以回答具有重要意义,一方面,对解决汉语标记被动式的形成发展问题有直接意义,因为"为"字被动式是古汉语中最早的标记被动式;另一方面,对认识现代汉语"动词+动词性宾语"的特征、深化"谓宾动词"研究有直接帮助。下面,我们对汉语史"为"字及其搭配的变化进行考察,对上述问题加以回答。

二 甲骨文中的"为+事件成分"

罗振玉(1927)指出,"为"字像"手牵象",意为"役象以助劳"。从现有数据来看,罗说已无法证实。刘文正(2019)考察了甲骨文中"为"的所有用法,认为可以分为三种构式类型:1)"为$_{担任}$N$_{角色}$",2)"为$_{帮助}$N$_{帮助对象}$",3)"为$_{从事}$+祀",这三种类型代表了现今可知的"为"的最早用法。西周以后又增加"为$_{制作}$N$_{成事}$"①"为$_{治理}$N$_{受事}$"等类型,此后其他类型大体是在这些类型的基础上发展演变的。刘文还指出,"为$_{担任}$N$_{角色}$"之"为"后来发展出关系动词"作为"和判断动词"是",但未对"为+祀"进行分析。王力(2000)、孙玉文(2015)等指出"为$_{帮助}$N$_{帮助对象}$"之"为"是后来的介词"为了、给、替"的来源,但也未对与现代汉语"虚义/泛义动词+动词"相似的"为+祀"之类加以讨论。下面,我们对此类型及"为"的历时演变进行分析。

甲骨文中,"为祀"只出现1例,如:

(1)贞:王为巳(祀),若。(《甲骨文合集》15189,以下简称"合集")

上例中,"为"表示"做、从事、进行",意义很空泛,可称为泛义动词。"祀"的基本意义是"祭祀",《尔雅·释诂》:"祀,祭也。"但是"祀"究竟是动词还是名词?

《甲骨文合集》中"祀"共有140例,除少量见于人名外,其余一般作谓语核心,陈述祭祀行为,是动词。如:我其祀于河(合集14549正)|我勿祀宾,不若(合集15196)。先秦传世文献中,"祀"也多作动词。《周易》有2例,如"利用享祀",均为动词。《诗经》中有17例,动词和名词两种用法,二者之比是12/5。此外,我们还查检了今文《尚书》《逸周书》和《国语》,动词和名词之比分别为:7/10、34/19和36/29。"祀"作名词时,一般用来指称祭祀行为。一种情况是作主语,如:祀事孔明(《诗经·小雅·楚茨》)|典祀无丰于昵(《尚书·高宗肜日》)。一种情况是作宾语,常跟"弃、绝"义动词搭配,如:昏弃厥肆祀弗答(《尚书·牧誓》)|不殄禋祀(《诗经·大雅·云汉》)。还有一种情况是用祭祀行为来计时,相当于"年",如:维王一祀二月(《逸周书·大开武解》)。综合"祀"的用法特点来看,其基本用法是作动词,作名词往往

① "成事"这一术语可见于刘文正(2015),指施事发出某动作行为,造成新的结果产品,如"挖井、建房子、做衣服",在"挖、建、做"这些动作实施之前,"井、房子、衣服"都不存在,只有在这些动作完成之后,这些产品才出现,所以说"井、房子、衣服"是成事。而"填井、卖房子、洗衣服"则不同,在"填、卖、洗"等行为实施之前,"井、房子、衣服"都是存在的,是动词的受事。

受句法和搭配等条件限制。

可见，例(1)中“祀”应当不是名词，而是动词，意义、句法关系与今“进行祭祀”一致。

依据姚孝遂主编的《殷墟甲骨刻辞类纂》，结合台湾省“中研院”编《先秦甲骨金文简牍词汇库》，可得甲骨文中“为”字49例，其中可辨识、可分析的有36例，其中35例之“为”或表示“担任”，或表示“帮助”，其后的宾语都是名词，或表示“角色”，或表示“帮助对象”。这些“为”与其宾语形成“为 O_N”构式，只有“为祀”例外。那么，“为祀”必然会受“为 O_N”的影响，应解读为动宾关系(为 O)，O 由动词“祀”充当。刘坚等(1995)的“一个动词”原则指出：如果一个句子中有两个动词(或动词性短语)，而它们没有时间上的先后关系，只能有一个动词(或动词性短语)充当句法核心，另一个动词必须处于从属地位。“祀”本是动词，但跟“为”搭配使用时，受“为 O_N”构式的影响，被临时解读为名词，指称事件，与英语 V-tion 类似。但它通常情况下用作动词，尚未变成真正的名词。这种“祀”可以记为“V→N”，相应地“为祀”可以记为“为 $O_{V\to N}$”。“为 O_N”构式对“为祀”的影响就是构式语法(Goldberg，1995；Traugott & Trousdale，2013)中常说的构式压制(coercion)。西周以来的文献中出现的名词“祀”，正是这种构式压制并使之固化的结果。通过压制，从动词中分化出名词。

“为 $O_{V\to N}$”和普通“为 O_N”构式都从属于“为 O”构式，但二者在意义和形式方面都有区别：1)从意义上看，前者之“为”表示“做、从事、进行、施行”等抽象行为，不提供具体语义内容，不是构式的意义核心，后者之“为”表示“担任”或“帮助”等具体行为，提供具体语义内容，是构式的意义核心①；2)从形式上看，无论是在“为 $O_{V\to N}$”中，还是在“为 O_N”中，“为”都是句法核心，都带宾语，只是前者之宾语由动词充当，而后者之宾语由普通名词充当。

甲骨文中“为祀”构式可描述为：

A. [[为 $O_{V\to N}$]↔[从事祭祀事件]]

需要说明的是，宾语“祀”所充当的语义角色不同于普通宾语，如对象、受事、成事、感事等，它表示事件。刘文正(2015)给动词设了一种论旨角色“事件”(event)来概括动词之后表示事件行为的成分，如“做事、搞劳动”之“事、劳动”，并指出事件可以由动词或事件名词充当，而事件名词大多由动词演变而来。可以看到，“为祀”之“祀”正是这种语义角色。

还需说明的是，“为”虽然是句法核心，但信息内容主要由其宾语提供，它本身不提供具体语义信息。因此，处在语义核心地位的是宾语“V→N”，即：

为＋$O_{V\to N}$：为(句法核心，语义辅助)＋祀(句法从属，语义核心)

三　西周时期的“为＋事件成分”

西周时期，“为＋事件成分”继续发展。一方面，进入其中的动词逐渐增多，构式的图式性、能产性不断增强；另一方面，随着一些不容易受压制的动词性成分的进入，“为 O”构式的压制作用被阻断，反过来使“为”字失去句法核心地位，并使之由泛义动词逐渐变成虚义助动词，“为 $O_{V\to N}$”相应变成“$为_{次}$ $V_{核}$”。下面分两种情况介绍。

① 刁晏斌(2004：33-38)将现代汉语中的“进行”等视为形式动词、傀儡动词，“为 $O_{V\to N}$”之“为”不提供具体词汇意义。

(一)“为＋事件成分”图式性、能产性的增强

1.“为 $O_{V\to N}$”概括性、能产性的增强

西周以来，“为 $O_{V\to N}$”逐渐增多，在西周金文、《周易》、《诗经・大雅》以及今文《尚书》等均有表现。如：

(2)叀肇其为御，作父甲旅尊。(叀尊，11.5952，西周早期)

例(2)来自西周早期金文。其中“为”是“做、从事、进行”，“御”指御除灾殃的祭祀。《说文》：“御，祀也。”甲骨文和西周金文中普遍用作动词，如：御于祖丁(合集 371)|御疾身于父乙(合集 13668)|王用肇使乃子，率虎臣御淮戎(5.2824，方鼎)。可以推知，事件动词“御”也受“为 O”构式压制，被临时用作名词，是“V→N”，相应地“为御”也是“为 $O_{V\to N}$”。

《周易》中“为”字虽不是很多，共出现 8 次，但“为 $O_{V\to N}$”有 3 例。如：

(3)上九，击蒙，不利为寇，利御寇。(《周易・蒙卦》)

(4)初九，利用为大作，元吉，无咎。(《周易・益卦》)

(5)初六，有孚不终，乃乱乃萃，若号，一握为笑，勿恤，往无咎。(《周易・萃卦》)

以上三例中，“为寇、为大作、为笑”的大意分别是“施行冒进方式、大有作为、欢笑”，其中“为”仍然是泛义动词，意义都很空泛，大多没法对译成现代汉语。“寇、作、笑”的共同特点是通常作动词，也可作名词。1)“寇”作名词时表示“匪徒、敌人、侵略者”，在句子中一般作施事或受事；作动词时表示“暴乱、劫掠、侵略、侵犯、冒进”等行为。从语境来看，“寇”用在动词“为”和“御”之后，表示在“上九”条件下，宜于/不宜于做什么事或采用“冒进”行为。“为寇”大致相当于“寇”，即“冒进”。2)动词“笑、作”分别表示“欢笑、嘲笑”和“做、行为”，均指称事件行为，而非受事。相应地，“为寇、为笑、为作”也都是“为 $O_{V\to N}$”。

《诗经・大雅》中“为 $O_{V\to N}$”，共有 10 例。如：

(6)出话不然，为犹不远。(《诗经・大雅・板》)

郑玄笺：“犹，谋也。”相当于现代汉语复合词“谋划”，既可陈述事件，也可指称事件。《诗经・大雅・常武》：“王犹允塞，徐方既来。”这是陈述事件。《隶释・汉太尉刘宽碑》：“朝克忠说，思其良犹。”这是指称事件。此义后来隶定为“猷”，与“犹”分化为两词。“为犹”即“进行谋划”，是“为 $O_{V\to N}$”，动词“犹”被压制成事件名词。

(7)天之方懠，无为夸毗。(《诗经・大雅・板》)

毛传：“夸毗，体柔人也。”朱熹《诗集传》：“夸，大；毗，附也。小人之于人，不以大言夸之，则以谀言毗之也。”用现代语言来说，“夸毗”即以谄谀、卑屈取媚于人，“为夸毗”等于“夸毗”(刘瑞明，2012)，是“为 $O_{V\to N}$”。刘瑞明(2012)认为“为”已虚化，尚无法证明。

此外，《诗经・大雅》中类似结合还有：

(8)为梗(《桑柔》)　为谋、为毖(《桑柔》)　为寇(《桑柔》)
为笑(《板》)　为教、为虐(《抑》)　为虐(《云汉》)

《今文尚书》中也有“为 $O_{V\to N}$”构式 1 例。如：

(9)杀戮无辜，爰始淫为劓、刵、椓、黥。(《尚书・吕刑》)

上例中“劓、刵、椓、黥”本是指刑罚行为，但在“为 O”构式中均指称刑罚手段。

由上可知，进入西周以来，“为 $O_{V\to N}$”具有较强的能产性，很多动词可以进入其中，从而

使之成为一种常用表达。随着"为"的搭配范围扩大,"为 $O_{V\to N}$"构式的概括能力和能产性增强。很多动词还兼有名词义项,反映了"为 O"构式的压制作用的强大。

2."为 $O_{N事件}$"的出现和图式性的增强

依据张亚初编《殷周金文集成引得》可知,西周早期金文中由名词充当事件成分的"为+事件成分"有"为礼"1 例。如:

(10)王乘于舟,为大礼,王射大龏禽。(麦方尊,5.6015,西周早期)

跟前一类型一样,上例"为"也是"做、从事、进行"之意,"礼"受形容词"大"修饰,应当是名词。在脱离语境的情况下"为大礼"之"礼"有两种解读:一是指称礼物,二是指称某种礼节行为;前者是普通名词充当成事角色,后者是事件名词,是事件角色。当然,它还可作动词,表示"事神致福、行礼、礼待"等。如:乃礼天子所御(《逸周书·月令解》)|礼日于南门外,礼月与四渎于北门外,礼山川丘陵于西门外(《仪礼·觐礼》)。在例(10)的语境中,"礼"跟"祀、御"等可归为一类——事件成分,但也有差异:1)"祀、御"大多作动词,而"礼"大多作名词;2)"为祀、为御"之"祀、御"是"V→N",而"礼"的名词性义项更加稳固,是 $N_{事件}$;3)动词"祀、御"一般陈述具体事件,动作特征较强,被压制成名词时仍保留动作义,动词"礼"虽也陈述事件,但动作特征不突出,更强调方式——礼貌,作名词时除了指称事件,还可指称礼仪、礼节。"为礼"这种构式可分析为"为 $O_{N事件}$",其中 N 往往具有抽象性。这种构式可描述为:

A_1.[[为 $O_{N事件}$]↔[从事抽象名词所指称的事件]]

从"为祀、为御"扩大到"为礼",从"V→N"扩大到 $N_{事件}$,是构式"为 O"压制的后果:"为"之后事件成分扩大,"为+事件成分"的图式性和能产性增强;同时使事件成分的名词化特征增强,吸引事件名词进入,使名、动兼类现象增长。

3."为 $O_{A\to N事件}$"的出现和图式性的增强

除表示事件的动词受压制之外,表示状态的词语(通常是状态形容词)也可受压制而指称事件的状态。如:

(11)涉渭为乱,取厉取锻,止基乃理。(《诗经·大雅·公刘》)

(12)岂曰不极?伊胡为慝?《诗经·大雅·瞻卬》

(13)为民不利,如云不克。(《诗经·大雅·桑柔》)

例(11)"乱"通常指"无秩序、混乱"状态,例(12)"慝"通常表示"邪恶",例(13)"(不)利"通常表示"(不)好、(没)有利",这些词语均表示状态,一般作形容词,在上面各例中均指称不合法的邪恶事件,是"A→N"。"为"仍然表示"做、从事、进行","为乱、为慝"即"作乱"或"做坏事","为民不利"意为"做对老百姓不利之事",是"为 $O_{A\to N事件}$"。

这种类型在《尚书》中也有 2 例。如:

(14)古之人犹胥训告,胥保惠,胥教诲,民无或胥譸张为幻。(《周书·无逸》)

(15)此厥不听,人乃或譸张为幻。(《周书·无逸》)

以上两例中,"为幻"之"幻"的基本意义是"虚无、虚假",其核心义素是性状,这里可解读为"欺骗、诈惑",指称欺诈事件,是性质形容词受"为 O"构式压制而名词化,是"A→$N_{事件}$"。"为幻"即"为 $O_{A\to N事件}$",表示"进行欺诈"。

这种构式可描述为:

A_2.[[为 $O_{A\to N}$]↔[从事具有 A 性质的事件]]

综合来看,西周以来,"为+事件成分"的图式性逐渐增强,在一个子构式"为 $O_{V\to N}$"的基础上增加了“为 $O_{N事件}$”“为 $O_{A\to N事件}$”两个子构式，同时，压制作用也使进入其中的动词发生变化，由动词分化出事件名词义项而成为兼类词。压制作用也使“为”的意义变得更加空灵和宽泛，其泛义动词的特点越发牢固。值得注意的是，最初进入构式中受压制的词语如“祀、御、冠”等，动作性较强。随着图式性的增强，受压制的词语向动作性较弱的动词、形容词扩展，前者如“礼、犹”等，因动作性较弱，会朝名词演变，后者如“乱、慝、(不)利、幻”等，状态特征强，容易朝抽象名词变化。图式性的增强，表明压制作用明显。

(二)由“为 $O_{V\to N}$”到“为$_次$ $V_核$”

进入“为＋事件成分”的动词性成分逐渐增加，西周时期还出现了“为＋动宾短语”的情况。如：

(16)六四，中行告公，从，利用为依迁国。(《周易·益卦》)

上例句法结构层次是：[利用]＋[为＋[[依(君)]＋[迁国]]]。词句意义是：利用：利于(做某事)，是《周易》中常见的格式语；依：依附，后面省略了宾语“君”；迁：搬迁，迁徙；迁国：迁城邑；依迁国：即依(君)迁国，依附(君王)搬迁城邑，两个动宾短语并列，叙述两个事件。“利用为依迁国”整句话的意思是“利于依附君王而搬迁城邑”，可见“为依(君)迁国”等于“依(君)迁国”，“为”不表义。

表面看来，“为依迁国”跟“为祀、为御”一样，“依迁国”可分析为“为”的宾语，即“为$_{进行}$ $O_{V\to N}$”，但“依”隐含宾语“君”，而“迁”更有显性宾语“国”，“依、迁”因带宾语而更凸显动词特征。与此不同，“祀、御”均不带宾语，词性难以稳定，因受压制而多少丢失动词特征。因此，“为依迁国”跟“为祀、为御”应做不同分析：“依、迁”应分析为地道的动词，而不再被压制为“V→N”，V 的宾语的出现，阻断(block)了构式“为 O”对 V 的压制，而“祀、御”因不带宾语而没有将压制力加以阻断。

这样一来，“为”和动词的组合关系就发生了变化：原来受压制而处在句法从属地位的“V→N”因压制阻断而重处句法核心地位，如果前面的动词“为”仍处在句法核心位置，就会跟“一个动词”原则(刘坚等，1995)相冲突。为了满足“一个动词”原则，构式内部成分的核心会进一步调整：原来的句法核心的“为”只提供抽象行为义，在压制被阻断的情况下，为了满足“一个动词”原则，变为次要成分，将句法核心让渡给其后带宾语的动词。这样，“为 $O_{V\to N}$”构式变成“为$_次$ $V_核$”构式。试比较：

为＋$O_{V\to N}$：为(句法核心，语义辅助)＋祀/御/寇(句法从属，语义核心)

为$_次$＋$V_核$：为(句法从属，语义辅助)＋依(君)迁国(句法核心，语义核心)

可以看到，“为＋事件动词短语”发生了句法核心转移，“为”在意义和句法方面均居次要地位，而“依”既充当句法核心又充当语义核心。这样，“为＋事件动词”就发生了构式化，形成了新的形式一意义配对，即：

[为$_次$＋[依迁国]$_核$]↔[∅＋依附(君王)搬迁城邑]

这只是微观层面的构式化。不过，当这种微观构式化发生以后，随着其他动词的进入，“为$_次$ $V_核$”会发展成图式性构式，即：

B. [[为$_次$＋$V_核$]↔[∅＋做 V 所陈述的事件]]

在新的构式中，“为”的意义和功能有以下特点：在句法上没有任何地位，只附加在动词之前标示其核心的功能，原来的“做、从事、进行”义趋于消失。这种“为”可称为虚义助动词，以示其与“为 $O_{V\to N}$”之“为”的区别。

从普通行为动词泛义动词，再到虚义助动词，“为”的地位发生了两次变化：

1)最初是行为动词，带普通名词宾语，形成“为 O_N”，充当句法核心和语义核心；

2)宾语扩大到事件成分，“为”变成泛义动词，只是句法核心，不是语义核心，可带各种宾语，形成“为 $O_{V\to N事件}$”；动词进入其中受压制而充当事件宾语，但提供具体事件内容，是意义核心；

3)事件成分中的动词带上宾语，“为”变成虚义助动词，充当辅助成分，句法核心和语义核心转移至其后的动词或动词短语，形成“为$_{次}$ $V_{核}$”，整体结构的功能相当于其后的动词或动词短语。

“为$_{次}$ $V_{核}$”也可见于《诗经・大雅》，如：

(17)维此良人，作为式谷。维彼不顺，征以中垢。(《诗经・大雅・桑柔》)

郑玄认为：“作，起；式，用；征，行也，贤者在朝，则用其善道；不顺之人，则行暗冥。受性于天，不可变也。”又于《诗经・小雅・小明》之下说：“式，用；谷，善也……其用善人则必用女。”由此可知“式谷”即“任用善人”，但也有人认为是“赐以福禄”。朱熹《诗集传》：“谷，禄也……当靖共尔位，惟正直之人是助，则神之听之，而以谷禄与女矣。”两种解读虽然迥异，但他们的分析都说明“式谷”应该分析为述宾短语。“作为式谷”即“开始任用贤人”，其中“作”表示开始，时间副词，“为式谷”即“式谷”，“为”是虚义助动词，语义核心和句法核心是“为”之后的动词“式”。

刘瑞明(2012)认为例(7)“为夸毗”等于“夸毗”，其中的“为”是词头，相当于我们所说的虚义助动词。我们认为其语义解读是没有问题的，但没有证据表明其中的“夸毗”不受压制，更不能证明“为”已虚化，而例(16)和(17)中“为”后的动词都带宾语，而这显然可以作为识别虚义助动词的标志。

例(17)和(16)还有一点不同：虽然“依、迁”是及物动词，但不具有施受关系；而“式”既是及物动词，又具有较强的施受关系。施受义动词的进入，既反映了“为$_{次}$”的搭配范围的扩大，同时也可能给了受事主语句以使用空间，也为“为$_{次}$”向被动标记演变提供了可能。当然，这还只是可能，尚无真正用例。

总体来看，西周阶段的文献材料中，虚义助动词“为”是很少见的。可能口语中用得多，但由于书面语和口语常常脱节，在文献中很少有反映。

四 “为$_{次}$ $V_{核}$”的进一步变化

西周以后，虚义助动词“为”继续变化，一是“为$_{次}$ $V_{核}$”继续使用，并可在受事主语句中充当谓语核心，二是出现了“为”字被动式。下面具体说明。

(一)《诗经・小雅》中“为$_{次}$ $V_{核}$”的使用

《小雅》有些诗篇记录的是两周之交的事件，不宜作为西周资料。由于目前找不到更为合适的资料，我们姑且把它作为考察两周之交"为"的依据。《小雅》中"为$_{次}$ V$_{核}$"在继续使用。如：

(18)此令兄弟，绰绰有裕。不令兄弟，交相为愈。(《诗经·小雅·角弓》)

上例中"愈"表示"诟病，欺凌"，毛传："愈，病也。"高亨注："愈，病也。此句言兄弟相害。"孔颖达疏："其不善之人于兄弟则无恩义，唯交更相诟病而已。"据此可知，"交相为愈"是"(不善兄弟)相互欺凌"，"为愈"即"愈"，"欺凌"之意，"愈"是动词，"为"不表义，是虚义助动词。又《诗经·小雅·斯干》"无相犹矣"，郑玄笺："犹，当作愈。愈，病也。"按："无"即"勿"，否定副词，表示禁止，可知"相犹"亦动词，表示"相欺"。如果郑玄谓"犹当作愈"没有问题，则可知"愈"作动词表示"欺凌"在当时并不罕见。

"为$_{次}$ V$_{核}$"除了用于主动句之外，还有进一步演化的迹象，可用于被动句，如：

(19)既见君子，为龙为光。(《诗经·小雅·蓼萧》)

上例中"龙"通"宠"，"宠爱、宠幸"的意思。毛传："龙：宠也。""为龙"即"为宠"，也即"宠"，"为"不表义。郑玄笺："为宠为光，言天子恩泽光耀被及己也。"依据郑笺可知，"为宠"的意思是"主人公遭遇恩泽"，即被宠爱，主人公是"为宠"的受事。再看"光"，它与"宠"对举，也应当是动词，有"荣宠、宠爱"之意。"光"表"荣、宠"，《诗经》习见。《诗经·大雅·韩奕》："百两彭彭，八鸾锵锵，不显其光。"郑玄笺："光，犹荣也。"①不过《大雅》是用为名词，而《小雅》"为光"之"光"是动词。

从全句来看，"为龙为光"承"既见君子"，两句话均省略主语。根据语境可知，"既见君子"的主语是诗中所描述的女子，而不是君子。根据话题相承原则，"为龙为光"的主语与上句相同。两句的意思是"女子见到君子，受到君子宠爱"。也就是说此处"为龙为光"不是"宠爱"，而是"女子受君子宠爱"。"既见君子"在本诗中共出现4次，与其相承的诗句依次是"我心写(舒畅)兮""为龙为光""孔燕(欢愉)岂弟(恺悌)""鞗革(马缰绳)冲冲(垂貌)"。可以看到，前三个相承的诗句均写人，其中第一句"心写(舒畅)"的主语"我"指女子，第三句"孔燕"省略的主语也是指女子；只有第四句不是写人物活动，故换成了"鞗革"。因此，"为龙为光"被省略的主语当指女子。

如果将主语补出，"为龙为光"与"为依迁国/为式谷"是不同的，试比较：

S为依迁国、S为式谷：施事＋为$_{次}$＋V$_{核}$(＋O)，主动

S为龙、S为光：受事＋为$_{次}$＋V$_{核}$，被动

可以看到，"为V"仍是"为$_{次}$ V$_{核}$"，并无实质变化，但句子主语或者说话题有了变化，说话人将视点从施事转移到受事，以受事作为话题，将其置于主语位置，使句子由原来的施事主语句变为受事主语句，或者说是意念上的被动式，还不是标记被动式。"为$_{次}$ V$_{核}$"表示主动义还是被动义，因话题而定，陈述施事行为时，施事作话题(主语)，就是主动义，陈述受事状态时，受事作话题(主语)，就是被动义。主动义、被动义均存于句子，"为$_{次}$ V$_{核}$"本身并无这些意义差别。不过，由于"为$_{次}$"是虚义助动词，随着这种句式的广泛应用，语言用户可能将这种被动义强加于它，或者说它可能吸收句式的被动义，从而向被动标记演变，"为$_{次}$ V$_{核}$"最终变成"为$_{被动}$ V$_{核}$"。

---

① 俞樾《群经平议·毛诗三》："为龙为光，犹云为龙为日，并君象也……此言远国之君朝见于天子，故曰'既见君子，为龙为光'。龙、光，并以天子言也。"俞说不一定对，但以为"龙""光"并列，无误。

《小雅》中“为”字共出现 43 次，其中“为＋事件成分”共有 11 例，除上文三种组合之外，还有“为 $O_{V\to N}$”和“为 $O_{N事件}$”各 4 例。数据表明，泛义动词“为”的使用比较常见，“为 O”对进入 O 位的动词的压制作用较为强烈，动词的阻断压制和反压制作用还不是很强，“为”字被动式仅有句法语用基础，被动义尚未被“为$_{次}$”吸收。

（二）“为”字被动式的产生

战国初期，受事充当“为$_{次}$ $V_{核}$”的主语用例大增。下面以《国语》为例进行说明。

《国语》中，“为笑、为宠、为免、为戮”等“为$_{次}$ $V_{核}$”等“为＋事件成分”组合都见于受事主语句。如：

(20)吾不难为戮，养吾栋也。(《国语·鲁语下》)

(21)不听吾言，身死，妻子为戮。(《国语·越语下》)

以上二例中，“为戮$_{核}$”用于受事主语句，“吾不难为戮”“妻子为戮”的大意分别是“我不怕被杀”“妻子(也)被杀”，“吾、妻子”是受事主语，“为”是虚义助动词。

《国语》中“为戮”用于受事主语句还有 7 例，其特点与上两例是一样的。值得注意的是，也有个别“为戮”见于主动句。如：

(22)若为诸侯戮者，鲁诛尽矣，必不加师，请为戮也。(《国语·晋语八》)

上例整句话的意思是“如果我被诸侯杀掉，对鲁国的诛伐也就到此为止了，必定不会再兴师问罪了，请杀我吧”，“请为戮”是祈使句，“为戮”即“戮”，是“为$_{次}$ $V_{核}$”，“为”是虚义助动词。

此外还有一些句子常被用来作为“为戮”非被动式的证据，如：

(23)楚人将以叔孙穆子为戮。(《国语·鲁语下》)

(24)虢之会，鲁人食言，楚令尹围将以鲁叔孙穆子为戮。(《国语·晋语八》)

(25)寡君欲亲以为戮，若不生得以戮于群臣，犹未得请也。(《国语·齐语》)

正如蒋冀骋(2012)等所述，以上三例中“为戮”确实不表示“被动”，也不是“为$_{次}$ $V_{核}$”，“戮”在此不是指称事件，而是转指受事，指戮杀的对象。但蒋先生并没有注意到，以上三例“为戮”都与“以”呼应，形成“以……为戮”构式，表示“把……作为戮杀对象”，“为”是包含心理处置义的动词。严格来说，应当把这种例子排除在外。

上面分析了“为戮”的三种类型，如何给其中的受事主语句定性呢？从使用频率来看，《国语》中“为戮”用于主动句和受事主语句的比例为 1∶9，后者已占绝大多数，说明它已是当时的惯常用法，有理由认为“$S_{受}$＋为$_{次}$＋$V_{核}$”已发展成被动式，“为”成了被动标记，“为$_{次}$＋$V_{核}$”用于主动句是历史继承。

由此可以推论：“为戮”本无主动被动之分，“为”也只是虚义助动词；用于主动句时，“为戮”整体表示主动；用于受事主语句时，整体表示被动，与“戮”单用作受事主语句的谓语相当。但随着时间推移和用例的增多，“为”字才渐渐吸收句式的被动义，演变成被动标记(或称为“标记被动义的虚义助动词”)。

此外，《国语》中含“为”字的被动性谓语还有“为宠、为免、为笑”等，如：

(26)夫贤者宠至而益戒，不足者为宠骄。(《国语·晋语六》)

(27)凡吾宗祝，为我祈死，先难为免。(《国语·晋语六》)

(28)吾适鲁而名其二讳,为笑焉,唯不学也。(《国语·晋语九》)

以上三例中"为宠、为免、为笑"分别表示"被宠信、被免除、被嘲笑"(参李维琦《白话国语》),跟"为戮"一样,都是被动性谓语。

不过,《国语》中也还有很多表示主动的"为+V"。如:

(29)君不命吾子,吾子请之,其为选事乎?(《国语·鲁语上》)

(30)遇兆,挟以衔骨,齿牙为猾,戎、夏交捽。(《国语·晋语一》)

(31)黍稷无成,不能为荣。(《国语·晋语四》)

以上例(29)至(31)中,"为选、为猾、为荣"都是主动义的"$为_{次}$ $V_{核}$",其中"为"都是不表义的虚义助动词。

(32)以祸为违,孰能出君?(《国语·晋语三》)

(33)今杀王子,王其以我为怼而怒乎!(《国语·周语上》)

(34)及范、中行之难,苌弘与之,晋人以为讨。(《国语·周语下》)

以上例(32)至(34)中,"为违、为怼、为讨"既可解读为"$为_{次}$ $V_{核}$",也可以解读为"以……为V"。

综合来看,《国语》中"$为_{次}$ $V_{核}$"已成为一种多义构式,既可用于主动句,也可用于受事主语句。后者已成为被动式"$S_{受}$+$为_{被动}$+$V_{核}$",变成了一种模板,能吸纳其他及物动词进入其中,表达被动义,且多带有不如意的色彩。尽管进入其中的及物动词不丰富,其能产性也不算强,但它已成为图式性构式,可描述如下:

C. [[$S_{受}$+$为_{被动}$$V_{核}$]↔[受事遭受V所表示的不如意行为和结果]]

"$为_{次}$ $V_{核}$"演变成被动式以后,施事就可以插入"$为_{次}$"和"$V_{核}$"之中,形成较为繁复的"为NV"被动式。上文例(22)"为诸侯戮"是此类型,此外《国语》中还有"为N用""为N载""为N笑",共8例。如:

(35)若下摄上,与上摄下,周旋不动,以违心目,其反为物用也。(《国语·晋语一》)

(36)赖富而民怨,乱国而身殆,惧为诸侯载,不可常也。(《国语·晋语二》)

(37)若不可,必为诸侯笑。(《国语·晋语三》)

以上各例"为NV"前面都省略了受事主语,可理解为被动式,都是在"$为_{被动}$ $V_{核}$"中插入施事,使之进一步繁复的结果。这种"为"字被动式可描述如下:

D. [[$为_{被动}$$N_{施}$ $V_{核}$]↔[受事遭受某人施为的V所表示的不如意行为和结果]]

通过以上描述可知,虚义助动词和被动标记"为"是在这样的构式演变中形成发展的:

VO → A:为$O_{V\to N}$ → B:$为_{次}$ $V_{核}$ → C:$为_{被动}$$V_{核}$ → D:$为_{被动}$$N_{施}$ $V_{核}$

行为动词 → 泛义动词 → 虚义助动词 → 被动标记$_1$ → 被动标记$_2$

洪诚(1958)指出,汉语被动式有一个从简单到复杂渐进发展的过程。其出现的先后顺序是:1)主语(受事)+外动词;2)主语+见/被+外动词;3)主语+外动词+于+施事词;4)主语+为+施事词+外动词;5)主语+为+施事词+所+外动词。尽管文献未能精确显示被动式产生、发展的每一个细节,但洪氏所述与历史事实是基本吻合的。

鉴于"$为_{被动}$$N_{施}$ $V_{核}$"被动式在《国语》中已经出现,有理由认为被动句中的"$为_{次}$ $V_{核}$"是被动式,相应地,"为"也已发展成被动标记。需要说明的是,《老子》所反映的时代可能更早,但其中并没有出现"$为_{被动}$$V_{核}$",但有2例"$为_{被动}$$N_{施}$ $V_{核}$"。如:

(38)知者不言,言者不知……故不可得而亲,不可得而疏;不可得而利,不可得而

害；不可得而贵，不可得而贱，故为天下贵。（《老子》第56章）

(39)古之所以贵此道者何？不曰求以得，有罪以免，故为天下贵。（《老子》第62章）

例(38)最后一个小句之前的一段话是说知(智)者是怎样的人，处在怎样的状态；最后一句“故为天下贵”应当是说他在天下的遭遇或者受到天下人怎样的对待，因此，对它的正确分析是“所以这样的人被天下珍视”，而不是“所以是天下人珍视的对象”，也不是“所以成为天下人珍视的对象”。也就是说，“(知者)为天下贵”是一个被动句，而不是判断句，也不是“成为结果”句。例(39)也应如此解读。

是否由此可认为“$为_{被动}N_{施}V_{核}$”被动式早于“$为_{被动}V_{核}$”？我们认为，如果考虑到两种文献相距时代并不远、文献材料不足等因素，这种不一致现象并不能否定前面的结论，更何况两周之交已出现用于被动句的“$为_{次}V_{核}$”呢？从两周之交到春秋末期近300年，有足够的时间保证其完成渐进演变。既然春秋末期已出现“$为_{被动}N_{施}V_{核}$”，而“$为_{被动}V_{核}$”理应比它更早，因此可以认为《国语》的数据只能证明它至迟在战国早期已出现，但它应当在春秋时期就已经产生。由于数据不足，尚无法确定其具体年代。

五　虚义助动词“为”形成的机制和原因

虚义助动词“为”的形成经历了行为动词、泛义动词、虚义助动词等阶段，并进一步变成被动标记，是多种因素作用的结果，在不同阶段，有不同的动因在起着主导作用。

其一，“为”最初是行为动词，按照罗振玉(1927)的释义，它的意义最初非常简单而具体。随着使用频率的提高，搭配范围大大扩展，可以搭配众多名词，形成图示性非常高的“为O_N”图式。由于适应各种搭配的需要，逐渐丢失具体义素，泛化成上位义动词，在具体语境中可以代替其他意义具体的动词。搭配进一步扩展，当语言用户需要对事件进行指称时，动词开始进入其中，由于“为O”构式对动词形成强烈的压制，新的“为$O_{V\to N事件}$”子类出现，动词也变成只标示事件范畴的泛义动词。应当说，在此变化过程中，隐喻机制起了一定作用，它保证“为”能搭配更多的成员，但构式压制是决定性的因素，它使动词进入其中，并与原来的“为O_N”构式尽可能保持和谐一致。

其二，“为$O_{V\to N事件}$”具有开放性，任何具体行为事件意义的动词或短语都有可能进入其中，至于事实上是否进入，则取决于语言用户的习惯。当语言用户将动宾短语用于其中时，由于该动词还带着宾语，在很大程度上维持了自身的特点，对构式的压制产生反作用力，使压制被阻断。压制被阻止之后，句中出现了两个动词，又与“一个动词原则”相冲突。为了消除这种冲突，动词对“为”的反作用力得到强化，从而反过来压制“为”，使其句法功能退化。这就是刘文正(2017、2018)所说的反压制。反压制使“为$O_{V\to N事件}$”变成“$为_{次}V_{核}(O)$”，也使“为”变成虚义助动词。

其三，虚义助动词形成以后，“$为_{次}V_{核}$”在很大程度上可以当作普通动词一样使用，也即“$为_{次}V_{核}$”等于“$V_{核}$”。普通动词可以以无标记形式用于受事主语句，形成“$S_{受}为_{次}V_{核}$”，这种构式又对虚义助动词“为”形成压制作用，使之吸收构式的意义，变成被动标记。

其四，被动标记“为”形成后，仍可视为虚义助动词，施事插入“$为_{被动}$”和“$V_{核}$”之间，是施受关系的语用凸显的结果。这种插入,可能使"为被动"朝介词演变。

以上我们梳理了行为动词"为"演变为虚义助动词并进一步演变为充当被动标记的介词的过程,并分析了致变原因和机制。至于被动标记的进一步演变及被动式的发展,限于篇幅,本文尚未加以阐述。我们将在讨论汉语被动式的发展时详细说明。

参考文献

[1]刁晏斌. 试论现代汉语形式动词的功能[J]. 宁夏大学学报(人文社会科学版),2004(3):33-38.
[2]郭锡良. 古代汉语(修订本)[M]. 北京:商务印书馆,1999.
[3]洪诚. 论古汉语的被动式[J]. 南京大学学报,1958(1):7-18.
[4]蒋冀骋. 先秦汉语"为+戮"结构的性质和"为"成为被动标志的条件[J]. 古汉语研究,2012(4):40-49.
[5]刘瑞明. 谈泛义动词的释义——兼评《汉语大词典》"作"字释义[J]. 辞书研究,1991(3):25-33.
[6]刘瑞明. "为报"是多种意义的同形异构体[J]. 贵州文史丛刊,1993(1):92-93.
[7]刘瑞明. 刘瑞明文史述林[M]. 兰州:甘肃人民出版社,2012.
[8]刘坚,曹广顺,吴福祥. 论诱发汉语词汇语法化的若干因素[J]. 中国语文,1995(3):161-169.
[9]刘文正.《太平经》动词及相关句法研究[M]. 长沙:湖南大学出版社,2015.
[10]刘文正,余旭. "行V"构式的构式化和构式变化[M]//汉语史学报(第十七辑). 上海:上海教育出版社,2017.
[11]刘文正,封景文,吴舟舟. 名量词的构式化和构式变化[M]//汉语史学报(第十九辑). 上海:上海教育出版社,2018.
[12]刘文正,吴舟舟,祝静. 历时构式语法中的压制和反压制——以"见V"构式为例[J]. 语言科学,2018(4):368-381.
[13]刘文正,封景文. 汉语判断动词"为"的来源[J]. 语言研究,2022(3):64-75.
[14]罗振玉. 增订殷虚书契考释[M]. 东京:东方学会,1927.
[15]孙玉文. 汉语变调构词考辨[M]. 北京:商务印书馆,2015.
[16]王力. 古代汉语(校订重排本)[M]. 北京:中华书局,1999.
[17]王力,等. 王力古汉语字典[M]. 北京:中华书局,2000.
[18]姚振武. "为"字的性质与"为"字式[M]//古汉语语法论集. 北京:语文出版社,1998.
[19]姚振武. 古汉语"见V"结构再研究[J]. 中国语文,1988(2):134-142.
[20]姚孝遂. 殷墟甲骨刻辞类纂[M]. 北京:中华书局,2011.
[21]张亚初编. 殷周金文集成引得[M]. 北京:中华书局,2001.
[22]台湾省"中研院"历史语言研究所. 先秦甲骨金文简牍词汇库[DB]. http://inscription.asdc.sinica.edu.tw/c_index.php
[23]Goldberg, Adele E. *Constructions: A Construction Grammar Approach to Argument Structure*. Schcago: University of Chicago Press. 1995.
[24]Traugott, E. C., & G. Trousdale. *Constructionalization and Constructional Changes*. N. Y: Oxford University Press. 2013.

On the Origin and Development of Chinese Virtual Auxiliary Verb *Wei*(为)

Liu Wenzheng

Abstract: The virtual auxiliary verb *Wei*(为) in Chinese originated from the generalized verb *Wei*(为)with predicate object, and further developed into a passive marker. Its formation and development were related to a series of construction evolution: *Wei*(为)$_{act}$ $O_{ordinaryN}$→ *Wei*(为)$O_{V\to N(event)}$→*Wei*(为)$_{non\text{-}core}$ V_{core}→*Wei*(为)$_{passive}$ V_{core}→*Wei*(为)$_{passive}$ N_{agent} V_{core}. *Wei*(为)also experienced the development process of action verb→ generalized verb→ virtual auxiliary verb→ passive marker. The coercion of construction made the verb act as the object of *Wei*(为), the verb-object phrase of the object blocked the coercion, and made *Wei*(为)become a virtual auxiliary verb. When *Wei*(为)$_{non\text{-}core}$ V_{core} was used in the subject sentence, *Wei*(为)absorbed the passive meaning of the sentence and became a passive marker.

Key words: *Wei*(为), virtual auxiliary verb, passive marker

通信地址:湖南省长沙市湖南大学国家语言文字推广基地

邮　　编:410000

E-mail:wenzhengliu2000@163. com

汉语{开眼}{合眼}动词的历时演变及其他*

陈　智

内容提要　汉语表示{开眼}的动词经历了从“开”到“睁”的演变，“睁”的语源当是与“桢”等一批词读音相关的俗语词，“撑”大致在明代及其后时期在吴语与赣语等地区使用；汉语表示{合眼}的动词经历了从“瞑”到“闭”，再到近代汉语时期形成“闭”“合”的竞争与互补，并一直持续至今。两个概念场成员在历史上的演变并不同步，于内体现出相关用词的更新调整，于外反映出各时代基础方言的变更。

关键词　{开眼}　{合眼}　睁　闭　历时演变

蒋绍愚(2019)曾对汉语历史上“开—关”概念场中的词汇进行了历史演变的考察，其中在论述特定对象“目”的开合动词演变与一般意义的“开启”“关闭”不一样时说到：

与“目”组合的只有“开”和“闭”，“开目”和“闭目”在文献中出现较晚；到“眼”演变为“眼睛”义后，有“开眼”“闭眼”和“合眼”。更值得注意的是，在上古汉语中，表示“口”和“目”开闭的有另一套动词。如《左传·文公元年》：“王缢。谥之曰‘灵’，不瞑。曰‘成’，乃瞑。”《说文》：“瞑，翕目也。”班固《白虎通·考黜》：“武王望羊。是谓摄扬。盱目陈兵，天下富昌。”《说文》：“盱，张目也。”“张”是一个很常用的动词，一般不属于“开—关”概念场，但这里应该属于这个概念场。而且“瞑”是综合性的，这是上古汉语词汇的特点。这些词后来都消失了。到后来，还有一个专用于眼的动词“睁”。这个动词在宋代表示眼睛睁大，后来才表示“睁开(眼睛)”，这已是明代的事了。

汉语{开眼}{合眼}①动词的历时演变在不同时期是如何发展，其背后的动因又是如何，本文就相关问题作进一步深入的分析与探讨。

一　汉语{开眼}动词的历时演变

(一)上古、中古时期

先秦时期，表示{开眼}的动词在文献中反映较少，如：

* 本文受国家社科基金重大项目“历代汉文佛典文字汇编、考释及研究”(16ZDA171)、上海市社科规划青年课题“《朱子语类》俗语研究”(2017EYY003)与湖南省研究生创新项目一般项目“元魏译经词汇研究”(项目编号 CX20220471)的资助。徐时仪、郑贤章、熊润竹、曾文斌、王栋等诸位师友以及匿名审稿专家先后对本文提出了宝贵的修改意见，谨此一并致谢。文中讹谬概由本人负责。

① 本文{开眼}指表示睁开眼睛的动词，{合眼}指表示闭上眼睛的动词。

(1)盱豫,悔。(《易·豫》)唐孔颖达疏:"盱谓睢盱。"

至东汉时期,以"开"为主,如:

(2)譬如行者见髑髅熟谛视,若如开目见、闭目亦见亦尔无有异,是应止。(东汉安世高译《道地经》,T15/235c①)

"开"本义指"开门",由开门的动作引申可指眼睛的张开。正如蒋绍愚(2019)所言,表"开启"义的"开"到汉代已经完成对"启"的替换,成为表达"开启"概念的唯一用词。"开"从汉代成为"开启"概念的唯一用词、并可用于表示{开眼}后,直至中古晚期仍是以"开"为该概念场的主导词(详下)。

但也有"张"的用例,如:

(3)本不病目,人不抚慰,目自翕张,非神而何?曰:此复萳偃类也。虽不病目,亦不空张。(《论衡·死伪》)

表此义的"张"最初表示张开眼睛后的持续瞪视,如《史记·廉颇蔺相如列传》:"左右欲刃相如,相如张目叱之,左右皆靡。"由此引申可表{开眼},但东汉及其后文献中多表张开眼睛后的持续瞪视,如:

(4)以武召武,凡武人悉来聚,其气阳阳,其兵煌煌,其力皆倍,其目皆张,其欲怒不得止。(《太平经》辛部)

东汉以后,"开"继续成为{开眼}概念场的主导词,如:

(5)光照水中,龙目得开,自识如前,见三佛光明,目辄得视。(三国吴支谦译《太子瑞应本起经》卷下,T3/479b)

下为中古部分代表性文献表示{开眼}的动词用例统计②:

表1 中古部分文献{开眼}动词用例统计

	支谦译经③	六度集经	古小说钩沉	观世音应验记三种	正法念处经	十诵律	普曜经	佛说观佛三昧海经	六十华严
开	1	2	0	2	7	3	1	4	11
张	0	0	1	0	0	0	0	0	0

由表1可以看出,除去《古小说钩沉》1例"张",其余皆为"开"。《古小说钩沉》属于中古文言小说,语言虽一定程度上体现出当时的口语,但在口语性上与汉译佛经相比仍存在一定差距;而此期的汉译佛经则皆用"开"表示{开眼},由此可见"开"在此期是表示{开眼}的唯一实际口语用词。

① 本文所引佛典标注格式为:"T"指《大正新修大藏经》([日]大正一切经刊行会1934年刊行;台北:新文丰出版有限公司1983年影印版),"/"前后的数字分别表示册数和页数,a、b、c分别表示上、中、下栏。下同。

② 上古的可靠文献用例表示{开眼}的动词偏少,除去文中所引例句,《新书》"启"1例,《说苑》"开"1例,但时代都已至西汉,其余皆无。故难以判断此期汉语{开眼}动词的发展史,但从蒋绍愚(2019)的分析中可知,"开"应该至迟于西汉已成为当时表示{开眼}的主导词。此前或用其他综合性的词(如"盱")表示,但由于缺少更多文献用例,故难以作具体的考察分析。

③ 支谦的可靠译经选用标准参张雨薇、方一新(2019)。

(二)近代时期

近代时期的{开眼}动词可以元代为界,唐五代至元代主要以用“开”为主,明初以后“睁”逐渐进入当时人们口语,并迅速与“开”展开竞争。

1.唐五代至元

此期汉语表{开眼}的动词仍以“开”为主,如:

(6)尔可合眼,开即损睛。(唐义净译《根本说一切有部毘奈耶杂事》卷29,T24/349a)

(7)师便闭目吐舌,又开目吐舌。(《五灯会元·覆船洪洊禅师》)

我们对此期的义净所译“说一切有部”律典、王梵志诗、《入唐求法巡礼行记》、《敦煌变文校注》、《祖堂集》、八卷本《搜神记》、《朱子语类》、两种诸宫调、《五灯会元》、《齐东野语》及《元刊杂剧三十种》等口语性较强的文献进行了全面的统计分析①,其中表示{开眼}的动词全部用“开”。故可见此期“开”仍旧是{开眼}概念场的唯一用词。

2.明清时期

此期的突出表现是表{开眼}的“睁”出现,并与“开”展开竞争,与此同时,“撑”也开始出现可靠文献用例;至清代“睁”逐渐取得了主导地位,“开”则被“睁”所替换。

1)“睁”的语源与发展

①“睁”的字形

“睁”最早在文献中表示张开眼睛后的持续瞪视,如:

(8)刘安抚从怒恶,不似今番噷。一对眼睁圆,龙颜尽变改,失却紫玉似颜色。(《刘知远诸宫调·君臣弟兄母夫妇团圆》)

且早期字形不定,常作“争”②,如:

(9)双眉踢竖,便是收秋虎獬络丝娘。两眼争圆,恰似初夏握翻采桑子。(《刘知远诸宫调·知远走慕家庄沙佗村入舍》)

至元代,作“睁”用例增多,《元刊杂剧三十种》“争”5例、“睁”27例,刻于元代的《大宋宣和遗事》(刘坚,2019:199)“睁”2例、无“争”用例,从中可见字形“睁”的使用在元代逐渐增多。

至明代字形“睁”逐渐稳固并沿用下来,元末明初的《水浒传》中“争”尚有1例,而“睁”有68例。其字形又偶见作“挣”,如:

(10)却说那陈经济走到厅上,只见灯烛辉煌,才得醒了。挣着眼,见钱痰火政收散花钱,遂与叙揖。(《金瓶梅词话》第五三回)

我们对明代部分代表性文献进行统计分析,《水浒传》《西游记》《挂枝儿》《封神演义》《金

① 寒山诗有一例“撑”:“撑却鹞子眼,雀儿舞堂堂”(二二三首)。但该字存有异文,钱学烈本(1991:199)作“撑”,并出校“《天禄》宋本、《全唐诗》、《四部丛刊》影宋本作‘挛’,‘撑却’即睁开之意”;而项楚本(2019:483)则作“挛”,出校“宫内省本、高丽本、四库本作‘撑’,全唐诗本夹注‘一作撑’”,并释义为“缝合”。姑暂不计入。表{开眼}的“撑”详见第3小节“‘撑’的出现”。

② 据我们考察,在《刘知远诸宫调》中“争”4例、“睁”1例;而《董解元西厢记》《碾玉观音》《错斩崔宁》《宋四公大闹禁魂张》《万秀娘仇报山亭儿》《简帖和尚》中“睁”共10例,无“争”用例,但这些作品现存最早文献皆为明代刻本,或有后人改动可能。

瓶梅词话》《三宝太监西洋记通俗演义》及“二拍”中“争”1 例、“挣”4 例①、“睁”347 例，字形“睁”呈压倒性优势。

②“睁”的语源

“睁”的语源应为与“桢”等一批词音近的俗语词。考慧琳《一切经音义》卷三五《佛顶尊胜念诵仪轨经音义》：“伥像，上摘更反，借用，本无其字，张展画像也。或有从木也作桢，或作椗，皆俗字也，非正字也。”是谓“张开、展开”之义，字无定形，可从手作“揁”，如《敦煌变文校注·维摩诘经讲经文(一)》：“乾坤如把绣屏揁，世界似将红锦展。”又可作“禎”，如《敦煌变文校注·解座文汇抄》：“更遗言，相委记，尽取阎王禎(禎)子跪。”由该语源产生的词，既可用作名词，指画幅；也可用作动词、指“展开、张开”，且字形不定，与“眼目”搭配则表示“张开眼睛后的持续瞪视”，如《敦煌变文校注·父母恩重经讲经文(一)》：“共语高声应对人，拟嗔嗔眼如相吃。”张涌泉(2010：141-142)认为这个字当时还没有定形，所以有各种不同的写法，“禎”②是“帧”的异体字，字又作“瞪”“橙”“桢”“椗”“伥”等。

由上述各字形可看出该俗语词声旁分别为“登”“贞”“定”“长”。其中“登”“定”声母属端系、“贞”“长”声母属知系，声母上“知”“端”两系相通，直至《切韵》时代有些“知”系字仍保存有“端”系字的“又音”古读(王力，2013：72-73)；又“登”“贞”“定”“长”分属上古“蒸部”“耕部”“阳部”，韵部上蒸耕旁转、耕阳旁转。故四个声旁音近相通，以致俗写混用。冷瑞婧(2021)进一步从同源字关系考出从“登”得声的字多具有“张开”的语源义。在表示“张开”义上，从“登”与“贞”的两批词同源义近，故又有从“目”旁作“瞪”的文献用例③，如：

(11)开明天兽，禀兹食精；虎身人面，表此桀形；瞪视昆山，威慑百灵。(晋·郭璞《山海经图赞·开明》)

“争”《广韵》“侧茎切”，属庄母梗摄二等字。南宋以后知照二组字开始相混，在知组并入照组的过程中，在同韵的情况下，势必出现知组二等字与庄组字合并(桑宇红，2008)；发展到《中原音韵》时，知组二等字与庄组字同音(桑宇红，2009)。从语音上分析，“瞪”为知组二等梗摄字、“争(睁)”为庄组梗摄字，二字读音在南宋以后相混以致音同或音近；从文献用例上看，“争(睁)”最早的文献用例可追溯至宋金时期(如例 8、9)，且“争(睁)”早期文献用例词义与“瞪”相同，都表示“张开眼睛后的持续瞪视”义；另从与“瞪”“争(睁)”相组合的词语也可看出二词在表示“张开眼睛后的持续瞪视”义上语出一源，如：

(12)a. 夜来钻壁，乃睹一人，长七八尺，面似神道，瞪眼看我，我不觉惊倒，又不敢叫人相救。(宋·洪迈《夷坚志》支庚卷六)

(12)b. 怒扑空睁眼，嗔憧谩握拳。(宋·张师锡《老儿诗》)

例中“瞪眼”“睁眼”皆谓张大眼睛持续瞪视。

综上，“睁”的语源当是与“桢”“嗔”“瞪”等读音相关且皆有“张开”语源义的同源词，但该

---

① 3 例出现在吴语作品中，分别是《挂枝儿》1 例、“二拍”2 例；1 例即例(10)《金瓶梅词话》例，另在清初的山东方言作品《聊斋俚曲集》中有 3 例“挣”，其余文献皆无作“挣”的用例。其中或有受当时方言用字影响的可能性存在。

② 笔者按：当作“禎”，俗写“礻”旁与“衤”旁常相混，又“衤”旁与“巾”旁相通，“禎”即“帧(幀)”的异体字。此蒙郑贤章师惠示，谨此致谢。

③ 又有“瞠”的用例，如《庄子·田子方》：“夫子言道，回亦言道也，及奔逸绝尘而回瞠若乎后者。”“瞠”“瞪”音近同源。

词或本无固定写法，在文献中与不同对象搭配呈现出不同的字形①。“争”在宋金时期出现文献用例当是其与“瞪”声韵逐渐趋同后的一个俗写记音字②，后加“目”旁作“睁”以显义，“睁”为“争”的后期分化字③。

③“睁”的发展

“争(睁)”早期词义承“瞪”而来，故在文献中皆表示张大眼睛持续瞪视，且由此形成了熟语词，如“眼睁睁/眼瞪瞪”“目睁口呆/目瞪口呆”等。我们对宋金元的文献用例进行考察分析，在此期用“争(睁)”的文献中，皆无“瞪”的文献用例；反之，在此期用“瞪”的文献中，则皆无“争(睁)”的文献用例。二词大致是北方文献多用“争(睁)”，南方文献多用“瞪”(如《古尊宿语录》《五灯会元》《建炎以来系年要录》《齐东野语》等)，呈现出显著的地域差别。

至明代，“睁”出现表示{开眼}的用例，如：

(13)李逵困眼睁开，对宋江道：“哥哥不带我来也罢了，既带我来，却教我看房，闷出鸟来！你们都自去快活。”(《水浒传》第七十二回)

我们对明代部分文献中的“睁”④进行用例统计，可得表2：

表2 明代部分文献“睁”用例分析⑤

文献	水	西	挂	封	金	三	二	型
方	江	江	吴、蓝	江	山	江、吴	吴	吴
{开眼}	2	17	1	40	13	28	4	1
非{开眼}	67	53	0	20	39	32	36	6
比例	0.03∶1	0.32∶1	1∶0	2∶1	0.33∶1	0.88∶1	0.11∶1	0.17∶1

据表2可以看出，表示{开眼}的“睁”大致是从江淮官话发源，而后持续扩散至其他地区。另从同是具有江淮官话方言背景而有年代差别的作品《水》《西》《封》《三》中表{开眼}“睁”的占比逐渐升高这一特点可以鲜明看出“睁”的{开眼}义项的发展过程。《三》的比值反较《封》少，或是因作者创作中又受其他方言的影响，据廖可斌(1996)考证，《三》中多吴越一带方言，作者曾流寓吴越地区，对杭州、南京一带非常熟悉，且于万历二十五年(1597)、二十六年(1598)前后一定住在南京。《三》中的语言成分既受江淮官话影响、亦受吴语影响，与同具有

---

① 此蒙郑贤章师惠示，谨此致谢。

② 《元刊杂剧三十种》有一例“诤(百姓每都将盡[尽](畫)[画]诤，但吃酒先浇奠)”，该字即为“帧”的俗写，义即“画幅”。亦可凭此看出至迟至元代“争”与“贞”音同或音近，以致俗写讹混。

③ “争(睁)”也可能由其本义“争斗、夺取”引申而来，该义含有张开、分开之义，引申则可指眼睛张开、表示愤怒。但若按引申理解，那么从“争”有“争斗、夺取”义的上古时期直至宋金超过一千五六百年的时间内都没有发生如此引申，而唐五代敦煌文献中又多用从“贞”“登”等字记录，另“争(睁)”的文献用例又恰处于宋元时期知组二等字与庄组字的语音演变时期。故我们认为从“争”本义引申的可能性也存在，但从唐宋时期文献中一批相关词的语音上分析可能性偏大、通俗讲即诸字形可能皆为某语源词的“儿子”。不过由于文献资料缺乏，我们暂不能断言孰是孰非，特录此备考。

④ 包括其他字形，下同，不再说明。

⑤ 表格中，“水”指《水浒传》，“西”指《西游记》，“挂”指《挂枝儿》，“封”指《封神演义》，“金”指《金瓶梅词话》，“三”指《三宝太监西洋记通俗演义》，“二”指“二拍(《初刻拍案惊奇》与《二刻拍案惊奇》)”，“型”指《型世言》。“方”指“方言背景”：“江”指“江淮官话”，“吴”指“吴语”，“蓝”指“蓝青官话”，“山”指“山东方言”。各文献大致按年代顺序排列，下同，不再说明。

吴语成分但未受江淮官话影响①的“二”与《型》相比，其表{开眼}的“睁”则又占比偏多，这亦从另一角度说明表{开眼}的“睁”当发源于江淮地区。具有蓝青官话与吴语方言背景的《挂》中用“睁”表{开眼}，与“二”和《型》不同，可能正是方言背景不同的反映②。在表非{开眼}的“睁”的用例中，除去仍保留“睁”早期词义“张开眼睛后的持续瞪视”带有的生气怒视义的“睁”，另有不少“睁”以固定结构（“眼睁睁”“目睁口呆”）出现，这些固定结构中的“睁”实际上已经“内嵌化”（汪维辉，2020）③。

2)“睁”与“开”的竞争

表{开眼}的“睁”大致从明初开始出现于文献中，其以江淮官话为发源地，受当时政治的影响，随着江淮官话持续往外扩散影响，并迅速与“开”展开激烈竞争。

我们同样对上述所采用的明代文献中表{开眼}的动词进行统计分析，可得表3：

表3 明代部分文献{开眼}动词用例统计

文献	水	西	挂	封	金	三	二	型
方	江	江	吴、蓝	江	山	江、吴	吴	吴
开	6	4	1	3	4	20	3	1
睁	2	17	1	40	13	28	4	1
撑	0	0	0	0	0	5	5	0
开:睁	3∶1	0.24∶1	1∶1	0.08∶1	0.31∶1	0.71∶1	0.75∶1	1∶1

据表3统计，可以看出在同具有江淮官话方言背景的明初文献《水》中“开”仍占优势，而至明代中期的《西》这一比值迅速下降，至明代后期的《封》进一步下降。《金》中虽仍有4例“开”，但有3例为熟语“见钱眼开”的化用、1例存于诗句韵文中，例如下：

(14)看官听说：原来世上，惟有和尚、道士并唱的人家，这三行人不见钱眼不开，嫌贫取富，不说谎调诐也成不的。（《金瓶梅词话》第二〇回）

(15)河里罪人多开眼，尸山炉剔树骞林。（《金瓶梅词话》第七四回）

若除去这4例，则“睁”为《金》中实际表示{开眼}的唯一动词。由此我们也可以推断出在北方文献中“睁”对“开”的竞争与替换主要集中在明初至明中期这两百年左右的时间。我们推测这一现象与明成祖永乐帝的迁都具有重要关系，其使得南系官话的地位不断上升、并持续影响北系官话（汪维辉，2018）。此后“开”也并未就此销声匿迹，尤其是在这一激烈竞争的结束期及稍后的时间段内，“开”仍具有一定的影响力，如在《三》中“开”仍有20例。

至清代，“睁”已完成了对“开”的替换。表4为清代部分文献{开眼}动词用例统计：

---

① 我们说作品语言受某种方言影响仅仅是相对而言，因为即使作者处于某一方言区，也不可能在作品中全用其方言来创作，或多或少会受到当时的官话通语影响，但是这个比值会存在高与低的差别，这是我们从事汉语史研究可以关注与利用的地方。如在近代汉语时期兴起的说类词“讲”受文献语料的局限性影响，而暂无法研究清楚（汪维辉，2003）。这进一步说明文人在创作中其自己方言成分会受当时的官话通语影响，从而表现出用例多寡的差别、甚至是几乎没有（如说类词“讲”），这是汉语史研究的一大困难。

② 此蒙匿名审稿专家惠示，谨此致谢。

③ 汪维辉（2020）对“内嵌化”的论述着眼于新词与旧词的替换，现在看来，一个词内部词义的新义项与旧义项的变化发展对旧义项也具有“内嵌化”的影响。

表 4 清代部分文献{开眼}动词用例统计①

	醒	聊	红	儒	歧	官	老	孽	怪	品	儿	海
方	山	山	北	江	中	江	江	江、吴	江、吴	北	北	吴
开	1	10	5	0	0	0	0	0	1	4	0	1
睁	19	32	40	4	18	4	5	6	4	6	9	28
启	0	0	1	0	0	0	0	0	0	0	0	0
张	0	0	0	0	0	0	0	1	3②	0	0	2

此期，"开"虽然在文献中尚有存留，但在使用上已经受限，或是用于诗歌韵文中、或是用于陈述句中、或是作者的偶尔使用，如：

(16)实不望今生今世，还得那天眼重开。(《聊斋俚曲集·姑妇曲》第二回)

我们判断新旧成分是否完成替换，一是要看大势和主流，二是要对语料做具体分析，因为旧质要素一般不会销声匿迹，而是可能会由于各种语用因素的影响时不时露一下脸(汪维辉、胡波，2013)，表{开眼}的"开"正是这种情况。

发展至现代，据我们对《现代汉语方言大词典》(李荣，2002：3708-3709)和《汉语方言大词典》(许宝华、宫田一郎，2020：4748)进行的统计分析，表{开眼}的"睁"在全国大部分地区(北方官话、西南官话、北部吴语等地区)流行通用，成为汉语{开眼}动词的主要用词。

3)"撑"的出现

据表 3 统计，我们发现在《三》与"二"中，各有 5 例"撑"表示{开眼}。如：

(17)及至醒了，撑开眼来，只见白茫茫一江洪浪，赤喇喇万里滔天。(《三宝太监西洋记通俗演义》第一六回)

另《汉语大词典》所引《东堂老》第二折"你这老头儿不要琐碎，你只是把眼儿撑着，看我这架子衣服如何"、明唐寅《烟波钓叟歌》"撑开老眼恣倡狂，仰视青天大如饼"两例"撑"亦为此义。考《东堂老》现存于《元曲选》中，该书已经臧懋循改易、非元人原样，而臧懋循正是浙江长兴人，唐寅为江苏苏州人。《三》中多吴越一带方言，且作者曾流寓吴越地区，对杭州、南京一带非常熟悉；"二"的作者为浙江湖州人，具有吴语的方言背景。据此，表{开眼}的"撑"当是当时至少在吴语地区③所用的方言词。

"撑"本指物体的"支撑、抵住"，如汉陈琳《饮马长城窟行》："君独不见长城下，死者骸骨相撑拄。"由物体的支撑抵住隐喻可指人体器官的支撑抵住，如《朱子语类》卷一二三："至如君举胸中有一部《周礼》，都撑肠拄肚，顿着不得。"当指眼睛时又可从"目"作"瞠"表示"张大眼睛持续瞪视"，如元行秀评唱宋《请益录》第七则《香严上树》"致将一问来"句："大瞠着眼，

① 表格中，"醒"指《醒世姻缘传》，"聊"指《聊斋俚曲集》，"红"指《红楼梦》，"儒"指《儒林外史》，"歧"指《歧路灯》，"官"指《官场现形记》，"老"指《老残游记》，"孽"指《孽海花》，"怪"指《二十年目睹之怪现状》，"品"指《品花宝鉴》，"儿"指《儿女英雄传》，"海"指《海上花列传》，"北"指"北京官话"。下同，不再说明。

② 蒙匿名审稿专家惠示，《孽》与《怪》中的语言既有江淮官话也有吴语成分存在，二书中 4 例表{开眼}的"张"应该都是吴语的特点。

③ 因为历史文献的局限性，缺少更多南方方言的文献来搜集表{开眼}的"撑"的用例，故暂仅能说明其至少在吴语地区流行。

只管说梦。”①再由此引申，便可表示“睁开”义。

我们对《现代汉语方言大词典》(李荣，2002：5353-5354)和《汉语方言大词典》(许宝华、宫田一郎，2020：6133-6136)表{开眼}“撑”的分布区域进行分析，发现表{开眼}的“撑”现主要在吴语(浙江金华②)、赣语(江西南昌、高安、黎川)等地使用。据此系联上述明代文献中所提表{开眼}“撑”的使用地区，我们发现其总体上呈现出由北往南退缩趋势③。我们亦发现在赣语(江西高安、黎川)地区，“撑”也可用于表示“瞪眼”，即表示“张开眼睛后的持续瞪视”义。结合上述“撑”的词义分析，我们认为其当是与“睁”在历史上发生了类同引申(江蓝生，2000：309-319)的词义发展④。

现再分析寒山诗中“撑却鹞子眼，雀儿舞堂堂”中的“撑”，我们认为当从项楚所校作“挛”。理由如下：①“挛”即项楚(2019：485)所释“缝合”义；②若作“撑”，则从唐代至明代七八百年的时间内皆无表{开眼}“撑”的文献用例；③若是与“睁”发生了类同引申，则“张开眼睛后的持续瞪视”义的“撑”当至迟于唐代已有文献用例，后再引申可指{开眼}，而实则无相关用例。

二　汉语{合眼}动词的历时演变

(一)上古、中古时期

先秦时期，表示{合眼}的动词在文献中用例偏少，“瞑”是此期表示{合眼}的唯一动词，此期动作对象隐含在“瞑”中，如：

(18)人之目，以照见之也，以瞑则与不见同。(《吕氏春秋·知接》)

大约至西汉，动作对象“目”呈现出来，如：

(19)故行险者不得履绳，出林者不得直道，夜行瞑目而前其手。(《淮南子·缪称》)

至东汉，在中土文献中仍以用“瞑”为主，如《论衡》中“瞑”有20例、《太平经》中“瞑(冥)”有7例，无“闭”用例。佛经中则全用“闭”，我们统计在东汉佛经⑤中表示{合眼}的“闭”共6例，用例如例(2)。在东汉佛经中，“瞑(冥)”已经转指眼睛昏花，如：

(20)菩萨一言，便成老母，头白齿落，眼冥脊伛，柱杖相扶而还。(东汉竺大力共康孟详译《修行本起经》卷下，T3/471a)

① 此例蒙郑贤章师检示，谨此致谢。

② 笔者家乡(浙江临海)方言也用“撑”表示{开眼}。

③ 由于历史文献的局限性，加上作者创作中多少会受到当时通语的影响，以致在明后至现代这三百多年的时间段内我们无法通过更多的文献用例研究清楚表{开眼}的“撑”是如何发展演变的。

④ 这一引申过程具体如何在宋至明这一时间段内在吴语与赣语等地区发展演变，由于文献的局限性，我们暂时还无法研究清楚。

⑤ 东汉佛经的选用标准综合了许理和(2001)与史光辉(2007)的观点，剔除了两者没有重复的佛经(即《禅行法想经》与《阿毗昙五法行经》)。

此后佛经中几乎都用“闭”表示{合眼}①,如在支谦的译经与康僧会所译的《六度集经》中全用“闭”表示{合眼},共计4例。相较之下,“闭”在中土文献中则直至晋代才有文献用例,如:

(21)得道之士,呼吸之术既备,服食之要又该,掩耳而闻千里,闭目而见将来。(《抱朴子·对俗》)

大约至东晋晚期,“合”开始在文献中出现表示{合眼}的用例②,如:

(22)龙女即与八鉼金,语言:“此是龙金,足汝父母眷属终身用不尽。”语言:“汝合眼。”(东晋佛陀跋陀罗共法显译《摩诃僧祇律》卷32,T22/489a)

但整个中古时期,“合”表示{合眼}的用例并不多,仍以用“闭”为主,据我们对东晋至隋的部分代表性文献进行统计,仅在《摩诃僧祇律》与《正法念处经》中有4例“合”表示{合眼},而这两部佛经尚有4例“闭”表示{合眼},在《古小说钩沉》与三种《观世音应验记》中皆用“闭”表示{合眼}。结合《摩诃僧祇律》与《正法念处经》两部佛经的译者所在地,我们推测表示{合眼}的“合”应是起源于北方,在中古中后期应在北方地区使用,这也为近代时期“合”在北方地区的发展奠定了基础。

综上,上古时期“瞑”是表示{合眼}的唯一动词;表{合眼}的“闭”大约从东汉开始兴起,此后成为中古时期表示{合眼}的主导词。

(二)近代时期

1.唐宋元时期

表{合眼}的“合”大致从东晋晚期在北方地区萌芽,至唐代,在当时的北方文献中已渐渐兴起,用例如例(6)。在唐五代的北方文献《游仙窟》与《敦煌变文校注》中表{合眼}的“合”共5例、无“闭”用例。《王梵志诗校注》有1例表示{合眼},出现在卷七(合眼任心树下,跏趺端坐花台)。

相反,作于福建的《祖堂集》则全用“闭”,共计4例,如《祖堂集·老安国师》:“师闭目又开目,坦然禅师便悟。”另《入唐求法巡礼行记》亦用“闭”表示{合眼},共计2例,分别出现在第一、二卷。据董志翘(2000:30-31)考证,该书一、二卷写于圆仁入唐之初,此期作者汉语水准不高,且其所用语言是“日本汉文语言”,书中很多语言现象是在日本便早已固定的语言习惯(姚尧,2018),故我们推测书中所用表{合眼}的“闭”或是作者在来中国之前已经惯用。

至宋代,北方文献则继续以用“合”为主,如在《董解元西厢记》中共有5例“合”表示{合眼}、无“闭”用例。表{合眼}的“合”逐渐从北方向南方扩散,如在《五灯会元》中表{合眼}的“闭”14例、“合”3例,《朱子语类》中“闭”与“合”各6例。

---

① 译于后秦的《十诵律》中有2例“瞑”:“女言:‘汝瞑眼。’即如其言便瞑眼,须臾之顷,便于王萨薄聚落不远置之。”(T23/180b)但这2例“瞑”在宋、元、明、宫本中皆作“眠”,而该经中有6例“闭”表示{合眼}。且根据汪维辉、胡波(2013)所提出的“以前期赅后期”的标准,我们认为“瞑”于此期已经不在实际口语中使用。

② 汪维辉(2000)对“合眼”有相关论述,不过认为“合眼”是唐代新兴的说法,恐未确。“合眼”早期文献用例相对较少,据汪维辉(2000)所引唐代“合眼”用例及笔者对唐代“合眼”用例的考察,其作者所处地域基本集中于北方地区,此或可判定八卷本《搜神记》的作者可能为北方人。

此期“瞑”虽然早已不在实际口语中运用，但仍时不时在文献中露一下脸，但更多情况下“瞑”已经转指将死或死后的永久闭眼，如：

(23)某今病得一生九死，已前数年见浙中一般议论如此，亦尝竭其区区之力，欲障其末流，而徒勤无益。不知瞑目以后，又作么生。(《朱子语类》卷七三)

这成为了“瞑”在此后的主要用法，并一直沿用至今，其实际上已经“内嵌化”了。

至元代，北方地区①都用“合”表示{合眼}，如在《元刊杂剧三十种》中表{合眼}的“合”共5例、无“闭”用例。

2. 明清时期

1)明代

此期表{合眼}的“闭”“合”在不同区域的文献中都有使用，但用例的总比值存在差别，总体上是南方文献多用“闭”表示{合眼}，北方文献则多用“合”。

表5 明代部分文献表{合眼}的“闭”“合”用例统计

文献	水	西	挂	封	金	三	二	型
方	江	江	吴、蓝	江	山	江、吴	吴	吴
闭	2	3	0	13	9	33	6	0
合	3	11	5	5	9	1	6	3
闭:合	0.67∶1	0.27∶1	0∶5	2.6∶1	1∶1	33∶1	1∶1	0∶3

据表5统计，可以看出随着元明易代，在元代通用的表{合眼}的“合”在江淮官话地区渐渐被“闭”所替换。《金》中虽有9例“闭”，但有5例表示“死亡”，与上文所提“瞑”近似，而“合”则都用来表示真正的{合眼}，故《金》实际是以用“合”为主。如：

(24)a. 我死在九泉之下，口眼皆闭！(《金瓶梅词话》第七九回)

(24)b. 那边官哥才合上眼儿，又惊醒了。(《金瓶梅词话》第五八回)

此期南方文献中“合”用例仍不少，一方面是因为在这些文献中“合”与“闭”的用法渐渐产生区别——“合”主要用来表示睡觉的长时间合眼、“闭”主要用来表示临时的短暂合眼，另一方面或是受相关文献的用词更接近通语的影响造成。用例如：

(25)a. 奴家因有捷娘在此房中宿，三夜不曾合眼。(《初刻拍案惊奇》卷二九)

(25)b. 闭着泪眼，口里只念“救苦救难观世音菩萨！”(《初刻拍案惊奇》卷八)

据我们统计，《水》2例、《西》8例、《挂》4例、《封》4例、“二”6例、《型》3例“合”皆表示睡觉的长时间合眼，若除去这些用例，则上表统计的南方文献中，基本是用“闭”表示短暂的合眼。

2)清代至今

清代表{合眼}的“合”承明代发展，大致是表示睡觉的长时间合眼用“合”，但也有地域差别，总体上仍是北方较南方多用“合”。

① 因为历史文献的局限性，此期可靠文献中南方文献近乎没有，北方文献仅在《元刊杂剧三十种》中检索到相关用例。

表6 清代部分文献表{合眼}的"闭""合"用例统计

文献	醒	聊	红①①	红②	儒	歧	官	老	孽	怪	品	儿	海
方	山	山	北	北	江	中	江	江	江、吴	江、吴	北	北	吴
闭	10	14	5	12	5	0	15	4	4	3	6	6	11
合	9	22	12	10	2	7	11	0	3	3	3	1	5
闭:合	1.11∶1	0.64∶1	0.42∶1	1.2∶1	2.5∶1	0∶7	1.36∶1	4∶0	1.33∶1	1∶1	2∶1	6∶1	2.2∶1

据表6可以看出，此期南方文献中表{合眼}的"闭"皆比"合"多，用例如：

(26)他听了这话，把眼闭着摇头，那手只是指着不动。(《儒林外史》第五回)

而在这些南方文献"合"的用例中，《儒》2例、《官》11例、《孽》1例、《怪》3例、《海》4例都表示睡觉的长时间合眼，可见"合"在这些地区已经下位化专指睡觉的长时间合眼。

此期的北方文献则较南方文献情况复杂。一方面，明代南方地区用的"闭"随着元明易代、明成祖北上迁都使得"闭"至清代于北方又逐渐进入"合"的使用区域；另一方面，又呈现出不均衡的发展状况，如同是清初山东方言的文献，《醒》中的"闭"与"合"的比值则与《聊》不相近，我们认为或是《醒》与《聊》反映的是明末清初山东方言不同区域的语言特点(张树铮、孙韵珩，2005)。另《红②》中"闭"与"合"的比值较《红①》高，且时代越往后，至清末《品》与《儿》时期这一比值更高，这可看出"闭"在明代之后持续往北扩散的影响。另具有中原官话背景的《歧》则全用"合"表示{合眼}，故由此可看出此期北方地区表{合眼}的"闭"与"合"的复杂状况。

直至现代，据《汉语方言大词典》(许宝华、宫田一郎，2020：1914-1915)的考察，表{合眼}的"闭"也仍是在南北通行(吴语与北京官话都用)；又据《汉语方言大词典》(许宝华、宫田一郎，2020：1847-1855)与《现代汉语方言大词典》(李荣，2002：1483-1486)的考察，"合"则基本分布在北方(山东方言地区)和闽语区(崇安、海口)及受闽语影响的温州等地。闽语部分地区用"合"表示{合眼}的时代最早或可追溯至《朱子语类》所处的南宋。

三 演变的动因及其他

汉语{开眼}动词的演变经历了从先秦时期的综合形式至西汉的"开"，再至明初，"睁"从北方地区兴起并随后与"开"迅速展开竞争，最后"开"退居其次，"睁"取得了该概念场的主导词地位，另"撑"大致在明代及其后时期在吴语与赣语等地区使用，且使用范围显示出由北往南缩小的趋势。汉语{合眼}动词的演变经历了从东汉以前的"瞑"至东汉开始的"闭"，随后东晋晚期"合"的萌芽，至近代汉语时期形成了"闭""合"的竞争与互补，并一直持续至今。

在内部原因上，表{开眼}"开"的产生是因为其在战国时期成为了"开启"义的主导词(蒋绍愚，2019)，随后进一步扩散至{开眼}概念场；而"睁"的产生则主要是因为其语源与"张开"相关，随后进一步扩散至{开眼}。"睁"的兴起一则因为它的词义单一，早期表示"张大眼睛

① "红①"指《红楼梦》前八十回，"红②"指《红楼梦》后四十回。

瞪视”,但该义元以降渐渐内嵌化并让位给了“瞪”,而“睁”则主要表示{开眼},相比之下“开”是表示“开启”义的上位词、词义丰富,这也使得它的词义负担过重,故在表示{开眼}概念上渐渐让位给“睁”;二则随着词汇双音化的开始,加上中古时期动补结构的产生与发展,“开”从魏晋时期的“VO开”演变至唐五代时期的“V开”,再演变至宋元时期表位移的补语“开”的出现(孙鹏飞,2008:27-31),从而使得“开”成为{开眼}动词后面的趋向补语(如例13),这进一步削弱了“开”在该概念场中的地位,从而使得“睁”在明中后期迅速取得主导地位。表{合眼}“闭”的产生是因为其从先秦至明代都是“关闭”义的主导词(蒋绍愚,2019),故而在{合眼}概念场上一直占据着主导地位。“合”虽然萌芽于东晋晚期,但在很长一段时间内都是居于次要地位,直至元代其分布区域才不断扩大,但至今仍在与“闭”竞争,并没有完成替换。

在外部原因上,汉语{开眼}{合眼}动词的历时演变都与封建王朝的更替和人口的流动变迁有关。“睁”对“开”的替换受宋元易代、元代北方方言取得主导地位的影响,“合”的兴起及其与“闭”的竞争则受元明易代、明成祖的迁都等方面的影响。历史朝代的变迁,对概念场内成员的变换也具有举足轻重的影响。

从上述分析可以看出汉语{开眼}{合眼}动词的历时演变并不同步对称,总体上是{开眼}动词的更替变化快{合眼}动词的更替变化一个节拍,如第一阶段“开”在西汉时期取得{开眼}概念场的主导地位,而“闭”要到东汉才取得{合眼}概念场的主导地位,第二阶段“睁”在明中后期已经完成对“开”的替换,而“闭”“合”的竞争至今仍在持续。第一阶段我们认为是“瞑”的词义形象、且与“目”相关,故使得“闭”至东汉才取得主导地位;第二阶段我们认为是因为“睁”的词义单一、支配的对象也仅为“目”,从而使得其迅速取得主导地位,而“闭”“合”可支配的对象都较为丰富,且二词词义都具体生动,皆难以在竞争中迅速取得优势,故而一直持续至今。

研究历史词汇的发展演变,我们不仅要关注新词是如何产生与发展的,也要关注旧词及旧词义的去向与归宿,如表示“眼睛张大后的持续瞪视”义的“睁”随着“睁”取得{开眼}概念场的主导地位后渐渐内嵌化,而“瞑”则是先经历内嵌化(瞑目)后经历下位化(专指“死”),两种情况皆使相关用词及词义退出概念场中相关词内成员的竞争。

通过上述两个相关概念场的历时演变分析,我们发现元末明初至明中期这一时间段内的语言变化非常值得关注,而这一时间段内对应的历史事件正是元明易代以及明成祖朱棣的迁都,外部环境的剧烈变化使得此期很多语言现象产生变化,如“睁”在此时间段内取得了主导地位,“闭”在此时间段后又继续与“合”展开竞争①。

参考文献

[1][荷]许理和. 关于初期汉译佛经的新思考[M]. 顾满林,译//汉语史研究集刊(第四辑). 成都:巴蜀

---

① 梅祖麟(1984)虽然对该时期的文献作了相关补充说明,但相对于此后涌现的白话小说,这一时期可供利用的有效汉语史文献则仍相对匮乏。有很多相关的汉语史问题正好在该时期内出现变化,而由于文献的缺乏暂时不能研究清楚,本文所论述的“睁”即其例。历史文献除了某些时间段内缺乏材料的问题,另相关作者在创作中并不会完全将其方言的语言现象写进作品中的问题,使得我们对一些语言现象的发展演变过程存在“盲区”、无法研究清楚,本文所论述的“撑”及汪维辉(2003)所论述的“讲”即其例。

书社，2001.
[2]董志翘.《入唐求法巡礼行记》词汇研究[M]. 北京：中国社会科学出版社，2000.
[3]江蓝生. 近代汉语探源[M]. 北京：商务印书馆，2000.
[4]蒋绍愚. “开—关”概念场中词汇的历史演变[M]//语言学论丛(第五十九辑). 北京：商务印书馆，2019.
[5]冷瑞婧. 量词“帧”的产生及其历史演变[M]//南方语言学(第十七辑). 北京：世界图书出版公司，2021.
[6]李荣主编. 现代汉语方言大词典[M]. 南京：江苏教育出版社，2002.
[7]廖可斌.《三宝太监西洋记通俗演义》主人公金碧峰本事考[J]. 文献，1996(1)：24-46.
[8]刘坚编著. 近代汉语读本(修订本)[M]. 上海：上海教育出版社，2019.
[9]梅祖麟. 从语言史看几本元杂剧宾白的写作时期[M]//语言学论丛(第十三辑). 北京：商务印书馆，1984.
[10]钱学烈. 寒山诗校注[M]. 广州：广东高等教育出版社，1991.
[11]桑宇红. 知、照组声母合一与知二庄、知三章对立——兼论《中原音韵》知庄章声母的分合[J]. 语文研究，2008(3)：31-40.
[12]桑宇红.《中原音韵》知庄章声母研究中的几个问题[J]. 语言研究，2009(3)：58-61.
[13]史光辉. 东汉汉译佛经考论[J]. 阜阳师范学院学报(社会科学版)，2007(1)：45-48.
[14]孙鹏飞. “V开”的句法语义分析及“开”的虚化探索[D]. 上海：上海师范大学，2008.
[15]汪维辉，胡波. 汉语史研究中的语料使用问题——兼论系词“是”发展成熟的时代[J]. 中国语文，2013(4)：359-370.
[16]汪维辉. 从词汇史看八卷本《搜神记》语言的时代(上)[M]//汉语史研究集刊(第三辑). 成都：巴蜀书社，2000.
[17]汪维辉. 汉语“说类词”的历时演变与共时分布[J]. 中国语文，2003(4)：329-342.
[18]汪维辉. 近代官话词汇系统的形成——以《训世评话》与《老乞大》《朴通事》的比较为出发点[M]//南开语言学刊(总第31期). 北京：商务印书馆，2018.
[19]汪维辉. 词汇史札记：旧词去哪里了？[M]//中文学术前沿(第十六辑). 杭州：浙江大学出版社，2020.
[20]王力. 汉语史稿[M]. 北京：中华书局，2013.
[21]项楚. 寒山诗注(附拾得诗注)[M]. 北京：中华书局，2019.
[22]许宝华，[日]宫田一郎主编. 汉语方言大词典(修订本)[M]. 北京：中华书局，2020.
[23]姚尧. 日本中古汉文文献的语言特点及其在近代汉语词汇研究上的价值[J]. 中国语文，2018(3)：369-381.
[24]张树铮，孙韵珩.《醒世姻缘传》和《聊斋俚曲集》语法特点的差异[J]. 古汉语研究，2005(4)：56-62.
[25]张涌泉. 汉语俗字研究(增订本)[M]. 北京：商务印书馆，2010.
[26]张雨薇，方一新.《撰集百缘经》非三国吴支谦译的语言学证据[J]. 河南师范大学学报(哲学社会科学版)，2019(2)：99-104.

A Study on the Diachronic Evolution of Chinese Verb of “Open Eyes” and “Close Eyes” and Others

Chen Zhi

Abstract: The verb meaning “Open Eyes” in Chinese experienced the evolution from

"*Kai*(开)" to "*Zheng*(睁)". "*Zheng*(睁)" was derived from the colloquial word related to "Zhen(桢)" pronunciation, and "*Cheng*(撑)" was roughly used in *Wu* and *Gan* languages in the Ming Dynasty and later periods. The verb meaning "Close Eyes" in Chinese has gone through the competition and complementarity of "*Ming*(瞑)" and "*Bi*(闭)" in modern Chinese, which has been going on till now. The evolution of the members of the two concept fields is not synchronous in history, which reflects the updating and adjustment of related words in the internal and the change of fundamental dialects in different times in the external.

Key words:Open Eyes, Close Eyes, *Zheng*(睁), *Bi*(闭), diachronic evolution

通信地址:湖南省长沙市岳麓区桔子洲街道湖南师范大学(二里半校区)文学院
邮　　编:410006
E-mail:1158247004@qq.com

从量词“介”谈个体量词来源的一种特殊途径*

乐　优

内容提要　本文考察量词“介”的产生时代和来源。“介”在先秦时期没有量词用法,《尚书·秦誓》“如有一介臣”、《国语·吴语》“一介嫡女”和《左传·襄公八年》“一介行李”中的“介”均非量词义。“介”在中古时期始被用作量词,乃是源自文人的误解误用。“介”的量词用法与“一介之使”的使用密切相关,专用于计量身份地位低微的人是由于保留了自谦的语义。

关键词　量词“介”　一介之使　误解误用

引言

汉语中常见“一介草民”“一介匹夫”此类称法,这里的“介”是表自谦的量词,这是古语的遗留。“介”的量词用法产生于何时?其来源又是什么?

关于“介”的量词义来源,目前主要有两种说法:一说是由微小义而来(易孟醇,2005:360;胡世文、徐朝红,2007;张显成、李建平,2017:86等均持此说);一说是由单独义而来(李建平、张显成,2009)。“微小”与“单独”义相因,二说有一定联系。然“介”量词用法产生的具体时代以及诸家对量词“介”来源的说法是否确凿,都尚待考察。

一　“介”在先秦没有产生量词用法

《汉语大字典》“介②”条收录了义项“同‘个’”,引例为《书·秦誓》:“如有一介臣。”《汉语大词典》“介②”条也收录了义项“个”,引例为《左传·襄公八年》:“君有楚命,亦不使一介行李告于寡君。”

多数学者认为“介”在先秦时期就产生了量词用法,主要依据以下三个例子,试作逐一辨析。

(1)《尚书·秦誓》:“昧昧我思之:如有一介臣,断断猗无他伎,其心休休焉,其如有容。”

《尚书》的各种译注本在串讲文意时往往径将“一介臣”释作“一个大臣”,即默认此处的“介”是量词义(如屈万里,2015:251;张绍德,2018:305;张思纯,2018:298;张新科、尚永亮,2019:10等)。这种理解也可能是受到《大学》引文的影响。《礼记·大学》引此句作“《秦誓》

---

*　感谢审稿专家的宝贵意见。文中尚存的问题概由作者负责。

曰:若有一个臣”,将“介”写作了“个”。这应当是字形相近造成的讹混,原文当作“介”不误①。

这里的“介”究竟作何解?故训中主要有两种不同的观点:

第一,专一义。《伪孔传》:“如有束修一介臣,断断猗然专一之臣,虽无他伎艺,其心休休焉,乐善其如是,则能有所容,言将任之。”又《释文》:“介音界。马本作界,云:‘一介,耿介一心端悫者。’字又作‘个’,音工佐反。”

第二,刚硬义。段玉裁《古文尚书撰异》:“此不可通。当是‘马本作砎’。《周易·豫》:‘六二:介于石。’《释文》:‘介,古文作砎。’古文,谓费氏《古文易》也。砎即《说文》之硈字,石坚也。《尔雅》:‘硈,固也。’马云:‘一砎,耿介,一心端悫者。’一心端悫,正谓坚磐。”

从前后文句意来看,释作专一义可从。“专一”和后文的“没有其他伎艺”语义相连贯。段玉裁则改字认为马融本作“砎”,释作坚磐、刚硬,亦可备一说。但很明显,无论哪说,这里的“介”都不是量词用法。

又《公羊传·文公十二年》:“俾君子易怠,而况乎我多有之,惟一介断断焉,无他技。”也化用自《尚书》原文。何休注:“一介犹一概。”何休将“介”解释为一概、全部义,论其语源亦从专一义而来。

再来看第二条文献。

(2)《左传·襄公八年》:“君有楚命,亦不使一介行李告于寡君,而即安于楚。”

“行李”即“行理”,是使臣义②。“一介行李”即“一介使臣”“一介之使”。相似的还有如《史记·廉颇蔺相如列传》“且秦强而赵弱,大王遣一介之使至赵,赵立奉璧来”例。

对“一介行李”“一介之使”中“介”的理解,讨论很多。已经有学者关注到“一介之使”中的“介”并非量词,姜兰宝(2001)、董业铎(2005)认为是形容词微小义。罗献中(2004)提出此当是名词宾介之义。刘德辉(2005)进一步指出:“‘一介之使’的‘介’指的其实是使臣的助手,是名词而非量词。”胡世文、徐朝红(2007)又作修正,“一介之使”可解释为带着一个副使的使臣。试作详述。

“介”为什么会有“使臣的助手、副使”义?明确这个问题需要先讨论先秦的相关礼制。“介”古指“宾介”,先对早期朝聘中“宾介”的情况作一说明。

第一,“介”的作用。“介”最初是朝聘或其他有宾主会面的场合中的一种仪节性人员,起中间传话的作用。使臣朝见别国君主,带有传话的人,即“介”。使臣答复主人的问话时需要通过中间若干个“介”来传话。如下文郑玄注和孙诒让疏所描述的情景:

《周礼·秋官·司仪》:“主国五积,三问,皆三辞拜受,皆旅摈;再劳,三辞,三揖,登,拜受,拜送。”

郑玄注:“郑司农云:旅读为‘旅于太山’之旅,谓九人传辞,相授于上,下竟,问宾从末上行,介还受,上传之。”

---

① 阮元《礼记正义》校勘记:“惠栋校宋本、宋监本并作‘介’,石经、岳本同,此本‘介’作‘个’,嘉靖本、闽、监、毛本同,卫氏《集说》同。《释文》出‘若有一个’,云‘一读作介’。《石经考文提要》云:宋大字本作‘一介’,案正义说一介为一耿介,则当以作‘介’者为是。《释文》作‘个’,与《正义》本异。”据此,“介”应该是原文。

② 黄生《字诂》云:“‘理’‘李’皆有治义,故古书用‘理’字亦通作‘李’。《左氏·昭十三年传》‘行理之命,无月不至’,又《襄十八年传》‘不使一介行李告于寡君’。”可知“行李”即“行理”,“行理”就是使臣,《左传·昭公十三年》:“行理之命。”杜预注:“行理,使人、通聘问者。”

孙诒让疏:“此谓公介九人,以次传辞,相授而下,问宾之末介受之,以次传而上,告于问宾。问宾又以答辞授上介,以次传而下,公之末介又受之,以次传而上,至上介,乃入告公,如下文交摈也。”

第二,“介”的身份。“介”可以由卿、大夫、士等身份的人来担任,不同的身份对应了朝聘中的不同规格。

《周礼·秋官·大行人》:“上公之礼:……贰车九乘,介九人,礼九牢,其朝位宾主之间九十步。”孙诒让疏:“云‘介九人’者,上介,卿一人;次介,大夫一人;余七人皆士介也。凡五等诸侯,介数有多少,其上介皆以卿为之。故《大戴礼记·虞戴德篇》云:‘诸侯相见,卿为介。’盖专据上介言之。”

第三,“介”的人数。“介”的人数可以显明身份贵贱。诸侯朝觐天子之礼,上公九介、侯伯七介、子男五介。这是国君亲往的朝会、规格最高的情况。

又有三年一次的大聘和比年一次的小聘,规格递降。《礼记·聘义》:“天子制诸侯,比年小聘,三年大聘。”郑玄注曰:“比年小聘,所谓岁相问也;三年大聘,所谓殷相聘也。”还有时聘,《周礼·秋官·大行人》:“时聘以结诸侯之好。”郑玄注曰:“时聘者,亦无常期,天子有事,诸侯使大夫来聘。”

《礼记·聘义》:“聘礼:上公七介,侯伯五介,子男三介,所以明贵贱也。介绍而传命,君子于其所尊,弗敢质,敬之至也。”郑玄注:“此皆使卿出聘之介数也。《大行人职》曰:凡诸侯之卿,其礼各下其君二等。”

《仪礼·聘礼》所记乃侯伯之卿行聘礼者。诸侯使卿聘问,其礼各下其君二等,即上公七介、侯伯五介、子男三介。

若使大夫之小聘,则又下使卿者二等,上公五介、侯伯三介、子男一介,若使士则无介。

《周礼·秋官·大行人》:“凡诸侯之卿,其礼各下其君二等,以下及其大夫士皆如之。”贾公彦疏云:“按《聘礼》云:‘小聘使大夫,其礼如为介,三介。’彼侯伯之大夫三介,则亦三十步。若上公大夫五介、五十步,子男大夫一介、一十步可知。郑不言者,举卿则大夫见矣,故不言之也。”

根据贾公彦疏,子男诸侯国在小聘时所遣的使臣,正是只带了一个宾介,即“一介之使”。

随着礼崩乐坏、制度变迁,“介”的具体的概念所指发生了很大的变化。刘德辉(2005)指出:“战国时礼崩乐坏,‘介’在出使的过程中已不能说明诸侯国的等级而仅仅在对出使国及本身使命的重视程度上具有一点象征意义而已。”胡世文、徐朝红(2007)一文对此观点有所补充修正,认为只带一个“介”并不能说只有一点象征意义,并提出:“春秋战国时期,‘介’作为副使,不再是一个简单的传话人,而往往在聘问中发挥重要作用。”其说甚确。春秋战国时期,“介”的地位已经有了实质性的提高,产生了帮助使臣出谋划策的实际作用,即相当于一个副使。

来看春秋战国时期朝聘场合中“介”的具体情况,略引几例如下:

(3)《左传·襄公十四年》:“于是子叔齐子为季武子介以会,自是晋人轻鲁币而益敬其使。”

(4)《左传·昭公元年》:“冬,楚公子围将聘于郑,伍举为介。未出竟,闻王有疾而还。伍举遂聘。”

(5)《左传·昭公五年》:“晋韩宣子如楚送女,叔向为介。”

(6)《左传·成公十三年》:“三月,公如京师。宣伯欲赐,请先使。王以行人之礼礼焉。孟献子从,王以为介而重贿之。”杜预注:“介,辅相威仪者。”

子叔齐子、季武子都是鲁卿,地位差距不大;叔向和赵文子都是大夫,身份地位也差不了多少。可明显见出,春秋战国时期,“介”很受重视,为人尊敬,和使臣地位差距不大,实际上已经担有副使的职责和功用。

然胡文又提出“介”在先秦时期就有两读,古拜切和居贺切,分别对应名词、量词两种用法。我们不认同这个观点,来看其具体论述。

《书·秦誓》:“如有一介臣。”陆德明《经典释文》:“介,字又作个。”《左传·襄公八年》:“亦不使一介行李告于寡君。”《释文》亦作个。以上书证《故训汇纂》录入“《集韵》居贺切”下。

“一介”之“介”在先秦并无量词用法。先秦时期“介”只有古拜切一读(即音界)。前例“一介臣”中的“介”不是量词,上文已作说明,陆德明《经典释文》收录了异文“个”乃是由于字形的讹混,音居贺切也是记录了“个”的读音①。而后例“一介行李”正是我们讨论的对象,以此例有居贺切之读来证明此例的“介”是量词,有循环论证之嫌。

胡文又云:

《礼记·杂记上》:“使一介老某相执绋。”今按,郑玄注:“介,音界,旧古贺反。”

此非郑注,而是陆德明的释文,“音界”语在前,也正说明了此处“一介老某”之“介”当音古拜反。

综上,“介”在语音上只有作名词的古拜切一读。再来看胡文认为“一介之使”的“介”是量词所举出的四点理由:

第一,“一介之使”是指普通的使臣,战国时代,周礼聘问礼仪制度消失殆尽,名词“介”与之相关的含义在语言中也就退出了舞台。

所言不误,然并不能证明“介”就是量词义,相反更能说明其名词属性。“介”在春秋战国时期确实不能再理解为宾介义,而应是副使义,这是由于“介”的实际地位提高了,上文已云《左传》中多见“介”有副使义。“一介行李”即指带有一个副使的使臣。

第二,上古汉语还有其他“数量+之+被修饰名词”的用法。举出以下二例:

(7)晋赵盾,一夫之士也,无尺寸之土,一介之众也。……故伍子胥,一夫之士也,去楚干阖庐,遂得意于楚。(《春秋繁露·灭国》)

(8)士者,有可剋志一介之人也,一介之人者,端心可教化属事,使往通此道也。(《太平经·解师策书诀》)

胡文云例(7)中“一夫之士”都是“一个勇士”的意思,“夫”当为量词;“尺寸之土”与“一介之众”并举,“尺寸”为复合量词,“介”亦为量词无疑。我们认为不妥,并非所有的对文皆是同义,不能说“尺寸”与“一介”相对,所以“介”就是量词无疑。“一夫”有“独自一人”义,若在贬损的语境中使用则犹言“独夫”,即众叛亲离之人。这里的“一夫之士”理解为“孤身一人的士(无其他势力和随从)”或更为恰切通顺。“介”则当训作宾介义。“无尺寸之土,一介之众

① 岳利民、张翠翠(2016),岳利民(2017)曾讨论过《经典释文》“又音”的几类音义匹配的特殊现象,其中有“为形近字注音之音切的音义匹配”一类。

也。”即谓所拥有的土地连尺寸的大小也没有，所从者连一个宾介也无①，这是用夸张的手法来说明赵盾、伍子胥势单力薄。

又云例(8)中“一介之人”意思就是“一个人”，“介”也是量词。此则无据，从原文语义来看此处的“介”明显是“耿介专一”义，专心一意乃可教化属事，乃用《尚书·秦誓》之典。

第三，六朝时期，“介”的量词用法渐渐多了起来。不仅可以修饰“使”，还可以用于“野生”“夫”“士(指青年男子)”等普通人。

“介”确实在六朝时期产生了量词用法，我们将在下文详述，但中古时期有量词用法并不能用以证明先秦的“一介行李”中“介”就是量词。

最后来看第三条文献。

(9)《国语·吴语》：“句践请盟：一介嫡女，执箕帚以晐姓于王宫。一介嫡男，奉槃匜以随诸御。”韦昭注：“一介，一人。”

吴王夫差击败越王句践，句践以五千人保栖于会稽，并使大夫种到吴国向夫差进言。此句就是大夫种向吴王夫差所进之言，以示臣服的诚意。

韦昭注将“一介”解作“一人”②，即将此句理解为句践向夫差请盟，仅让一个嫡女和一个嫡男去侍奉王孙公子。表示臣服却只奉献一个嫡女和嫡男，于情理不合。又惠栋曰：“《曲礼》注云：‘姓之言生也。天子、皇后以下百二十人，广子姓也。’时越以王礼尊吴，故云‘晐姓’。”要广子姓于王宫，却只有一个嫡女，于文义亦有不通。

《清华简七·越公其事》记录了同一件事：“于雩(越)邦，孤亓(其)衒(率)雩(越)庶眚(姓)，齐刴同心，以臣事吴，男女备(服)。”明言“孤其率越庶姓、男女备服”，是让很多子女臣民都去侍奉吴王，以示诚服之心。可见将原句解作嫡女和嫡男各仅一人的看法应当不妥。

我们认为此句中的“介”释作名词“宾介”义或许更为妥当。上文已作介绍，一个介是规格最小的，显示身份的低微。嫡子、嫡女却只带一个“介”，可以显示臣服之心。

综上，《尚书》中“一介臣”的“介”是专一耿介义；《左传》中“一介行李”中“介”可理解为使臣副手的名词义，由宾介义发展来；《国语》中“一介嫡女、嫡男”的“介”是宾介义。“介”的量词用法在先秦还没有产生。王彤伟(2018,2020:27-39)敏锐地指出了先秦文献中的“一介”之“介”并非量词③。但他继而又提出“介”的量词用法直到现代汉语中才产生。我们通过排比大量语例发现，“介”在中古时期应当已经产生了量词的用法。

二 “介”在中古产生了量词用法

中古时期文献出现了很多“一介＋名词”连用的情况，虽然从外部形式上看起来是一样的，实际上“一介”的具体结构和语义却有不同，使用情况比较复杂，大致可将其分为四类：

第一类，作形容词专一耿介义。从《尚书》的“如有一介臣，断断猗无他伎”的语典而来。

(10)《后汉书·班固传》：“如得及明时，秉事下僚，进有羽翮奋翔之用，退有杞梁一

① “士”是没有“介”的。《礼记·聘义》：“聘礼：上公七介，侯伯五介，子男三介，所以明贵贱也。”

② 《国语》旧有郑众、贾逵、虞翻、唐固诸注，并已散佚，今不可见，但韦昭此注尚待质疑。

③ 王文的统计范围不够全面，没有关注到上文提到的《国语》例，对“一介之使”的理解也不够确切。

介之死。”

(11)《后汉书·袁绍传》:“故大将军何进忠国疾乱,义心赫怒,以臣颇有一介之节,可责以鹰犬之功,故授臣以督司,咨臣以方略。”又:“臣虽小人,志守一介。”

(12)《文选·陈琳〈为袁绍檄豫州〉》:“方今汉室陵迟,纲维弛绝,圣朝无一介之辅,股肱无折冲之势。”(李善注:“《尚书》秦穆公曰:如有一介臣,《尚书大传》曰:‘股肱臣也。’”)

(13)《宋书·羊希传》:“徒以清刻一介,擢授岭南,干上逞欲,求诉不已,可降号横野将军。”

(14)《宋书·臧质传》:“山海弘量,苞荒藏疾,录其一介之心,掩其不逞之衅。”

(15)《魏书·于忠传》:“先帝录臣父子一介之诚,昭臣家世奉公之节,故申之以婚姻,重之以爵禄。”

(16)《魏书·慕容白曜传》:“若以一介为高,不悛为美,则微子负嫌于时,纪季受讥于世。”

往往形容忠心、耿直的臣子,或专一、耿介的志向。这是中古时期“一介”最常见的意思。

第二类,作名词微小之物义,与《孟子·万章》“一介不以与人,一介不以取诸人”中的“一介”义同。

(17)晋皇甫谧《高士传·闵贡》:“仲汉高栖,藏宝迷国。一介弗取,卓然贞白。”

(18)《宋书·王微传》:“然复自怪鄙野,不参风流,未有一介熟悉于事,何用独识之也。”

这种用法的例子相对较少,而且是对典故的化用,是名词义,并非形容词“微小”义。

第三类,古语“一介之使”的沿用。

(19)《后汉书·皇甫规传》:“臣素有固疾,恐犬马齿穷,不报大恩,愿乞冗官,备单车一介之使,劳来三辅,宣国威泽,以所习地形兵埶,佐助诸军。”

(20)《三国志·魏书·钟繇传》裴松之注引《魏略》:“猥以蒙鄙之姿,得观希世之宝,不烦一介之使,不损连城之价,既有秦昭章台之观,而无蔺生诡夺之诳。”

(21)《三国志·吴书·孙韶传》裴松之注引《会稽典略》:“公诚能驰一介之使,加咫尺之书,则孝章可致,友道可弘也。”

(22)《全晋文》卷九八陆机《辨亡论上》:“乃俾一介行人,抚巡外域。”

(23)《南齐书·何昌寓传》:“仆受朝廷意寄,翼辅外蕃,何容以殿下付君一介之使。”

实际上,“一介之使”后来成了一种外交场合中常用的辞令用语,并不实指携带着一个宾介或副使的使臣。上述例证的语境也往往是使臣在外交场合中的典雅用语。

第四类,量词,用于计量身份地位低微之人:

(24)《后汉书·东平宪王苍传》:“凡匹夫一介,尚不忘箪食之惠,况臣居宰相之位,同气之亲哉。”(李贤注:《左氏传》曰:“晋宣子田于首山,舍于翳桑,见灵辄饿,曰:‘不食三日矣。’食之,舍其半。问之,曰:‘宦三年矣,未知母之存否,请遗之。’使尽之,而为箪食〔与肉以〕与之。既而(与)〔辄〕为公介〔士〕,倒戟以御公徒而免之。”)

(25)《三国志·魏书·胡昭传》:“昭往应命,既至,自陈一介野生,无军国之用,归诚求去。”

(26)《宋书·张畅传》:“魏主致意安北,程天祚一介常人,诚知非宋朝之美。”

(27)《魏书·萧衍传》:"侯景一介役夫,出自凡贱,身名沦蔽,无或可纪。"

量词用法主要是第四类,首例乃化用《左传》典故,灵辄是晋灵公的"介士",但曾受恩于赵盾,因此倒戈帮助赵盾。"匹夫一介"是数量结构,"介"回指计量"匹夫"。例(25)—(27)"介"后跟有名词中心语,形成数量结构,并且去掉"介"并不影响理解句意。例中的"介"应当是量词用法。

三 "介"的量词用法探源

"介"为什么产生了表自谦的量词用法?上文已述,有学者认为是从"微小"义而来的。我们认为不妥。量词的来源系统有其规律性。游汝杰(1985)指出:"汉语量词早期的发展有两个特点:词性由实到虚,使用范围从狭到广。"邵敬敏(1993)将量词分为外形特征类、非外形特征类与附容处所类三大类,而这些量词从来源上来讲,几乎都是从名词、动词转化而来。我们全面考察了中古时期所有个体量词的来源,确无从"微小"这类形容词义发展而来的情况。

那么"介"的量词用法究竟是怎么产生的?

刘世儒(1965:85)早已指出:"'介'在上古并不是量词;但在南北朝确实有把它当量词用的。这是文人的谬误存古,同当时的口语没有关系。"但仅此寥寥数语略微提及,并未作具体说明。试详述之。

"介"的量词用法应当源自中古时期文人的误解误用。汪维辉、顾军(2021)曾提出词由于误解误用也会产生新义:"由于误解误用而使词产生新义的例子在汉语里并不鲜见,成语中尤多,应该说这是一种带有普遍性的现象。……可以说,引申是词义发展的常规途径和主要方式,误解误用则是词义发展的非常规途径和次要方式。"该文亦指出汉语史上词义误解误用的其中一种常见类型就是后代文人误解前代口语词。汉语历史悠久,语词不再被使用,会造成误解误用。而造成误解误用的主要人群往往是文人。

仔细考察上述量词用法的用例可以看出,"介"被用作量词往往出现在书面语体或较为正式的语境中。例(24)出自东平宪王苍为归职蕃国所上的奏疏中,例(25)也是胡昭不愿做官对太祖的自陈之语,例(26)出自拓跋焘派使者向程天福的传话,例(27)出自慕容绍宗对萧衍的檄文。

随着社会政治经济的发展,概念因逐渐不再被使用而消失,这也会导致语词的误解误用。"介"量词用法的来源应当与"一介嫡子""一介使人"的用法息息相关。

上文已提到,早期朝聘中"介"的人数可以明身份的贵贱。"介"的人数越少,身份就越低微,"一介"是最少的,因此"一介"可被用作自谦之辞。《礼记·杂记》:"上客临曰:寡君有宗庙之事,不得承事,使一介老某相执綍。"孔颖达疏:"一介者,言己使来唯有一人为介,谦辞耳,其实介数各下其君二等。"是说使臣作为吊唁者前来视丧,说自己只带了一个"介",旨在自谦,但实际上不止带了一个宾介。量词"介"常用于自谦的语境中应当就是从这里的自谦语义而来的。

春秋战国时期虽然"介"的实际身份地位已经提高,但仍有用"一介之使"的表达来表示自谦,这是外交辞令中的常用语。刘德辉(2005)已经指出:"'一介之使''一介行李'实际上都是指起码的外交礼节或者外交通报，二者语意完全一致。”

《战国策》中二见“无一介之使以存之”的说法。

(28)《战国策·秦策》：“今大王反国，皆西面而望。大王无一介之使以存之，臣恐其皆有怨心。”高诱注：“存，劳问也。”

(29)《战国策·宋卫策》：“弊邑之师过大国之郊，曾无一介之使以存之乎？敢请其罪。”

前例是子楚向秦王进言，秦王曾在赵国为质，如今返回秦国，竟“无一介之使”去劳问赵国，赵国会有怨心。后例是犀首伐黄国经过卫国时派使臣造访卫君所说的外交辞令，说反话表示自谦。

这里的“一介之使”应当是当时的外交常用语，具体的语素义已脱落，并非真的是带着一个“介”的使臣，仅保留了情感色彩义，用以加强语气表自谦。《史记》中也可见：

(30)《史记·廉颇蔺相如列传》：“且秦强而赵弱，大王遣一介之使至赵，赵立奉璧来。”

(31)《史记·南越列传》：“因让佗自立为帝，曾无一介之使报者。”

上例言秦国强而赵国弱，因此秦王哪怕仅仅派“一介之使”去赵国也是可以的，此处的“一介”并非实指。下例言竟然没有“一介之使”去通报的，“曾无一介”起到加强语气的作用，亦非实指。

中古时期，文人开始将“一介之使”的“介”误认为是量词用法。

(32)《三国志·蜀书·费诗传》：“仆一介之使，衔命之人，君侯不受拜，如是便还，但相为惜此举动，恐有后悔耳！”

(33)《后汉书·张玄传》：“众驰一介，争礼毡幄。”李贤注：“一介，单使也。《左传》曰：‘君亦不使一介行李告于寡君。’”

(34)《魏书·李谐传》：“屈己济务，诚得事宜。由我一介行人，令卿左转。”

例(32)(34)已将“介”理解为了量词，“一介之使”“一介行人”都是自称，被用作“仆”“我”的同位语，“一介”明显不是带着一个“介”的意思。例(33)中李贤引《左传》“一介行李”例，已将“介”误注作了量词义，可见时人对“一介”的误解，并又将《张玄传》中的“众驰一介”注作“单使”，可见其误用。

又因为“一介”保留了自谦的情感色彩义，后来广泛地被用于自谦的语境中，表示对自身的贬损，搭配如“野生”“常人”“役夫”等名词对象。

造成误解有两个主要的原因：一是从社会生活情况来看，中古时期早已没有这种带宾介出使朝聘的仪节，概念的消失会导致语词的误用；二是从语言的内部结构来看，“一介某”与量词结构常见的“数词＋量词＋名词”的形式相仿，内部结构的重新分析也会导致语词的误用。因此“一介”之“介”会被误解误用作量词。

还有一个特殊的例子需要辨明：《魏书·肃宗纪》：“可差国使及彼前后三介，与阿那瓌相随。”此句出自肃宗的诏书，文辞典雅，仿古制、用古语的意味明显，其前文云：

诏曰：“蠕蠕世雄朔方，擅制漠裔，邻通上国，百有余载。自神鼎南底，累纪于兹，虔贡虽违，边燧静息，凭心象魏，潜款弥纯。今其主阿那瓌属离时难，邦分亲析，万里远驰，庇命有道。悲同申、伍，忠孝足矜。方存兴灭之师，以隆继绝之举，宜且优以宾礼，期之立功，疏爵胙土，大启河岳，可封朔方郡开国公、蠕蠕王，食邑一千户，锡以衣冕，加以轺车,禄恤仪卫,同乎戚蕃。"

谓蠕蠕王阿那瓌遭难而来,应当要以"宾"的礼节优待他,派人护送他回去,并差国使三介随他一道。诏书此言可能是按照小聘的礼制,给蠕蠕王带了三个宾介。这里的"介"仍是古语"宾介"义,作名词,属仿古用法。

四 结语

本文对量词"介"的来源和产生时代进行了考察,认为"介"在先秦并没有量词用法,受文化制度和社会情况的变迁影响,在中古时期被误解误用作量词。"介"常用以计量身份地位低微的人是从表自谦的情感色彩义而来。通过对量词"介"的考察,笔者认识到了个体量词来源考察中的两点问题和意义。

其一,"误解误用"也是量词产生的一种途径。

汪维辉、顾军(2021)曾提出,"词由于误解误用也会产生新义,这是词义演变的一种方式",进而指出导致词义误解误用的常见因素中有"内部结构的重新分析"一条,"在一些词语的使用过程中,由于对词语的构造方式不明,人们会根据自己的理解进行重新分析"。

"误解误用"也可能成为推动量词产生的因素之一。量词"介"的产生就揭示了量词来源的这种特殊情况:对一种语言结构产生歧解。"一 X 之 Np"的结构中,因为"X"的位置在数词之后,后又有名词中心语,所以被重新分析为了量词。

其二,在解读经典文献时,应当关注到量词的情况。

厘清量词的来源和历时演变对于文献的确释很有帮助。经典文献的流传过程中,往往对实词的改动很小,而虚词不涉及意义的理解,经常会有改动。量词介于实词与虚词之间,多数学者在理解经典文献时常常容易忽略量词的训释情况,如《尚书》中的"如有一介臣,断断猗无他伎"常常直接被解作"如有一个臣",而"介"在先秦并无此量词用法。这是我们应当留心关注的。

参考文献

[1]董业铎."一介之使"注释商榷[J].现代语文,2005(3):15.

[2]胡世文,徐朝红."一介之使"再辨——兼谈量词"介"的发展[J].云梦学刊,2007(2):144-148.

[3]姜兰宝.释"一介之使"的"介"[J].大庆高等专科学校学报,2001(1):59-61.

[4]李建平,张显成.泛指性量词"枚/个"的兴替及其动因——以出土文献为新材料[J].古汉语研究,2009(4):64-72.

[5]刘德辉."一介之使"辨[J].古汉语研究,2005(2):67.

[6]刘世儒.魏晋南北朝量词研究[M].北京:中华书局,1965.

[7]罗献中.何谓"一介之使"[J].现代语文(理论研究版),2004(7):38.

[8]屈万里.尚书今注今译[M].上海:上海辞书出版社,2015.

[9]邵敬敏.量词的语义分析及其与名词的双向选择[J].中国语文,1993(3):181-189.

[10]王彤伟."一介"之"介"非量词[J].南开语言学刊,2018(1):125-132.

[11]王彤伟.汉语常用量词演变研究[M].成都:四川大学出版社,2020.

[12]汪维辉,顾军. 论词的"误解误用义"[J]. 语言研究,2012(3):1-8.
[13]易孟醇. 先秦语法[M]. 长沙:湖南大学出版社,2005.
[14]游汝杰. 汉语量词"个"语源辨析[J]. 语言研究,1985(4):23-24.
[15]岳利民,张翠翠.《经典释文》中的"又音"与音义匹配[J]. 语言科学,2016(1):42-51.
[16]岳利民.《经典释文》音义匹配举例[J]. 语言研究,2017(4):59-64.
[17]张绍德. 解读《尚书》[M]. 济南:齐鲁书社,2018.
[18]张思纯译注.《尚书》诠解[M]. 北京:开明出版社,2018.
[19]张显成,李建平. 简帛量词研究[M]. 北京:中华书局,2017.
[20]张新科,尚永亮主编. 先秦两汉文观止[M]. 西安:陕西人民教育出版社,2019.

An Exploration of a Particular Origin of Individual Classifiers——Taking the Classifier "*Jie*(介)" as an Example

Le You

Abstract: This paper examines the era and origin of the classifier "*jie*(介)". "*Jie*(介)" was not used as a classifier in the pre-Qin period, such as "*yijie*(一介)" in *Shangshu*, *Guoyu* and *Zuozhuan*. The use of "*jie*(介)" as a classifier only began in the Wei, Jin, southern and Northern Dynasties, due to the miscomprehension and misuse of literati. This is closely related to the use of "*yijiezhishi*(一介之使)", which is used exclusively to measure people of low status since it retains the meaning of self effacement.

Key words: the individual classifier *jie*(介), *yijiezhishi*(一介之使), miscomprehension and misuse

通信地址:浙江省杭州市临安区浙江农林大学文法学院
邮　　编:310058
E-mail:18701726135@163. com

从藏缅语的演变条例
论上古汉语咝冠响音与清响音声母*

郑 伟

内容提要 本文以咝冠响音与清响音声母在藏缅语及其他民族语里的后续演变为例，说明现实语料和类型学视角作为拟测上古汉语证据的重要性。文章分别从音系结构性因素和地域因素两个方面，指出 sN-＞sN-/hN-(保留前置咝辅音)、sN-＞N-(脱落前置辅音)、sN-＞N̥-(响音声母清化)等多种可能性，并且 s-与不同部位响音构成复声母后在演变类型上不平行，sŋ-(＞hŋ-)＞ŋ̊-＞h-、sm-(＞hm-)＞m̥-＞h-、sn-(＞hn-)＞n̥-＞th-、sl-(＞hl-)＞l̥-＞th-更易重复发生，且遵循一般性的演变规则。藏缅语(大安、中甸等)的方言性变化，也印证了这些演变条例。文章指出，相较于其他各家拟音，李方桂先生(1970，1971)提出的与上古音 sN-、N̥-的拟测方案最符合类型学的观察。

关键词 咝冠响音 清响音 藏缅语 演变条例 汉语上古音

本文所说的咝冠响音声母，指的是以鼻音 m、n、ŋ、ȵ 和流音 l、r 为基本声母(统一写作 N)、以咝音 s-前置辅音(pre-initial)的复声母结构，清响音声母则为带清化(voiceless)特征的鼻音及流音声母(统一写作 N̥-)。这两类均为复杂声母，前者带前置辅音，后者带次要发音特征(secondary articulation)。

咝冠响音和清响音(尤其是后者)在汉藏语系语言里普遍存在。孙宏开先生曾指出，在藏缅语的"一些语言或方言中，存在着浊鼻音和清化鼻音、浊边音和清化边音对立的情况"，从历史来源来看，"清化鼻音的产生往往是由于复辅音声母中前置辅音对主要辅音(鼻音)影响的结果……语音变化的途径大致是 s→h→使鼻音清化。其实，复辅音的前置辅音不止是 s-，我们从嘉绒语和彝语的对应情况，可以更多地看到复辅音中的各类前置辅音，都有可能影响鼻音的清化。……清化边音和鼻音一样，也可能是一种后起的语音现象，变化的过程也大同小异"(藏缅语语音和词汇编写组，1991：33、35-36)。

汉语周边民族语中清响音和咝冠响音的存在，为汉语上古音的研究提供了有益的启发。Karlgren(1923，1933)、董同龢(1944)、雅洪托夫(1960)、李方桂(1970，1971)、郑张尚芳(1981，1990)、白一平(1983)、张永言(1984)等相继提出了不同的清鼻音、清流音或咝冠响音的拟测方案。若要了解民族语的语料在多大程度上可以对汉语上古音的拟测起到借鉴作用，首先得归纳清楚民族语里咝冠响音及清响音的演变条例，只是目前学界在这方面的工作还不甚完善。以藏缅语为例，7 世纪藏文、12 世纪缅文记录了咝冠响音声母，从它们与现代藏缅语的比较中可以看到，清响音有咝冠响音(或 hN-)等复声母的早期来源。本文准备探

* 本文是国家社科基金重大项目(18ZDA296)、上海市教育委员会科研创新项目(2019-01-07-00-05-E00049)、华东师范大学第二轮新文科创新平台建设项目(2022ECNU-XWK-XK005)的阶段性成果。衷心感谢《汉语史学报》编辑部和两位审稿专家提供修改建议与意见。文中尚存错漏，当由作者负责。

讨,不同部位的咝冠响音及清响音,在演变条例方面有哪些异同? 除了这两类声母演变的结构性因素,有没有其他因素导致的“特异型”变化,比如自然音变(natural process)、地域(areal)因素等?

一　藏缅语 sN-/N̥-型声母的演变类型

为了使讨论范围更加集中,接下来主要以《藏缅语语音和词汇》(藏缅语语音和词汇编写组,1991;下文简称 ZMY)所收约五十条相关词目为考察对象,并参考巴尔蒂(Balti)、普里克(Purik)、南语(Nam)等较存古藏缅语的语料,由此观察 sN-/N̥-声母在藏缅语各次语言中的演变类型。

(一)类型一:*sN->sN-

该演变类型的具体表现,是前置辅音 s-和基本辅音 N-均保留。包括以下几种声母变化:

1. *sm->sm->hm-。例如:

竹子(#183①),藏文 *smjug*,麻窝羌 ʂ̩pu,桃坪羌 χpu^{55},豪白哈尼 xɔ^{31} pu^{55},哈雅哈尼 xa^{31} bo^{55}。

疯子(#303),藏文 *smjon*,嘉绒 sȵo、史兴 χɔ̃^{55} mɑ^{55}。

胡子(#246),藏文 *sma*,尔龚 ɦɛ ma、尔苏 su^{55} maɹ^{55}、格曼僜 ɕa^{31} mol^{35}。

药(#509):藏文 *sman*,巴尔蒂 sman^{53}(黄布凡,1994:92),普里克 zman(Bailey,2010:74),夏河藏 hman,嘉绒 smon,尔龚 smɛn,泽库藏 rm̥ən,苏龙珞巴 ɕə^{33} min^{33}。

医治(#701),藏文 *sman*,嘉绒 smon,麻窝羌 sman,夏河藏 hman,尔龚 smɛn。

2. *sn->sn->hn-。例如:

鼻子(#240):藏文 *sna*,巴尔蒂 snam^{21} sul^{53}(王尧,1985:23;黄布凡,1994:89)②,普里克 znam tshul(Bailey,2010:73),夏河藏、缅文 *hna*,桃坪羌、嘉绒 ʃna,尔龚 sni,福贡怒 sɿ^{31} nɑ^{55},独龙 ʂ̩ɯ^{31} nɑ^{55},达让僜 xɑ^{31} niɑ^{53}。

墨(#493):藏文 *snag tsha*,嘉绒 snɐk,缅文 *hmɑŋ*^{2},泽库藏 rn̥ak。

闻、嗅(#548),藏文 *snom*,尔龚 snɯ,夏河藏 hnəm、错那门巴、桃坪羌 χmi^{55}、泽库藏 rn̥əm、菁花普米 xə^{13}n̥iə^{55},桃巴普米 xə^{35}ȵ̥õ^{35}。

油(#397):藏文 *snum*,巴尔蒂 snum^{53}(黄布凡,1994:92),夏河藏 hnəm,尔龚 snəm。

穗子(#229):藏文 *sȵe*,巴尔蒂 sŋji^{21} ma(黄布凡,1994:90),尔龚 sno,夏河藏 hȵə,缅文 ɑ^{1} *hnam*^{2},泽库藏 rȵ̥ə,史兴 hɑ^{55} mɯi^{33},扎巴 ʂa^{35}ȵ̥e^{53}。

---

① 每一词条后附的数字为该词项在 ZMY 中所用的词条编码(下文再次出现的话,则省去编号),下文同此。

② 在分析藏文“鼻子”“耳朵”两个词的读音时,黄布凡(1994:91)说:“巴尔蒂话的 sna 可能是藏语‘耳朵’原来的语音形式,但藏文‘鼻子’也是 * sna,为了避免同音混淆,‘耳朵’在藏文基础方言中便变为 * * rna。”

靠~在树上(#579):藏文 *sȵe*,缅文 *hmi*^{3},泽库藏 rten,麻窝羌 ʁlə,菁花普米 stĭ^{55}、景颇 ʃă^{31} mjet^{31}。

心脏(#272):藏文 *sȵiŋ*,巴尔蒂 sniŋ^{53},普里克 zŋiŋ(Bailey,2010:74),错那门巴 niŋ^{55},载瓦 ni̱k^{55},傈僳 ni^{35},拉祜 ni^{33}①,夏河藏 hȵaŋ,墨脱门巴 thiŋlom,麻窝羌 sti:mi,桃坪羌 χtie^{55} mə^{55},嘉绒 təʃnɛ,扎巴 xe^{55} mø^{53},尔苏 sɿ^{55} ȵi^{55},景颇 să^{33} lum^{33},缅文 *hnɑ*^{1} *lum*^{3}。

孵~小鸡(#786):藏文 *sȵol*,泽库藏 ɣȵər,桃坪羌 χne^{55},尔龚 ʐ̩ŋa。

美丽(#847):藏文 *sȵin*,福贡怒 ɕɛ^{31} ʔnɛm^{55}。

3. * sŋ->sŋ->hŋ-。例如:

蔬菜(#206):藏文 *sŋo*,泽库藏 ɣŋ̊o^{55}。

枕头(#387):藏文 *sŋas*,泽库藏 rȵ̥i。

早起得~(#872):藏文 *sŋa*,普里克 zŋa mo(Bailey,2010:79),泽库藏 rŋ̊ən,夏河藏 hŋa。

蓝色(#839):藏文 *sŋon*,夏河藏 hŋon,嘉绒 sŋon,尔龚 ʐ̩ŋɯ。

先你~去(#991):藏文 *sŋon*,缅文 *hnɑŋ*,夏河藏 hŋən^{1}。

总的来说,* sN-在现代藏缅语各次方言中的保守形式,有两种基本表现:

第一,占少数的,是将前置辅音音节化(syllabicalization):* sN->sv N-,即用前置音节(pre-syllable)对应于藏文的前置辅音,具体的方言形式包括:s->su(如尔苏"胡子")、s->ɕə(如苏龙珞巴"药")、s->ɕa(如格曼僜"胡子")、s->χɔ̃(如史兴"疯子")、s->xɔ(如豪尼哈尼"竹子")、s->xa(哈雅哈尼"竹子")、s->ɦɛ(尔龚"胡子")等。

第二,占多数的,是保留前置辅音。具体的方言形式包括:s-(如嘉绒"疯子"sȵ-、尔龚"鼻子"sn-),或者是 s-的后续演变形式,比如 h-(如夏河藏"药"hm-)、r-(如泽库藏"药")、χ-(如桃坪羌"竹子")。s->h-、s->r-是 s-作为前置辅音最常见的变化类型。此外,前置辅音 s-的擦音性质还会将 s-变作 ɣ-或 r-,同时影响其后接的鼻音声母,使其变作清鼻音,即:sN->ɣn̥-/r n̥-。

sN-作为保守形式,在藏缅语次方言里分布并不普遍,多出现在较为存古的藏、羌语支语言或古缅文里。下面是 Nam 语(一种古老的藏缅语)与藏文的几个词的对应(Thomas,1948:414、434-436):

Nam 语	古藏文	义项
sȵi	*sȵi/rȵi*	陷阱
sȵar	*sȵa/gȵa*	证明
sȵi/ɦȵi	*gȵis/ȵis*	二
sȵe	*gȵe*	院子
smyi/rmyi	*mi/myi*	人
smu-h̥dzu	*mu-zi*	硫黄

① 巴尔蒂、拉祜等五个藏缅语方言的语料参看黄布凡(1994:90)。

续表

Nam 语	古藏文	义项
sme/ɦme/ɦmye/me	*me*	火
ɦmad/rmad	*smad*	低的，变低
rme	*sme/dme/rme*	瑕疵，缺点
rmo/rmon	*smon*	渴望

通过比较可见，古藏文 s-可以对应于 Nam 语的 s-/r-/ɦ-；反过来说，Nam 语的 s-/r-可以对应于古藏文的 s-/g-/d-/r-或零形式。这说明，一方面基本辅音之前的前置辅音是可以存在变异的（其中当然不乏构词的因素）；另一方面，Nam 语在 sN-型辅音层面，可能保留了比古藏文更加存古的语音面貌。可以比较：

旧的：藏文 *rȵiŋma*，普里克 r̥ȵiŋ ma（Bailey，2010：78），巴尔蒂 sniŋ^{21} ma^{53}；

后天：藏文 *gnaŋs*，巴尔蒂 snaŋs^{53}（黄布凡，1994：91、92）。

白保罗（Benedict，1972：105-106）指出藏缅语的前置 s-在语法功能上至少有方向性（directive）、使动（causative）或强调（intensive）几种。藏语的 s-常对应于嘉绒、克钦（Kachin）的 ɕə 或 dʑə，Nung 语的 ɕə。同时也能看到前置辅音 s->h-的后续演变，如：

羞耻：Bunan 语 ɕrag，Nung 语 səra、ɕəra-ɕi（羞耻的），缅文 *hrak*（羞耻的、害羞）；

成熟：藏文 *smin*，Vayu 语 min，Bahing 语 miŋ（熟的），缅文 *hmyáń*～*hmáń*（熟的）；

长的：藏文 *riŋba*、*sriŋba*（扩展、伸展、延后），Lepcha 语（ă-）hyăn，Kachin 语 ren（长的）、ɕə ren（变长），Dhimal 语 hrin< ＊srin，缅文 *hrań*< ＊*sriŋ*；

综线：Kachin 语 ɕiŋnat～sənat，缅文 *hnat*，Lakher 语 hna< ＊hnat。

从时间层次来看，前置音节（cv-）和前置辅音（c-）孰早孰晚呢？根据民族语学界的观察（藏缅语语音和词汇编写组，1991：65），（1）次要音节在藏缅语中的地理分布远不及带前置辅音的复声母广；（2）能够跟次要音节形成对应的前置辅音只占复声母总数的很小部分；（3）如果 sC-型复声母来自原始藏缅语的次要音节 cv-，那么无法解释 Cc-型复声母中为何后置辅音 c-会失落；反过来说，如果 sC-型是原始形式，那么 Cc-型声母失落 c-就跟基本辅音前的 c-也会失落是一样的性质。推而论之，我们相信汉语上古音也应该有 cC-、Cc-型并存的复杂声母，而不是来自 cv-CV 这样的双音节。

（二）类型二：＊sN->N-

该演变类型的具体表现，是前置辅音 s-失落，基本辅音 N-保留。包括以下几种声母变化：

1. ＊sm->m-/n-/b-/w-/v-。例如：

竹子：藏文 *smjug*，普米 mʐɐ^{55}，傈僳 mɑ^{44}，大方彝 mo^{33}，苏龙珞巴 mə^{33}，纳西 mi^{31}，贵琼 me^{53}，史兴 miɛ^{55}，扎巴 mɐ^{53}，纳木义 ma^{35}，土家 mu^{55}；德格藏 ba^{13}；拉祜 vA^{53}，载瓦 va^{21}，浪速 vɔ^{35}，碧江怒 vɑ^{55}，缅文 wɑ^{3}，尔龚 wʐɯ，拉萨藏 ȵuŋ^{55}，错那门巴 ȵom^{13}，嘉绒 nɟjo；

疯子：藏文 *smjon*，尔苏 mo^{55}，哈雅哈尼 mu^{33}，木雅 mi^{35}，菁花普米 mi^{13}，基诺 mɔ^{44}，拉萨

藏 ȵom^{55}，错那门巴 ȵøn^{55}，夏河藏 ȵon，墨脱门巴 ȵos；

胡子：藏文 *sma*，墨脱门巴 maŋ，南华彝 mε^{21}，碧卡哈尼 mju^{31}，基诺 mø^{33}，嘉绒 ʃnos；

裙子（#380），藏文 *smad*，拉萨藏 mεʔ^{53}，墨脱门巴 me，错那门巴 mAʔ^{53}，珞巴 mo，普米 nε^{53}；

药：藏文 *sman*，巴尔蒂 sman^{53}，拉萨藏 mε̃^{55}，墨脱门巴 man，木雅 me^{53}，贵琼 mε^{53}、博嘎儿珞巴 men、阿昌 ȵɔ^{31}；

医治：藏文 *sman*，拉萨藏 mε̃^{55}，福贡怒 mɯn^{55}，独龙 mɑ̆n^{55}，木雅 ne^{55}。

＊sN->N-是＊sN-最常见的语音演变，因为它符合发音强度弱的前置辅音先行失落的一般性条例。以＊sm-为例，其相关的后续演变包括：(1)双唇鼻音声母 m-在-j-介音的影响下变作舌面鼻音 ȵ-（如错那门巴"竹子"ȵ-、夏河藏"疯子"ȵ-）。(2)＊sm-脱落前置 s-后，m-塞音化同部位塞音 b-（如德格藏"竹子"b-），即＊sm->m->b-。(3)塞音 b-弱化后，变作同部位的近音 w-或唇齿擦音 v-（如拉祜、载瓦 v-，尔龚 w-"竹子"）。其中第三种和汉语语音史上明母字的演变颇相类似：中古以后明母分化出微母（《中原音韵》时代读唇齿近音 ʋ-），到了现代北京话读作 w-，南方方言的文读音则是 v-，秦晋官话、闽南方言把明母字读作同部位的塞音 b-。据李壬癸（Li，1977：381-382）提供的资料，中国境内其他民族语言，如台湾省南岛语鲁凯语（Rukai，Tannan 方言）、邹语（Tsou）、排湾语（Paiwan）均有 w～v 的形态语音交替：

waɖaw'wait'（等待）～waɖav-na'wait a moment'（等一会儿）

mabanaw'bathe'（洗澡）～mabanav-aku'I bathe'（我洗澡）（鲁凯语）

sifkow～sifkov-a 'flay'（去皮）

eansow～eansv-i'breathe'（呼吸）（邹语）

s/əm/ənaw～sənav-i(/-u)'wash'（洗）

q/əm/awqaw～qawqav-i(/-u)'shout'（叫喊）

ma-ɖawɖaw～ma-ɖawɖav-i(/-u)'forget'（忘记）

kasiw'tree'（树）～pu-kasiv-an 'container for wood'（放木头的容器）（排湾语）

2. ＊sn-/sȵ->n-/ȵ-。例如：

鼻子：藏文 *sna*，拉萨藏 na^{53}，错那门巴 nA^{53}，门巴墨脱 na，贵琼 ȵo^{55}，浪速 nɔ̠^{31}，史兴 ȵɑ^{55}，纳西 ȵi^{55}。

墨：藏文 *snag tsha*，夏河藏 nak，错那门巴 nAk^{55}，博噶尔珞巴 nak，木雅 nε^{33}，拉祜 nA^{31}。

闻、嗅：藏文 *snom*，墨脱门巴 nam，载瓦 nam^{51}，博噶尔珞巴 nam，达让僜 nɯŋ^{35}，苏龙珞巴 naŋ^{33}，南华彝 nɯ^{55}，基诺 nε^{42}，哈雅哈尼 nɔ^{55}，傈僳 nu^{33}。

油：藏文 *snum*，拉萨藏 num^{55}，错那门巴 num^{53}，扎巴 na^{53}，贵琼 nɑ^{53}。

穗子：藏文 *sȵe*，拉萨藏 ȵi^{53}，错那门巴 niu^{55}，碧卡哈尼 ne^{55}。

靠～在树上：藏文 *sȵe*，拉萨藏 ȵeʔ^{53}，基诺 ȵɯ^{33}，德格藏 ten^{55}，墨脱门巴 ten。

平地很～（#825）：藏文 *sȵom*，拉萨藏 ȵom^{55}，夏河藏、泽库藏 ȵam，墨脱门巴 ȵom。

美丽（#847）：藏文 *sȵin*，拉萨藏 ȵiŋ^{55}。

孵～小鸡：藏文 *sȵol*，拉萨藏 ȵε^{55}，夏河藏 ȵa^{13}，错那门巴 ȵAr^{13}。

上文述及，藏文 *sm-*与现代藏缅语之间有＊sm->m->b-的语音对应，与之平行的是＊sn-/sȵ->n->t-（如德格藏、墨脱门巴"靠"t-）。

跟咝冠鼻音有关的辅音塞化，在羌语北部方言中有更典型的表现。黄布凡（1987：19-

20)根据古藏文或存古的藏缅语(如嘉绒“七”、道孚“白天”等)的读音形式指出,“能测拟其古声母为‘＊s＋鼻音’的词根有十多个,其中大部分词根的声母是＊sn,少数是＊sm。这些处于前置音＊s的鼻音＊n和＊m在羌语北部方言都口音化了,在南部方言中一部分还保留鼻音性质,一部分也口音化了”。例如(短横表示无合适的形式可比较):

	鼻子	鼻涕	七	穗子
羌(麻窝)	stɤ(q)	stɤxu	stə	stiɑ(q)
(峨口)	ɕtɕyə(s)	χa	ɕtɕə	ɕtɕə(χ)
(桃坪)	χȵi^{31}(qo^{55} pə^{21})	χȵi^{55}(tsuə^{33})	ɕiŋ^{53}	χti^{55}(qə^{33})
藏文	*sna*	*snabs*	——	*sȵe*(*ma*)～*sȵi*(*ma*)
嘉绒(金川)	(tɯ)s̥nie	(tɯ)s̥nie	(ku)s̥nɯs	(k^{h}ɯ)s̥nou

羌语北部麻窝、峨口方言与藏文sn-/sȵ-的对应形式都是“s＋塞音”st-或“ɕ＋塞擦音”ɕtɕ-的声母,南部桃坪方言还大致上保留了χȵ-之类咝冠鼻音的存古读法。此外,羌语南部方言这样的“语音演变中排斥鼻音的趋势”,只出现在“s＋齿音鼻音”型复声母中,并不涉及其他部位的咝冠鼻音,说明它只是局部性的条件音变。

3. ＊sŋ->ŋ-/ȵ-/n-。例如:

蔬菜(＃206):藏文*sŋo*,拉萨藏ŋop^{53},纳木义ɣo^{33},大方彝ɣo^{55},哈尼ɣo^{31},南涧彝ɣu^{21},傈僳o^{41}、纳西u^{31},拉祜ɣɔ^{53},墨江彝ɣɒ^{21},怒语ɣɔ̃^{35}。

蓝色:藏文*sŋon*,普里克zŋun po①,巴尔蒂sŋon po②,门巴ŋ Au^{53},木雅ŋuɯ^{55};

先$_{你\sim去}$:藏文*sŋon*,拉萨藏ŋɛ̃$^{55}_{名词}$,尔龚ŋui,扎巴ŋa^{55},格曼僜ŋɑl^{53},达让僜ȵoŋ^{55},义都洛巴nɑ^{53}。

须注意的是,彝语支的ɣ-来自更早的＊ŋ-(＊sŋ->ŋ->ɣ-),而不是来自前置辅音＊s-的演变(＊sŋ->s->ɣ-),理由是:(1)我们看不到藏缅语方言里前置辅音＊s-有变作舌根软腭擦音ɣ-的明显例子。从类型学的角度来看,s->h-确实时有发生,但清擦音h-变作浊擦音ɣ-的情况很少出现。(2)傈僳、拉祜等方言读零声母,只可能来自早期＊ŋ-的后续演变,就像中古汉语的疑母洪音字在现代北京话里读作零声母。

此外,“蓝色”和“先”两个词的古藏文是同形的,鼻音韵尾在各方言里都有失落现象,只是后续演变的方式不完全一样。

(三)类型三:＊sN->N̥-

该演变类型的具体表现,是前置辅音s-(或h-)促使其后的基本响辅音发生清化,同时前置辅音失落。包括以下几种声母变化:

1. ＊sm->m̥-/n̥-、＊smj->ȵ̊-。例如:

竹子:藏文*smjug*,夏河藏hȵ̊ək,泽库藏rȵ̊ək;

疯子:藏文*smjon*,德格藏ȵ̊en^{55},泽库藏wȵ̊o;

① 参看Bailey(2010:78)所述普里克藏语“绿色”的说法。

② 参看王尧(1985:23)所述巴尔蒂藏语“青色”的说法。

胡子：藏文 *sma*，阿昌ȵ̥ot^{55}，怒m̥ɯi^{55}，喜德彝m̥e^{21}；

裙子：藏文 *smad*，泽库藏 rm̥an；

药：藏文 *sman*，德格藏m̥in^{55}，德格藏$_{\text{沙沟}}$ m̥an（瞿霭堂，1996：56），菁花普米m̥iɛ^{55}，桃巴普米、史兴 m̥ĩ 55，扎巴m̥ẽ^{55}；

医治：藏文 *sman*，菁花普米m̥iɛ̃^{55}，桃巴普米、史兴 m̥ĩ 55，扎巴m̥ẽ^{55}。

孙宏开（1983：280-281）在讨论藏缅语清化双唇鼻音来源时，涉及的例子有缅文 *hmat*^{55}～仰光缅语m̥aʔ^{55}（记住）、藏文 *sman*～德格藏m̥ẽ（药）、嘉绒梭磨 kə smən～喜德彝 ʂɯ^{33} m̥i^{31}（熟$_{\text{～肉}}$）、嘉绒梭磨 tə rmE～喜德彝m̥i^{33}（名字）、嘉绒梭磨 kəŋ mɐn～喜德彝 i^{33} m̥u^{33}（矮的）、嘉绒梭磨 təj mok～喜德彝 m̥u^{33}（菌子）。其中包括了来自 * sm-的清鼻音声母 m̥-。

从部分藏语方言的材料来看，sN-到N̥-的变化过程中会有 sN̥-作为过渡，瞿霭堂等（2010：67）在介绍 Bailey T. G. 所调查印度拉达克地区的普里克藏语时说："鼻音前的前置辅音原文一律标记成清音，这与中国境内安多方言牧区土语的情况相似，这些复辅音实际上读成 sm̥、sn̥、sŋ̊、r̥m̥、r̥n̥、r̥ȵ̥、r̥ŋ̊。"

2. * sn->n̥-/ȵ̥-。例如：

鼻子：藏文 *sna*，德格藏n̥a^{53}，泽库藏 rn̥a，喜德彝n̥a^{21}，扎巴 n̥a^{35}，仰光缅n̥ɑ^{22}，碧江怒n̥ɑ^{55}，阿昌n̥ɔŋ^{55}。

墨：藏文 *snag*，泽库藏 rn̥ak，桃巴普米n̥a^{55}，史兴n̥ɑ^{55}，仰光缅m̥ĩ 22。

闻、嗅：藏文 *snom*，泽库脏 rn̥əm，史兴n̥o^{55}，桃巴普米 xə^{35} ȵ̥õ^{35}，菁花普米 xə^{13} n̥iə^{55}。

油：藏文 *snum*，巴尔蒂 snum^{53}（黄布凡，1994：92），德格藏n̥uŋ^{53}，德格藏$_{\text{沙沟}}$ n̥əm（瞿霭堂，1996：56），泽库藏 rn̥əm。

穗子：藏文 *sȵe*，德格藏ȵ̥i^{55}，德格藏$_{\text{沙沟}}$ n̥əma（瞿霭堂，1996：56），泽库藏 rȵ̥ə，桃巴普米n̥i^{53}，喜德彝n̥i^{33}，仰光缅n̥ɑ̃^{22}，阿昌n̥am^{55}。

靠$_{\text{～在树上}}$：藏文 *sȵe*，仰光缅m̥i^{55}，阿昌ŋ̊a^{55}，碧江怒n̥e^{35}。

平$_{\text{地很～}}$：藏文 *sȵom*，德格藏ȵ̥oŋ^{55}。

美丽：藏文 *sȵin*，德格藏ȵ̥in^{55}。

孙宏开（1983：280-281）讨论的 * sn->n̥-/ȵ̥-例子如：藏文 *sna*～德格藏n̥a^{53}（鼻子）、缅文 *hna*^{11}～仰光缅语n̥a^{11}（鼻子）、梭磨嘉绒 kʰə ʃnɑ～喜德彝n̥u^{31} bi^{55}（鼻子）、梭磨嘉绒 kʰəʃnɑm～喜德彝n̥i^{33}（穗$_{\text{麦～}}$）。其中藏文前置辅音 s-对应于彝语的 ʃ-。

3. * sŋ->ŋ̊-/n̥-/m̥-。例如：

枕头：藏文 *sŋas*，巴尔蒂 sŋyes（王尧，1985：23），德格藏ŋ̊a^{55}，泽库藏 rȵ̥i。

蔬菜：藏文 *sŋo*，泽库藏 ɣŋ̊o。

蓝色：藏文 *sŋon*，德格藏ŋ̊en，德格藏$_{\text{沙沟}}$ ŋ̊on bo（瞿霭堂，1996：56），泽库藏 rŋ̊on，扎巴m̥u^{55}。

先$_{\text{你～去}}$：藏文 *sŋon*，德格藏ŋ̊a^{55}，德格藏$_{\text{沙沟}}$ ŋ̊a（瞿霭堂，1996：56），仰光缅n̥ĩ53。

上述 * sN->N̥-的实际语料中，有些方言仍然保留了早期的 * s-（或继续演变作 r-/h-），同时 * s-促使后接的鼻音由浊变清，这种情形在 * sn->n̥-/ȵ̥-里尤其明显，多见于较为保守的泽库藏语，夏河或德格藏语里也有类似的演变。孙宏开（1983：280-281）所举的例子如：缅文 *hŋa*^{55}～仰光缅语ŋ̊a^{55}（借$_{\text{租}}$）、藏文 *sŋa*～德格藏ŋ̊a^{53} so（前），并总结说："清化鼻音的发展主要来自复辅音。在复辅音中,作基本辅音的鼻音,其前置辅音在发展变化过程中,逐步趋于弱化,形成喉门清擦音(如缅文),使鼻音由浊变清。”戴庆厦(1985:14)指出,凉山彝语是彝语支语言具有清鼻音的少数语言之一,“凉山彝语有 m、n、ȵ、ŋ 四个浊鼻音,但只有m̥、n̥、ȵ̊三个清鼻音,而且ȵ̊出现频率很低”。通过与其他藏缅语的比较,可知“阿昌语的浊鼻音多与古藏语的纯鼻音对应,清鼻音多与带前置辅音 s 的鼻音对应”。瞿霭堂(1996:56)列举的藏语沙沟方言清鼻音如:m̥an(药)、m̥e(痣)、n̥a(鼻子)、ȵ̊aŋ(心)、ȵ̊ə ma(麦穗)、ŋ̊onbo(蓝)、ŋ̊a(早)。

(四)类型四:∗sN->s-

该演变类型的具体表现,是前置辅音 s-后面的基本响辅音失落,于是前置辅音 s-成为基本辅音。包括以下几种声母变化:

1. ∗sm->s-。例如:

竹子,藏文 *smjug*,墨脱门巴 so,尔苏 xi^{55}。

疯子,藏文 *smjon*,普米 xã^{55},史兴 χɔ̃^{55}。

裙子,藏文 *smad*,剑川白 xɑ^{42}。

药,藏文 *sman*,桃坪羌 sɿ^{33}。

2. ∗sn->s-。例如:

鼻子,藏文 *sna*,木雅 sɯ^{53}。

油,藏文 *snum*,墨脱门巴 si,缅文 *hsi*^{2},土家 si^{35},阿昌 si^{32}。

孵$_{\text{~小鸡}}$,藏文 *sȵol*,纳木义 χo^{35},碧江 ɣo$^{53}_{\text{自动}}$~xɔ$^{53}_{\text{使动}}$。

3. ∗sŋ->s-。例如:

先$_{\text{你~去}}$:藏文 *sŋon*,贵琼 ʃɿ^{55},普米 ʐə^{55},尔苏 ʃo^{55},纳西 sɯ^{33},哈尼 xu^{31},载瓦 xi^{51}。

词例“先”的词根韵母和古藏文形式对应不上,这些方言中的擦音声母读法是不是来自早期的前置辅音,也值得怀疑。从以上所举演变词例来看,有两点须作强调:(1)咝冠响音变作咝音为基本辅音的词例很少。这种“冠音占位”的变化违背了发音强度序列,与其他演变条例相比,很少出现自然也在情理之中。(2)在藏缅语某些方言中出现∗sN->s-、∗hN->h-,清化软腭鼻音的出现概率跟其他部位的清鼻音比起来,相对更低一些。由此可以稍作推论,即清化软腭鼻音似乎比其他部位的清响音更不易维持,或者说更不容易产生。前述阿昌语里的清化鼻音里独缺ŋ̊-,也可以作为旁证。

(五)复声母 sL-的演变类型

与上述 sN-/N̥-相比,复声母 sL-(sr-/sl-)中的 s-和其后基本辅音的结合更为紧密,所以 sr-/sl-在现代藏缅语以发生熔合(fusion)音变为常态。sN-的基本演变条例是脱落 s-,而 sL-中的 s-则被保留,并且受流音 r-或 l-的影响后音值发生改变。

1. 保留复声母∗sr-(或其后续演变)形式。例如:

豆子(#201)①:藏文 *sran ma*,巴尔蒂 stran^{21}(黄布凡,1994:93),尔龚 st^{h}ɔ,嘉绒 tɐstok。

两(#966):藏文 *sraŋ*,嘉绒 sraŋ,尔龚 sʐo。

生命,藏文 *srog*,巴尔蒂 stroq^{53}。

魔鬼:藏文 *srin mo*,巴尔蒂 striŋ^{53}。

保护(#796):藏文 *sruŋ skjob bjed*,巴尔蒂 struŋ^{53},嘉绒 kɐpsruŋ,普米 stã^{55}。

黄布凡(1994:93)指出藏文的 sr-与巴尔蒂话 str-的对应,并认为"对比分析拉萨话的读音,就只有将 str-看成为古语音结构的遗存才更为合理"。从上举这些词例,可以看到 r-的塞音化演变:sr->str-。正如上文 1.2 小节所述,古藏文 sm-、sn-中的鼻音声母在部分藏缅语方言中亦有塞音化的迹象。张济川(1986)曾认为古藏文 sr-中间可能脱落了塞音 t 或 d(亦即更早的形式应是 * str-或 * sdr-),巴尔蒂话便可以印证这一假设。连金发(Lian,1991:293)提到藏缅语"心""日,太阳"等词便参与了此种变化。

2. sr->s-/ʂ-/tʂ-,其中基本辅音 r-或者直接失落,r-的翘舌色彩也可能使前置辅音 s-变作 ʂ-或边擦音 ɬ-②,或者变作塞擦音 tʂ-(张济川,1986;江荻,1996)。例如:

豆子:藏文 *sran ma*,德格藏 sen^{55} ma^{53},拉萨藏 tʂɛ^{55} ma^{55},夏河藏、泽库藏 ʂan ma。

虮子(#163):藏文 *sro ma*,夏河藏、泽库藏 ʂo,错那门巴 ʂu^{53},纳木义 ʂu^{55},喜德彝 ʂɯ^{21},尔苏 ʂɛ^{33}。

棉花(#199):藏文 *srin bal*,拉萨藏 tʂĩ^{55},博嘎尔珞巴 tʂɯn。

保护:藏文 *sruŋ skjobbjed*,拉萨藏 suŋ^{55} cop^{53} tɕ^{h}ɛʔ^{13},德格藏 suŋ^{55} ɕ^{h}oʔ^{53},错那门巴 suŋ^{55} cAp^{53},泽库藏 ɣsoŋ rcçop,夏河藏 ʂoŋ tɕop,墨脱门巴 tʂuŋ,桃巴普米 xə^{35} sõ^{55} pʉ^{53},载瓦 xuŋ^{51}。

晒~太阳(#749):藏文 *sro*,拉萨藏 tʂo,桃坪羌 dʐi^{33},大方彝 ɬi^{13},基诺 ɬo^{55},墨江彝 sɯ̱^{21},豪白哈尼 l̥a^{31}。

薄(#814):藏文 *srab po*,泽库藏 ʂap,夏河藏 ʂawə,拉萨藏 tʂə^{53},德格藏 tʂa^{53},错那门巴 dʐA^{13} mo^{53}。

两:藏文 *sraŋ*,夏河藏、泽库藏 ʂaŋ,拉萨藏 saŋ^{55},德格藏 soŋ^{55},错那门巴 sAŋ^{55},载瓦 ʒuŋ^{51}。

姐妹(杨士宏,1995:101):藏文 *sri*,舟曲 ʂ^{h}i^{55},陇南 ʂ^{h}ei^{53}。

在发音强度等级上,下列音段由左往右依次递减:清塞音 t>清擦音 s>浊塞音 d>浊擦音 z>鼻音 n>边音 l>卷音 r>高元音/介音 u/w>中元音 o>低元音 a(Jespersen,1904:186)。复声母 sr-、sl-中的流音在发音强度上弱于前置辅音 s-,在后来的演变中失落而造成"冠音占位",很容易理解。白一平(1983)从谐声字着眼,指出上古汉语 * sr-到中古汉语可变为送气塞擦音 ts^{h}-,若有三等介音,便变作中古的 ʂ-。若从藏缅语的共时变化来看,这样的拟测是有合理性的。

至于同为咝冠音加流音结构的复声母 sl-,其演变类型与 sr-亦相一致,有失落 s-进而保留辅音声母 l-的,或者失去流音仅存前置辅音(进而变作 ɕ-),有 s-、l-发生熔合音变而读作边

① "豆子""生命""守(保护)""魔鬼"四个词例的巴尔蒂话材料俱见于黄布凡(1994:93)。其中"生命""魔鬼"在 MZY 中未收,故而此处未标词目号码。

② 藏文的 lh-声母字在现代藏缅语也常常变作边擦音声母 ɬ-,可参看张济川(1990)。

擦音 ɬ-的，此外也有咝擦音塞音化变作 ʦ-；至于像 sr->ʂ-，在 sl-并不常见。兹举数例如下：

稀~粥（#845）：藏文 *sla po*，拉萨藏 la⁵³ po⁵³，德格藏 ʦa⁵⁵ wo⁵⁵，夏河藏 ɕero，错那门巴 ɕeŋ⁵⁵ mo⁵³，南华彝 ɕA̠²¹，碧卡哈尼 ʦʰa⁵⁵。

教~书（#621）：藏文 *slob*，夏河藏 hʦop，德格藏 ʦaʔ⁵³，错那门巴 lop⁵³，泽库藏 rʦap，史兴 ʦɑ̃⁵⁵。

学~文化（#622）：藏文 *slob*，拉萨藏 ləp⁵³，德格藏 ɬuʔ⁵³，泽库藏 rʦop，嘉绒 kɐslɐp，错那门巴 lop⁵³，麻窝羌 sy，大方彝 sɔ³³。

到~达（#740）：藏文 *sleb*，普里克 l̥ep(Bailey 2010:80)，拉萨藏 leʔ⁵³，德格藏 ʦe⁵³，巴尔蒂 ɬeb⁵³（黄布凡，1994:92），墨脱门巴 ɕek。

二 藏缅语 sN-/N̥-型声母演变的地域性

瞿霭堂（1996:117）在谈到清化鼻音在藏语方言中的演变时说："康和安多方言有清化鼻音m̥、n̥、ŋ̊，卫藏方言没有。但康方言清化鼻音能单独作声母，安多方言除个别地方外，只能与前置辅音构成复辅音声母。"江荻（2002:214、223-224）亦曾讨论过古藏语 Ssn 类复声母（即本文所说的 sN-）在藏缅语方言中的演化情形，"一种是中部方言、南部方言和东部方言，它们的塞音前置音基本脱落；另一种是北部方言，前置音保留但发生了变化。而西部方言则也有部分词保留了前置音"。继而以藏缅语"雾"（藏文 *smug pa*）、"药"（藏文 *sman*）、"痣"（藏文 *sme ba*）、"鼻子"（藏文 *sna*）、"墨"（藏文 *snag tsha*）、"枕头"（藏文 *sŋas ɦgo*）、"早"（藏文 *sŋa*）、"心脏"（藏文 *sɲiŋ*）、"发酵"（藏文 *sɲal*）等九个词例，并指出"中部方言、东部方言，以及南部方言已经没有了前置辅音，西部方言巴尔提话在一部分词例保留了 s-"，"北部方言夏河话前置辅音变为 h-/ɦ-，阿力克话变为 r-，泽库话变为清擦音性质的r̥-"，同时"泽库话清擦音形式的前置辅音对基本辅音也产生了影响，导致鼻音基本辅音清化。这个现象不是孤立的，比泽库话发展更快的东部方言巴塘话和德格话，它们的前置辅音已经丢失，但鼻音基本辅音仍然保持清化形式。最有意思的是南部方言宗卡语，它与古藏语's+ɴ'（ɴ=鼻音）对应的形式竟然是喉部清擦音 h-。例如 hap'鼻涕'来自古藏语 *snabs*，*høm*'蓝色'来自古藏语 *sŋon po*"。

从我们上文的讨论中也可以知道，sN-或 N̥-变作基本辅音 s-或 h-的词例很少，可以说正如江荻（2002）所提到的宗卡话一样，属于比较少见的"例外"。与之相似的，还有云南丽江永胜县大安藏语，古藏文带上加字 s-的鼻音声母在该藏语变成了不同部位的擦音（铃木博之，2011）：

义项	古藏文	大安藏语	义项	古藏文	大安藏语
疯子	*mi smyon*	ne ɕõ	可怜	*snying rje*	ɕĩɖʐ̥wə
鼻子	*sna*	ⁿ̥xã			

这说明大安藏语也属于具有咝冠音占位现象的藏语方言。但该方言发生占位的辅音类型不仅是咝冠音加基本鼻辅音，冠音加基本塞辅音以及基本塞辅音加流音（或半元音 y）的类型同样也有此种变化，例如（铃木博之，2011）：

续表

义项	古藏文	大安藏语	义项	古藏文	大安藏语
云	*sprin*	xũ ja	大米	*ɦbras*	^{ŋ}gɯ
猴子	*spre ɦu*	xõ jã	雷,龙	*ɦbrug*	^{ŋ}gwə
蛇	*sbrul*	^{ɦ}vuː	悬崖	*brag*	x^{h}ɑ
苍蝇	*sbrang*	ɣũː	小孩	*phrug*	xɯː/x^{h}ɯː
鸡	*bya*	ɕa	写	*bri*	xɯː
打开	*phye*	ɕ^{h}e	编	*sla*	xa
神仙	*lha*	xa	学	*slob*	xɔ
鞋	*lham*	x^{h}ɔ̃			

可见,大安藏语的复声母有更普遍的擦音化倾向,不单是咝冠响音而已。再看云南中甸藏语,其咝冠鼻音的演变也颇值得注意。该藏语方言中的 sm(j)-、sn-/sȵ-复声母都按照发音强度等级,脱落前置辅音,以后面的鼻音为基本辅音,只有 sŋ-与其他两类不同,发生了 sŋ->h-的变化。例如(苏朗甲楚,2007a;词条下表的页码为该词在该篇文献中所在的页码位置):

义项	藏文	中甸藏语	义项	藏文	中甸藏语
晚上$_{158}$	*smag kha*	ma^{52} k^{h}a^{55}	医生$_{164}$	*sman pa*	mɛ^{55} nba^{55}
药$_{169}$	*sman*	mɛ^{55}	竹子$_{161}$	*smjug ma*	ȵi^{55} wã^{52}
疯子$_{164}$	*smjon pa*	ȵuo^{55} nba^{55}	鼻子$_{162}$	*sna*	na^{55}
墨水$_{168}$	*snag tɕhu*	na^{55} tʂ^{h}ə^{55}	油$_{165}$	*snum*	nu^{55}
臭$_{178}$	*snom*	nã^{55}	穗子$_{162}$	*sȵe ma*	ȵa^{55} wã^{55}
心$_{163}$	*sȵiŋ*	ȵi^{55}	胆量$_{169}$	*sȵiŋ stobs*	ȵi^{55} tuʔ^{52}
蓝$_{176}$	*sŋon po*	hũ^{33} ɕɪ^{55}	早$_{177}$	*sŋa mo*	ŋã^{55} tɕaʔ^{52}
前$_{157}$	*sŋon*	hẽ^{55}	先前$_{179}$	*sŋon la*	hə̃^{55} lə^{55}
从前$_{158}$	*sŋa ma*	hã^{55} ma^{55}	蔬菜$_{161}$	*sŋo ɦtshod*	huã^{55} st^{h}ui^{55}
枕头$_{166}$	*sŋas*	hɛ̃^{55}			

苏朗甲楚(2007b:133)除了指出中甸藏语的鼻辅音分清化与不清化两种外,还特别强调了"清化鼻音 ŋ̊ 可以自由变化为 h̥"①。此种咝冠鼻音演变的不平行性与 sŋ-复声母的"特殊性",在彝语里也能找到丰富的旁证。谢志礼、苏连科(1990:65)曾作出如下观察:"(清化鼻音)的发展速度,跟发音部位有关系。在彝语中,部位越靠后发展越快,比如舌根部位与 ŋ-对立的 * ŋ^{h}-已不复存在,在舌面前部位,鼻音勉强保留了一个词即与 ȵi^{33}'坐'相对的 ȵ^{h}i^{21}'使

① 陆绍尊(1990:149)所调查的中甸(金龙镇)藏语与苏朗甲楚(2007a)略微有所不同。陆文指出,从古藏文到中甸藏语的演变包括了 sm->m̥-(如 sman>m̥ẽ^{55}"药")、sn->n̥-(如 snum>n̥ũ^{55}"清油")、sŋ->ŋ̊-(如 snga>ŋ̊ã^{55}"早")。此外,与 sN->N̥-的演变平行,还有 rN->n̥-(如 rma>m̥a^{55}"创伤"、rnag>n̥aʔ^{53}"脓"、rnga>ŋ̊a^{55}"鼓")。

坐'。……m^{h}-和 n^{h}-的情况还基本稳定，这一切都证明发展速度跟发音部位有关。"连金发(Lian,1991)对藏缅语前缀和复辅音声母与尔苏、羌、普米及嘉绒等语言的语音对应中，同样也看到了鼻音声母口音化的表现。

至于"s+流音"型复声母 sr-/sl-等，则按照发音强度较弱的流音先失落的一般性规律，演变程序以 * sr-/sl>s-为常(在元音 i 前的 * sr-/ * sl-流音失落后，发生声母腭化变为 ɕ-，如"妹妹""稀"等词)。从音系结构成分的地位来看，s-只是前置的附属性成分，在演变过程中消失也在情理之中。仍以中甸藏语为例：

义项	藏文	中甸藏语	义项	藏文	中甸藏语
水獭$_{159}$	*sram*	sā^{55}	两$_{178}$	*sraŋ*	sā^{55}
棉花$_{161}$	*srinbal*	sẽ^{55} nbi^{55}	妹妹$_{165}$	*sriŋmo*	ɕĩ^{55} mə^{55}
政府$_{169}$	*sridgʑuŋ*	sei^{55} ʐō^{55}	硬$_{170}$	*sra*	sa^{55} kō^{55}
豆子$_{161}$	*sran ma*	sɛ̃^{55} wa^{55}	政策$_{169}$	*sriddʑus*	sei^{55} dʐui^{55}
稀$_{176}$	*sla po*	ɕā^{55} ta^{55}	教育$_{169}$	*slob gso*	luo^{52} suo^{55}
学校$_{170}$	*slob grwa*	lo^{55} dʐa^{55}	编$_{173}$	*sla*	la^{55}

三 从民族语论上古汉语的咝冠响音与清响音

李方桂先生(1970:516-518)在一次学术报告中谈到苗语的清鼻音时曾说过："我们需要解释的是为什么 n-和 t^{h}-谐声，而不跟 d-谐声。我在贵州调查苗人的语言的时候，发现苗人除掉鼻音声母 n-，还有不带音的声母 hn-[1]，至少有些苗人方言里，不带音的 hn-，我听起来仿佛是 n̥t^{h}-。我想 n̥a-跟 n̥t^{h}a-是很相近的，不带音的n̥-变成 t^{h}-不是不可能的。我想 t^{h}-声母字，能够跟鼻音谐声，是因为这一类 t^{h}-母字是从 hn-来的。所以我决定上古声母在不带音的 m̥-之外，还有一个不带音的 hn-。"李先生受到苗语的启发，非但通过举例"来证明上古音里还有一套不带音(也就是清音)的鼻音在内"，还提出了上古汉语可能存在以下声母类型，它们到中古汉语的变化规律如下：

1)OC. * m̥->MC. x^{w}-(晓母$_{合口}$，少数圆唇失落变作开口)，据"每 m-～悔 x^{w}-""勿 m-～忽 x^{w}-""民 m-～昏 x^{w}-"谐声。

2)OC. * n̥->MC. t^{h}-(透母)，据"態 t^{h}-～能 n-""嘆 t^{h}-～难 n-"谐声。

3)OC. * n̥j->n̥j->n̥ɕ->MC. ɕ-(审母)[2]，据 a)"唐朝人常用日母字来翻译西藏文的 ʑ-，比方西藏有一个官名叫 bʑer，唐书里把它翻作'热'字"，b)"恕 ɕ-～女 n-""摄 ɕ-～聂 n-"谐声。据李方桂、柯蔚南(2006:41、42)所揭，《唐蕃会盟碑》(821-822)有西藏人名

① 李先生所说的 hn-，在实际音值上就是n̥-，写作前者只是印刷方便的考虑。其他部位的声母情形同此。张永言(1984:256)主张可写作 mh-、nh-等，并认为"这一类声母通常是一种送气兼清化的流音，清化是送气作用造成的结果，在发音上送气应是主要的因素"。

② 李方桂先生(1970:517)说："上古n̥-这一类的字，在不同的情形之下，一部分变成 t^{h}-，一部分变成了 ɕ-。"

Khri-bzer lha-mthong、*Rgyal-bzher Khod-ne-brtsan*、*Stag-bzher Hab-ken*、*Btsan-bzherlho-gong*（均为藏文转写），汉字分别写作“绮立热贪通”（khje：ljəpńźät thậm thuŋ①）、“颊热窟宁赞”（kiep ńźät khuət nieŋ ʦân）、“悉诺热合乾”（sjet nâk ńźät ɣ ập gjän）、“赞热土公”（ʦânńźät thuo：kuŋ）。

4）OC. ＊ŋ̊->MC. x-（晓母$_{开口}$）、OC. ŋ̊^{w}->MC. x^{w}-（晓母$_{合口}$），据“许 x^{w}-～午 ŋ^{w}-”“化 x^{w}-～吪 ŋ^{w}-”“羲 x-～義 ŋ-”谐声。

5）OC. ＊l̥->MC. t^{h}-（透母），据 a）“獭 t^{h}-～赖 l-”“軆 t^{h}-～禮 l-”“綝 ʈ^{h}-～林 l-”“搯 ʈ^{h}-～留 l-”谐声，b）“唐朝人用汉字翻译西藏人的名字的时候，把西藏文的 lh-音都译成 t^{h}-了，例如一个西藏人的名字 *lha-mthong*，唐朝人用‘贪通’来翻译它。还有一个西藏人名字 *lho-gong* 翻译成‘土公’”。李先生提及的“贪”“土”等中古透母字所对应的藏文译音，均见于上文第（3）点，不再赘述。

上古音阶段清响音n̥-的构拟，与相关的咝冠响音＊sN-密不可分。早期高本汉（Karlgren，1933：93）把来自中古晓母、且与明母谐声的字的上古音拟作＊xm-（悔＊xmwəg、昏＊xmwən）。李方桂先生（Li 1935）提出“悔”字声母的拟音方案可以考虑为＊mx-或清鼻音＊m̥-。董同龢（1944：13）赞成上古汉语有清鼻音的假设，“从音韵演变方面说，在问题之内的差不多都是合口音。说一个 m̥-因受后面-w-（或-u-）的影响后来变作 x-，不也是很自然的吗？尤有进者。近年李方桂、张琨两先生在贵州一带调查若干台语与苗瑶语的方言，正发现不少清鼻音的存在”。

首先明确提出上古音中与清鼻音有关的咝冠响音声母是雅洪托夫（Yakhontov S. E.）。他在讨论中古清擦音与响音在上古音阶段的语音交替时，指出“化讹”“卸御”“疑癡”等谐声关系，认为清辅音应来自包括咝冠响音在内的复声母＊xng-、＊sn-、＊t^{h}n-等，其中“第一个音最初是处处相同的，只是到后来在后面的辅音影响下（部分也受到了介音＊i̯的影响），才按不同的方式发展变化。……在很多场合，处在鼻辅音之前的音是构词前缀；即存在一对同源字，其一为鼻辅音声母，另一个则为清擦音声母，这个清擦音声母来自两个辅音的组合”（雅洪托夫，1960/1986：49-50）。雅氏还提出了以下几条音变规律：＊sm->x^{w}m->xw-；＊sŋ->xŋ->x-；＊sn->t^{h}n->t^{h}-/ʈ^{h}-；＊sȵ->ɕȵ->ɕ-；＊sl->ʂl->ʂ-。认为清响音 n̥-更早来自＊sN-，并且把＊s-和构词前缀联系起来，也是雅氏的创举。

在雅洪托夫（1960）、李方桂（1970）之后，又有学者提出若干新见。郑张尚芳（1981）构拟了两类上古声母，一类是上古的送气响音变为中古的送气塞音、塞擦音声母，如“抚”＊m^{h}ja 通“摹”＊ma、“髡”＊ŋ^{h}un 与“兀”＊ŋut 谐声、“態”＊n^{h}ɯɯs 从“能”＊nɯŋ 得声等。另一类是上古带前置辅音＊s-或＊h-的响音声母变为中古擦音声母（心、晓母），如“西”＊sniɯi 是“洒”字的声符，“忽”＊hmut 从“勿”＊mjɯt 声，“嚣”＊hŋiau 又音“敖”＊ŋau。张琨等（Chang & Chang，1976/1998：234-236）则提出：“一个与中古鼻音声母在同一谐声系列中交替的中古擦音声母来源于一个擦鼻冠音声母。”即＊sN->s-/N-；＊sN->＊xN->x-/N-。＊x-（即其他学者写作＊h-的咝擦音）来自更早的＊s-前缀，理由是“＊s-和＊x-的不对称、几乎是互补分布，并且至少有一些例子，藏语的 s-或者＊s-，与汉语的＊s-和＊x-两者都有联系”。

郑张尚芳（1990）又提出三点：

---

① 括号内为原书所引高本汉的中古拟音，下文同此。这段文字系由匿名审查人提示而补入，谨致谢意。

1)应区分上古音的＊s-头和＊h-头，认为前者与中古心母字相关，后者与中古晓母字相关。h-头的提出，主要针对“昏(昬)＊hmɯn～民＊min”“娓＊hmɯi～尾＊mlɯi”“荒＊hmaaŋ～亡＊maŋ”之类的谐声、“衅＊hmrɯn～眉＊mril”(金文“釁寿”亦作“眉寿”)等异文证据，且＊hm-应变作中古的hw-；而＊s-是具有构词作用或表使动(causative)的词头；＊h-头往往由更早的＊s-头变来，所以＊h-头自然也有构词作用。

2)鉴于鼻音流音与同部位送气塞音的谐声，全面构拟送气声母＊Nh-，如“抚＊m^{h}-、哭＊ŋ^{h}-、帑＊n^{h}-、胎＊l^{h}-、宠＊r^{h}-”。

3)在第二类字声母的基础上加前置＊s-，后变作中古的清母字(吵＊sm^{h}-～訬＊ml-、縓＊sŋ^{h}-～原＊ŋ-)。

近来梅祖麟(2007:4)针对李方桂先生的看法，认为“李先生的＊sm->s-可以取消，李先生的＊m̥-可以改写为＊sm->m̥-。我们觉得其他清鼻音n̥-、清通音 l̥-也可以改写为＊sN->n̥-、＊sl->l̥-”。

比较各家观点，可知问题的症结在于：

1)上古不同部位的清响音m̥-、n̥-、ŋ̊-、l̥-之间，是否具有平行发展(paralell evolution)的关系？李方桂先生和雅洪托夫两位持否定观点，即m̥-/ŋ̊->x$^{(w)}$-，但 n̥-/l̥->t^{h}-。郑张尚芳则认为m̥->p^{h}-、ŋ̊->k^{h}-、n̥-/l̥->t^{h}-，演变结果都是同部位的送气塞音，整齐划一。

2)上古音阶段的＊sN-与＊n̥-是否具有前后相继的演变(successive evolution)关系？雅洪托夫、李方桂、梅祖麟看法相同，如李方桂先生(1971:14)说：“我们也疑心所谓清鼻音可能原来有个词头，把鼻音清音化了。”尽管李先生审慎地表示，“这且放下不提……且说所谓清鼻音声母的证据十分充足”，我们依然可以推论，李先生是主张＊sN->＊n̥-的。而张琨、郑张尚芳则为另一派，即主张两者在上古音阶段谐声行为有别，须分开构拟。张琨等(Chang & Chang, 1976/1998:236)认为前者变为中古的擦音声母(＊sm-/＊sn-/＊sŋ->s-)，后者变为中古的 x-或 t^{h}-(＊m̥-/＊ŋ̊->x-、＊n̥->t^{h}-，条例与李氏相同)。郑张(1990)也提出＊sN-与＊n̥-需要分开，同时未建立两者的演变关系，前者如＊sn->s-，后者如＊n̥->t^{h}-。

3)是否需要区分前置辅音＊s-和＊h-/x-？雅洪托夫、李方桂等早期的研究都不曾有此意识。张琨等(Chang & Chang, 1976/1998:236)“假设＊s-～＊N-和＊x-～＊N 的交替两方都有同一原始汉语来源，那就是以＊s-开始的鼻音”，即 OC. ＊sN->＊xN->MC. s-。喻世长(1984:201-202)亦曾区分＊xN-类和＊sN-类两种复声母，前者包括＊xm-(忽＊xmot～物＊miot)、＊xŋ-(谑＊xŋiek～虐＊ŋiek)，缺＊xn-；后者包括＊sn-(襄＊sniaŋ～囊＊naŋ)、＊sŋ-(薛＊sŋet～孽＊ŋet)，缺＊sm-。在音变条例方面主要遵循了李方桂(1970)的拟音方案，但仅列了少数例字及其拟音，未及详述＊xN-、＊sN-的构拟依据。郑张(1990:17)虽然指出带＊s-或＊h-不同前置辅音分别变作中古的心母或晓母，但由于“s-头转化为 h-头是语言中常见变化”，可见并不十分坚持 s-、h-的不同。

那么，民族语学界关于咝冠响音、清响音演变的探索，对于上古汉语的声母构拟，有什么有益启示呢？在笔者看来，以下几点可以强调：

1)咝冠响音、清响音在藏缅语中的演变实例表明，＊sN-变作常态响音 N-或清化鼻音 n̥-都是常例，sm->s-/x-、sn->s-/x-并不符合一般的演变条例。目前的研究，尚未能清楚地表明共同藏缅语阶段 sN-与 hN-两种复声母的并存事实，而只能说 sN->hN-是比较容易发生的。

2）马学良先生（1989：469）说："近几年来苗语普查的资料中，发现贵州省台江县平寨苗语方言中清鼻音n̥-在老年人口语中读n̥^{h}-，中青年口中读成 t^{h}-，如太阳n̥^{h}ɑ^{33}～t^{h}ɑ^{33}；动n̥^{h}ɑ^{33}～t^{h}ɑ^{33}；听n̥^{h}ɑŋ^{33}～t^{h}ɑŋ^{33}。不但如此，m̥-在平江老年人读m̥^{h}-，中年人读 p^{h}-，如跳蚤m̥^{h}ɛ^{33}～p^{h}ɛ^{33}；绒m̥^{h}o^{33}～p^{h}o^{33}；夜m̥^{h}ɑŋ^{35}～p^{h}ɑŋ^{35}。在岩寨中青年并有读成 f^{h}-和 h-的。"此外，苗语方言中清鼻音m̥-、n̥-都有在部分方言变作喉擦音 h-的，如①：

	剑河苗	雷山苗	台江苗	黄平苗	凯里炉山苗
牙齿	mi^{35}	hi^{35}	m̥i^{35}	m̥i^{35}	m̥i^{35}
夜晚昏	maŋ^{44}	hɤ^{44}	m̥aŋ^{44}	m̥aŋ^{44}	m̥aŋ^{44}
太阳	na^{33}	ha^{33}	n̥a^{33}	n̥a^{33}	n̥ɛ^{33}
触动	na^{33}	ha^{33}	n̥ɛ^{33}	n̥a^{33}	n̥a^{33}
听见	naŋ^{35}	hɤ^{35}	ȵ̊aŋ^{35}	ȵ̊aŋ^{35}	ȵ̊aŋ^{35}
汗	ȵaŋ^{53}	hɤ^{53}	ȵ̊aŋ^{53}	ȵ̊aŋ^{53}	ȵ̊aŋ^{53}
重	ȵoŋ^{35}	hou^{35}	ȵ̊oŋ^{35}	ȵ̊oŋ^{35}	ȵ̊oŋ^{35}

从音系区别性特征角度来看，从清化鼻音变作喉擦音 h-，属于"去除口腔化"（de-oralization）的弱化表现。此处的"口腔化"[＋oral]特征，是与喉部特征[＋laryngeal]（有/h，ɦ，ʔ/三个）相对，而非与鼻音相对的概念（Lass，1984：179）。跟口腔化特征比起来，喉部特征具有更少的部位阻碍，因此从前者变作后者属弱化音变。孙景涛（2015）曾对汉语方言中的 h-化音变作了很详细的研究，总结出 p->h-/x-、f->h-/x-、t^{h}->h-/x-、l->h-/x-、tʂ->h-/x-、ʂ->h-/x-、s->h-/x-、k->h-/x-、k^{h}->h-/x-等九种 h-化音变。从这一角度出发，我们便也不难理解为何大安藏语有多组复声母都读作擦音了。

3）就不同部位的清化鼻音而言，双唇 m̥-和齿音 n̥-两个部位比较常见，但软腭部位的 ŋ̊-较少出现。苗语方言和藏缅语方言都透露出这一信息。苗瑶语所不同的是，共时层面似乎很难观察到 sN->hN-（如"鼻子"藏文 sna、缅文 hna）或 sN->n̥-。也正由于此，像上引雷山苗语的 h-应该来自早期的＊m̥-或＊n̥-，而并非＊sm-或＊sn-。总之，相较于 OC. ＊sm->MC. x-来说，OC. ＊m̥->MC. x-更符合现实语言的演变规律。

关于上古汉语咝冠响音和清响音的拟测，我们的看法是：上古汉语鼻音和边音应包括清浊两套：m-/m̥-、n-/n̥-、ŋ-/ŋ̊-、l-/l̥-②。其中常态响音组配低调，清化响音组配高调。就汉语及周边民族的声母与调类的对应关系而言，读单数调的多为清化鼻音。现代汉语方言鼻音、边音分作两套的，虽说不是清浊对立，但仍保持着声调对立（金有景，1983）。广西境内的水语南丹、拉珈语金秀、仫佬语罗城、勉语金秀、布努语龙关、苗语融林、都安等、仡佬语哈给、五色话融水（尤其是

① 苗语方言的这些材料，张永言（1984：257）、马学良（1989：469）和梅祖麟（2007：3）都曾引过。

② 清化流音声母r̥-在汉语周边的语言中几乎未见，而且也缺少语言类型学的证据支持（即便作为音位而非作为条件性的音位变体，在印欧语等其他语言里也极罕见）。只有林德英等（1987：21）所调查的克慕语南部乌方言在主要音节的首音位置，除了有 m 和 m̥、n 和 n̥、ŋ 和 ŋ̊、l 和 l̥ 的对立之外，还有 w 和 w̥、r 和 r̥ 的对立。麦迪逊（Maddieson，1984：240）提到 Maasai、Sedang 和 Gilyak 三种语言里有清齿/龈颤音 r̥。因此在上古音阶段构拟该声母似应慎重。

五色话)便有大量的清化鼻音或边音(广西壮族自治区少数民族语言文字工作委员会,2008)①。其中来自读阴调的清响音声母词,例如:

	五色话	武鸣壮	德保壮	仫佬	毛南	水
李子$_{\#721}$	m̥an^{3}	man^{3}	man^{4}	—	man^{3}	man^{3}
线$_{\#1776}$	m̥i^{1}	mai^{1}	mai^{1}	—	—	—
狗$_{\#393}$	m̥a^{1}	ma^{1}	ma^{1}	m̥a^{1}	ma^{1}	m̥a^{1}
脸$_{\#973}$	n̥a^{3}	na^{3}	na^{3}	na^{3}	na^{3}	ʔna^{3}
厚$_{\#3839}$	n̥a^{1}	na^{1}	na^{1}	na^{1}	na^{1}	ʔna^{1}
竹笋$_{\#797}$	n̥aŋ^{1}	ɣa:ŋ^{2}	ɹa:ŋ^{2}	na:ŋ^{2}	na:ŋ^{1}	na:ŋ^{1}
动$_{\#3308}$	n̥eŋ^{1}	niŋ$^{1}_{\text{忻城}}$	—	n̥ai^{4}	nai^{1}	n̥ai^{1}
草$_{\#766}$	ȵ̥o^{3}	jɯ^{3}	ȵa^{3}	—	—	ja^{1}
拱$_{\#2710}$	ȵ̥iu^{1}	ŋi:u$^{6}_{\text{贺州}}$	—	ȵøn^{5}	cu:i^{1}	ʔdu^{1}
臭$_{\#3820}$	ȵ̥au^{1}	hau^{1}	hiu$^{1}_{\text{上思}}$	—	—	ȵ̥u^{1}
茅草$_{\#768}$	ŋ̊a^{1}	ha^{2}	ja^{2}	ça^{1}	—	ja^{1}
脖子$_{\#1012}$	ŋ̊o^{1}	ho^{2}	wo^{2}	—	—	—
浑浊$_{\#3891}$	ŋ̊am^{1}	hom^{2}	vam$^{2}_{\text{上思}}$	ŋam^{1}	—	—
怕$_{\#2795}$	l̥əu^{1}	la:u^{1}	la:u^{1}	—	—	ho^{1}
笑$_{\#2996}$	l̥iu^{1}	ɣi:u^{1}	li:u$^{1}_{\text{平果}}$	—	cu^{1}	ku^{1}
孙$_{\#1188}$	l̥ɛn^{1}	la:n^{1}	la:n^{1}	—	—	ha:n^{1}
漏$_{\#2613}$	l̥o^{5}	ɣo^{6}	ɹu^{6}	lau^{6}	lɔ^{6}	ɣo^{6}

还有些例字,显示出融水五色话读作阳调类的清化鼻音或流音,与之有语音对应的其他方言,也并非一律读作阳调。

	五色话	武鸣壮	德保壮	仫佬	毛南	水
水肿病$_{\#721}$	m̥ok^{6}	fɔk$^{8}_{\text{贺州}}$	fɔk$^{8'}$	—	vɔk^{7}	—
新$_{\#3973}$	m̥o^{4}	mo^{5}	mɔi^{5}	m̥ai^{5}	mai^{5}	m̥ai^{3}
聋$_{\#3955}$	n̥uk^{6}	nuk^{7}	nuk^{7}	lak^{7}	ʔdak^{8}	dak^{7}
挑$_{\#3227}$	l̥a:p^{6}	ɣa:p^{7}	t^{h}a:p^{7}	kɣa:p^{7}	ta:p^{7}	ta:p^{7}
屁$_{\#1132}$	l̥a:t^{6}	ɣot^{7}	tat^{7}	—	tət^{7}	t^{h}ət^{7}
吠$_{\#2681}$	l̥au^{4}	ɣau^{6}	hau^{6}	k^{h}ɣau^{5}	c^{h}au^{5}	k^{h}au^{5}
耙$_{\#3564}$	l̥ai^{4}	ðwai$^{5}_{\text{忻城}}$	jai$^{5}_{\text{三江}}$	k^{h}ɣa:i^{5}	k^{h}a:i^{5}	—
尖利$_{\#3861}$	l̥ai^{4}	ɣai^{6}	lai$^{6}_{\text{三江}}$	hɣa:i^{2}	—	—
偷$_{\#3731}$	l̥ɛk^{6}	ɕak^{8}	lak$^{8'}$	lak^{8}	ljak^{7}	ljak^{7}

① 以下若无特别注明,所引广西少数民族语言的语料亦引自该书,其中短横表示无合适的词形可比,义项下表的编号为该词项在该书中的词目编号。

从五色话读阳调类的清响音与其他侗台语的声母对应来看,可以看出有m̥-＞x-～f-(出现在 x-、f-不分的侗台语,如武鸣、德保等"水肿病")、l̥-＞t-(如武鸣、德保等"灰",其实自然变化应为l̥-＞tʰ-,因部分壮语缺少送气塞音,故而变作 t-)、l̥j-＞ɕ-(如武鸣"偷",据蒲立本(1962/1999:75),部分书母字从上古到中古也经历了如此的变化①)等声母变化。有些读清流音的l̥-,则来自更早期复声母 kl-、kʰl-失去基本塞辅音(如"挑""吠""耙"等词),作为复声母成分之一流音弱化的结果(-l-在仫佬语则变作软腭浊擦音-ɣ-)。

四 结语

通常认为,"比较研究是语言学家用来建立语言史唯一有效的工具"(梅耶,1992:12)。不管是汉语还是民族语,其语音史的研究,除了应尽可能利用文献材料,还不得不面对"文献不足征"的尴尬局面。上古音阶段是否具有咝冠响音或清化响音,在汉语历代文献和现代方言都看不到直接的证据。从汉语谐声字、词族、异文等材料来看,为上古汉语构拟另一套鼻音及流音的设想已为很多学者所支持(张永言,1984)。然而,仅仅依赖于谐声字等内部材料进行上古声母的构拟,往往未必正确,且推演成分较多,而得不到现实语言材料的佐证。

上文主要从藏缅语 sN-、n̥-的各种演变类型出发,指出 ＊sN-＞sN-、sN-＞N-和 sN-＞n̥-在早期及现代藏缅语里均能见到,且有丰富的语料支持。＊sN-单纯变作擦音,却有诸多限制,1)或者词例很少(可见并非常例);2)或者只在部分藏语方言中有所表现,同时其擦音化(弱化的一种表现)不仅仅出现在 sN-声母,以塞辅音为基本辅音的声母 *sbr-*/*br-*/*by-*、*spr-*/*phr-*/*phy-*也都参与其中(如大安藏语);3)软腭部位的N̥-(包括来自 ＊sN-的N̥-)跟其他部位的清鼻音相比,最容易变作喉擦音(如中甸藏语、圣乍彝语)。

此外,用现在解释过去,也是构建语言史的有效途径(Labov,1975)。其他语言关于清化响音的记录较少,我们能看到的,多为受喉擦音影响所致的条件性音变,如冰岛语(Icelandic)/r, l, n/在/h/辅音后的顺向清化,例如:[hr̥iːva](耙子)、[hl̥øypʰa](跑)、[hn̥iːvɣr](刀);还有受清塞音影响的逆向清化,例如:[hɛm̥pa](长袍)、[vɛr̥pʰa](扔)、[ɛl̥tʰa](追求);以及塞音后的词末位置的顺向清响音化,例如:[f ʏkl̥](鸟)、[vɔhpn̥](武器)。喉部状态的异化比较罕见,个别语料也跟清响音相关,如 Maxakali 语的[mɨ̃nnɨ̃](黑色)、[kõnnɨ̃ŋ](金刚鹦鹉),构成复合词后的读法则为[kõnnɨ̃ŋ m̥ɨ̃nnɨ̃](Lass,1984:175)。

对共时变异的观察同样为设想汉语的早期面貌提供了积极的证据。在苗语黔东方言里,"作'狼'讲的词,老年人和大部分中青年人读作m̥ʰɑŋ^{35}……同一个中年发音合作人的读音前后不同,其中有两次读作m̥ʰɑŋ^{35},不口音化;两次读作 pʰɑŋ^{35},七次读作 fʰɑŋ^{35},九次读作 hɑŋ^{35},都口音化了。又如作'麦芒刺身'的'刺'一词,同一个中年发音合作人读作口音,有时读作 pʰɛ^{33},有时读作 fɛ^{33}"(王春德,1984:13)。从代际差异和个人变异来看,黔东苗语的m̥-＞pʰ-或m̥-＞h-均可视作"进行中的音变"。

---

① 蒲氏因当时假设以母字的上古音值是齿间浊擦音 ＊ð-,所以当时将其写作 OC. ＊θi̯-＞MC. ＊ɕi̯-。其中 ＊θ-即相当于我们所说的清化流音 ＊l̥-。

近来关于上古汉语清鼻音的构拟方面,也有新的成果发表(郑伟,2017;潘悟云,2018;边田钢,2021),提出了“非线性音变”“音位化构拟”等理论设想,值得参考;只是在所用材料的可验证性方面,似乎略有欠缺。本文认为,构拟上古音的 sN-或 N̥-,不应一味地追求“平行”构拟,比如没有充分的现实语言材料支持清化流音 * r̥-的拟测(但有 OC. * sr->MC. ʂ-生母),也没有充足的现实语料支持 * ŋ̊->kʰ-这一音变过程。因此,从现实语料与类型学证据出发,本文赞同李方桂先生(1970)的构拟,同时部分采纳白一平(1983)、郑张(1990)等学者的建议。以下对相关声母的演变条例作一归纳,作为结束:

1a)OC. * sm-(>hm-)>m̥->MC. h-/x-(晓母,如“黑”)

1b)OC. * sm-(>hm-)>m̥->MC. pʰ-(滂母,如“抚”);

2a)OC. * sn-(>hn-)> * n̥->MC. MC. tʰ-(透母,如“叹”);

2b)OC. * sn->MC. ʦʰ-(清母,如“次”)

3)OC. * sŋ-(>hŋ-)>ŋ̊->MC. h-/x-(晓母,如“献”);

4a)OC. * sl->MC. s-(心母,如“屧”)

4b)OC. * sl-(>hl-)>l̥->MC. tʰ-(透母,如“体”);

5a)OC. * sr->MC. s-(心母,如“薮”)

5b)OC. * sr->MC. ʂ-(生母,如“生”)

5c)OC. * sr->MC. ʦʰ-(清母,如“青”)

参考文献

[1]Baxter, William H. & Laurent Sagart. *Old Chinese:A New Reconstruction*[M]. Oxford:Oxford University Press. 2014

[2]Benedict, Paul K. *Sino-Tibetan:A Conspectus*[M]. Cambridge:Cambridge University Press. 1972.

[3]Chang, Kun and Betty-shift Chang. Chinese * s-nasal initials[J]. *Bulletin of Insitute of History and Philology*. 1976(47.4):587-609. 张琨,张谢蓓蒂. 汉语 * S-鼻音声母[M]. 刘宝俊,译// 赵秉璇,竺家宁编. 古汉语复声母论文集. 北京:北京语言文化大学出版社,1998.

[4]Jespersen, Otto. *Lehrbuch Der Phonetik*[M]. Leipzig & Berlin:Teubner. 1904.

[5]Karlgren, Berhnard. *Analytic Dictionary of Chinese and Sino-Japanese*[M]. Paris:Librairie Orientaliste Paul Geuthner. 1923.

[6]Karlgren, Bernhard. Word families in Chinese[J]. *The Bulletin of the Museum of Far Eastern Antiquities*. 1933(5):9-120.

[7]Labov, William. On the use of the present to explain the past[M]//Heilmann L. (ed.)*Proceedings of the* 11th *International Congress of Linguistics*. Bologna:II Mulino. 1975:825-851.

[8]Lass, Roger. *Phonology:an Introduction to Basic Concept*[M]. Cambridge:Cambridge University Press. 1984.

[9]Li, Fang-kuei. Archaic Chinese * -i̯wəng, * -i̯wək, and * -i̯wəg[J]. *BIHP*1935(5):65-74. 李方桂. 论中古上古音的 * -i̯wəng、* -i̯wək、* -i̯wəg[M]//吴昭瑾,林英津,译. 汉藏语论文集. 北京:清华大学出版社,2012.

[10]Li, Jen-kuei. Morphophonemic alternation in Formosan languages[J]. *BIHP* 1977(48.3):375-413.

[11]Lian, Jin-Fa. The Development of PTB prefixes and consonant clusters in Ersu, Qiang, Pumi and

Jiarong languages[J]. *The Tsing Hua Journal of Chinese Studies*. 1991(21.2):281-336.

[12]Maddieson, Ian. *Patterns of Sounds*[M]. Cambridge:Cambridge University Press. 1984.

[13]Pulleyblank, Edward. The Consonantal System of Old Chinese[J]. *Asia Major* 1962(9):58-144, 206-265. 蒲立本. 上古汉语的辅音系统[M]. 潘悟云,徐文堪,译. 北京:中华书局,1999.

[14]Thomas, F. W. *Nam:An Ancient Language of the Sino-Tibetan Borderland*[M]. London:Oxford University Press. 1948.

[15]Yakhontov, S. E. Consonant combination in Archaic Chinese[M]//25th International Congress of *Orentalists*. 1960(5). Moscow:Oriental Literature Publishing House. 雅洪托夫. 上古汉语的复辅音声母[M]//叶蜚声,陈重业,杨剑桥,译. 汉语史论集. 北京:北京大学出版社,1986.

[16]白一平. 上古汉语 sr-的发展[J]. 语言研究,1983(1):22-26.

[17]Bailey, T. G. 原著. 瞿霭堂,劲松诠释. 普里克藏语介绍[J]. 民族语文,2010(1):65-81.

[18]边田钢. 上古汉语清鼻音声元音位构拟新探[J]. 中国语文,2021(2):159-173.

[19]戴庆厦. 阿昌语的清鼻音[J]. 民族语文,1985(2):11-15.

[20]董同龢. 上古音韵表稿[M]. 南京:历史语言研究所专刊甲种之廿一,1944.

[21]广西壮族自治区少数民族语言文字工作委员会编. 广西民族语言方音词汇[M]. 北京:民族出版社,2008.

[22]黄布凡. 羌语语音演变中排斥鼻音的趋势[J]. 民族语文,1987(5):19-26.

[23]黄布凡. 从巴尔蒂话看古藏语语音[J]. 中央民族大学学报,1994(4):87-94.

[24]江荻. 藏语 sr-声类变化的扩散与中断[J]. 民族语文,1996(2):19-26.

[25]江荻. 藏语语音史研究[M]. 北京:民族出版社,2002.

[26]李方桂. 中国上古音声母问题[J]. 香港中文大学中国文化研究所学报,1970(3.2):511-519.

[27]李方桂. 上古音研究[J]. 清华学报,1971(新 9.1-2):1-69.

[28]李方桂,柯蔚南. 古代西藏碑文研究[M]. 王启龙,译. 拉萨:西藏人民出版社,2006.

[29]林德英,史岩,谭戎·戴雅宁. 克慕语方言之语音研究[M]//王敬骝,等译. 民族研究译丛. 昆明:云南省民族研究所,1987.

[30]铃木博之. 丽江永胜县的大安藏语语音分析[M]//汉藏语学报(第 5 期). 北京:商务印书馆,2011.

[31]陆绍尊. 藏语中甸话的语音特点[J]. 语言研究,1990(2):147-159.

[32]梅耶. 历史语言学中的比较方法[M]//岑麒祥,编译. 国外语言学论文选译. 北京:语文出版社,1992.

[33]梅祖麟. 古文字与上古音札记三则[J]. 中国语言学集刊,2006(1.2):1-22.

[34]潘悟云. 上古汉语鼻音考[J]. 民族语文,2018(4):3-9.

[35]瞿霭堂. 藏族的语言和文字[M]. 北京:中国藏学出版社,1996.

[36]苏郎甲楚. 藏文在中甸地区运用之我见[M]//苏郎甲楚藏学文集. 昆明:云南民族出版社,2007(a).

[37]苏郎甲楚. 再论中甸藏语方言[M]//苏郎甲楚藏学文集. 昆明:云南民族出版社,2007(b).

[38]孙宏开. 藏缅语若干音变探源[M]//中国语言学报(第 1 期). 北京:商务印书馆,1983.

[39]孙景涛. 试论汉语中的 h-化音变[M]//语言学论丛(第四十八辑). 北京:商务印书馆,2015.

[40]王春德. 苗语黔东方言清鼻音声类的口音化[J]. 民族语文,1984(3):13-15.

[41]王尧. 藏语西部方言——巴尔提(Balti)话简介[J]. 西藏民族学院学报,1985(3):18-26.

[42]谢志礼,苏连科. 藏缅语清化鼻音、边音的来源[J]. 民族语文,1990(4):19-21,65.

[43]杨世宏. 一河两江流域藏语方言汇要[M]. 兰州:甘肃民族出版社,1995.

[44]喻世长. 用谐声关系拟测上古声母系统[M]//音韵学研究(第一辑). 北京:中华书局,1984.

[45]张济川. 藏语声母 * sr 的来源和演变[M]//中国民族语言学会编. 中国民族语言论文集. 成都:四

川民族出版社，1986.
[46]张济川. 藏语声母 lh-来源与演变[J]. 民族语文，1990(2)：23-25.
[47]张永言. 关于上古汉语的送气流音声母[M]//音韵学研究(第一辑). 北京：中华书局，1984.
[48]郑张尚芳. 汉语上古音系表解[M]//语言(第四辑). 北京：首都师范大学出版社，2003[1981].
[49]郑张尚芳. 上古汉语的 S-头[J]. 温州师院学报，1990(4)：10-19.
[50]郑伟. 中古鼻音与擦音声母字在早期汉语中的语音交替[M]//语言研究集刊(第十七辑). 上海：上海辞书出版社，2017.

On the Reconstructing Pre-sibilant Sonorants and Voiceless Sonorants in Old Chinese through Evolutional Rules in Tibetan-Burmese Languages

Zheng Wei

Abstract: Through discussing mainly the phologicalevoloution of the syllable with cluster sonorant initials with sibilant sN-and voiceless sonorant N̥-in Tibetan-Burmese languages, the article points that it is important to take account into modern language material and typological observation when reconstructing Old Chinese. In light of both phonological structural and regional perspectives, we can see the unparalell evolution of sN-or N̥-with different articulatory place, such as sN->sN-(retaining pre-initial s-or h-), sN->N-(loss of s-), sN->N̥-(voicelessing of N-)and so on. In detail, the phonological process including sŋ->(hŋ->)ŋ̊->h-, sm-> (hm->)m̥->h-, sn-> (hn->)n̥->t^h-, and sl-> (hl->)l̥->t^h- is recurrent in various materials and consistent with general rules of process. The rules are also proved by some Tibetan dialects like Da'an and Zhongdian. As regards to the reconstruction of sN-and n̥-in Old Chinese, the late Professore Li Fang-kuei's assumption is more typologically reasonable.

Key words: sonorant with pre-sibilant, voiceless sonorant, law of phonological evolution, the phonology of Old Chinese

通信地址：上海市闵行区东川路 500 号华东师范大学中国语言文学系
邮　　编：200241
E-mail：wzheng@zhwx. ecnu. edu. cn

近代官话中通臻两摄合口入声分合关系考辨*

宋华强

内容提要 近代官话韵书中，中古通摄入声屋沃烛韵与臻摄合口入声術物没韵关系有待系统研究。笔者考察了近代22种反映时音的韵书材料，将屋沃烛韵与術物没韵关系分为“洪分细分”“洪混细分”“洪混细混”三大类。在对这几类出现的时代和地域进行分析后，笔者认为，中古通臻两摄入声在近代南方官话韵书中有较清楚的演化轨迹；但在近代北方官话韵书中的表现比较复杂，受到了南方官话的强烈影响。

关键词 入声 屋沃烛韵 術物没韵 洪混细分 南方官话

一 引言

近代官话乃至现代官话方言中，入声的去向一直是学术界关心的话题。如本文讨论的通摄入声，今北京话中便有[ou/iou]与[u/y]两类读音，[ou/iou]一读大致与中古通摄三等入声在《中原音韵》中归尤侯韵一读相当，而读[u/y]者，前人一般直接将其与归鱼模韵一读联系起来。实际上这个问题并没有那么简单。

熊燕(2019a)将官话方言屋沃烛韵读音类型做了梳理，分析出各读音类型关系，并参照文献，确定了主要类型的音变时间。其中，熊文发现“三等屋沃韵与一等屋沃韵的变化不完全同步”，“明中后期南京等地屋韵组与没韵组洪混细分，尚未完全合流”(熊燕，2019a：59、61)，并以《书文音义便考私编》《西儒耳目资》为例说明，对这一问题有了新的认识。董建交(2021)发现《西儒耳目资》中通摄入声与臻摄合口入声三等字存在对立，“显然反映的是这类型的南方官话”(董建交，2021：308)，与《中原音韵》等北方韵书洪细皆合并不同。这个发现相当有价值，在前人研究的基础上做出了创新，但仍留有一定研究空间。首先，明末官话韵书中通臻两摄合口“洪混细分”的流行范围，尚未有较为精确的判断；其次，对于通臻两摄合口入声在整个近代韵书中的情形，尚可进行更为详细的梳理；第三，中古通臻两摄合口在近代汉语中的演变，还可进一步讨论。

本文考察了近代反映官话时音的韵书韵图22种，主要通过梳理近代官话韵书中通摄屋沃烛韵来源之字与臻摄術物没韵来源之字读音是否存在最小对立来判定其分合关系，就本文而言，两类来源之字在所举韵书中，如声母与韵母洪细皆相同，读音仍存在差异，则定为“分”，若读音无差异，则定为“混”。这22种韵书皆可反映实际语音，且涵盖南北官话，具有一定代表性。

这样，初步考察了近代官话各类韵书后，笔者将近代官话语音韵书中反映通臻两摄的关

* 本文系国家社科基金青年项目(18CYY033)的阶段性成果。

系大致分为三种类型：1.洪分细分型；2.洪混细分型；3.洪混细混型。此外，尚有一部韵书兼具“洪混细分”与“洪混细混”特征。各韵书大致依照作者籍贯分为南北两类，如作者不详，或作者为外国人，或虽有作者籍贯，但学术界普遍认为该韵书音系不反映作者口音，则依照学术界对其音系性质认定而分南北。故我们可将近代官话韵书分为北方的官话韵书韵图（简称北方韵书，表中斜体）和南方的官话韵书韵图（简称南方韵书）两类，如下表所示：

表1　各韵书通臻两摄入声分合关系类型表①

<table>
<tr><th></th><th>洪分细分</th><th>洪混细分</th><th>洪混细混</th></tr>
<tr><td>元</td><td></td><td></td><td>古今韵会举要 1297
蒙古字韵 1308
中州乐府音韵类编 ?
中原音韵 1324</td></tr>
<tr><td>明初</td><td>洪武正韵(76)1375
洪武正韵(80)1379
韵略易通 1442</td><td></td><td></td></tr>
<tr><td rowspan="3">明末</td><td rowspan="3"></td><td>书文音义便考私编 1587</td><td>交泰韵 1603</td></tr>
<tr><td colspan="2">合并字学篇韵便览 1606</td></tr>
<tr><td>西儒耳目资 1626
五声谱 1630
韵略汇通 1642</td><td></td></tr>
<tr><td>清</td><td></td><td>五方元音(樊本)1664
汉音集字 1899</td><td>谐声韵学 1699
五方元音(年本)1710
五声反切正韵 1763
响答集 1799
李氏音鉴 1805
语言自迩集 1867
南京官话 1907</td></tr>
</table>

元、清两代韵书以“洪混细混”型为主，元代全为北方韵书，清代则南北韵书皆有；明初以“洪分细分”型为主，全为南方韵书；明末（包括清初《五方元音》）则以“洪混细分”型为主，南北韵书皆有。

在具体讨论之前，先说明几个问题。

首先，中古曾梗摄合口细音入声在近代绝大多数韵书中与術物韵②合为一类，本文着力

① 个别韵书需要做出一些说明。《蒙古字韵》部分特征与今南方官话更加接近，如知庄章的分合上。感谢匿名审稿人指出。但在入声韵归派上，《蒙古字韵》与北方更加接近，如宕江摄入声归效摄，梗摄入声归蟹摄开口，曾摄入声归蟹止摄合口等。由于本文讨论的是入声韵问题，故将其视为北方韵书。《韵略易通》作者兰茂为云南人，且其书音系与《中原音韵》和《洪武正韵》音系相较，更加接近《洪武正韵》，故我们将其定为南方韵书。

② 为方便论述，以下将通摄一等入声称为“屋沃韵”，通摄三等入声称为“屋烛韵”，臻摄合口三等入声称为“術物韵”。另外，本文虽使用简体字，但涉及“一简多繁”，又必须区分不同的形体时，如“郁/鬱”“术/術”等，用繁体字区分。

点虽不在这类字上，但由于術物韵晓影组常用字较少，在必要时，举曾梗摄合口细音字以补術物韵字不足。

第二，根据王力(1985/2014)，中古非组字(包括通摄三等明母)，除蟹止摄外，最迟于宋代已变为洪音。故为论述方便，本文将非组字处理为洪音。

第三，近代后期一般用“四呼”分析介音，但由于本文涉及元至清600来年的语音发展，使用“四呼”体系会带来一定不便之处，故本文使用“开合洪细”这一术语体系分析介音。

第四，部分韵书中，屋烛韵存在归入遇摄与流摄两类异读，但归入流摄的读音较为清楚：1)从出现地域上看，这类读音在近代主要出现在北方韵书中，在现代也主要出现在东北、华北等地；2)从演变条件上看，归入流摄者基本为端知两系声母之字，声母条件较为清晰；3)从产生时间看，根据沈钟伟(2006)，辽代契丹小字中汉语借词读音便已出现这类现象，这早于元代最早的官话韵书《古今韵会举要》200年左右；4)从通臻关系看，这类字归入流摄后，自然不会与只归遇摄的中古術韵字发生混并。故中古屋烛韵归流摄为近代许多北方韵书，甚至今天东北、华北方言的共性，这一读音产生时间较早，归入流摄后亦不会与归入遇摄的中古術韵字读音相混。基于此，本文在之后的论述中，不再详细论述这一读音。

二　洪分细分

这类韵书主要出现在明初，特点为：屋沃烛韵与術物没韵无论洪细皆分立，大体维持中古格局。其代表为《洪武正韵》(七十六韵本)、《洪武正韵》(八十韵本)、《韵略易通》(兰茂本)等，这三部韵书皆为南方韵书，不过《洪武正韵》(八十韵本)存在调和南北语音的倾向(宁忌浮，2003:9)。

《洪武正韵》于1375年由宋濂、乐韶凤等人编纂，分七十六韵，1379年又由汪广洋等人重修，分八十韵。《韵略易通》于1442年由云南嵩明人兰茂编纂。

根据宁忌浮(2009:40)，《洪武》(七十六)中，中古屋沃烛韵归其①屋韵，術物没韵归其质韵，维持了中古通-臻分立的格局。根据张玉来(1999:65、67、74、78、80)，《易通》中，中古屋沃烛韵归其东洪韵入声，術物没韵归其真文韵入声。这样，屋沃烛韵与術物没韵字在这两部韵书中无论洪细，皆构成最小对立，二者皆为洪分细分。

此外，《易通》中，中古通摄三等端系“绿足粟”等字与屋沃韵端系“禄族速”等字合并；《洪武》(七十六)中，其精、心两母存在不同小韵对立，精母“蹙”“足”两小韵皆来自通摄三等，心母“速”“夙”两小韵对立，但“速”小韵内含有中古通摄三等“肃”等字，而来母“禄”小韵则包括中古通摄一三等“禄绿”两类字：虽有一定差异，但都显示出三等屋烛韵端系与一等合并。

《洪武正韵》(八十)为汪广洋等于1379年重修，与《洪武》(七十六)相比，略有差异。根据宁忌浮(2003:110-113)，《洪武》(八十)在《洪武》(七十六)的基础上，将中古術物没韵独立为其術韵，同时将中古曾梗摄合口三四等入声由其陌韵调整至其術韵，这表明入声-t/-k韵尾已然混并。但中古屋沃烛韵仍归入其屋韵之中，与術韵保持分立。

① 为了区别某类字的中古来源和该类字在某一近代韵书中的归类在名称上容易混淆之处，如无特别说明，指称该类字在近代韵书中归类时，在名称前加“其”。

此外,《洪武》(八十)将《洪武》(七十六)中通摄一三等端系合并之处分立,来母分“禄”“六”两小韵,心母“速”“肃”两小韵则严格按中古一三等分立。这样,在《洪武》(八十)之中,一三等并未出现相混之处。

这种“洪分细分”的模式明末已很少。部分韵书中尚存这类分立,但学术界一般认为其并不反映实际语音①。清代反映实际语音的官话韵书则基本无此特征。

三 洪混细分

这类韵书主要出现在明末清初,特点为:中古一等屋沃没韵相混,但三等,屋烛韵与術物韵仍保持不同程度的对立。代表韵书为《书文音义便考私编》《西儒耳目资》《五声谱》《韵略汇通》《五方元音》(樊腾凤本)等,这几部韵书中,《私编》《西儒》《五声谱》为南方韵书,《汇通》《五方》则为北方韵书。

(一)南方韵书

《书文音义便考私编》为明朝后期上元(今南京)人李登于1587年所作,耿振生(1992)、宁忌浮(2009)、封传兵(2013)皆认为其音系主要反映了明末江淮官话(南京官话)。《西儒耳目资》为明末耶稣会传教士金尼阁于1626年所作,根据王松木(2011),除早期学者外,大部分学者认为其反映明末南京音。

这两部韵书表现比较一致。中古一等屋沃没韵在这两部韵书中合并,统归其屋韵/ȯ(u ȯ),但三等则有差异:中古屋烛韵归入其屋韵/ȯ(i ȯ),端系“绿足粟”等字与一等“禄族速”等字合并,当为洪音,见系“菊曲畜欲”等字与一等分立,当为细音;中古術物韵则归入其術韵/ụ(iụ)②,与其屋韵/ȯ(i ȯ)对立。熊燕(2019a:64)梳理了两种材料中两类对立小韵,本文不再赘述③。

《五声谱》为明朝后期京山人郝敬于1630年所著韵书,宁忌浮(2009)、王淇(2009)、谢荣娥(2018)皆认为其反映明代后期湖北京山方音。该书中,中古一等屋沃没韵按声组条件分为两韵,帮见两系“卜不谷骨”等字归其屈韵,端系“秃突族卒”等字归其笃韵,但声组有异,无最小对立;三等则不同,中古屋烛韵除见组“菊曲”等字外,皆归其笃韵,端系“绿足粟”等字与一等“禄族速”等字合并,当为洪音,晓影组“蓄欲”等字则与中古一等分立,当为细音;而中古術物韵“律戌出橘屈欻聿”等字与屋烛韵见组“菊曲”等字则归其屈韵,且与中古一等分立,当为细音,故其与“蓄欲”等字构成最小对立。宁忌浮(2009:298)对这两韵的分布有较为详尽

---

① 明代部分韵书作者,为将入声韵兼配阴声韵和阳声韵,常常不按照实际语音进行归纳。乔中和《元韵谱》、桑绍良《青郊杂著》等皆是如此。

② 《西儒》中,端系泥组为细音,心母洪细两读,其余倾向洪音,知系为洪音,见系为细音。但《西儒》ụ类除同一批字洪细异读外,洪细之间基本没有对立。

③ 中古臻摄物韵晓、影组部分字(如欻、鬱等)在二书中归入屋韵/i ȯ,与臻摄细音其他字不同。

的说明,本文不再赘述①。

(二)北方韵书

《韵略汇通》为明末莱州人毕拱辰于1642年所著。其语音性质有山东莱州音说(张鸿魁2005)、明清时代口语标准音(李新魁,1983;张玉来,1995)等。据李子君(2003)、宁忌浮(2009),《韵略汇通》几乎完全据明末莫铨《音韵集成》所作,故不太可能反映莱州方音。再结合中古桓韵不独立等特点,本文倾向于认为其反映带明末北方官话特点之韵书。根据张玉来(1995:121-124、132-133),中古一等屋沃没韵在《汇通》中合并,归入其东洪韵入声,这与《易通》分归东洪、真文两韵不同;但三等中,屋烛韵归其东洪韵入声,端系“绿足粟”等字与一等“禄族速”等字合并,见系“菊曲畜欲”等字与一等分立,当为细音;術物韵则归其真寻韵入声,张玉来(1995)将其归入细音,故与屋烛韵构成最小对立。

《五方元音》为明末清初樊腾凤于1664年所著。根据李清桓(2008),除早期学者笼统称其为“官话音”外,一般认为其反映明末清初北方官话特别是河北官话音,部分学者还认为其带有地方土语色彩,本文将其视为带北方官话特点的韵书。该书中,中古一等屋沃没韵合并,归入其虎韵。三等则有差异:屋烛韵知系“竹触束肉”等字与術韵知系“术出術”等字合并,统归其虎韵;屋烛韵端系“绿足粟”等字与一等“禄族速”等字合并,归入其虎韵,術韵端系“律戌”等字归入其地韵,为合口细音;见系中,除中古溪母“曲”等字归入其地韵外,中古屋烛韵“菊畜欲”等字则皆归入其虎韵,但与中古一等对立,当为细音,中古術物韵“橘屈欻聿”等字则归其地韵合口细音。

表2 屋烛術物四韵端见两系在《五方元音》中的分布

	虎韵洪音	虎韵细音	地韵合口细音
屋烛韵	衄朒恧/六陆绿菉录箓醁戮稑騄僇/足蹙顣嘁/促蹴娕/宿粟夙蓿肃鹔骕剩俗续佩搐	菊鞠鞫踘掬局锔局局鵴檋驧輂/旭顼勖畜蓄/玉育狱浴欲郁欲隩彧峪瑀昱鬻燠毓鳿	曲麹
術物韵			律葎寽繂/焌駿/戌哦邮恤訹/橘/屈诎/欻搣颸獝嗽/聿鬱熨蔚遹鹬鸡

中古屋烛韵与術物韵在见系声母后仍保持最小对立。

此外,这几部韵书中,中古屋烛韵端系“绿足粟”等字与一等端系“禄族速”等字合并,这点亦与南方韵书一致。

(三)小结

这类韵书中,中古三等屋烛韵与術物韵除可分立外,还有一些特点:

1)屋烛韵端系“绿足粟”等字基本与一等屋沃韵端系“禄族速”等字合并,归入洪音之中;而術韵端系“律焌戌”等字仍为细音;

① 该书中,中古没韵疑母“兀”被划入笃韵,但据日本内阁文库藏明崇祯间郝洪范刻《五声谱》,“兀”当入屈韵。

2)屋烛韵见系“菊曲畜欲”等字与術物韵见系“橘屈欻聿”等字皆为细音,且基本保持对立。

中古屋烛韵端系字更多倾向于洪音,而術韵端系则更倾向于细音,其差异不仅是主元音不同,尚有洪细之别,不构成最小对立。但二者见系字在这类韵书中皆表现为细音,其差异则为主元音不同造成,构成最小对立。故我们可将通臻两摄三等见系是否对立视为判定“洪混细分”类韵书的依据,而端系则作为重要参考。

清中期以后这类韵书较为少见,此处简单提及。《汉音集字》(*Hankow Syllabary*)为美国人殷德生(James Addison Ingle)于1899年所著,反映19世纪末汉口方言。中古通臻两摄一等屋沃没韵按声组分为两类,帮见两系“卜不谷骨”等字韵母为u,端系“秃突族卒”等字韵母为ᵉo(与流摄合并①);通摄三等除见组“菊曲”等字外归ᵉo/iᵉo韵,臻摄三等“律戌出橘屈欻聿”等字与通摄三等见组归ü韵。这与《五声谱》以及今天湖北东部西南官话和黄孝片方言一致,即保持“洪混细分”格局。

四　洪混细混

这类韵书主要出现在元代和清代,明代较少。其特点为:屋沃烛韵与術物没韵无论洪细,皆合并。代表韵书有:《蒙古字韵》《古今韵会举要》《中原音韵》《中州乐府音韵类编》《交泰韵》《谐声韵学》《五方元音》(年希尧本)《五声反切正韵》《响答集》《李氏音鉴》《语言自迩集》《南京官话》。元、明时期的几部韵书皆为北方官话体现,清代韵书则于南北官话皆有体现。

(一)元明韵书

《蒙古字韵》与《古今韵会举要》所反映的音系基本相同,学术界一般认为其反映一种古官话。就屋沃烛韵字与術物没韵字而言,二者基本合并,一等统归[u](谷字母韵),三等则大体归入[y](匊字母韵)②(可参见沈钟伟,2015:308、313、315、335-338)。屋沃烛韵与術物没韵洪混细混。

《中原音韵》与《中州乐府音韵类编》音系基本相同,学术界对其基础方音曾有较多争论(刘晓南,2007:188),本文倾向于认为其反映元代北京及其周边语音。一等屋沃没韵在《中原》《中州》中合并,统归其鱼模韵;而三等,除通摄入声归其尤侯韵的异读外,中古屋烛韵与術物韵基本合并为一类,统归其鱼模韵,但与中古一等字保持分立,当为细音(可参见宁继

① 这与今天北方官话中屋沃韵读入流摄不同:首先,北方官话中仅三等字,此处包括一等端系字;其次,三等中,北方官话基本仅限端知两系(与《中原音韵》相当),此处尚有晓影组,第三,读入流摄的屋烛韵端系“六宿”等字在北方官话中为细音,与流摄三等合并,此处则为洪音,与流摄一等合并。

② 不过中古術韵见系为[yj](橘字母韵)或[jwi](聿字母韵,限零声母)。这是韵图等的差异造成,并非近代音的创新特征。根据平山久雄(2009/2012:172-175),《广韵》分早期切韵系韵书真(质)韵为真(质)谆(術)二韵时,将原见系合口重纽三等分入真(质)韵,而非谆(術)韵,故谆(術)韵见系字皆为重纽四等。《蒙韵》大体维持韵图三等与四等的分立。

福,1985:44-53)。

这类韵书中,一三等未出现相混,屋烛韵端系“绿足粟”等字与術韵端系“律焌戌”等字合并,仍读为细音。这与南方韵书中屋烛韵端系与通摄一等合并,读为洪音不同。

明代“洪混细混”的材料较少,其代表如《交泰韵》。

《交泰韵》为明末河南宁陵人吕坤于1603年所著。根据赵祎缺(2016),一般认为反映明末汴洛官话。该书凡例第9条“辨分合”中有“第四例有异平同入者,其入字声韵相通,难以隔绝……且屋韵之谷、酷、熇、郁、蔟、匊、笃、朒、卜、扑,与勿韵之骨、窟、忽、鬱、猝、橘、突、讷、不、孛,字字相同”,“谷酷熇蔟笃卜扑”为通摄一等屋沃韵,“骨窟忽猝突不孛”为臻摄一等没韵,“郁匊”为通摄三等屋烛韵,“鬱橘”为臻摄三等術物韵,这表明中古通臻两摄入声在《交泰》中无论洪细皆已合并①。

不过屋烛韵精组字存在洪细异读。依据是《交泰》凡例末尾附注“平入相近”中,其鱼韵内有“须夙”“疽足”,其模韵有“租蹙”“粗促”,可见精组“夙足”与细音鱼韵相近,“蹙促”与洪音模韵相近。但由于存在洪细差异,主元音不构成最小对立,故我们仍将其视为“洪混细混”类韵书。但和元代韵书相比,中古屋烛韵端系“蹙促”在《交泰》中出现洪音读法。

(二)清代南方韵书

清代绝大多数韵书,皆为“洪混细混”类型,但南北韵书间存在不同。

南方韵书中,中古通摄三等端系“绿足粟”等字皆与一等端系“禄族速”等字合并。

《五声反切正韵》为清朝中期安徽全椒人吴烺于1763年所著,根据曹祝兵(2019),大部分学者认为其反映清代以南京为中心的江淮官话语音。中古屋沃烛韵与術物没韵在该书中合并,读洪音者统归其孤类入声,读细音者统归其居类入声②。此外,中古屋烛韵端系“足促”归其孤类入声,当为洪音,術韵端系“戌律”归其居类入声③,仍归细音。

《响答集》为九峰楼居士整理,具体作者无考,成书于1799年,周赛华(2017)、孙志波(2018)皆认为其反映清代中期枞阳一带方音。该书中,中古一等屋沃没韵统归其“六”韵。三等中,屋烛術物四韵知见两系亦归入其“六”韵,端系则有差异:中古屋烛韵端系“绿足粟”等字与屋沃韵端系“禄族速”等字合并,归入其“六”韵;中古術韵端系“律戌”等字则归入其“亦”韵,与中古深臻曾梗开口三四等入声同音,当为细音。由于枞阳方言中,介音的合口成分在端系声母后往往丢失,故归入其“亦”韵的中古術韵端系“律戌”等字,其早期形式亦为合口细音,合口成分消失后并入开口细音中。

《南京官话》(*Die Nanking Kuanhua*)为德国人何美玲(K. Hemeling)于1907年所著,反映20世纪初的南京方言。中古通摄屋沃烛韵与臻摄術物没韵在该书中合并,一等和三等知系字统归u,三等见系则归ü或ju(零声母),端系则有差异,通摄屋烛韵来源者为u,臻摄術韵来源者为ü。

这三种韵书中,中古屋沃烛韵和術物没韵皆合并。但就三等端系字而言,屋烛韵与通摄

① “朒”虽为通摄三等,但与臻摄一等“讷”合并,可知已读为洪音。

② 孤类入声中,“谷酷屋笃秃卜朴木足促速竹畜叔福禄辱”来自中古通摄入声,“忽”来自中古臻摄入声;居类入声中,“曲玉悳蓄”来自中古通摄入声,“橘戌律”来自中古臻摄入声。

③ 中古通摄细音“悳”亦归入其居类入声,不过这应该和该字罕用有关。

一等端系合并，读为洪音，術韵则保持细音。这与“洪分细分”“洪混细分”类韵书类似。

(三)清代北方韵书

北方韵书中，中古通摄三等端系“绿足粟”等字读音有洪有细。

《谐声韵学》作者无考，根据周赛华(2014)，其音系当是反映清代康熙年间北方官话语音。该书根据《五音集韵》抄写或剪贴而成，但在排列时，仍将《五音集韵》中不同小韵之字分别开来。中古通臻两摄入声在该书中无论洪细，皆合并。一等屋沃没韵统归其及摄合口正韵(即合口洪音)。三等屋烛術物四韵中，屋烛韵见系“菊曲畜欲”等字和術物韵见系“橘屈欻聿”等字基本归入其及摄合口副韵(即合口细音)；知系“竹触束肉术出術”等字兼归跨合口正韵和副韵；屋烛韵精组“足促粟”等字術韵精组“焌戌”等字除“促”小韵兼跨洪细外，皆归合口副韵；仅中古泥来母字中，通摄“肭录六”等字归合口正韵，臻摄“律”等字归合口副韵，显示洪细有别。

表3 屋烛術三韵端系在《谐声韵学》中的分布①

	合口正韵	合口副韵
屋烛韵	肭/录六/**促**	歗足蹙/竈**促**/续宿肃粟
術韵		律/崒卒②/焌/卹

故从音类分合上看，除来母外，中古通臻两摄入声完全合并，这与元代《蒙韵》《中原》等韵书接近。

1710年，年希尧改订《五方元音》。此本中，原归入《五方》(樊本)虎韵细音的中古屋烛韵见系“菊畜欲”等字全部归入其地韵合口细音，虎韵不再有细音字，这样中古屋烛韵与術物韵在《五方》(年本)中便无最小对立，故为“洪混细混”型，与《五方》(樊本)“洪混细分”不同。但与《五方》(樊本)类似的是，中古屋烛韵端系“绿足粟”等字依然与屋沃韵端系“禄族速”等字合并，归入洪音之中。

《李氏音鉴》为李汝珍于1805年完成，根据杨亦鸣(1992)，其“北音”主要反映18世纪末的北京话。该书“北音入声论”一章可看出中古入声字在当时北京话中的读音：除通摄“粥妯柚熟肉六”6字存在归流摄一读外，中古屋沃烛韵与術物没韵基本合并，大多与中古遇摄字同音③，一等与中古遇摄一等同音，三等知见两系与中古遇摄三等知见两系同音，但屋烛韵端系存在洪细异读：

> 洪音：录戮陆(砻务切)、足(左吴切)、粟(松污切)、俗宿(隋吴切)、夙肃(宋务切)；
> 细音：绿(令豫切)、续(迅御切)。

術韵端系则仅有细音一读。

> 细音：律(令豫切)。

《语言自迩集》为英国人威妥玛(Thomas Francis Wade)所著，反映19世纪中期北京方言。其音系与《李氏音鉴》基本一致，除通摄三等端知两系字存在归流摄一读外，中古屋沃烛

---

① 由于《谐声》源自《五音集韵》，这里以《五音集韵》相应小韵首字赅小韵内其他字。重出小韵加粗。

② 源自《五音集韵》術韵子聿切，为臻摄合口细音。

③ 少数臻摄帮系字与果摄同音，为例外。

韵与術物没韵基本合并，一等和三等知系统归 u；三等见系统归 ü，端系则有差异，屋烛韵来源者有 u/ü 两读，術韵来源者则仅 ü 一读。

表 4　屋烛術三韵端系在《语言自迩集》中的分布①

	u	ü
屋烛韵	六**陆菉绿**录勠僇戮/**足**蹙踧/促蹴/**俗宿**蓿**粟**傈肃骕**夙续**	**菉绿陆/足/俗宿续粟夙**
術韵		律/恤卹戌

《音鉴》与《自迩集》中，中古屋烛韵端系“绿足粟”等字存在洪细两读，洪音一读与屋沃韵端系“禄族速”等字合并，这与同时期南方“洪混细混”韵书一致；细音一读则与術韵端系“律焌戌”等字合并，这与元代“洪混细混”韵书和清代《谐声韵学》等韵书接近。

(四)小结

元代“洪混细混”韵书，除少量特殊情况，中古屋沃烛韵与術物没韵合并，且一三等之间并未出现混并，屋烛韵端系“绿足粟”等字与術韵端系“律焌戌”等字合并，读为细音；清代《谐声韵学》仍具有这类特点，当是承袭元代北方官话特征，我们可称之为北方型“洪混细混”。清代《五声反切正韵》《响答集》《南京官话》等南方韵书中，中古屋沃烛韵与術物没韵亦合并，但中古屋烛韵端系“绿足肃”等字与屋沃韵端系“禄族速”等字合并，归入洪音之中，而術韵端系“律焌戌”等字仍为细音。这与“洪分细分”“洪混细分”类韵书类似，当是清代南方官话细音合并后的结果，我们可称之为南方型“洪混细混”。

值得注意的是，清代北方官话韵书中，并非所有韵书皆为北方型“洪混细混”。《五方》(年本)为南方型“洪混细混”，《音鉴》《自迩集》(包括明末《交泰》)则兼有南北“洪混细混”的特点。

五　细分/细混混合

这类韵书出现在明末，其特点为：中古一等屋沃没韵合并，三等中，屋烛韵存在两读，一读与術物韵合并(即“洪混细混”)，一类保持独立(即“洪混细分”)，故兼具“细混”“细分”的特征。代表韵书为《合并字学篇韵便览》。

《合并字学篇韵便览》为明末徐孝与张元善于 1606 年刊刻。根据周赛华(2005)，一般认为其语音性质为明末北京或河北地区语音。

周赛华(2005)以《方言调查字表》收字为限，考查了中古入声字在《合韵》中的归属。一等屋沃没韵除少数例外，合为一类，归入其祝摄。三等则有不同：除通摄“六宿畜轴熟肉”6 字存在归流摄一读外，屋烛韵见系大部分字归入其止摄，端系和影组部分字则两见于其止摄与祝摄；術物韵字则基本只归其止摄。这样，屋烛術物四韵端知两系与影组字在《合韵》中，呈现如下分布：

---

① 存在异读的字加粗，后同。

表 5　屋烛術物四韵端系与影组字在《合韵》中的分布

	祝摄洪音	祝摄细音	止摄合口细音
屋烛韵	**绿宿足俗**录六陆肃促粟	**郁育欲**	**绿宿足俗郁育欲**续玉狱欲浴
術物韵			律率焌黢戌恤

归入其止摄合口细音的古入声字包括中古屋烛術物四韵字,而归入其祝摄的古入声字仅中古屋烛韵字。这样,中古屋烛韵在端系和影组中产生两读,一读与術物韵字合并,归《合韵》止摄合口细音,即"细混";一读则归《合韵》祝摄,且影组字与中古一等对立,当为细音,故与归入"止摄"合口细音之字构成最小对立,即"细分"。

此外,中古屋烛韵端系"绿宿足俗"归祝摄者与屋沃韵端系"禄族速"等字合并,读为洪音;归止摄者则与術韵端系"律焌戌"等字合并,读为细音。

六　余论

在探讨了屋沃烛韵和術物没韵的各种分混类型后,我们可以对这些韵书的时代和地域分布进行说明。

南方韵书中,中古通臻两摄基本上呈现出如下演变模式:

时代	明初	明末	清代
分合	洪分细分	洪混细分	洪混细混
通三端归属	与通一合并	与通一合并	与通一合并

该模式有着较清楚的演化轨迹,可以反映南方官话的演变。

明初韵书基本为南方人编纂,虽《洪武正韵》标榜"壹以中原雅音为定",但因为各种原因,始终未能真正做到(平田昌司,2016;宁忌浮,2003;陈辉,2015)。就其屋沃烛韵与術物没韵"洪分细分"来看,与元代"洪混细混"截然不同,这有可能是明初南方官话的体现。今官话方言中,"洪分细分"在江淮官话泰如片和洪巢片东部方言①中亦存在,故我们相信明初通臻两摄"洪分细分"有一定的方言基础。

到了明末,南方韵书中,中古一等屋沃没韵已合并,但三等屋烛韵与術物韵,特别在见系声母后,依然保持对立,构成"洪混细分",较少有例外。这不见于前代任何材料,故可排除因袭的可能性,当为实际语音体现。今官话方言中,"洪混细分"亦主要分布于南方。根据熊燕(2019a),"武汉型"方言中,中古屋沃烛韵"其细音字也往往有部分未与術物、鱼虞合流的,而是与尤韵合流","此型方言中三等的屋烛韵字总体表现是未与三等的術物韵、鱼虞韵字全部合流",与《五声谱》《汉音》相同。而今西南官话桂柳片方言中,中古屋烛韵字未裂化为[əu],亦与術物韵字对立,这与《私编》《西儒》类似:

① 即熊燕(2019a:55)中"扬州型"方言。

表 6 象州(白石)、柳州方言中通臻摄三等

来源	通	臻	通	臻	通	臻
例字	绿	律	足	骏	畜	出
象州	lu	ly	ʦu	ʦʰy	ʦʰu	ʧʰy
柳州	lu	ly	ʦu	-	ʦʰu	ʦʰy

来源	通	臻	通	臻	通	臻	通	曾①
例字	叔	術	菊	橘	曲	屈	育	域
象州	ʃu	ʃy	kʰy		kʰy		iu	y
柳州	su	sy	ky		kʰy		iu	y

清代以降,除个别韵书外,屋烛韵与術物韵在南方官话中对立消失,发展到"洪混细混"阶段。但与北方在元代便已出现的"洪混细混"不同。

除调和南北语音的《洪武》(八十)外,从明初"洪分细分"型韵书开始,中古屋烛韵端系"绿足粟"等字已出现与屋沃韵端系"禄族速"等字合并,读为洪音的现象,明末南方"洪混细分"类韵书亦是如此。但有明一代,屋烛韵端系读为洪音只是"洪分细分""洪混细分"的伴随特征。当南方官话亦进入到"洪混细混"阶段后,这种因屋烛韵端系洪细不同而产生的南北差异便凸显出来。南方韵书中,屋烛韵端系与一等合并,術韵端系仍为细音,二者洪细有别,属于南方型"洪混细混"。

而北方韵书中,中古通臻两摄则经历了不合常理的演变:

时代	元代	明末	清代
分合	洪混细混	洪混细分/洪混细混	洪混细混
通三端归属	与臻三合并	与通一合并/与臻三合并	与通一合并/与臻三合并

元代皆为北方韵书。就通臻两摄入声关系来看,除中古通摄三等端知两系存在归流摄之异读外,屋沃烛韵与術物没韵皆已合并。此外,屋烛韵端系"绿足肃"等字亦与術韵端系"律焌戌"等字合并,读为细音,属于北方型"洪混细混"。

明初北方韵书缺如。明末清初北方韵书呈现出较为复杂的格局:部分韵书为"洪混细分",和同时期南方韵书一致,如《汇通》《五方》(樊本);部分兼有"细分"与"细混",如《合韵》;部分虽是"洪混细混",但中古屋烛韵端系却存在洪细两读,如《交泰》。清代北方韵书虽皆为"细混",但屋烛韵端系字存在洪细差异:部分韵书中读为细音,与元代接近,属北方型"洪混细混",如《谐声》;部分读为洪音,属南方型"洪混细混",如《五方》(年本);部分出现洪细两读,即兼具南北"洪混细混"的特征,如《音鉴》《自迩》等。

就北方韵书而言,由于元代已是"洪混细混",通摄三等屋烛韵端系与臻摄三等術韵端系合并,且中古通摄一等屋沃韵端系始终未与術韵端系合并,那么明末清初的"洪混细分",以及明末以降,中古屋烛韵端系脱离術韵端系变为洪音,且与通摄一等屋沃韵合并的现象便与元代北方型"洪混细混"不同,亦无法由其演变而来。这些韵书中,《汇通》《五方》带有一定读书音性质,与其他北方韵书存在一定差异,而与南方韵书接近;其他北方韵书虽与北方官话

① 这两处方言中,曾梗摄合口细音与臻摄同韵。由于臻摄影组字较少,故用曾梗摄合口细音字代替。

更为接近，但大多亦出现部分南方特征（如屋烛韵端系出现洪音一读）。可见，明末及清代北方韵书中异于元代北方韵书的特征为某权威音系叠置的结果，这种权威音系当为明末清初通臻两摄"洪混细分"，且屋烛韵端系"绿足粟"等字归入洪音的南方官话。

故就通臻两摄入声而言，明中后期以降，以南京为核心的南方官话成为当时官话的标准，并对同时期北方韵书和方言投射了较深影响，这也为鲁国尧先生（1985/2003、2007/2008）等学者提出的南京话为明代标准音观点提供了新的支持。即使在今天北京话中，中古屋烛韵端系字仍大量存在洪音一读。这类洪音读法并非来自《中原音韵》，而是源自明清时期的南方官话。

征引书目

北宋・陈彭年《广韵》，周祖谟校订，中华书局，2011。

金・韩道昭《五音集韵》，宁忌浮校订，中华书局，1992。

元・朱宗文《蒙古字韵》，沈钟伟集校，商务印书馆，2015。

元・黄公绍、熊忠《古今韵会举要》，中华书局，2000。

元・周德清《中原音韵》，张玉来、耿军校，中华书局，2013。

明・乐韶凤、宋濂等《洪武正韵》，明嘉靖四十年刘以节刊本。

明・乐韶凤、宋濂等《洪武正韵》，国家图书馆藏明刻本，中华书局，2016。

明・兰茂《韵略易通》，明嘉靖三十二年高岐刻本。

明・李登《书文音义便考私编》，明万历十五年陈邦泰刻本。

明・吕坤《交泰韵》，明末胡正言十竹斋刻本。

明・张元善、徐孝《合并字学篇韵便览》，明万历三十四年刻本。

明・金尼阁《西儒耳目资》，明天启六年杭州刻本。

明・郝敬《读书通》，明崇祯间郝洪范刻本。

明・毕拱辰《韵略汇通》，清光绪十四年成文堂刻本。

清・樊腾凤《五方元音》，清文秀堂刻本。

清・樊腾凤、年希尧《五方元音》，清康熙刻本。

清・无名氏《谐声韵学》，周赛华校订，中华书局，2014。

清・吴烺《五声反切正韵》，南陵徐氏藏杉亭集原刻本。

清・九峰楼居士《重刻响答集》，民国丙辰年上海铸记书局石印本。

清・李汝珍《李氏音鉴》，清嘉庆十年宝善堂刻本。

清・威妥玛《语言自迩集》，张卫东译，北京大学出版社，2002。

清・INGLE J. A.（殷德生），*Hankow Syllabary*（汉音集字），Kung Hing，1899。

清・HEMELING K.（何美玲），*Die Nanking Kuanhua*（南京官话），Göttingen，1907。

参考文献

[1]曹祝兵. 《五声反切正韵》语音特点及其基础音系商榷[J]. 皖西学院学报，2019(6)：94-97.

[2]陈辉. 从泰西、海东文献看明清官话之嬗变——以语音为中心[M]. 北京：中国社会科学出版社，2015.

[3]董建交. 近代官话音韵演变研究[M]. 北京：商务印书馆，2021.

[4]封传兵. 李登《书文音义便考私编》与明代官话语音[D]. 南京：南京大学，2013.

[5]耿振生. 明清等韵学通论[M]. 北京:语文出版社,1992.
[6]蒋绍愚. 近代汉语研究概要(修订本)[M]. 北京:北京大学出版社,2017.
[7]李清桓.《五方元音》音系研究[M]. 武汉:武汉大学出版社,2008.
[8]李新魁. 汉语等韵学[M]. 北京:中华书局,1983.
[9]李子君.《音韵集成》对《韵略汇通》的影响[J]. 中国语文,2003(3):284-286.
[10]刘村汉. 柳州音系[M]//陈章太,李行健. 普通话基础方言基本词汇集·语音卷. 北京:语文出版社,1996.
[11]刘晓南. 汉语音韵研究教程[M]. 北京:北京大学出版社,2007.
[12]鲁国尧. 明代官话及其基础方言问题——读《利玛窦中国札记》[M]//鲁国尧. 鲁国尧语言学论文集. 南京:江苏教育出版社,2003.
[13]鲁国尧. 研究明末清初官话基础方言的廿三年历程:"从字缝里看"到"从字面上看"[M]//鲁国尧. 鲁国尧文集:考证、义理、辞章. 上海:上海人民出版社,2008.
[14]宁继福. 中原音韵表稿[M]. 长春:吉林文史出版社,1985.
[15]宁忌浮. 洪武正韵研究[M]. 上海:上海辞书出版社,2003.
[16]宁忌浮. 汉语韵书史·明代卷[M]. 上海:上海人民出版社,2009.
[17]平山久雄. 论《广韵》真、谆分韵的语音条件及分韵后的小韵排列次序[M]//平山久雄. 汉语语音史探索. 北京:北京大学出版社,2012.
[18]平田昌司. 文化制度和汉语史[M]. 北京:北京大学出版社,2016.
[19]沈钟伟. 辽代北方汉语方言的语音特征[J]. 中国语文,2006(6):483-498.
[20]孙宜志. 安徽江淮官话语音研究[M]. 合肥:黄山书社,2006.
[21]孙志波.《响答集》音系:两百年前的枞阳话[J]. 语言科学,2018(6):593-601.
[22]王力. 汉语语音史[M]. 北京:中华书局,2014.
[23]王淇. 明清以来湖北武天地区语音研究[D]. 南京:南京大学,2009.
[24]王松木.《西儒耳目资》所反映的明末官话音系[M]. 新北:花木兰文化出版社,2011.
[25]谢荣娥. 郝敬《五声谱》与现代京山方音[J]. 语言研究,2018(3):55-61.
[26]熊燕. 官话方言屋沃烛韵的音变[J]. 方言,2019(1):54-66.
[27]熊燕. 官话方言曾梗合口字读音去向的文献考察——从梁宋"肱为公"、三楚"永为允"说起[J]. 中国语文,2019(3):332-342.
[28]杨耐思. 中原音韵音系[M]. 北京:中国社会科学出版社,1981.
[29]杨亦鸣. 李氏音鉴音系研究[M]. 西安:陕西人民教育出版社,1992.
[30]叶宝奎. 明清官话音系[M]. 厦门:厦门大学出版社,2001.
[31]张鸿魁. 明清山东韵书研究[M]. 济南:齐鲁书社,2005.
[32]张艺兵,白云. 象州白石话语音研究[M]//郑作广,周本良,刘村汉. 广西汉语珍稀方言语音研究. 南宁:广西民族出版社,2009.
[33]张玉来. 韵略汇通音系研究[M]. 济南:山东教育出版社,1995.
[34]张玉来. 韵略易通研究[M]. 天津:天津古籍出版社,1999.
[35]赵祎缺. 近代后期汴洛语音研究[D]. 上海:复旦大学,2016.
[36]周赛华. 合并字学篇韵便览研究[M]. 武汉:湖北人民出版社,2005.
[37]周赛华.《响答集》音系与江淮官话[J]. 中文论坛,2017(2):259-274.

A Survey on the Relationship Between the Entering Finals of Tong(通) and Zhen(臻) in Early-modern Mandarin

Song Huaqiang

Abstract: Further researches are needed on the relationship between the entering finals of Tong(通) and Zhen(臻) in early-modern Mandarin. In this paper, 22 kinds of rhyme dictionaries on early-modern Mandarin can be divided up into 3 kinds: The first one, Hong Fen Xi Fen(洪分细分), Hong Hun Xi Fen(洪混细分), and Hong Hun Xi Hun(洪混细混). In the author's opinion, there existed a certain historical development line on southern Mandarinrhyme dictionaries. However, there is no such a line on northern Mandarin rhyme dictionaries because of the strong influence of southern Mandarins.

Key words: Entering Finals, Wu-Wo-Zhu(屋沃烛韵), Shu-Wu-Mo(術物没韵), Hong Hun Xi Fen(洪混细分), southern Mandarins

通信地址:安徽省芜湖市九华南路 189 号安徽师范大学文学院/安徽师范大学安徽语言资源保护与研究中心

邮　　编:241003

E-mail:624013365@qq. com

古籍俗写的音义及词义梳理*

曾　良

内容提要　古籍中有大量的俗字，这些俗写的音义值得关注和梳理。本文探讨了戏曲中的“坬”字及其相关的俗字音义；阐述了由“磔”产生的“拆”“扎”“挫”“揸”“斥”“拓”“乍”等相关字面以及读音问题；认为“萧郎”“萧娘”跟箫史、弄玉有关系。

关键词　俗字　音义关系　词义梳理

古籍中夹杂着大量俗字；同时，一个字也许有多个读音，字的读音往往有正音和俗音。当然，俗音经过一定时期也可能转化为正音，方言词也可能被吸收成为通语词汇的一部分。情况比较复杂，因此，研究汉语史必须多角度注意这些问题。这里重点谈谈古籍中俗写的音义问题以及词语探源。在通俗文献中的一些字不能按规范读音去读，必须按照俗音去理解。这些读音在大型历时性词典中往往没有反映。这是汉语史研究中必须注意的问题。

一　坬

《古本戏曲丛刊》初集明朱墨刊本汤显祖《牡丹亭记》第十三出：“前山低坬后山堆，跎背；牵弓射弩做人儿，把势。”(29/358)“坬”即“坬”字，徐朔方、杨笑梅先生校注(1963:67)《牡丹亭》校作“坬”，注释曰：“前山低坬(guà)后山堆：形容腹部凹下、背部隆起的样子。”循斋胡介祉重刊《格正牡丹亭还魂记词调》第十三折作“坬”。面对俗字“坬”，一般人容易按字典正字的读音去套。《汉语大字典》“坬”字条：

> guà《集韵》古骂切，去祃见。
>
> ①土堆。《玉篇·土部》：“坬，土埵也。”明汤显祖《牡丹亭·诀谒》：“前山低坬后山堆，跎背。”
>
> ②山坡。刘斌《军队的妈妈》：“她简直是在驾云，一步高，一步低，朝着坬的方向扑去。”

按：《牡丹亭》的语例跟《玉篇》“坬”的音义完全不同。《牡丹亭》的“低坬”实际就是“低洼”二字，不读古骂切，不是“土堆”的意思。我们从古籍异文能得到印证，“坬”字，明万历初刻本《牡丹亭还魂记》第十三出作“窊”；据《牡丹亭》略加更定的《墨憨斋重定三会亲风流梦》

* 本文为国家社科基金重大项目“宋元明清文献字用研究”(19ZDA315)阶段性成果。感谢匿名审稿专家提出的建设性意见。文中不当之处，由本人负责。

第八折作:“前山低窊后山堆,瘫背。”[1]眉批:“窊,哇、雨二音,此音哇。”“坬”“窊”显然是同词异写。依据词义的原理,“坬”的义项②“山坡”也不可靠,我们虽一时未找到《军队的妈妈》的上下文,此“坬”多半是指山洼、山窝的意思[2]。

“窊”或作“窪”“洼”“凹”“洿”等。《大正藏》本《法华文句记》卷七:“‘如山虽高峻亦有洿隆等五相’者,‘洿’字(乌花切),若依今义应作‘窊’字,凹也。亦应作‘洼’,深也。”(34/290/b)[3]《大正藏》本《妙法莲华经玄赞》卷十:“‘窊曲’者,‘窊’音,《玉篇》於瓜、乌瓜二反,凹也,耶下也。”(34/837/a)《碛砂藏》本道宣《广弘明集》卷十六《千佛颂》:“前佛后佛,迹罔隆窊。”(101/419/a)又《广弘明集》卷二十三《僧行篇第五》:“然则道涉窊隆,岠百六之阳九。尘随信毁,坏利用之安危。”(101/549/a)卷末《音释》:“窊隆:上乌瓜反,窊,下也;隆,高也。”(101/571/b)玄应《一切经音义》卷一“窊面”条:“一瓜反,《广雅》:窊,下也。经文作洿,一胡反,洿池也。”“窊”俗写作“洿”当是俗音训读的结果,“洿”的正音是一胡反,读乌瓜反是俗音(即“窊”的训读)。《慧琳音义》引《玄应音义》就说作“洿”非也。“窊”音乌蜗反大概是正音,音蛙。慧琳《一切经音义》卷九十八“隆窊”条:“乌蜗反,《说文》:窊,谓邪下也。从穴瓜声。或作窪,《集》作窳,音瑜主反,非。”陆德明《经典释文》卷二十五《老子道经音义》:“窪:乌瓜反,简文乌麻反,顾云洿。”(1398 页)说明“窊”“窪”音乌瓜反是正音,或写作“凹”,慧琳《一切经音义》卷四十九“凹凸”条:“上乌瓜反,俗字,形相正从穴窊,或作窪,亦同用也。”《说文》有“窊”,无“凹”字,“窊”是正字。

“窊”“窪”虽可异写为“凹”,但在“窊凹”一词中,“凹”不读乌瓜反,应读乌甲切,“凹”音押。必须注意的是,“凹”字音押的读音在唐宋中很流行。唐代道宣《续高僧传》卷二十一“释法向”条:“又更试掘,遂得一处,凹陷石上,恰得容身,因厝中,置塔其上。”(806 页)卷末《音释》:“凹陷:上乌甲反,下咸字去声。凹陷,地形下也。”(817 页)“凹”音押时,或写“窅”。贾思勰《齐民要术》卷六《养牛、马、驴、骡第五十六》:“当阳盐中间,脊骨欲得窅。”注:“窅则双膂,不窅则为单膂。”“窅”字,义谓凹下[4]。“窅”或写“翈”“䀹”“狭”等。《碛砂藏》本菩提流志译《一字佛顶轮王经》卷一《序品第一》:“鼻不匾匿,唇不蹇缩,面不窊翈,体肤光润。”(40/331/a)卷末《音释》:“窊翈:上乌瓜反。下正作凹,乌甲反。”(40/339/a)《高丽藏》本作“窊狭”(25/49/b)。《永乐北藏》本亦作“窊翈”(54/406/a),卷末附《音释》:“窊翈:窊,乌瓜切,不满貌。翈,胡甲切。”(54/420/b)慧琳《一切经音义》卷三十五“窊䀹”条:“上乌瓜反,平声字。《考声》云:低下也。《说文》:污邪下也。从穴瓜声。瓜音寡华反,象形字也。下衔甲反,《考声》云:水沟相著也。从甲夹声。经作‘翈’,鸟翮上小毛,非经义也。”《一字佛顶轮王经》虽然写作“翈”“狭”等,均不是本字,慧琳注意到这一点,故释此经时,改为“窊䀹”。然而“䀹”字也很难说是其本字。佛经中“窊䀹”的“䀹”显然不是指“水沟相著”,这里“翈”“䀹”就是凹下的

---

① 参见《古本戏曲丛刊》初集,第 30 册,第 306 页,国家图书馆出版社,2016 年影印。下引该文献语料均在文后标明册数和页码。

② 近看到张文冠教授微信《字典考证》举了方言中为窊的例子,刚好可相印证。

③ 所引各种大藏经在文末标明册数、页码和分栏,下同。《碛砂大藏经》,线装书局,2005 年影印;《永乐北藏》,线装书局,2000 年影印;《中华大藏经》,中华书局,1984—1996 年影印;日本《大正新修大藏经》,台北新文丰出版有限公司,1986 年。

④ 有关《齐民要术》此例“窅”的音义,可参曾良《古籍文献字词札记四则》,《安庆师范大学学报》2020 年第 5 期。

意思。《碛砂藏》的《音释》明确指出了“翈”字“正作凹，乌甲反”，说明“翈”“帙”与“窜”同词，窜也是音乌甲切。“窊窜”是同义并列。《大正藏》本《佛说施饿鬼甘露味大陀罗尼经》：“身体窊窜，毛发氄毼上笞，于一毛端有万八千毒恶小虫之所唼食。”(21/484/c)《碛砂藏》本《开元释教录》卷六“佛牙安置钟山上定林寺”，原注：“佛牙可长三寸，围亦如之，色带黄白，其牙端窜凸若今印文，而温润光洁，颇类珠玉。”(96/400/b)卷末附《音释》：“窜凸：上於甲反，下也。今用凹。下徒结反，～起也。”(96/421/a)《贞元新定释教目录》卷八有相同的文字。“窜凸”即凹凸义。按：《音释》中的“凹”字，应该音《广韵》的乌洽反，《广韵·洽韵》：“凹，下也。或作容。”慧琳《一切经音义》卷五十“坳凹”条：“《苍颉篇》作容，乌狭反。容，垫下也。《字苑》：凹，陷也。”依据王力先生《汉语语音史》，隋至中唐语音，《切韵》洽韵和狎韵的开口二等均属洽部。《高丽藏》本《可洪音义》卷二十四亦有对《开元释教录》“窜凸”条的音义：“上乌甲反，下田结反。”(63/464/c)“窜”或作“坤”，《大正藏》本《大萨遮尼乾子所说经》卷三：“彼转轮王所有床宝，立能平正安隐不动，不高不下、不广不狭、不长不短、不坤不垤、不坚不软、不涩不滑，柔软得所。”(9/332/a)其校勘记曰：“不坤不垤”，宋本作“不埤不垤”，元本、明本、宫本、圣本作“不凹不凸”。按：“坤”“埤”是“坤”之讹变。《中华大藏经》本《可洪音义》卷六《大萨遮尼乾子所说经》“不坤”条：“乌甲反，下也，窊也。正作凹、圔(圔)三形。”(59/744/b)《集韵·洽韵》：“圔，窊圔，声下皃。”另外，“窜”字还是“压”的俗写，从这个角度可以推知它应该音乌甲反。《法苑珠林校注》卷四十《舍利篇·舍利感应记》：“诸沙门相与椎试之，果有十三玉粟。其真舍利，铁窜而无损。”此段文字又见《广弘明集》卷十七，《碛砂藏》本亦作“铁窜而无损”(101/429/b)，卷末《音释》曰：“铁窜：下音押。”(101/440/a)此“窜”即压的俗写。《中华大藏经》本《可洪音义》卷二十九《广弘明集》“铁窜”条：“乌甲反。”(60/567/c)《永乐北藏》本《广弘明集》卷一七末附《音释》云：“窜：音押，镇压也。”(138/344/b)“铁窜而无损”谓真舍利用铁去压砸而无损坏。慧琳《一切经音义》卷九十八“铁压”条：“黯甲反，杜注《左传》云：壓，损也。《说文》：坏也。从土厭声。《集》从穴作‘窜’，《说文》：刺脉穴也。非镇压之义也。”慧琳对《广弘明集》音义时直接把词条“铁窜”改为“铁压”。“窜”字的此义，《汉语大字典》等字书失收。“压”字在唐宋以来俗写众多，除写“窜”之外，还有“押”“岬”“庘”“砷”等①，如敦煌卷子的压座文写作“押座文”，《可洪音义》卷二十五“押攒”条云：“与‘压拶’同也，俗。”(60/366/a)。

近代汉语有“鼻凹”一词，《元曲选》佚名《争报恩》第四折：“我是粉鼻凹柳盗跖，偏爱吃人心肺。”(92/c)《音释》：“凹，音妖。”(93/a)《古本戏曲丛刊》二集明刊本《樱桃梦》第二十三出：“呸！看那两鼻凹顽涎，淘来彀半井。”(3/405)第三十出：“干抹就满鼻凹何郎粉样。”(3/438)《西游记》第七回：“一阵异香来鼻噢，惊动满堂星与宿。”“鼻凹”或作“鼻噢”。“凹”读於交反，则与“坳”同词异写。《经典释文》卷二十六《庄子音义》：“坳堂：於交反，又乌了反，李又伊力反。崔云：堂道谓之坳。司马云：涂地令平。支遁云：谓有坳垤形也。”(1408 页)《太平御览》卷六十六引《神异经》：“北方荒中，有石湖，方千里，无凸凹(上直结反，下於交反)。”“鼻凹”也有读鼻窊的，《元曲选》张国宾《合汗衫》第一折：“后巷里撞见，一只手揪住衣领，去那嘴缝鼻凹里则一拳，哎哟！挣的我这棒疮疼了。”(70/a)《音释》：“凹，汪卦切。”《元曲选》关汉卿《救风尘》第二折：“将他鼻凹儿抹上一块砂糖，着那厮嗏又嗏不着，吃又吃不着。”(104/a)《音释》：“凹，汪卦切。”(104/a)“凹”音妖和音洼均有语源。《古本戏曲丛刊》二集明刊本《武侯七

① 可参郑贤章《〈新集藏经音义随函录〉研究》。

胜记》第十六出:“日光西山凹,游子伤情孤雁嘹。”(15/154)眉批:“凹音傲。”

二 萧郎、萧娘

《古本戏曲丛刊》初集明刊本《红梨花记》第二十二出:“若将他芳名坏,见萧郎负义难分解。”(40/131)第二十八出:“栽成连理,专待着萧郎,上苑看花。”(40/169)《古本戏曲丛刊》初集明刊本《李十郎紫箫记》第二十七出:“小婵娟,是天家快活神仙,尽红笙玉串,隐花丛把萧娘送上秋千。”(31/163)《汉语大词典》收有“萧郎”“萧娘”条。

【萧郎】①对姓萧的男子的敬称。《梁书·武帝纪上》:“俭一见(萧衍)深相器异,谓庐江何宪曰:‘此萧郎三十内当作侍中,出此则贵不可言。’”②唐崔郊之姑有一婢女,后卖给连帅,郊十分思慕她,因赠之以诗曰:“公子王孙逐后尘,绿珠垂泪滴罗巾。侯门一入深如海,从此萧郎是路人。”见旧题宋尤袤《全唐诗话·崔郊》。后因以“萧郎”指美好的男子或女子爱恋的男子。唐于鹄《题美人》诗:“胸前空戴宜男草,嫁得萧郎爱远游。”宋张孝祥《浣溪沙》词:“冉冉幽香解钿囊,兰桡烟雨暗春江,十分清瘦为萧郎。”清吴伟业《琴河感旧》诗之四:“书成粉箑凭谁寄,多恐萧郎不忍堪。”郁达夫《毁家诗记》之十九:“沈园旧恨从头数,泪透萧郎蜀锦衾。”

【萧娘】《南史·梁临川靖惠王宏传》云:宏受诏侵魏,军次洛口,前军克梁城。宏闻魏援近,畏懦不敢进。魏人知其不武,遗以巾帼。北军歌曰:“不畏萧娘与吕姥,但畏合肥有韦武。”“萧娘”即姓萧的女子,言宏怯懦如女子。后以“萧娘”为女子的泛称。唐杨巨源《崔娘诗》:“风流才子多春思,肠断萧娘一纸书。”宋周邦彦《西园竹》词:“奈向灯前堕泪,肠断萧娘。”清金农《与陈学士壮履晚食戏成》诗之一:“漫道萧娘纤指同,熏人辛味出柈中。”郁达夫《盐原日记诗抄》之八:“离人又动飘零感,泣下萧娘一曲歌。”

敦煌卷子S.2607《曲子词抄》中有曲子《茶怨春》,“茶”或释读作“恭”,同“宫”,其中有云:“慕德(得)萧稂好武,累岁长征,向沙场里,轮宝剑,定欃枪。”(4/114/a)“萧稂”二字,任半塘《敦煌歌辞总编》校读为“萧郎”(313页)。S.1441曲子词有《竹枝子》:“口含红豆相思语,几度遥相许,修书传与萧郎。倘若有意嫁潘郎,休遣潘郎争断肠。”“萧郎”二字,任半塘《敦煌歌辞总编》从朱校改为“萧娘”(146页);并云:“‘萧娘’说本出萧梁。《南史》临川王萧宏传:‘帝诏宏侵魏,宏闻魏援近,畏懦,不敢进。魏遗以巾帼,歌曰:“不畏萧娘与吕姥,但畏合肥有韦虎!”’自后诗人乃泛用作妇女代称。至杨巨源《崔娘诗》后,意义乃别:‘清润潘郎玉不如,中庭蕙草雪消初。风流才子多春思,肠断萧娘一纸书。’谓于寄萧娘书中,用情至深,以致彼此之肠断。”(149页)“萧郎”“萧娘”指称自己爱慕的男子与女子,目前学界和大型辞书一般都认为跟萧衍或萧宏的萧姓有关系,我是不太赞同这种看法的。我认为“萧郎”和“萧娘”是相对称出现的一对词,“萧”跟“箫”字有关系,來自箫史弄玉的典故。我们看《汉语大词典》“箫史”条:

【箫史】古代传说中善吹箫的人。汉刘向《列仙传·箫史》:“箫史者,秦穆公时人也。善吹箫,能致孔雀白鹤于庭,穆公有女,字弄玉,好之,公遂以女妻焉,日教弄玉作凤鸣。居数年,吹似凤声,凤凰来止其屋,公为作凤台,夫妇止其上,不下数年,一旦皆随凤凰飞去。”后以“箫史”泛指如意郎君。清李渔《慎鸾交·目许》:“却像要趁扁舟,入五湖,随箫史，归蓬岛。”

“箫史”后泛指如意郎君、如意男子，故称“箫郎”；弄玉即是如意女子、自己爱慕的女子，又是箫史之妻，则可称“箫娘”，是相对称出现的两个词。因“箫”俗写可作“萧”，故古籍或写“萧郎”“萧娘”。以前我们对俗写关注不够，没有从这方面去考虑。因为唐宋以前的原始古籍材料少见，只好用唐宋以后残存的材料来逆推。以下我们来举一些古籍例证：

宋代徐积《节孝集》卷二《双树海棠》之二：“吹箫郎去先骑鸾，妆未成时情已阑。”不过此“吹箫郎”还是词组。《四库》本宋洪迈《万首唐人绝句》卷三十四施肩吾《赠仙子》：“凤管鹤声来未足，懒眠秋月忆箫郎。”此“箫郎”二字，《全唐诗》施肩吾《赠仙子》作“萧郎”（1251 页）。《全唐诗》于鹄《题美人》：“秦女窥人不解羞，攀花趁蝶出墙头。胸前空带宜男草，嫁得萧郎爱远游。”（775 页）从“秦女”“萧郎”来看，也是用了秦女弄玉与箫史的典故。不过这里“秦女”指代美人；“萧郎”是箫史，指代心仪的美男子。箫史称“箫郎”，因俗写“⺮”“艹”不别的关系，古籍中写“萧郎”者为多。《全唐诗》上元夫人《留别》：“萧郎不顾凤楼人，云涩回车泪脸新。愁想蓬瀛归去路，难窥旧苑碧桃春。”（2114 页）从诗句有“凤楼人”来看，“萧郎”当用箫史之典故无疑。《白居易集》卷二十九《池上清晨候皇甫郎中》：“何人拟相访，嬴女从萧郎。”（665 页）中华再造善本宋王禹偁《王黄州小畜集》卷十三《瑞莲歌》：“萧郎弄玉合卺时，一齐覆下瑠璃盏。”《全宋词》高观国《风入松・闻邻女吹笛》：“萧郎且放凤箫闲。何处骖鸾。静听三弄霓裳罢，魂飞断、愁里关山。”（2362 页）《全宋词》百兰《醉蓬莱》：“犹记年时，玉箫吹彻，并驾萧郎，共骖嬴女。”（3571 页）《古本戏曲丛刊》二集明刊本《鹦鹉洲》第九出：“萧郎共彩翼齐飞，嬴女借绿云高跖。”（4/60）“嬴女”即秦女弄玉。《古本戏曲丛刊》二集明刊本《五闹蕉帕记》第十七出：“喜融融，好似萧郎秦女，跨凤乘龙。”（8/301）《古本戏曲丛刊》二集明刊本《狄梁公返周望云忠孝记》第二十六出：“萧郎弄玉两依稀，夫妇良缘已注婚姻牍里，长厮守不分离。”（12/85）《古本戏曲丛刊》二集明刊本《韩妇人题红记》第三十六出：“愧非他秦女娉婷，早配得萧郎英妙。”（14/412）可以看出，这些“萧郎”均跟箫史有关。

《四库全书》本元杨维桢《铁崖古乐府》卷十《小游仙》之十二：“嬴家楼头缥缈女，厎用箫郎筑凤台。”徐朔方先生校注《牡丹亭》第三十二出：“恨孤单飘零岁月，但寻常稔色谁沾藉？那有个相如在客，肯驾香车？萧史无家，便同瑶阙？”（175 页）当然徐先生校作“萧”字也是有版本依据的，如《古本戏曲丛刊》初集明朱墨刊本《牡丹亭》第三十二出就作“萧史”二字（30/29）；明万历刻本《牡丹亭还魂记》第三十二出作“箫史”，《格正牡丹亭还魂记词》第三十二折作“箫史”。《古本戏曲丛刊》初集明刊本《奇遇玉丸记》第二十五出：“恍惚如秦台弄玉，声腾碧汉，曲招仪凤，并肩萧史。”（40/512）《古本戏曲丛刊》二集明刊本《鸳鸯棒》第八出：“果是奇，觑嬴姬绝媚，萧史刚宜。”（31/54）《古本戏曲丛刊》二集明刊本《青袍记》第十六出：“却便似秦楼萧史逢弄玉，这匹配真不错。”（3/56）箫史传说是春秋时人，最早见旧题汉刘向《列仙传》。因为俗写“⺮”“艹”较早讹混，古籍中常见作“萧史”，到底哪个是正字，难以考究了。宋本《艺文类聚》卷四十四《乐部四》“箫”条引《列仙传》曰：“箫史者，秦穆公时人。善吹箫，能致孔雀、白鹤。穆公女弄玉好之，公妻焉。一旦随凤飞去。故秦楼作凤女祠雍宫，世有箫声云。”（1211 页）同前卷七十八《灵异部上》“仙道”条引《列仙传》作“萧史”（1990 页）。《汉语大词典》《辞源》（第三版）是“箫史”“萧史”兼收。可以肯定的是，“萧郎”“萧娘”表示心仪的俊郎、美女的意思是跟萧史有关。

古籍中还有一些写“箫郎”的例子，《古本戏曲丛刊》二集汲古阁刊本《玉镜台记》第七出：

"桃腮艳，莲炬煌，弄女已乘凰，箫郎早临降。"(11/42)《古本戏曲丛刊》初集明刊本《橘浦记》第十二出："情怜弄玉，少不得跨凤箫郎。"(38/336)"箫"俗写或作"萧"，故心仪的俊男美女有"萧郎""萧娘"之称。《古本戏曲丛刊》二集汲古阁本《鸾鎞记》第六出："有女在秦楼，幸遇萧郎缔佳偶。"(9/210)《古本戏曲丛刊》二集明刊本《鹦鹉洲》第十七出："魂去为谁相招，寥寥，往常时玉管萧郎，不是这般烦恼。"(4/95)"玉管"指箫，从此看来，"萧郎"与箫史吹箫用典有关。《古本戏曲丛刊》二集明刊本《麒麟罽》第十七出："凤飞何事逐萧郎，雨梦宁如鹤梦长。"(4/296)此句从"凤飞"来看，"萧郎"依旧跟箫史的典故有关。箫史和弄玉，或作"萧玉"，《古本戏曲丛刊》二集明刊本《麒麟罽》第七出："良夜沸笙簧，仙郎入洞房。谁知萧玉事，却在善和坊。"(4/258)《汉语大词典》收"萧玉"条。

臧懋循《元曲选》本马致远《江州司马青衫泪》第三折："但犯着吃黄虀，者不是好东西！想着那引萧娘写恨书千里，搬倩女离魂酒一杯，携文君逃走琴三尺，恁秀才每那一桩儿不该流递！"(409 页)《脉望馆钞校本古今杂剧》此剧正作"引箫娘"；顾曲斋刊刻《古杂剧》本作"引箫孃"。观其文义，固当作"引箫娘"，即吹箫娘。弄玉除是箫史之妻，亦善吹箫，称为"箫娘"未尝不可。《古本戏曲丛刊》初集明刊本汤显祖《牡丹亭》第三十三出："遂有冯夷来击鼓，始知秦女善吹箫。"(30/41)

也见古籍中"萧"或写"箫"者，《古本戏曲丛刊》二集明刊本《王昭君出塞和戎记》第二十二折："〔生〕你姓身名谁？〔占〕奴家姓箫名善音。〔生〕宫娥肖善音，仪容淡雅，颜貌端然，今就选你，你当一心前去。"(2/212)后文作"肖善音"，说明"箫"当作"萧"。"萧条"俗写或作"箫条"。《古本戏曲丛刊》二集明刊本《惊鸿记》第十六出："这辟(壁)厢咲咱是个逾春夏箫条的江上莲。"(10/188)因俗写"艹""⺮"相混，古籍中"管萧"也有误还原作"管箫"者①，如《古本戏曲丛刊》二集汲古阁刊本《玉镜台记》第十三出："下官有妹夫温峤，故河东郡守温幨之子也，文武兼资，管箫之亚。"(11/80)当作"管萧"，指管仲和萧何。如《古本戏曲丛刊》二集明刊本《狄梁公返周望云忠孝记》第二十九出："引君当道非虚话，真个是管萧疋亚。"(12/92)《汉语大词典》收"管萧"条。

从上面大量文献语例看来，不少"萧郎"虽转喻指美男子或女子爱慕的男子，仍然可以看出跟箫史的典故有密切关系。近代汉语中写作"萧郎""萧娘"的字面占绝大多数，说明已经约定俗成了。

三　扎/拆/宅等

《古本小说集成》清刊本《大清全传》第六十三回："那四位是年有十四五岁，神清目秀气爽，面如傅粉，白中透润，润中透白，黑真真两道眉毛，欹飞入鬓，一双俊目透神，扎脑门，尖下额(颏)，长的(约)四衬(寸)，准头端正，唇若涂脂。"(837 页)第七十六回："面如白玉，署似桃花，白中透润，润中透白，诈脑门，尖下额(颏)，双眉黑真真斜飞入鬓，一双俊目，皂白分明，准头端正，唇若涂脂，行如宋玉，貌似潘安。"(1033 页)"扎""诈"就是取义展开的意思，不过这里"扎脑门"是偏正词组，相当于"宽脑门"。可比较下面例子：《彭公案》第二百十九回："还有

① 当然，此处"箫"字也存在受上字"管"类化的因素。

一位十八九岁的女子……又瘦又小，面似桃花，宽脑门，尖下颏，眼似秋水，鼻如玉柱，唇似涂脂，牙排碎玉，站在那里，真有一种倾国倾城之貌。"《大清全传》通称《彭公案》，前后版本很多，还有续书。从"扎脑门""诈脑门"改为"宽脑门"，说明一般人对"扎"字不易理解。

这个"扎"就是"挣扎"的"扎"，张开、展开义。古籍有多种写法，或作"乍""拆"等。《古本小说集成》清刊本《大清全传》第四十一回："此人身高九尺，膀乍腰圆。"(517 页)同前第五十五回："黄天霸又一抬手，说：'着！'又中在右眼上，金氏只疼的乍煞着两支手。"(731 页)元刻本《梨园按试乐府新声》卷下无名氏【双调】《清江引》："残妆儿匀鬅髻儿歪，越显的多娇态。十指露春纤，款解香罗带，凌波袜儿刚半拆。""拆"字，《全元散曲》录作"折"(1743 页)，非。"拆"与"歪""态""带"押韵。元刻本《梨园按试乐府新声》卷下无名氏【仙吕】《寄生草》："它生的腰肢一捻堪描画，朱唇一点些娘大，金莲半拆凌波袜。""拆"字，《全元散曲》亦校为"折"(1670 页)，非。张可久【中吕】《齐天乐过红衫儿·湖上书所见》："无瑕，玉骨冰肌，年纪儿二八。六幅湘裙，半拆罗袜。"《全元散曲》改作"半折"(829 页)。"拆"与"折"在古籍中易讹。如《古本戏曲丛刊》初集徐复祚《红梨记》第三十出："〔旦对生云〕奴家若非花婆，久已死于强暴，花婆请受奴家一拜。〔旦拜，老旦扶云〕拆死老婢子！"(39/466)"拆"当作"折"。文献中确有"半拆"写"半折"的。《四部丛刊》初编《朝野新声太平乐府》卷三杜仁杰【双调】《雁儿落过得胜令·美色》："半折慢弓鞋，一搦俏形骸。"《全元散曲》张可久【双调】《折桂令·高邮即事叠韵》："香霭书斋，绿界苍苔；半折罗鞋，懒蓦瑶阶。"(964 页)以上均当校为"半拆"。王实甫《西厢记》(第四本)第一折："绣鞋儿刚半拆，柳腰儿勾一搦，羞答答不肯把头抬，只将鸳枕捱。"王季思校注："绣鞋儿刚半拆：拆字韵，俗本多作折，误。雍熙乐府点绛唇赠丽人套：'六幅湘裙簇绛纱，绣鞋儿刚半拆。'董词：'穿对儿曲弯弯的半拆来大弓鞋。'拆谓大指与二指伸张时之距离，今徐海间语尚如此。"王先生的解释是正确的，这里"拆"取分开义，拇指与中指(或二指)张开所量的长度为一拆。半拆者，一拆之半也。半拆指三寸金莲的长度，极言其短。《古本戏曲丛刊》初集明容与堂刊本《李卓吾批评玉合记》第二十四出："半折红帮绽，行行坎坷。"(27/184)"半折"当释读为"半拆"。

要认清什么写法正确，须弄清其语源。我们来讨论其语源和种种字面形式。"半拆"的"拆"，本字是"磔"。慧琳《一切经音义》卷四十六"磔牛"条："古文厇，同，知格反，《广雅》：磔，张也。磔。开也。《说文》：磔，辜也。《尔雅》：祭风曰磔。孙炎曰：既祭，披磔其牲以风散也。《论》文作'挓'，未见所出也。"(1827 页)《广雅·释诂》："磔，张也。"王念孙《广雅疏证》曰："张谓之磔，犹大谓之袥也；张谓之彉，犹大谓之廓也。磔者，《尔雅》：'祭风曰磔。'僖公三十一年《公羊传》疏引孙炎注云：'既祭，披磔其牲，似风散也。'磔之言开拓也，《众经音义》卷十四引《通俗文》云：'张申曰磔。'颜师古注《汉书·景帝纪》云：'磔，谓张其尸也。"(13 页)磔本指古代分裂肢体的酷刑，引申出分开、张开的意思(参曾良，2009)。慧琳《一切经音义》卷二十"一磔手"条："张革反，《广雅》云：磔，张也，开也。《古今正字》云从石，桀声。经本从足作蹀，非也。"(756 页)又卷七十"磔手"条："古文厇，同，竹格反。《广疋》：磔，张也。磔，开也。《通俗文》：张申曰磔。《论》文作'磔(蹀)'，未见所出。"(2771 页)"磔"由动词张开的意思引申为手指张开所量的距离。佛经中有"磔"字作量词的例子，《苏悉地羯罗经》卷下《成诸物相品第二十九》："若欲成就莲华法者，以金作八叶莲华，如两指一磔手量。"《佛光大词典》"一磔手"条："为古代印度之长度单位。又作一磔手，一张手、一拆手、一搭手。磔，张开之意。《造像量度经解》(大二一·九四一中)：'一麦分为一小分；二麦并布为一足，四足为指，又谓中分。十二指为桀，亦谓大分。倍桀为肘，四肘为寻，即一托也。'一磔手即中指与拇指两指端张开之距离，称为十二指幅，约今之二十三公分。"现在说说为何写"拆"字。上引《慧琳音义》中的"厇"实际就是"乇"字俗写增了一点。慧琳《一切经音义》卷三十七"磔开"条："上张革反，《广雅》：磔，张也。《韵诠》云：开也。字书或从乇作'厇'，《文字典说》从石桀声。桀字上从舛，下从木。经从手作'搩'，非也。舛音川软反也。""乇"实际就是今"斥"字，俗写一竖或变形为弯钩，如"申"俗或作"电"。《原本玉篇残卷·广部》："庠，齿亦反。……《淮南》：'庠廓四方八极。'许叔重曰：'庠，袥也。'"（455 页）"庠"就是"斥"字，《全隋文补遗》卷三《杨素墓志》："公深谋进取，志存开宇。先屠海陵之□，□□淮南之地。""宇"字，据《新中国出土墓志·陕西》〔壹〕上册三二原碑拓片实作"厈"，即"斥"字。《新出魏晋南北朝墓志疏证》一八九《杨素墓志》也录作"志存开斥"。"开斥"就是今天的开拓义。《古本戏曲丛刊》二集明刊本《诗赋盟传奇》第十九出："下官于志宁，荐张宝相为帅，擒了颉利、突利二可汗，斥地自阴山北至大漠，尽皆臣服，漠南遂空。"（36/147）《续修四库全书》第 334 册清吴广成《西夏书事》卷五："至是（张）浦见士皆拓两石弓有余力，大骇。"（333 页）开拓也是取张开义。盖用手指量长度的"一斥""半斥"，因跟手有关，字形增旁"扌"为"拆"。《续修四库全书》第 1739 册元刻本《阳春白雪》前集卷三马致远《寿阳曲》："金莲肯分迭半折，瘦厌厌柳腰一捻。"（455 页）然而，"半折"二字明钞六卷本《阳春白雪》作"半札"（64 页）。通过异文，可见"折"当校作"拆"，"札"（扎）即挣扎的"扎"，"拆""扎"同源，后世语音变化，读音不一样了；如《中原音韵》皆来韵有"曬灑煞鎩"诸字，而"洒""扎"《中原音韵》属家麻韵。近代汉语"灑"俗或作"洒"，王力先生《汉语史稿》（1980：144）讲到现代汉语 a 的来源时说："中古的 ai（佳韵）有一部分字，特别是合口呼的字变为 a"，开口呼的字列举了"罢洒"和"佳"。又如"挣扎"近代汉语或作"挣摘""挣揣""闒闠"等，也是语音变化的反映。《雍熙乐府》卷一《醉花阴·爱恋》："宝髻高盘凤钗插，衬湘裙金莲半扎。"（126 页）《古本小说集成》清刊本《儿女英雄传》第三十七回："就蹲在那台阶儿上，扎煞着两只手，叫小丫头子舀了盆凉水来，先给他左一和、右一和的往手上浇。"（1823 页）"扎煞"即张开。《古本小说集成》戚序本《红楼梦》第四十一回："满屋一睄，只见刘姥姥扎手舞脚的仰卧在床上。"（1537 页）"扎手"即张开手。《古本戏曲丛刊》五集清曹寅《续琵琶》第九出："三人立马门旗下，以强凌弱多欺寡。俺只德拚生血战显英名，恼得我胆张眦裂寒毛砟。"（17/179）"半拆"的"拆"或写"磔""挓""斥""搩""扎""托""揸""拓""砟"等，曾良（2017）另有详述。《古本小说集成》清刊本《西游原旨》第十一回："判官道：'陛下，那叫做奈何桥。若到阳间，切须传记那桥：长可数里，阔只三揸，高有百尺，深却千重。……'"（335 页）"揸"就是手指张开所量的尺寸。必须注意的是，"磔"这一词，随着所写的不同字面形式，今天均按其字形常用的读音去读了。《古本戏曲丛刊》二集汲古阁本《双烈记》第二十五出："妈妈你当揸挣，俺姐姐终须有日到家庭。"（15/387）王念孙《广雅疏证》曰："袥之言硕大也。袥，曹宪音托，各本讹作袥，惟影宋本不讹。《说文系传》引《字书》云：'袥，张衣令大也。'《玉篇》：'袥，广大也。'《太元·元莹》云：'天地开辟，宇宙袥坦。'《汉白石神君碑》云：'开袥旧兆。'《文选·魏都赋》注引《仓颉篇》云：'斥，大也。'《庄子·田子方》篇：'挥斥八极。'李轨音托。《汉书·杨雄传》云：'拓迹开统。'拓、斥并与袥通。"（5 页）钱大昕《十驾斋养新录》卷四《说文本字俗借为它用》："《说文》本有之字，世俗借为它用者。……拓，拾也，或作摭。今人读如橐，以为开拓字。"

归纳一下，"磔"的核心语义是张开，将手指张开量长度就是"一磔"的"磔"，可以写"揸"

“扎”“拆”等写法。也可以引申表示将双手张开的距离，如“一庹”。明代陆容《菽园杂记》卷十二：“广西有庹姓，音托。今吴中人伸两臂量物曰托。庹既与度似，而又从尺，疑即此欤！”或作“一托”，元代《农桑辑要》卷三《种椹》：“另搓草索，截约一托，以水浸软，面饭汤更妙，索两头各歇三四寸，中间匀抹湿椹子十余粒。”

慧琳《一切经音义》所说的“厇”，在古籍中或讹变为“宅”，如胡刻本《文选》卷四左思《蜀都赋》：“百果甲宅(小注：坼)，异色同荣。朱樱春熟，素柰夏成。”李善注：“《周易》曰：百果草木皆甲坼。郑玄曰：木实曰果。皆读如人倦之解，解谓拆呼，皮曰甲，根曰宅。宅，居也。”(77页)“坼”“拆”同源通用。《胡氏考异》卷一曰：“注：百果草木皆甲坼：袁本坼作宅，茶陵本亦作坼。案：作宅最是。善读宅如字，观下注所引‘根曰宅，宅，居也’可知。五臣乃音‘宅’为‘坼’。今窜‘坼’音入正文，下又改此注宅为坼以就之，俱大误也。”(853页)日本藏《唐钞本文选集注汇存》第一册此处的集注曰：“李善曰：《周易》曰：百果草木皆甲宅。郑玄曰：木实曰菓。皆读如人解倦之解，解谓坼呼，皮曰甲，根曰宅。宅，居也。……钞曰：言皆是某甲室宅之中有也。一曰：甲坼也。音决：宅，如字，或为丑挌反，非。樱，於耕反。刘良曰：甲宅，花开也。言同发荣异光色也。陆善经曰：朱樱，今呼为樱桃，江东犹名朱樱也。”(39页)实际上，“甲宅”就是“甲厇”，与“甲坼”音义全同，上揭慧琳谓“磔牛”的“磔”《论》作“挓”，即是增加了手旁。《大正藏》第1册《中阿含经》卷五十三《痴慧地经》：“比丘，云何地狱苦？众生生地狱中，既生彼已，狱卒手捉则以铁地洞然俱炽，令仰向卧，挓五缚治，两手两足以铁钉钉，以一铁钉别钉其腹，彼如是考治，苦痛逼迫。”《大正藏》本道世《诸经要集》卷十四引《宝梁经》：“以百千钉，钉挓其身。”(54/131/b)可洪对此有音义，《高丽藏》本《可洪音义》卷二十四：“钉挓：咤格反。”(63/425/b)李善将上文“宅”解释为“居”是错误的。“磔”的张开义，或写作“闸”“摘”，都是记音字。《古本戏曲丛刊》初集明刊本《林冲宝剑记》第十五出：“官人，你闸挣着吃些儿，奴家出去，自有分辨。”(19/103)同前第三十九出：“落网之鱼怎挣摘？难猜。”(19/209)

“挣挫”或作“閛閳”“挣扎”“挣揣”等，读音也多样，“磔”发展出音挫、音寨、音拆、音揣、音扎等读音。《古本戏曲丛刊》初集明刊本汤显祖《南柯梦》卷下第六出：“喜的是亲娘身子减沉痾，儿去也俺娘挣挫。急忙间打不的这瑶台破，怕你这娘子军没得张罗。俺那父子兵登时救活。”(32/423)“痾”“挫”“破”“罗”“活”押韵。《古本戏曲丛刊》初集明刊本汤显祖《牡丹亭》第三十出：“冥途挣挫，却心儿无那，也则为俺那人儿忒可，教他闷房头，守着闲灯火。”(30/12)“挫”“那”“可”“火”押韵。这是“挫”音歌戈韵。“挣挫”或作“挣作”，《古本戏曲丛刊》初集明刊本汤显祖《牡丹亭》第三十六出：“【意难忘】〔净扶旦上〕如笑如呆，叹情丝不断，梦境重开。〔净〕你惊香辞地府，舆榇出天台。〔旦〕姑姑，俺强挣作，软咍咍，重娇养起这嫩孩孩。〔合〕尚疑猜，怕如烟入泡(抱)，似影投怀。”(30/56)注意，这里“呆”“开”“台”“作”“咍”“孩”“猜”“怀”押韵，可见“作”读寨音，这是押皆来韵，《格正牡丹亭还魂记词》第三十六折标明押“皆来韵”。因挣挫的“挫”是动词，或从“鬥”旁(俗讹作“門”)作“閳”。《古本戏曲丛刊》二集明刊本《袁文正还魂记》第十四出：“我特的为伊来，为伊来，缘何不偢倸？为何出言道语咱排？这样事儿其实难閛閳。”(1/513)眉批：“閳音债。”《元曲选》佚名《陈州粜米》第二折：“我须是笔尖上挣閳来的千钟禄，你可甚剑锋头博换来的万户侯。”(36/a)《音释》曰：“閳，音债。”(36/b)《元曲选》吴昌龄《张天师》第四折：“呀，我待挣閳怎挣閳，也是我运拙时衰。”(100/c)《音释》曰：“閳，斋上声。”(101/a)《元曲选》佚名《争报恩》第二折：“我这里便急待，急待要挣閳，这打拷实难挨。”(89/c)末附《音释》：“閳，音债。”(90/b)《古本戏曲丛刊》三集明刊本《红蕖记》第四出：

“泪竹的望苍梧，断送染秦灰；行雨的下阳台，閘閮惊襄梦。”(1/237)眉批：“閘閮，音挣寨。”《古本戏曲丛刊》三集明刊本《红蕖记》第十九出：“只见衣服彩绣，好似女子波摇影动，閘閮求生。”(1/319)眉批：“閘閮，音挣寨。”《元曲选》张国宾《薛仁贵》第二折：“我只见麻绳背绑，教他难挣閮。”(161/a)《音释》：“閮，音债。”(161/b)又有“閘閮”音挣扎的，如《古本戏曲丛刊》初集明刊本《重校金印记》第二十出：“不必泪溢溢，閘閮往前行。”(10/478)眉批：“閘閮，音诤扎。”李国庆编《杂字类函》第9册清刊本《建新杂字·人事第五》：“具赠冠婚丧祭，閘閮容合相帮。”(9/46)“閮”字音注“查”。说明与“扎”同音。“閮”也有写“拃”的，《古本小说集成》清刊本《于公案奇闻》卷一：“彩云唬得芳心乱跳，力小难以拃挣，半晌嚷出一声：‘快来拿贼！’”(51页)“拃挣”即撑开挣脱。后来也可用于抽象的事物，比喻用力摆脱不利的局面，如“垂死挣扎”“在困难中挣扎”等。动物或人在摆脱挣开绳网之类时，往往也是奋力支撑抗争的过程，故引申出奋力支撑义。或写作“閙闗”，明刊本《金瓶梅词话》第六十二回：“初时李瓶儿还閙闗着梳头洗脸，还自己下炕来坐净桶。”(1713页)同前：“迎春道：下的来倒好，前两遭娘还閙闗、俺每搊扶着下来；这两日通只在炕上，铺垫草纸，一日回两三遍。”(1725页)或写“挣闸”，《古本戏曲丛刊》三集明刊本《蝴蝶梦》第二十五出：“好了，谢天谢地！官人挣闸些个。”(6/171)

挣閮或作“怎閮”，如《古本戏曲丛刊》四集脉望馆本《董秀英花月东墙记》第三折：“闷昏昏眼倦开，困腾腾鸳枕挨，怎閮，思量的无聊赖，几时得云雨会阳台。”(6/348)“怎閮”，《全元戏曲》校作“挣扎”，校记曰“挣扎：底本作‘怎閮’。‘挣’‘怎’音近；‘閮’即‘扎’字。”①这里当作“閮”，不必校作“扎”，音寨，押皆来韵。

《古本戏曲丛刊》四集脉望馆本《黄粱梦》第二折：“又不是别人相唬吓、厮展赖，是你男儿亲自撞将来。你浑身是口难挣抧，赤紧的并赃拿贼，你看他死临侵不敢把头抬。”(4/311)“挣抧”就是挣扎义，《元曲选》本作“分解”(362/a)，义近。“挣抧”上下文也是指挣扎分辩。“抧”字《集韵》有音仄蟹切，与“赖”“来”“抬”押皆来韵。《元曲选》作“分解”也是押皆来韵。

《元曲选》李直夫《虎头牌》第三折：“老弟子孩儿，你自挣揣去。”(201/a)《现代汉语词典》收录“挣揣”和“閘閮”，【挣揣】条云：“zhèngchuài〈动〉挣扎(zhēngzhá)。也作閘閮。”“磔”字演变为读寨或揣音，也顺理成章的。“磔”字《广韵》陟格切，而在《中原音韵》“格”与“策册栅测蹦”“摘谪侧”均为皆来韵的入声作上声，“揣”是皆来韵的上声字，“寨债”是皆来韵去声字。《古本戏曲丛刊》初集明刊本《墨憨斋重定三会亲风流梦》第十八折：“难道没衙门，那东岳观、城隍庙，也塑人在左侧。”(30/357)眉批：“侧叶斋。”同前：“则见没掂三展花分鱼尾册，无赏一挂日子虎头牌。”(30/357)眉批：“册叶揣。”同前：“则这几桩儿您自猜，哎，教天公也无计策。”(30/366)眉批：“策叶揣。”此折标明押“皆来”韵。《古本戏曲丛刊》初集明刊本《重校金印记》第三十八出：“贫穷夫妇拆散两东西。”(10/547)眉批：“拆音策。”《古本戏曲丛刊》二集明刊本《灵宝刀》第三十三出：“于中别有机关在，管向君王乞诏来。……好办名香赴神圣侧。”(4/527)眉批：“侧上声。”此押皆来韵。《元曲选》乔孟符《金钱记》第四折《音释》云：“格，皆上声。”(29/c)《古本戏曲丛刊》二集明刊本《樱桃梦》第八出：“把你个狠殷周磔了魂。”(3/325)眉批：“磔，宅平声。”

“磔”上古音是铎部字，读成“托”“挫”似也符合音理。僧祐《出三藏记集》卷九慧观法师《修行地不净观经序》：“后百年中，其人出世，奇识博达，遇物开悟，遂出家学道，寻得应真。

① 可参王季思主编《全元戏曲》(1/478)。

三明内照，六通远振，辩才无碍，摧诸异论，所度人众，其量无边。于诸法藏，开托教文，诸贤遂见，乃有五部之异。”(347 页)《可洪音义》卷二十四：“开託：音托，正作拓也。”又《出三藏记集》卷五长安叡法师《喻疑》：“既蒙什公入关，开托真照，《般若》之明，复得挥光末俗，朗兹实化。”(235 页)前文说过，“磔”或作“厇”“斥”“托”。

征引书目

南朝梁·顾野王《原本玉篇残卷》，中华书局影印，1985。

南朝梁·僧佑《出三藏记集》，中华书局，1995。

唐·陆德明《经典释文》，上海古籍出版社影印，2013。

唐·道宣《续高僧传》，中华书局，2014。

唐·慧琳《一切经音义》，上海古籍出版社影印，1986。

唐·白居易《白居易集》，中华书局，1979。

唐·欧阳询《宋本艺文类聚》，上海古籍出版社影印，2013。

明·臧懋循《元曲选》，浙江古籍出版社影印，1998。

明·兰陵笑笑生《金瓶梅词话》，香港太平书局影印，1982。

明·《明钞六卷本阳春白雪》，沈阳书社影印，1985。

清·钱大昕《十驾斋养新录》，上海书店，1983。

清·王念孙《广雅疏证》，江苏古籍出版社影印，1984。

清·曹寅《全唐诗》，上海古籍出版社影印，1986。

清·贪梦道人《彭公案》，上海天宝书局民国四年石印本。

《古本戏曲丛刊》，国家图书馆出版社影印，2016。

《古本小说集成》，上海古籍出版社影印，1990—1995。

参考文献

[1]韩理洲．全隋文补遗[M]．西安：三秦出版社，2004:219.

[2]罗新，叶炜．新出魏晋南北朝墓志疏证[M]．北京：中华书局，2005:520.

[3]缪启愉．齐民要术校释[M]．北京：中国农业出版社，1998.

[4]任半塘．敦煌歌辞总编[M]．上海：上海古籍出版社，2006.

[5]石声汉．齐民要术今释[M]．北京：中华书局，2009.

[6]隋树森．全元散曲[M]．北京：中华书局，1964.

[7]唐圭璋．全宋词[M]．北京：中华书局，1965.

[8]王季思校注．西厢记[M]．上海：上海古籍出版社，1978.

[9]王季思．全元戏曲[M]．北京：人民文学出版社，1990.

[10]王力．汉语史稿[M]．北京：中华书局，1980.

[11]王力．汉语语音史[M]．北京：中国社会科学出版社，1985.

[12]王利器．颜氏家训集解[M]．上海：上海古籍出版社，1980.

[13]徐朔方，杨笑梅校注．牡丹亭[M]．北京：人民文学出版社，1963.

[14]曾良．明清通俗小说语汇研究[M]．南昌：江西教育出版社，2009.

[15]曾良．明清小说俗字研究[M]．北京：商务印书馆，2017.

[16]曾良．俗字及古籍文字通例研究[M]．南昌：百花洲文艺出版社，2006.

[17]郑贤章.《新集藏经音义随函录》研究[M]. 长沙:湖南师范大学出版社,2007.
[18]中国文物研究所等. 新中国出土墓志·陕西〔壹〕上册[M]. 北京:文物出版社,2000.
[19]周叔迦,苏晋仁. 法苑珠林校注[M]. 北京:中华书局,2003:1276.

The Relationship Between Pronunciation and Meaning of the Demotic Character in Ancient Books and the Sorting out the Meaning of Words

Zeng Liang

Abstract: There are a large number of demotic characters in ancient books, and the pronunciation and meaning of these characters are worth being paid attention to and sorted out. First of all, this paper discusses the character "坬" in the opera and its relevant form of characters and the relationship between its pronunciation and meaning. Furthermore, this article expounds "拆""扎""挫""揸""斥""拓""乍" and other relevant characters generated by "磔" and their pronunciations. Similarly, in the article, it is also believed that "萧郎""萧娘" is related to "箫史""弄玉".

Key words: demotic characters, the relationship between pronunciation and meaning, sorting out the meaning of words

通信地址:安徽省合肥市蜀山区肥西路3号安徽大学文学院
邮　　编:230039
E-mail:zengxmu@126.com

“合式”“合适”的成词理据及历时替换*

马雅琦　张文国

内容提要　从来源看，“合式”与“合适”是两个不同的词。“合式”最初为动宾短语，表示“符合规格、程式”。由于词义泛化和句法位置的改变，在清代中期，“合式”词汇化为形容词，表示“符合主客观要求”义。“合适”成词于明代初期，它由两个同义语素复合而成，表示“符合主客观要求”义，与“合式”是同义词。由于“合”为“合式”与“合适”的语义重心，二词又分别衍生出“合意、中意”“合得来、关系好”义。在民国时期，“合适”逐渐取代“合式”，成为“符合主客观要求”的主要词形，而“合意、中意”“合得来、关系好”义则在现代汉语方言中有所保留。

关键词　合式　合适　适合　词汇化　历时替换

一　引言

在近代汉语中，“合式”与“合适”并存并用，语义和用法十分相近，均可表示“符合主客观要求”“合得来、关系好”“合意、中意”等意义。二者还具有一定的离合性，即“合”与“式/适”之间可插入其他成分，可扩展为“合XX的式/适”，表示“符合XX的心意”。由此看来，“合式”与“合适”似乎是异形词，但《汉语大词典》(第三卷，第146页、157页)则分开收录，未作词形关联，显然是当作两个不同的词来处理的。对此，我们不禁提出疑问：“合式”与“合适”关系如何？它们是同一词的不同书写形式，还是不同的两个词？

据笔者所考察的语料，“合式”与“合适”在汉语史中存在竞争替换关系，清代中期到清代末期，“合式”为主要词形，而民国时期，“合适”取代“合式”，成为相关用法的主要词形。本文的目的主要有两个：(1)从历时角度分析“合式”与“合适”的成词与演变，从来源角度对“合式”与“合适”的关系进行判定；(2)将“合适”与“合式”的历时替换过程描写清楚，并探讨其替换原因。

二　“合式”的成词与演变

在近代汉语中，“合式”语义和用法十分丰富。主要包括四个意义：一是符合规格、程式；二是符合主客观要求；三是合得来、关系好；四是合意、中意。本文主要从历时角度探索其成词理据，梳理其词义演变过程。

---

* 基金项目：国家社科基金一般项目“基于大型数据库的清末民初白话报刊语法研究(1897-1918)”(22BYY124)。《汉语史学报》匿名审稿人给了建设性的修改意见，谨表谢忱。

(一)"合式"的成词理据

"合式"连用最早见于南北朝时期,如《魏书·肃宗纪》:"绢布缯彩,长短合式。偷窃军阶,亦悉沙汰。""合式"为动宾式短语,表示"符合规格、程式",这种用法在唐宋时期仍有沿用。如:

(1)将欲郊祭天地,巡拜河洛,建明堂,朝万国,斯迈古之盛礼也,诚合式遵旧典,耀武塞上,毕境而还。(唐陈子昂《谏曹仁师出军书》)

(2)应天下有人能以经史及百家之言进纳者,所司立等第酬奖,丧葬之典,合式具言,使贫者足以备其仪,富者不得逾其制。(《册府元龟》卷九二)

明代时期,"合式"得到了广泛运用,多见于记载典章制度的实录体史书中。如:

(3)敕两京各省文武官,凡宫室、舆马、衣服以至婚冠、丧祭之类,务遵照合式,不得逾制。(《明神宗显皇帝实录》卷一八七)

(4)陈宽等三人马步中箭合式,但答策未优。韩玺等二十四人答策可观,但中箭未尽如式,例各宜升署一级。(《大明孝宗敬皇帝实录》卷二一七)

此时,"合式"不仅可用于实录体史书中,也可用于通俗文献中,但用于比较正式的场合,表示符合制度层面的规格要求。如:

(5)只见试院开门,贴出许多不合式的来:有不完篇的,有脱了稿的,有差写题目的,纷纷不计其数。(《初刻拍案惊奇》卷四〇)

(6)余在福宁,见戎幕选力士,以五百斤石提而绕辕门三匝者为合式。(《五杂俎》卷五)

清代时期,"合式"用例较多,其使用场合和语义用法与明代时期相似,既可用于史书中,又可用于通俗文献中,表示符合制度层面的相关规定,多用于宫室建筑、人才选拔、婚冠丧祭等方面的规格要求。如:

(7)部中采木,本有定名,圆径几尺,长约几丈,方为合式。不肖官役,将不中式之木,借名多采,唤集民夫,或自山中运至城边……(《皇朝经世文编》卷九五)

(8)武乡会试马射以中四矢为合式,步射以中一矢为合式,不合式者不准取中。(《钦定大清会典事例》卷七一八)

(9)托氏打开包袱,因见孝衣很脏,又恐怕长短尺寸不甚合式,遂叫过阿氏来,叫她趁着太阳,全都浆洗出来,好预备明天穿。(《春阿氏》第一回)

(10)姚华道:"果然如此,但主婚人就要坐主位,如女儿出嫁之日,女儿是第一位,其母氏反坐主位,就是这个道理。应令他们两个上坐,我在旁坐,才为合式。"(《瑶华传》第三二回)

这种用法的"合式"有多种离合形式,"式"可以扩展为偏正式双音词,充当"合"的宾语,构成"1+2"式短语。如:

(11)这题目名曰《姽婳词》,且既有了序,此必是长篇歌行,方合体式。(《红楼梦》第七八回)

(12)盖塾师讲授《四书》文义,谓之时文,必有法度以合程式;而法度难以空言,则往往取譬以示蒙学。(《文史通义》卷五)

(13)如今是没有黏封的,我们例应看过。倘有不合格式的,皇上自然要责我们,因此不能不对足下说。(《大马扁》第一一回)

(14)上了石台阶,到了屋中,蒋爷暗以为雷家哄了王爷些个银子,没见过世面,盖的房子不合样式,焉知晓到了屋中一看,很有大家的排场。(《小五义》第四二回)

此外,"合式"还可以扩展为"合定式""合时式""合式样"等。这足以证明"合式"是动宾短语。"合"是动词,表示"符合","式"是名词,表示"规格、程式","合"与"式"意义都比较实在。宋洪迈《容斋三笔·敕令格式》:"表奏、帐籍、关牒、符檄之类,有体制模楷者,皆为式。"不仅有明确规定的事物具有体制模楷,日常的事物以及人的心理预期也具有体制楷模。在隐喻机制的作用下,"式"的词义发生了抽象、泛化。自清代中期开始,"合式"除了表示"符合规格、程式"外,还衍生出其他用法,可以表示"符合条件/客观要求"。如:

(15)黛玉叫他上来,呈出太虚宫图纸,回明清虚观道人说的,照这样起造才合式。(《红楼梦补》第三六回)

(16)我道:"你且不要问这些,赶着找房子罢。只要找着了空房子,合式的自然合式,不合式的也要合式,我是马上就要搬的。"(《二十年目睹之怪现状》第七四回)

(17)英国公曰:"还有一件,假书固容易,假监是实难。这个人必须白皙,无须,利口悬河,又要扮二小监跟随的方为合式……"(《前明正德白牡丹传》第二五回)

(18)端王道:"财政殷富,莫如东南各省。欲往该各省等处调查,惟刚毅最为合式。"(《宦海升沉录》第九回)

以上例(15)—(16),"合式"指某事物符合条件,例(17)-(18),"合式"指某人符合条件。"式"的意义大致等同于"条件/客观性要求"。

此外,"合式"还可以表示"符合心意/主观性要求"。如:

(19)只见江苹拿着三双镯子进来说道:"荆姨娘说鲫鱼背的都没有了,拿了两副纽丝、一副蒜苗梗的来,问大爷若是不合式,再叫人到长泰楼去取三双来。"(《红楼复梦》第二九回)

(20)花厅背后有一座月亮门,一个大大的院落,有几处鱼池山石,松阴藤架……宋子英看了一遍甚是合式,口中不住的赞好,重新回到大厅坐下。(《九尾龟》第五七回)

(21)这差况亦有美、有苦、有优,那都在上司掌握之中。要是上司合式,委个好差;不合式,弄挡苦差使委下来,非但没有什么利益,还要倒赔钱。(《黑籍冤魂》第一四回)

(22)他年不小,做媒的接踵而来,他皆不合式,万一有个佳人,中了他的意,我再要想此等人物,就点灯笼也没有处寻呢!(《兰花梦》第三回)

上述例(19)—(20)指某事物符合心意,例(21)—(22)指某人符合心意,"式"的意义大致等同于"心意/主观性要求"。虽然"式"的指称不再具体,但"合式"仍具有一定的离合性,"合"与"式"中间可以插入其他成分,"式"前可以加领属性定语成分,"合"后可以加动态助词"了"。如:

(23)那陪酒的说:"现今有个外藩王爷,最是有情的,要选一个妃子。若合了式,父母兄弟都跟了去。可不是好事儿吗?"(《红楼梦》第一一七回)

(24)奶奶说:"房子倒也罢了,你明日同他谈谈去。"五爷说:"颇合我的式!"(《清风闸》第二二回)

(25)不想这一拉,却正合了何玉凤的式了,暗想道:"他既拉我去同看,料想不到得

安伯母拿着钗钏硬来插戴,这事还有辗转。"(《儿女英雄传》第二六回)

(26)大凡做官的升降,全在这合式和不合式的两层上头。大臣合了皇帝的式,这大臣就得降恩眷顾。下属合了上司的式,这下属就不难升官发财了。(《六月霜》第六回)

"合式"的"符合规格、程式"义一直沿用到现代汉语中,从历史文献用例来看,它只是一个动宾结构的短语,未发现成词用法。"合式"的"符合主客观要求"义在清代中期已经词汇化为形容词。"合式"的成词有诸多原因,首先,"式"的语义泛化为"合式"的成词创造了条件。"式"的语义泛化过程可简单描述为:合式(动宾短语,"式"为实义名词)→合式(动宾短语,但"式"开始抽象、泛化)→合式(名词"式"已转移为主观或客观要求之类)。董秀芳(2011:167)认为一个动宾短语想变成词,就必须逐渐淡化并最终去除其句法特征,当动宾短语表现出"动词成分的动作性弱、宾语成分的具体性低、动词成分对宾语成分的影响度小"这样的语义特点时,动宾组合的句法性就被降低了,就可以走上词汇化的道路。其次,"合式"句法位置的改变也为其成词创造了条件,短语用法的"合式"仅处于谓语位置上,用于陈述主语。自清代中期开始,"合式"所处句法位置发生了变化:它可以用作定语,修饰名词;可以用作补语,修饰谓语;也可以在谓语位置上,受程度副词的修饰。说明"合式"已词汇化为形容词。如:

(27)雨村正值偶感风寒,病在旅店,将一月光景方渐愈。一因身体劳倦,二因盘费不继,也正欲寻个合式之处,暂且歇下。(《红楼梦》第二回)

(28)包勇看完告示,不觉呵呵大笑,自言自语的道:"怪不得这老爷姓皮,真姓得合式。"(《红楼复梦》第一二回)

(29)苏侯道:"也没有什么话。我就听得有人说,他见那些前辈的礼数,不大合式。……"(《品花宝鉴》第四九回)

(二)"合式"的语义演变

"合式"成词后,"符合心意/主观条件"义进一步引申,自清代中期开始,"合式"发展出形容词义"合得来、关系好",与"对劲"为同义词。如:

(30)这子佩是与华公子最熟的,已与聘才见过,彼此合式。(《品花宝鉴》第一九回)

(31)早见姑太太带了媳妇站在舱门口里面等着,舅太太便赶上去,双手拉住。他姑嫂两个平日本最合式,这一见,痛的几乎失声哭出来,只是彼此都一时无话。(《儿女英雄传》第二二回)

例(30)—(31)"合式"的语义重心为"合","式"发生了语义脱落。这一意义的"合式"还可以与介宾短语连用,构成"与/同/和+N+合式"结构。如:

(32)虽止一月之间,府里这些闲杂人,倒也混熟了,也有与聘才合式的,也有不对的。合式的是顾月卿、张笑梅诸人;不对的是阎简安、王卿云诸人。聘才也只好各人安分,合式的便往来密些,不对的便疏远些。(《品花宝鉴》第一八回)

(33)于是找着熟人问信,才晓得抚台奉旨进京陛见,因为他一向同臬台合式,同藩台不合式,所以保奏了臬台护院。(《官场现形记》第六〇回)

(34)这个奶妈,从小的时候便是舅太太娘家的丫环,后来荐到伍家做了奶妈,和舅太太十分合式。(《九尾龟》第一一〇回)

在清末以至民国时期，“合式”还可以是动词，可理解为“合意、中意”。如：

(35)小千岁乘便就进谗言道：“……他此时心里，只合式一个五皇叔。”皇上道：“他合式他，就由他合式他去，将来就安置他们在一起便了。”(《续济公传》第九九回)

(36)俺查得这小奸贼……俺倒很合式他的。他想俺息事，叫他把这笔田，统统布施到庙里去，尽午饭前就要交到。(《续济公传》第一二六回)

(37)原来顾氏的母亲，是个泼寡妇……素来不大合式这个女婿，说女婿看不起她。后闻得女儿有病，也不来看视，准备着女儿一死，同男家闹个天翻地覆。(《广陵潮》第四回)

(38)柳春抬起头来笑道：“这话难说呢！……我不合式先生，我可以骂先生，先生不合式我，却不许骂我……”(《广陵潮》第五一回)

上述例(35)—(38)，“合式”后面可以直接带宾语，进一步说明了“合式”的句法结构已经变得模糊，“合”成为语义重心，“式”发生了语义脱落。刘大为(1998)指出，动宾式动词的词化程度越高，带宾语的可能性越大。董秀芳(2011：186)认为：“一个动宾短语，当其内部句法结构很清晰的时候，一般是不能再在其后加上另一个宾语的，因为其宾语位置已被占据了。但当发生词汇化之后，句法结构变为词汇结构并逐步凝固，原来的宾语已不再是独立的句法成分而变成了词的内部组成成分，因而后面就可以又出现宾语了。”

三　“合适”的成词与演变

在近代汉语中，“合适”与“合式”语义相同。但从来源看，二者的成词途径不同，它们各有自己的发展演变历史。“合式”是由动宾式短语词汇化而来，而“合适”则未经历句法上短语到词的演变阶段，由词法途径形成。丁喜霞(2006：145-146)认为后一种类型“是在汉语词汇双音化的驱动作用和同义并列构词法的类推作用下，运用同义联想把意义相近或相同的单音词并列在一起形成的”。

(一)“合适”的成词理据

“合”的甲骨文字形为“[illegible]”，像器盖和器体上下扣合之形，本义为扣合，闭合。《说文・亼部》：“合，合口也。从亼，从口。”在先秦时期，“合”引申为符合义，后面带宾语，或介宾结构。如：

(39)刑德者，四时之合也。刑德合于时，则生福，诡则生祸。(《管子・四时》)

(40)合于利而动，不合于利而止。(《孙子兵法・九地篇》)

(41)诗所以合意，歌所以咏诗也。(《国语・鲁语下》)

“适”①是“適”的简化字，“適”②的甲骨文作“[illegible]”，从止，帝声，金文将“止”讹为“口”，字形

① 适，音 kuò，原义为快速，是逜的异体字，《说文・辵部》：“适，疾也。从辵，𠯑声，读与括同。”现代汉语中用作“適”的简化字。

② 为方便论述，这里及下文部分内容采用繁体形式。

为"[illegible]",小篆则增形符"辵"以示意,变成从辵,啻声,字形为"[illegible]",隶变后楷书写作"適"。"適"本义为前往,《说文·辵部》:"適,之也。从辵,啻声。"在先秦时期,"适"也可以表示符合义,后面带宾语,或介宾结构。如:

(42)圣人不能为时,而能以事适时。事适于时者其功大。(《吕氏春秋·召类》)

(43)孟子曰:"皆是也。皆适于义也。当在宋也,予将有远行。行者必以赆,辞曰:'馈赆。'……"(《孟子·公孙丑下》)

(44)凡为主而不得用其法,不适其意,顾臣而行,离法而听贵臣,此所谓贵而威之也。(《管子·任法》)

"合"与"适"均有符合之义,"适合"早在先秦时期就已成词,表示"符合"义,如《鬼谷子·忤合》:"凡趋合倍反,计有适合,化转环属,各有形势,反覆相求,因事为制。"在明清时期,"适合"得到了广泛使用,后面一般带宾语。如:

(45)然船只往来,不能适合其期,反致无船听守。(《船政新书》第二卷)

(46)目的就在去恶从善,方法总求适合国情。我们既认民主政体是适合国情的政体,我们就该奋勇直前,何必绕着弯儿走远道呢?(《孽海花》第三四回)

"合适"是"适合"的同素逆序形式,出现时间较晚,在明初才有用例,如《剪灯余话》卷四:"阴间尤其看重文学侍从之职,以前修文馆缺少官员,到处搜寻,找不到合适的人选。"这可能与"适合"在明清时期的广泛使用相关。"合适"与"适合"语义相近,均可表示符合主客观条件,但词性和用法有所不同。"适合"是动词,后面常带宾语。"合适"是形容词,主要用作定语,修饰名词;也可以用作补语,修饰谓语;还可以受"很""十分"等程度副词的修饰。如:

(47)只因方太太为他丰姿甚美,要想配一个俊俏后生,因无合适之人,所以把采云的亲事担搁了。(《金台全传》第二七回)

(48)那菜单是宝钗和探春商量点定,只取温凉适口、芳脆醒脾,不要那些肥浓脂腻,老一辈的人更吃着合适。(《红楼真梦》第五八回)

(49)薛蝌道:"……况且白云山算命,说女儿要做次房的,可见事有前定。这头亲事倒很合适。将来生了儿子,怕不袭封王爵么?"(《绮楼重梦》第四三回)

(二)"合适"的语义演变

"合适"也引申出一些其他用法,可以是动词,表示"合意、中意"义,后面直接带宾语,如《醒梦骈言》第九回:"(婆子)便又对莲娘道:'小娘子,你合适了姚秀才的诗,我便道这姻缘是万稳的,就去知会了姚郎。'"在清末时期,"合适"还有"合得来、关系好"义,如《活地狱》第二七回:"两人吃过饭,又谈了一会,更是合适,都有相见恨晚的意思。"此外,该意义"合适"还可以与介宾短语连用,构成"与/同/和+N+合适"结构。如:

(50)自思海瑞平日是与我不合适的,今我既奉旨到此过堂。他不特不作一些气,且还如此谦恭。(《海公大红袍全传》第二九回)

(51)济公道:"……他也同你们大宋不大合适,嘴里'老妖怪''老妖怪'的骂着,就想去投大金……"(《续济公传》第一三六回)

(52)(林良栋)心上想着,甚是欢喜,暗想:"只要抚台的性情和我合适,当了几年差使,少不得要开保举,那时慢慢地升转起来,怕不是个道台么?"(《无耻奴》第一五回)

在清代及民国时期，"合适"另有离合用法，即"合"与"适"中间可以插入其他成分。"适"前可以加"什么"或领属性定语成分，"合"后可以加动态助词"了"，这是动宾式结构的典型用法。如：

(53)薛霸道："……你等不要在这里耍了，跟我到衙门里去耍一会子。若是咱家县太爷看合了适，自然一定有赏的，比在这里凑钱的好。"(《施公案》第二二二回)

(54)石禄上前将五个匣子全落到一块，遂说："……你们想一想，你们家里要有少妇长女，人家瞧着合了适，你愿意不愿意。"(《大八义》第七回)

(55)石禄一听，说道："对啦，这你合适了吧？"窦珍说："我合什么适啦？"(《大八义》第二六回)

(56)我只是每天早上去，一点钟走，正合我的适。(老舍《二马》)

上述例句"合"与"适"可以插入其他成分，"适"的位置对应的意义大致为"心意/主客观条件"。"合适"之所以有离合用法，与语言的重新分析相关。中古以来动宾式、动补式已成为复合动词的强势构词式。肖晓辉(2010:51)认为："某种语言构式一旦成为强势力量，形成风气，必然波及到相邻范畴成员的结构……汉语的并列式复合名词常常被重新分析为偏正式，并列式复合动词则易被重新分析为动宾式或述补式。"由此，"合适"的离合用法也就可以解释了。

(三)"合式"与"合适"的关系判定

"合式"与"合适"的"符合主客观要求"义各有来源，前文已有详细论述。"合式"与"合适"亦有"合意、中意""合得来、关系好"义，二者使用年代相近，很难讲清楚是谁受到了谁的影响。刘坚、江蓝生、白维国等(1992:201)指出："如果当B是A的另外一种写法时，那么A一定要比B先产生而且成为一种强势的用法，A才有可能影响到B。"虽然"合适"的"合意、中意"义略早于"合式"，"合式"的"合得来、关系好"义略早于"合式"，但在二者共存并用前，均未形成强势用法。因此，"合式"与"合适"是不同的两个词，由于语素"合"是二词的语义重心，导致二者词义十分相近。

不少学者认为"合式"的"合得来、关系好"与"合意、中意"用法存在南北方言差异，如张美兰(2011:249)通过整理北京官话本与九江书局本《官话指南》版本异文，认为"合式"为南方口语词，与北方口语词"对劲"形成对应。陈明娥(2014:184)认为："'合式'指'合得来'，也是清末民初北京官话文献中才出现的新义。……然而南方官话中，则多用'合式'来指'合意；中意'。"这两个意义在现代汉语方言中仍有保留，既可写作"合式"，也可写作"合适"，在各方言中的使用情况列举如下：

表1 "合适""合式"的"合意、中意""合得来"义在现代汉语方言中的分布①

词	合意、中意			合得来		
	西南官话	吴语	闽语	北京官话	西南官话	湘语
合式	√	√		√	√	√
合适		√	√			√

① 方言点的分布来自《汉语方言大词典》(第二卷，第2109、2111页)及《现代汉语方言大词典》(第二卷，第1485、1489页)。

由表1可见,"合式"与"合适"的"合意、中意""合得来、关系好"义仍存在于现代汉语方言中。从分布地域看,多集中在南方方言中,在北京官话中也有分布。与"合适"相比,"合式"的使用更为广泛。

四 "合式""合适"的历时替换

"合式"与"合适"自清代中期开始便共存并用,这就存在这样一个格局:语言系统中存在两个读音相同、意义相近的词语。这不符合经济性原则,语言自然会做出调整,进行取一舍一的选择。"合式"自清代中期成词以后,一直占据着主导地位,不仅义项众多,数量也远远高于"合适"。"合式"与"合适"在清代中期到清代末期五部口语文献作品中的使用情况见表2:

表2 "合式"与"合适"在清代中期到清代末期五部口语文献作品中的使用情况

语料	合式		合适		合式:合适
	频次	义项①	频次	义项	比率
红楼复梦	35	A:30 B:4 D:1	0	-	35:0
品花宝鉴	9	A:3 B:5 D:1	1	A:1	9:1
儿女英雄传	14	A:9 B:5	0	-	14:0
最近官场秘密史	7	A:6 B:1	6	A:6	7:6
续济公传	19	A:7 B:7 C:4 D:1	3	A:2 B:1	19:3

利用北京语言大学BCC语料库,我们对1872—2015年"合式"与"合适"进行了频次对比,"合式"与"合适"的频次对比图可以清楚地反映"合适"对"合式"的替换过程(如图1所示)。

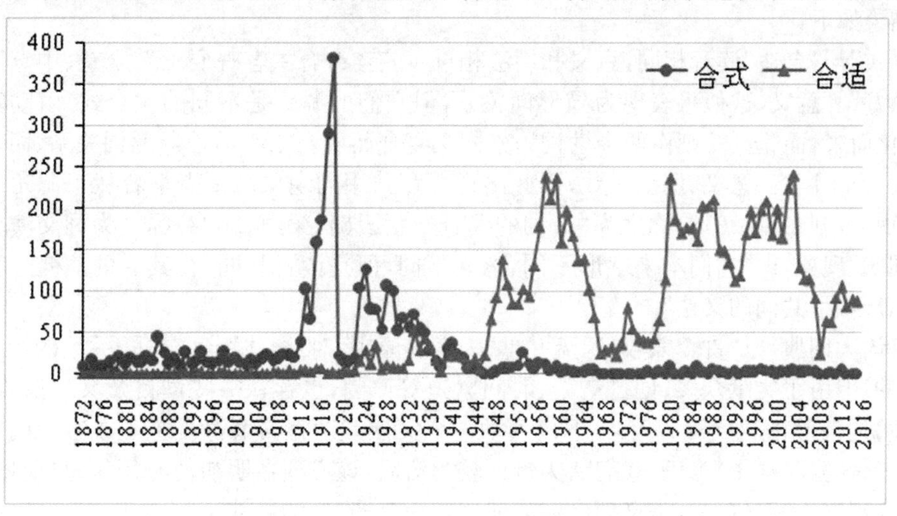

图1 检索式"合式"与"合适"的频次对比图

① 我们把"合式"与"合适"的义项逐一进行了统计:A表示"符合主客观要求";B表示"合得来、关系好";C表示"合意、中意";D表示"符合规格、程式"。

由图1可见:在民国时期,“合适”完成了对“合式”的替换。在20世纪30年代之前,“合式”占据绝对优势,特别是民国初期,“合式”的使用达到了巅峰;到20世纪30年代,“合适”的数量首次超越“合适”;20世纪40年代开始,“合适”的数量急剧增加,完成了对“合式”的替代;在现代汉语中,“合式”的用法已不多见。“合式”与“合适”作为同义词,在汉语史中存在竞争替代关系,“合适”逐渐取代“合式”成为主要词形,主要受以下几个因素的影响:

第一,受人们语用心理的影响。施春宏(2001)指出:“语言运用中,人们比较愿意使用能够反映词语的理据意义、指称意义、心理意义的字形。”从词语结构来看,“合式”是动宾式结构,“式”的常用义为“规格、程式”,“合适”是并列式结构,“合”与“适”同义并列,均有符合之义,在人们的认知心理中,更容易选择并列式结构的“合适”,而倾向于用“合式”表示其源义“符合主规格、程式”。

第二,义项过多所致。“合式”的义项较多,除了可以用作短语,表示“符合规格、程式”义外,还兼有形容词和动词两种词性。可以表示形容词义“符合主客观要求”以及“合得来、关系好”,也可以表示动词义“合意、中意”。“合式”的兼类和多义会影响表义的明晰性,造成意义的含混和交际的困难,在与表义明晰性高的“合适”的竞争中失败。于是用“合适”来分担“合式”的形容词用法,使词义和词性具有单一性和明确性。

第三,受近义词“适合”的影响。“合适”与“适合”为同素异序词,二者语义相近,语法上形成互补,在语言演变中,二者相互影响,犹如一对孪生兄弟,“适合”在清代以及民国时期的广泛使用,在一定程度上也会带动“合适”的发展。

五　结语

本文探讨了“合式”与“合适”的“符合主客观要求”等义的产生时间、来源、关系以及替换情况,结论如下:

“合式”与“合适”读音相同,意义和用法相近,均有“符合主客观要求”“合意、中意”“合得来、关系好”等意义,这似乎表现为异形词关系,但它们的源头是不同的,“合式”由动宾式短语词汇化而来,而“合适”则由两个动词语素同义复合而成。二者不是异形词关系,而是同义词关系。由于读音、意义、用法一致,因此出现并存共用的现象。不少学者从来源角度分析过这一现象,刘冬青(2010)称之为“造词的偶合”,王云路、梁逍(2022)称之为词义演变中的“殊途同归”现象,即“它们本来字形不同、意义不同,但是读音相同,在其后的演变过程中轨迹相交,产生了共同的义位”。

《汉语大词典》以“古今兼收,源流并重”为编纂原则,对“合式”与“合适”关系的判定无疑是正确的,但由于文献众多、词目浩繁、时间紧迫等原因,也存在一些词目及义项漏收现象。如【合适】词条(第三卷,第157页)下仅列举一个义项,“适宜。谓符合主观或客观的要求”,并首举老舍《骆驼祥子》为例,我们认为例证较为滞后,该义项在明初便有用例,且应增补“合适”的“合得来、关系好”义,该义项在清末使用较为普遍,应酌情补正。

征引书目

春秋·孙武著,邓启铜、诸华注释《孙子兵法》,北京师范大学出版社,2019。

战国·管仲等撰，谢浩范、朱迎平译注《管子译注》，上海古籍出版社，2020。

战国·吕不韦撰，张双棣等译注《吕氏春秋》（第2版），中华书局，2022。

战国·鬼谷子撰，许富宏译注《鬼谷子》，中华书局，2016。

汉·赵岐注，宋·孙奭疏《孟子注疏》，上海古籍出版社，1990。

三国吴·韦昭注《宋本国语》，国家图书馆出版社，2017。

唐·陈子昂撰，徐鹏校点《陈子昂集》，上海古籍出版社，2013。

北齐·魏收《魏书》，中华书局，2018。

北宋·王钦若等《册府元龟》，中华书局，1960。

南宋·洪迈《容斋随笔》，春风文艺出版社，2021。

《大明孝宗敬皇帝实录》，南京市图书馆藏，明抄本。

《明神宗实录》，台湾“中研院”历史语言研究所，1962年校印本。

明·李昌祺《剪灯余话》，周楞伽校注《剪灯新话》（外二种），上海古籍出版社，1981。

明·凌濛初《初刻拍案惊奇》，中华书局，2001。

明·倪涑《船政新书》，上海图书馆藏，明万历刻本。

明·谢肇淛《五杂俎》，中华书局，1959。

清·曹雪芹、高鹗《红楼梦》，人民文学出版社，1982。

清·陈森《品花宝鉴》，齐鲁书社，1993。

清·陈少海撰，张乃、范惠点校《红楼复梦》，北京大学出版社，1988。

清·丁秉仁《瑶华传》，三秦出版社，1990。

清·归锄子《红楼梦补》，华夏出版社，1995。

清·贺长龄、魏源《皇朝经世文编》，文海出版社影印本，1967。

清·洪琮《前明正德白牡丹传》，《古本小说集成》第4辑第149册，上海古籍出版社，1994。

清·黄世仲著，张正吾校点《宦海升沉录》，湖南文艺出版社，1988。

清·黄世仲《大马扁》，董文成、李勤学主编《中国近代珍稀本小说》（第8卷），春风文艺出版社，1997。

清·静观子《六月霜》，上海文化出版社，1958。

清·昆冈等修，刘启端等纂《钦定大清会典事例》，上海古籍出版社，2002。

清·兰皋居士《绮楼重梦》，上海古籍出版社，1993。

清·冷佛著，松颐校释《春阿氏》，吉林文史出版社，1987。

清·李宝嘉《官场现形记》，浙江文艺出版社，2021。

清·李伯元《活地狱》，上海文化出版社，1956。

清·彭养鸥《黑籍冤魂》，王伟主编《中国古典谴责小说精品：荒唐世界（下）》，中国文联出版公司，1992。

清·浦琳著，李道英、岳宝泉点校《清风闸》，北京师范大学出版社，1992。

清·石玉昆《小五义》，华夏出版社，2008。

清·守朴翁编次《醒梦骈言》，上海古籍出版社，1990。

清·漱六山房《九尾龟》，荆楚书社，1989。

清·苏同《无耻奴》，《中国近代孤本小说集成》（第一卷），大众文艺出版社，1999。

清·天公《最近官场秘密史》，《中国近代孤本小说集成》（第四卷），大众文艺出版社，1999。

清·文康著，启泰校点《儿女英雄传》，齐鲁书社，1995。

清·吴趼人《二十年目睹之怪现状》，人民文学出版社，1959。

清·无名氏《续济公传》，浙江古籍出版社，1988。

清·佚名《大八义》，江西美术出版社，2018。

清·佚名著，谢振东校《施公案》，宝文堂书店，1982。

清·佚名著，李永祜、李文苓校《海公大红袍全传》，群众出版社，2002。

清·佚名《金台全传》,上海古籍出版社,1990。

清·吟梅山人著,唐华、廖生整理《兰花梦》,四川文艺出版社,1996。

清·章学诚撰,叶瑛校注《文史通义校注》,中华书局,2014。

清·曾朴著,张明高校注《孽海花》,人民文学出版社,2006。

李涵秋《广陵潮》,江苏古籍出版社,1985。

郭则沄《红楼真梦》,北京大学出版社,1988。

老舍《二马》,中国文史出版社,2021。

参考文献

[1]陈明娥. 日本明治时期北京官话课本词汇研究[M]. 厦门:厦门大学出版社,2014.

[2]丁喜霞. 中古常用并列双音词的成词和演变研究[M]. 北京:语文出版社,2006.

[3]董秀芳. 词汇化:汉语双音词的衍生和发展(修订本)[M]. 北京:商务印书馆,2011.

[4]汉语大词典编辑委员会,汉语大词典编纂处. 汉语大词典(第三卷)[Z]. 上海:汉语大词典出版社,1989.

[5]华树君. 清末民初汉语词汇专题研究[D]. 长春:吉林大学,2018.

[6]李荣主编. 现代汉语方言大词典(第二卷)[Z]. 南京:江苏教育出版社,2002.

[7]刘大为. 关于动宾带宾现象的一些思考(上)[J]. 语文建设,1998(1):22-26.

[8]刘冬青. 北京话徒劳类语气副词的历时嬗变(1750-1950)[J]. 合肥学院学报(社会科学版),2010(5):52-57.

[9]刘坚等. 近代汉语虚词研究[M]. 北京:语文出版社,1992.

[10]施春宏. 试论语义关系对异体词显隐和使用的制约[J]. 语言文字应用,2001(1):60-72.

[11]王云路,梁逍. 谈谈汉语词义演变中的"殊途同归"现象[J]. 浙江大学学报(人文社会科学版),2022(5):39-48.

[12]肖晓辉. 汉语并列双音词构词规律研究[M]. 北京:中国传媒大学出版社,2010.

[13]许宝华,[日]宫田一郎. 汉语方言大词典(第二卷)[Z]. 北京:中华书局,1999.

[14]张美兰. 明清域外官话文献语言研究[M]. 长春:东北师范大学出版社,2011.

Lexical Motivation and Diachronic Substitution of "*Heshi*(合式)" and "*Heshi*(合适)"

Ma Yaqi Zhang Wenguo

Abstract: The sources of "*heshi*(合式)" and "*heshi*(合适)" are different. "*Heshi*(合式)" was a verb-object phrase initially, which meant "conforming to specifications and procedures". In the middle of the Qing Dynasty, "*heshi*(合式)" was transformed into an adjective, which signified "conforming to the subjective and objective requirements" due to the generalization of the meaning and the change of syntactic position of "*heshi*(合式)". In the middle of the Ming Dynasty, "*heshi*(合适)" is a word with co-ordinate structure which signified "conforming to the subjective and objective requirements", it synonymous with "*heshi*(合式)". "*Heshi*(合式)" and "*heshi*(合适)" also derived the meaning of "satisfaction" and "good relationship", because both of them with "*he*(合)", which is the semantic focus. In the Republican period, "*Heshi*(合适)" gradually replaced "*Heshi*(合式)" and became the main word form of "conforming to the subjective and objective requirements", while the meaning of "satisfaction" and "good relationship" were reserved in some dialects.

Key words:*heshi*(合式), *heshi*(合适), *shihe*(适合), lexicalization, diachronic substitution

通信地址:江苏省常州市武进区江苏理工学院文化与旅游学院
邮　　编:213001
E-mail:mayaqi3624@126. com

“手段”考源*

——兼论“手段”义场的词义演变

詹静珍

内容提要 “手段”是汉语中的一个常用词，但其构词模式及理据至今无人谈及，现有词义的来源也不清晰。我们结合现代汉语及方言、日语中相关语料，借助词例的理论，构建出手臂义“手”素词、手腕义“手”素词的主要构词模式，前者突出长条形特征，后者突显位置与功用，对比分析出“手段”“手条”“手管”“手把子”最初偏向指手臂，相邻引申出手腕义，由此引申出方法、本领等一系列含义，完整勾勒出“手段”义场的词义引申轨迹及其以“功能”为强势取象特征、“位置”为次要取象特征的转喻机制。

关键词 手段 构词模式 构词理据 手腕义 词义引申模式

“手段”是汉语中一个十分常用的词，从北宋一直使用到现在，但其构词模式及理据至今无人谈及。《汉语大词典》释义较全，但未揭示义源。鉴于此，我们对“手段”及与之相关的一批词进行考证、比较分析，力图解决这些问题，补正辞书。

一 “手段”的构词方式与理据

“手段”《汉语大词典》(第六卷)(1990:298)归纳出4个义项：①本领、技能；②为达到某种目的而采取的方法和措施；③指待人处世所用的不正当的方法；④手面、排场，指处事、用钱大手大脚。义项②③引例为清代及以后，过晚。南宋李昌龄《乐善录》卷七引《夷坚乙志》：“向者非敢诚欲取公钱，第见公平日手段如此，故略为施陈，冀公稍自悔悟。”“平日手段”指“非上马钱，必不行；所得不厚，必缓其药；虽至危剧，亦必巧有所取而后已”。卷九引《七朝事林》：“在母腹中，亦复中此手段，心亦衔之否乎?”“此手段”指损子败儿、毒杀胎儿的方法、做法。以上“手段”皆指不正当的方法，即义项③，又泛指一般为人处世的方法、措施，即义项②。明徐畛《杀狗记》第六出：“大哥好手段！我每如今与哥哥去庆一庆手段。”明施耐庵《水浒全传》第四四回：“不争被你拿了解官，教我哥哥如何回去见得宋公明？因此做得这场手段。”也称“手段儿”。清溪道人《禅真逸史》第四回：“小弟不省其意，这一双手，毛病不改，何消三掷五掷，弄些手段儿，把那厮囊中之物赢得罄尽。”此指不正当的方法。现代汉语中也说“手段子”。丙丁《弄堂深处的阁楼·一朝天子》：“这些道理人人都懂，可像他这样手段子‘辣豁豁’的厂长还是第一次看到。”湖月沉香《折草记之文珠令》：“到了那时，可别怪她手段子

* 基金项目：广西高校中青年教师科研基础能力提升项目“词汇类型学视域下‘手’类词语的比较研究”(2023KY0025)；广西师范大学文学院/新闻与传播学院2022年度一流学科建设项目“‘手’的语义演变史”(DC2200003640)。

辣。”“手段子”主要指做事不正当的方法。“手段(子、儿)”含义已明,但理据不清。

“段”有分段、截断义。东汉刘熙《释名·释言语》:“断,段也。分为异段也。”《广韵·换韵》:“段,分段也。”可作量词,指事物、地域、时间等的一截或一部分,强调长形。唐房玄龄《晋书》卷八一《邓遐传》:“遐挥剑截蛟数段而去。”南宋李焘《续资治通鉴长编》卷三三六《神宗》:“呼集人户,令就纸图见存牧地之旁,自里及外,签贴所占地段,然后谕以牧地形势,侵冒灼然之迹。”“地段”指某一区域,构词法为“名物+量词”,与今之“车辆”“马匹”等同。其他“段”素词如“河段”指某一段河流;“路段”指某一段路;“时段”指某一段时间,较为常用,兹不举例。“段”亦可置于身体词后,如“身段”,北宋柳永《木兰花》:“星眸顾拍精神峭,罗袖迎风身段小。”“体段”,南宋朱淑真《会魏夫人席上命小鬟妙舞曲终求诗于予以飞雪满群山为韵作五绝·飞字韵》:“管弦催上锦裀时,体段轻盈只欲飞。”以上二词皆指身材、形体。“段”主要用于长形名物,突出这些事物长形的特点,具有形象性。“手段”的理据就是手上长形的一段。南宋宗法等编《宏智禅师广录》卷七《禅人写真求赞》:“万机闲暇,一味清恬。心宗提简默,手段扫廉纤。”“身心廓如,手段卷舒。似华作蜜,如井觑驴。”南宋法应《禅宗颂古联珠通集》卷二三《祖师机缘·六祖下第五世之三》:“问端如箭透垣墙,赖值灵云手段长。”以上“手段”皆指手或手上的某一段。我们还可从方言、日语中找到蛛丝马迹。温州称胳膊为“手肚段”。《简明吴方言词典》(1986:32)、《汉语方言大词典》①(1999:819)皆收录。手臂为长条形,故称。韩秀英《实用汉日辞典》(2001:635)收“手段”第三个义项为“腕,腕前”。手腕、手臂是相邻的身体部位,都为手的一段。

现代汉语中还有“手条”一词,例如:

(1)“琴社”社员们接此“电谕”后,立即聚集商议,虽然其中有两位社员认为“这三个要求,手条太辣”,但大部分社员决定认下这颗“冤大头”,“都主张照办”。(张盛满《评弹1949·大变局下的上海说书艺人研究》)

(2)对手殁了,王鸿藻更是心安理得地往来于京宁之间,这时,他胆子更大,手条更辣,包揽讼事、谋人财产的事时而有之。(《高邮文史资料》第六辑)

“手条”与“辣”搭配,指手段毒辣。江苏、上海又说“手条子”。柯蓝等《不死的王孝和》:“王先生,手条子不要太辣。”(《汉方》819)苏州又说“手调子”(《现代汉语方言大词典》② 636)。“调”是“条”的方言音转。《简明吴方言词典》(1986:32)指出,“手条子”也说“手段子”。又说“手条儿”。显克维奇《洪流》:“你的祖宗手条儿绝不比你的轻。”“事儿倒像是,我的手条儿,我的心眼儿都还并不见老呢?”

“条”本指细长的枝条。《说文·木部》:“条,小枝也。”又作量词,用于长条形的事物。南朝齐谢朓《咏兔丝诗》:“烂熳已万条,连绵复一色。”可参与构词,如面条、枝条、藤条、椽条、布条、金条等。还可与“身”组成复合词。梁斌《红旗谱》十三:“招兵的看运涛好身条,更聪明,才答应打个手印,把大贵保回来。”“身条”指身体、身材。哈尔滨又说“身条儿”。宁波方言中“身段”又叫条子(《现方》1842)。“条”也是用于长形名物的量词,突出形貌特征。“手条”理据与“手段”无二,即手上长条形的部分。

① 下文简称《汉方》。
② 下文简称《现方》。

二　手臂义、手腕义“手”素词的构词模式

“手段”“手条”的构词模式可提炼为“手＋突出长形特征的词”。“手段”理据已明，既指手臂，也指手腕，究竟哪个是本义呢？我们系联一批手臂义和手腕义的“手”素词，比较二者的构词模式，进一步探求“手段”“手条”的本义。

(一)手臂义

手杆　胳膊。中原官话、西南官话、徽语、赣语。也说“手杆子”。中原官话、西南官话、湘语。重庆又说“手杆儿”。(《汉方》810、819)

手干　胳膊。西南官话。(《汉方》808)

手胳杆　胳膊。江淮官话。(《汉方》823)

手骨筒　胳膊。吴语。(《汉方》823)

手筒骨　胳膊。徽语。(《汉方》825)

手股　1.胳膊。闽语。2.上臂。闽语。(《汉方》812)

手臂股　胳膊。(《中国民间方言词典》191)

手棒　胳膊。闽语。(《汉方》814)

手棍　前臂。客话。(《汉方》814)

手梗　胳膊。西南官话、吴语。(《汉方》813)长沙也说“手梗子”，指胳膊肘儿以下手腕以上的部分。(《现方》630)

手腿　胳膊。闽语。(《汉方》815)

“手杆”“手干”为方言音转词。本字为“杆”，指细长的木头或类似的东西，也可作量词，用于长形名物。“手骨筒”“手筒骨”之“筒”皆指长形管状物，亦可作量词，用于细长筒形的东西。“手股”之“股”本义指大腿，也可作量词，用于长形名物。闽语中“股”无腿义，指人的身材，也可作量词，用于人(《现方》2309)。“手棒”“手棍”之“棍”“棒”同义，指棍棒，长条形。“手梗”之“梗”指草木的枝、茎或根，亦为长条形。“手腿”之“腿”指人和动物用来支撑和行走的部分，包括胫和股，俗称胫为小腿，股为大腿，长条形。以上手臂义“手”素词的构词模式可以归纳为:“手＋突出长形特征的词”。“手杆”之“杆”既可表长形的名物，也可作量词，但我们可说“一段手臂”“一条胳膊”，却几乎不说“一杆手臂”。词汇复音化时，一般选取经常搭配的词进行组合。因此“手杆”中的“ 杆”并非取量词义，而是用名词义进行组合，与“手棒”“手棍”“手梗”“手腿”之“棒”“棍”“梗”“腿”一样，皆指长形名物，和手臂在形貌上具有相似性。这是一种词汇生动化①的造词方式。直接说“手”缺乏形象性，双音化时，运用比拟的方式，在“手”后直接附加手臂的喻体，突出长形特征。“手段”“手条”之“段”“条”是用于长物的量词，其构词也抓住手臂长形的特征，具有形象性。

---

① 杨琳(2020:44-48)指出，“词汇生动化，是指为了表达的生动将抽象的概念或是既有的抽象词汇用富于形象色彩或诙谐色彩的词语来表达”。

这些置于“手”后突出长形特征的语素，也可以和其他身体词组合成词，表示长形的身体部位，例如：

手杆(子、儿)——腰杆(腰部)、脚杆(子)(腿。《汉方》5648、5656)

手筒骨、手骨筒——脚筒、脚筒骨(腿。《汉方》5652、5663)

手梗——脚梗(小腿；脚。《汉方》5651)

手腿——脚腿(大腿；小脚。《汉方》5652)

手臂和腿是人体上肢和下肢相对应的部位。腿义“脚”素词的主要构词模式也是“脚＋突出长形特征的词”，正好对应手臂义“手”素词的主要构词模式。但手臂还有其他特征，如手臂上有肌肉鼓起，比较圆润，似“瓜”“肚”，因此西南官话、粤语中也称手臂为“手瓜”，湘语中称“手瓜子”，吴语中称“手肢肚”等。

(二)手腕义

手脖① 手腕。东北官话、中原官话。也说“手脖子”。胶辽官话。又说“手脖儿”。北京官话、冀鲁官话、中原官话。(《汉方》814、824)

手颈 手腕。江淮官话、西南官话、徽语。也说“手颈子”。江淮官话、西南官话。又说“手颈颈”“手颈颈儿”。西南官话。(《汉方》814、825、829)

手骹 手腕。粤语。(《汉方》815)

手胫子 手腕。西南官话。(《汉方》823)

手目 手腕子；腕关节。闽语。(《汉方》809)

手肘子 手腕。西南官话。(《汉方》819)

手寸子 手腕。西南官话。(《汉方》816)

手腕是手臂和上肢末端的连接处，十分灵活，其功用与脖子相似，因此“手”与“颈”“脖”组合成双音词，表示手腕。“骹”“胫”皆指小腿，是下肢较细的部分，手腕也是上肢较细的部位，因此“手”与之组成“手骹”“手胫子”。今梅县、南宁平话、广州、东莞方言将手腕上鼓起的圆形骨头称作“手眼”，柳州又称“手眼[珠]”(《现方》630)。也称“手目”。翁辉东《潮汕方言·释身》：“俗呼手足踝旁突起二骨为脚目或手目。”(《汉方》809)手腕上突出的关节像眼睛一样，因此称“手目”“手眼”。这一部位对应的正是手腕，因此“手目”又相邻引申指手腕。肘是上下臂相接处可以弯曲的部位，手腕是下臂与上肢末端的连接处，也可以活动，位置和功用相似，因此称“手肘子”。寸，长度名，一指宽为寸。“手寸子”指距离下肢末端很近的部位，即手腕。腕本义即指臂下端与手掌相连可以活动的部分。相应的脚腕也有近同的构词模式，例如：

手脖——脚脖(《汉方》5652)

手颈、手颈子、手颈颈、手颈颈儿——脚颈、脚颈子、脚颈颈、脚颈颈儿(《汉方》5652、5662、5668)

手骹——脚骹(《汉方》5653)

---

① 胶辽官话“手膊”指手腕，吴语中指胳膊。“膊”“脖”古通。也作“手膊子”。西南官话、闽语指胳膊。胶辽官话指手腕(《汉方》815、826)。手腕义本字应为“手脖”，胳膊义为“手膊”。

手胫子——脚胫得(《汉方》5660)

手腕——脚腕①(《现方》3913)

以上我们只选取具有代表性的手腕义“手”素词进行分析,手腕义“手”素词与手臂义“手”素词的构词模式有很大不同。手臂及腿最突出的是长条形的形貌特征,因此词汇复音化时,选取语言中常见的突出长条形的词进行组合。但手腕、脚腕的突出特征是处于两个身体部位的连接处(位置)、能够灵活弯曲(功用),因此构词上也主要选取在位置和功用上与手腕具有相似点的词,手腕义“手”素词的构词模式可以归纳为:“手+突出手腕的位置与功用的词”。

(三)兼有手臂义、手腕义

手肚段　胳膊。温州。(《简明吴方言词典》32,《汉方》819)也说“手段”,指手腕、腕前。日语。(《实用汉日辞典》635))

手管　1.胳膊。(《湖南方言》710)也说“手管子”。(《程操塆志》208,《鄂州方言志》186,《黄陂方言拾零》198)。也说“手南管”。客话。“手管膊”。吴语。(《汉方》821、826)2.手腕。(《安仁方言》②129)

手巴子　1.手腕。湘语。(《汉方》817)2.胳膊。冀鲁官话。也作“手把子”“手坝子”“手欛子”。湘语。(《汉方》817、819,《现方》639)也说“手把儿”。(《耒阳方言研究》211))

“手段”“手管”“手把子”兼有手臂、手腕义。手腕是上肢末端与手臂的连接处,与手臂是相邻的身体部位,故能发生相邻引申。杨琳(2020:30)指出:“相邻引申,是指词义所指的对象由于在位置上与其他对象相邻相连,由此引发该词义引申出指称相连对象的意义。相邻引申有两种引申模式,一种是周边相邻的引申,一种是包容相邻的引申。”胳臂义和手腕义可以双向引申,属于周边相邻的引申模式。

这一引申模式还可通过词例证明。杨琳(2011:73)指出,“词例”是不同的词具有相同的词义演变轨迹的语言现象,是词义发展演变的一种模式,可分为同义词例、反义词例及类义词例三种。“手骨”在吴语、粤语、闽语中指臂骨,也指胳膊,由部分向整体引申,即包容相邻的引申。民国《定海县志》:“手肱亦作手梗,一曰手骨。”闽语中又指手腕(《汉方》812),此为周边相邻引申。以上为同义词例。与之对应的“脚”及“脚”素词也有同类引申模式。“脚”可混称下肢或部分下肢,也指脚腕(《汉方》5645)。“骹节”在雷州有脚腕子和大腿、小腿义(《现方》5491)。“跤柄”闽语中有小腿和脚腕义(《汉方》6555)。“跤腹子”闽语中有腿肚子和脚腕义(《汉方》6556)。“脚腕——腿(大腿或小腿)”与“手腕——手臂”一样皆属于周边相邻引申。杨琳(2020:32-33)进一步探讨相邻引申的机制,指出“存储状态的静态词一旦进入语用环境,由于受具体语境的制约,义位往往会发生一些改变,形成义位变体”。身体词在使用过程中,很容易产生义位变体。“拗手瓜”南宁平话指掰手腕,广州、东莞又指扳胳膊,比臂力。广州也叫“拗手臂瓜”(《现方》2093)。“手瓜”在这具体语境中既可指手腕,也可指手臂。这

① “脚腕”有两种产生方式:一是类推,仿照“手腕”直接产生;二是生动化造词,脚腕与手腕在位置和功用上相同,因此“脚”和表示手腕义的“腕”组合成词,相同构词模式的词如“手腿”“手脖”“手目”等。

② 安仁方言介于湘语和赣语之间。

些义位变体有些脱离语境就消失了(“手瓜”的手腕义),有些则频繁出现,从而成为独立的义位,这就是“手管”“手把子”等词既指胳臂又指手腕的内在认知机制。

那么究竟哪个含义是本义?通过比较手臂义和手腕义“手”素词的构词模式,前者突出手臂的形貌,尤其是长度;后者突出手腕的位置和功用。“手条”只有方法义的用例,理据是手上长条形的部分。“段”“管”“把子”也皆突出长形特征。因此我们认为“手段”“手管”“手把子”最初偏向指手臂,这一点也可与腿义“脚”素词进行比照。

手段(子、儿)、手肚段——脚肚段(大腿。《汉方》5657)

手管(子)、手管膊、手南管——脚管子①

手把子(儿)、手巴子、手欛子——脚把子、脚巴子、腿把子②、脚欛子(腿或脚。《汉方》3917、5655、5657)

三 “手段”义场的词义演变

我们已经厘清“手段”的构词理据及本义,但其方法、手段义的来源及各个含义之间的引申关系仍旧不明。下文主要借用同义词例和语义场的理论来解决这些问题。具有共同义素的词语组成的集合叫语义场(邢福义《现代汉语》第三章)。“手段”义场是含有方法、手段义的词语组成的集合。本文讨论的“手段”义场只包括与“手段”一样由手腕义引申出手段义的词语,如“手条”“手管”“手把子”“手腕”等。我们全面整理与分析这五个词的使用情况,概括出各词的义位,进一步归纳“手段”义场的词义演变轨迹与机制。

(一)“手段”“手条”“手管”“手把子”的义位

文章开头已列出《汉语大词典》收录“手段”的四个义项。“手条”也有方法、手段义。日语中“手管”有手段义。吴侃、于长敏《新编日汉词典》(1999:594):“てくだ【手管】(骗人的)手腕。圈套。＝手练。”王贤仁、韩丹《怎样说地道的日语》(1988:183)指出“手练”有两个读音和含义:てれん骗人手段;しゅれん熟练、灵巧的手法。“手练”“手管”同义,经常连说。てれんてくだ(手练手管)テレンヲワダ,ヲレンヲグ指欺骗的花招。

“手把子(儿)”有本领、技艺义。杨正明《姑娘,请思索》:“中国小姐了不得,手把子厉害得很。”“手把子”指技艺,本领。李学恒《大庆纪读》:“牛下犊子猪下羔子,老娘们生孩子就是在家的玩意儿。弄到乡卫生院,手把儿还不一定赶上老娘婆。”“手把儿”东北官话指技艺,能力(《汉方》819),也指方法、手段。杜衡《现代》卷五《二少爷》:“我说你二少爷怎么弹硬,怎么手把子辣,不能和柏仁比。”“手把子辣”指手段毒辣。周宝忠《沧州武豪传奇・吴会清大闹巡盐府》:“盐税定得高高的,手把儿黑黑的,有贩盐的只要让他们抓到,盐驴盐车被他卖掉入腰

① 蒋昌起《乡关》:“二下,两下,三下……你们好样不学,去做贼,做贼偷瓜起,痨病牵花起,看我不打断你们的手把子和脚管子!”“脚管子”与“手把子”对文,指腿。

② 罗昕如(2006:112)指出,长沙、湘潭等地说“脚把子”“腿把子”,“脚把子”在《汉语方言大词典》中未见于外区方言,“腿把子”又见于中原官话(西安)、晋语、赣语(江西新余)。“手把子”是与“脚把子”相对应的词语,但在湘语中的分布不如“脚把子”广泛。

包不说，阎王爷那儿算是挂上号了。”“手把儿黑黑的”同“手黑”，指手段毒辣。

又转指具有某种技艺或本领的人。李幺傻《江湖三十年》卷二《天下第一帮》：“江湖中人把高手叫上手把子，把庸手叫下手把子。”完彦绍元《中国古代流氓百态》：“不用器具便能翻身上房的叫上手把子，借助滑条（竹竿、布索类）的叫下手把子。如唐代中叶，长安有个上手把子田膨郎，曾翻越皇宫高墙，窃走于阗进贡的白玉枕。”“上手把子”指技艺高超的小偷。赵焕亭《奇侠精忠全传》：“观者都骇然道：‘看不得这老翁，倒是个大手把儿。’”“大手把儿”指武艺高强的人。哈尔滨“手把儿”指有技艺、能力的人（《现方》623）。

有技艺有本领的人一般讲究排场、派头，以突显自己的地位和能力。“手把儿”引申指行事的手面、排场，常与大、松、紧等搭配，指做事、花钱大手大脚或不随便花钱。刘振广《月亮旁边有彩云》：“这次的开会通知上，原本写的是海头的名字，可他演了出狸猫换太子——儿子虽说识文断字，过翻身日子也确实亏他，可就是办事手把儿太大，他不放心他去。”雁翎、王守观《明星企业录——渤海明珠》：“我们过去对内撒手，对外封闭，挣得少，手把儿大，甜了外姓人，苦了自个家。”祖英主编《现代汉语进修教程（听力篇）》：“小娥：‘大哥，自打我过了门儿，我看你过日子手把儿太大了，试着劝了几回吧，也不顶用，才想了这么个笨法儿。’”此指花钱大手大脚。唐山方言“手把儿紧”指不随便花钱或给人钱物，“手把儿松”指花钱无节制，随意送人钱物（《唐山方言俗语》314））。

（二）手腕义：“手段”“手把子”“手条”“手管”方法、手段义之义源

“手段”“手把子（儿）”“手条”“手管”皆有方法、手段义，其义源是什么呢？第一、二节我们通过比较手臂义“手”素词和手腕义“手”素词的主要构词模式，得出这些词最初偏向指手臂，相邻引申出手腕义。其方法、手段诸义毋庸置疑就是从这两个义位直接或间接引申出来，那么究竟哪个义位是义源呢？

目前，暂未发现手臂义能引申出方法或本领的例证。我们平常干活、拿东西，主要借助臂力，手臂与力量联系紧密。“手瓜硬”粤语指胳膊粗硬，比喻实力雄厚；南宁平话比喻有钱有势力（《汉方》818）。广州又说“手瓜起腱”指胳膊很粗壮，喻强有力、厉害（《现方》622）。肖文苑《唐诗审美》：“当官的不分青红皂白，先各打五十大板，然后看谁的胳膊硬，看谁行贿多，再判决。”“胳膊硬”比喻靠山权势、力量大。粤语“手骨”指胳膊，又比喻靠山，后台。“佢嘅手骨好硬”指他的后台很硬（《汉方》812）。长沙“手欛子”指胳膊，比喻权力（《现方》639）。

手腕义与方法、手段密切相关。“手脖（儿）”指手腕，也有方法、手段义。石英《故乡的星星》：“我说我的手脖还太嫩，老杨说车行万里炼金刚！”程岷源《晚晖诗选・光明的前途 伟大号召》：“反腐倡廉手脖硬，政企改革不放松。”黄同甫《四对孪生弟兄的婚事》：“不过话又说回来了，他虽然主张‘割耳朵’，却不能同意杜葫芦的割法，因为杜葫芦的手脖儿太硬，心肠太狠，刀子太快。”“手脖硬”指手段毒辣。苏州“手骱子”指手腕，引申出手段义（《现方》633）。“骱”指骨节与骨节相衔接处。

综上，“手段”“手条”“手管”“手把子”之方法、手段义当引申自手腕义。

(三)手腕义常用词"手腕"的词义引申轨迹

"手腕"不仅是手腕义常用词,也是"手段"义场的核心词。下面我们主要分析"手腕"的词义引申轨迹,以此作为参照,进一步梳理"手段"义场的词义引申轨迹。

"手腕"的本义指手和臂连接的部分。东汉刘珍《东观汉记》卷二〇《郭玉传》:"和帝奇异之,乃试令嬖臣美手腕者与女子杂处帷中,使玉各诊一手。"手腕能够灵活运动,手部的许多动作都需要借助其完成。古人持毛笔写字,主要用腕力。明李日华《味水轩日记》卷六:"有沈石田长卷《溪山云霭》,手腕甚辣。""手腕"转指书法技艺、本领。明沈德符《万历野获编》卷二六《玩具·汉玉印》:"自顾氏印薮出,而汉印裒聚无遗。后学始尽识古人手腕之奇妙。"此指雕刻文字的技艺。又引申指为人处世的方法、手段,多指不正当的。明过庭训《本朝分省人物考》卷五一《陶承学》:"吾何以异于人,但生平面皮太薄,手腕太软,门吏在傍,吾愧之,不能贪耳。""手腕太软"指行事手段不够老练、果决。清曾朴《孽海花》第三五回:"我想司马相如借狗监而进身,论世者不以为辱,况欲举大事者何恤小辱,似乎唐先生应采用这种秘密手腕,做活动政治的入手方法。""手腕"与"方法"呼应。《汉语大词典》引清代、现代用例,稍晚。

转指具有某种技艺、本领的人。宗利华《感觉一只青蛙》:"有作品,就想请大手腕指点。可大腕都不好接近。"朱伟一《金融制胜》:"此人是债券业务方面的大手腕,帮助公司将债券业务做强、做大。"周健雄、周瑟瑟等《券商兵法》:"更重要的是,人们把尼克·李森看作市场上的大手腕。"

"手腕"也引申指手面、排场,多和大搭配,指人花钱或做事气派、排场大。亦怀新《美人食梦》:"林雁瞳是出了名的大手腕,吃穿住用行无不要人咂舌,鹤城上层人士看到那份豪奢,都不得不高看三分。"房向东《钓雪集》:"本来,商人没有文化要学文化,丰富精神生活,这是不错的,但似乎不宜用大款的大手腕作虚伪的摆阔,否则只能表明自己内心的不平衡。"朱亦秋《神龙诗文集·土香门第》:"我虽没有福气去享受那种一掷千金,纸醉金迷的官场消费,但也风闻不少。但那是需要大资本,大排场,大手腕的。""手腕"指人义和手面、排场义,各辞书皆失收。

根据"手段""手把子(儿)""手腕"等词的词义引申情况,归纳出"手段"义场的词义演变轨迹,如下图:

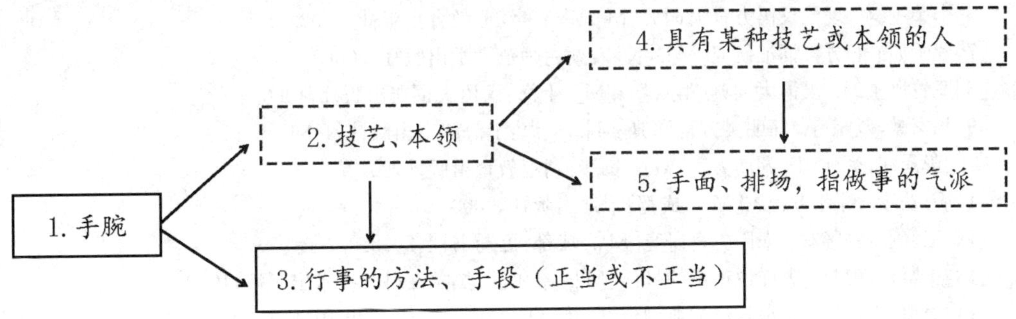

"手段""手条""手管""手把子(儿)"等词的理据是手中长条形的部分,本义是手臂,相邻引申出手腕义,然后由此引申出方法、本领等义,同属于"手段"义场。属于同一语义场的词往往具有相同的词义引申模式,即所谓的"同场同模式"。这四个词具有相同的词义引申模

式，但同场引申具有不平衡性。由于每个词的使用范围、语境和使用频率都不可能完全相同，因此不一定会产生所有的义位。上图括号内的义位，并非每个词都具有。“手把子(儿)”“手腕”具备以上全部的义位，引申轨迹最完备。“手段”具备义位1、2、3、5，“手管”具备义位1、3，“手条”具备义位3。其他方言中胳膊义“手”素词由于使用范围较窄，并没有引申出手腕义，因此也无法引申出其他含义。“手段”“手腕”是通语词，使用频率高，从古沿用至今。“手条”“手管”“手把子(儿)”皆为方言词，其中“手条”“手管”使用范围窄、频率低，义位少；“手把子(儿)”在湘语、官话中十分常见，且已被现代汉语吸收，使用频率高，因此引申出的义位很完备。

上页图已经揭示了“手段”义场的词义演变轨迹，其词义演变体现出转喻的认知机制。Lakoff(1987:35-36)指出“我们用一个实体去指另一个相关的实体就称为转喻”。转喻侧重两个范畴之间的相关性。赵倩(2013:54)认为人体名词词义演变有“形貌”“位置”“功能”三个取象特征，词义正是沿着语义取象的特征而发展，将与认知特性相关的、词义最为突显的语义取象特征称为“强势特征”。

“手段”“手条”“手管”“手把子”由胳膊义引申出手腕义，手腕、胳膊相邻，以“位置”为取象特征。由手腕义引申出方法或本领义，符合“身体部位—身体部位具备的技能”的认知框架，以“功能”为取象特征，类似的词语还有“手脚”“手眼”“身手”等，都是由身体部位转指方法或本领义。由技艺、本领义转指具备某种技艺或本领之人，仍以“功能”为取象特征；同时“手把子”“手腕”是人的一部分，也符合“部分—整体”的认知框架，“位置”为次要取象特征。“手段”“手把子”“手腕”由技艺、本领义或具备技艺、本领之人引申出排场、派头义，也是以“功能”为取象特征。总之，“手段”义场的词义演变主要遵循以“功能”为强势取象特征、“位置”为次要取象特征进行转喻的认知机制。

参考文献

[1]陈满华. 安仁方言[M]. 北京:北京语言学院出版社,1995.
[2]段开琏. 中国民间方言词典[M]. 海口:南海出版公司,1994.
[3]韩秀英等. 实用汉日辞典[M]. 北京:北京出版社,2001.
[4]胡庆华. 黄陂方言拾零[M]. 武汉:武汉出版社,2015.
[5]许宝华,[日]宫田一郎主编. 汉语方言大词典[M]. 北京:中华书局,1999.
[6]李荣主编. 现代汉语方言大词典[M]. 南京:江苏教育出版社,2002.
[7]罗昕如. 湘方言词汇研究[M]. 长沙:湖南师范大学出版社,2006.
[8]罗竹风主编. 汉语大词典(第六卷)[M]. 上海:汉语大词典出版社,1990.
[9]闵家骥,范晓等. 简明吴方言词典[M]. 上海:上海辞书出版社,1986.
[10]彭泽润,彭建国. 湖南方言[M]. 长沙:湖南教育出版社,2013.
[11]万幼斌. 鄂州方言志[M]. 成都:天地出版社,2000.
[12]王箕裘,钟隆林. 耒阳方言研究[M]. 成都:巴蜀书社,2008.
[13]王贤仁,韩丹. 怎样说地道的日语[M]. 哈尔滨:黑龙江科学技术出版社,1988.
[14]吴侃,于长敏. 新编日汉词典(修订版)[M]. 长春:吉林大学出版社,1999.
[15]杨琳. 汉语俗语词词源研究[M]. 北京:商务印书馆,2020.
[16]杨琳. 训诂方法新探[M]. 北京:商务印书馆,2011.
[17]赵倩. 汉语人体名词词义演变规律及认知动因[M]. 北京:中国社会科学出版社,2013.

[18]庄洪江. 唐山方言俗语[M]. 保定:河北大学出版社,2013.
[19]Lakoff Geroge. Women,Fire,and Dangerous Things,The University of Chicago Press,1987.

Textual Research on the Source of "*Shou Duan*(手段)"
——Also on the Semantic Evolution of the Meaning Field of"*Shou Duan*(手段)"

Zhan Jingzhen

Abstract: The word "*shou duan*(手段)" is a commonly used word in Chinese, but its word formation pattern and rationale have not been discussed so far, and the source of the existing word meaning is not clear. We combined modern Chinese and dialects, Japanese related corpus, and used the way of "*ci li*(词例)" to construct the main word formation patterns of the arm meaning "hand" prime and the wrist meaning "hand" prime. The former highlights the external features, while the latter highlights the position and function, the "*shou duan*(手段)", "*shou tiao*(手条)", "*shou guan*(手管)" and "*shou ba zi*(手把子)" were initially analyzed and biased toward the arms, and extended the meaning of the wrist and others, concluded the extension of the meaning of "手段" meaning field, and summarized its metonymy mechanism with "function" as the main image-taking feature and "position" as the secondary image-taking feature.

Key words: *shou duan*(手段), word formation pattern, the meaning of wris, the model of word meaning extension

通信地址:广西壮族自治区桂林市七星区育才路 15 号广西师范大学文学院 85 号信箱
邮　　编:541000
E-mail:zhanjzh16622806756@163. com

"报应"的词义发展:从中土到佛经的移用和演变*

王金英

内容提要 "报应"是一个内涵丰富的词语,成词理据在于动词性语素"报""应"并列,均具备"相当"和"回"的特征;用"报"而非"应"代指双音词是由于二语素义的区别。"报应"表示"相应、相当"的行为,也即这种行为产生或呈现出的效应或结果,具有宗教哲学色彩,早见于中土文献。中古汉译佛经所见"报应"发展出新的内涵并保留至今,成为现代汉语中"报应"的唯一表义。这一哲学术语从中土文献到佛教文献的移用,是促动词义丰富发展的重要原因。

关键词 报 应 报应 词义发展 汉译佛经

"报应"是一个内涵丰富的常见词语。《汉语大词典》中有五个义项:①古人信奉天人感应之说,把日月星辰等自然界的变化说成是对人事治乱的反应或预示,称为报应。②指祭祷的灵验。③佛教语,原谓种善因得善果,种恶因得恶果,后专指种恶因得恶果。④往还,交往。⑤回报;回音。在《现代汉语词典》中,仅保留"佛教语"一义。"报应"在中土文献中早见,词义发展本有其规律,义项①④⑤与语素"报""应"密切相关。义项①见于西汉末年,早于实义动词义项④⑤,且④⑤义项并不常见。后来"报应"又见于汉译佛经,这一特殊的语言环境促使"报应"的词义内涵有了新发展,沿用至今并成为主要表义。

"报应"保留至今的"佛教语""因果报应"义与中土本有的"天人感应"义有什么联系和区别?"报应"后多专指恶报,可单用"报"而非"应"来代指"报应",这些都与"报""应"的语素义密切相关。下面我们逐一解释,辨明"报应"在中土文献、佛教文献中的联系和区别,再来分析、比较语素义,进而厘清"报应"的词义发展。

一 "报应"在中土文献与佛教文献中的语义比较

"报应"最早可见的并列连用大致在西汉末年、东汉时期,表示一种抽象的回馈,这也是双音词"报应"的主要表义。主语往往是"上天""神明"等,这是人所做善恶之事感召来福祸之报,由"神明"实行"奖惩"之意:

(1)德泽上洞,天下漏泉,无所不通,上天报应。(《说苑·善说》)

(2)同声相应,同气相求,神明报应,天地佑之。(东汉班固《白虎通德论·礼乐·论五声八音》)

又有"报应之验"的说法,说的是这种带有推断性质的变化规律与事实相合:

---

* 本文写作过程中得到业师王云路教授、方一新教授、真大成教授、王诚副教授的指正,以及浙江大学汉语史研究中心、古籍研究所诸多师友的帮助,又蒙匿名评审专家提供宝贵意见,在此谨致谢忱!

(3)世皆以为报应之验也。(《魏书·崔浩传》)

《大词典》义项③"祭祷的灵验[1]"所举语例出自宋代,这一释义少见且"报应"本身就暗含"验"义。

作为一个宗教哲学术语,"报应"及相关观念见载于道教文献,体现了"承负"特点,即可在前后代际间流转:

(4)力行善反得恶者,是承负先人之过,流灾前后积,来害此人也;其行恶反得善者,是先人深有积畜大功,来流及此人也。(《太平经》[2]钞乙部一二"解承负诀")

"报应"在中土文献中也可表示具体动作,表示具体行为上的"回"即"往还,交往",但仅偶见用例:

(5)今王舅博数遗王书,所言悖逆……而恬有博言,多予金钱,与相报应,不忠莫大焉。(《汉书·淮阳宪王刘钦传》)

(6)钟声犹未尽,汉使报应行。(《玉台新咏》卷八刘孝威《奉和湘东王应令·冬晓》)

至于《大词典》义项⑤"回报;回音[3]"也具备"回"的特征,但更为少见。

《俗语佛源》:"(报应)反映了佛教的因果说。"中土文献中的"报应"移用至中古译经,表示人所做善恶之事自会得到善恶不同的果报。辛岛静志《〈正法华经〉词典》(1998:15)"报应"条释义"recompense, reward, retribution",从前缀"re-"可见"回"的特征。杨联陞(2009:67)称"(报应)中心意义是'反应'或'还报'。"在佛经中,"报应"也用"对"表示,"对"也含有"当""回"的语义特征。李维琦(2004:92)称"对"的"词义当来源于对答、回答。人生所作业,冥冥中必有所回答,这回答就是报应"。

"报应"既可指善报也可指恶报,这是由所作是善业还是恶业决定的,在实际使用中也多用于专指恶因所得之恶果,这是词语在历时使用中发生的倾向性变化。

(7)佛悉明知来今往古所造行地所受报应。(三国吴支谦译《太子瑞应本起经》卷二)

(8)善恶有报应,如种果获实。(西晋竺法护译《生经》卷三)

在佛教文献中,"报应"的施、报两方泛化,"有施必报,有感必应[4]","施行者"不必是"神明"。下例中"报应"可见"回馈"义,也可看出这是一种普遍存在的规律而非神明主导:

(9)又此众生,如江河沙,兴报应心,立以佛道。(西晋竺法护译《正法华经》卷五)

"报应"还具有不可转移性,即无他人可代受之意,这正反映了佛教的因果观念。

(10)人在世间爱欲之中,独生、独死,独去、独来,当行至趣苦乐之地,身自当之无有代者。善恶变化、殃福异处,宿豫严待,当独趣入。远到他所莫能见者,善恶自然追行所生。(旧题三国魏康僧铠译《无量寿经》卷二)

---

① 宋洪迈《夷坚志·丙志卷第五·李明微》:"李明微法师,福州人,道戒孤高,为人拜章伏词,报应甚著。"

② 《太平经》卷一八至三四,乙部不分卷。经文全阙,据钞补,钞未分卷。

③ 宋司马光《抚纳西人诏意》:"向边臣奏陈,云彼君臣失职,及移文诘问,曾无报应。"

④ 参看丁福保编《佛学大辞典》"报应"条。

表 1 “报应”在中土(含道教)文献与佛教文献中的语义比较

<table>
<tr><th colspan="2"></th><th>中土(含道教)文献中的“报应”</th><th>佛教文献中的“报应”</th></tr>
<tr><td rowspan="4">哲学义</td><td>施报两方</td><td>主要是人事治乱—自然变化</td><td>泛化</td></tr>
<tr><td>施行者</td><td>皇天神明</td><td>因果理</td></tr>
<tr><td>承报方式</td><td>代际间可转移(“承负性”)</td><td>不可转移</td></tr>
<tr><td>语义色彩</td><td colspan="2">均可指善指恶,在后来的使用中倾向指恶</td></tr>
<tr><td colspan="2">具体动作义</td><td>往还,交往。回报,回音。</td><td>——</td></tr>
</table>

二 “报应”的成词理据:“报”“应”的语义共性

“报”“应”在《说文解字》中的训释都与“当”有关。王云路、王诚(2014:231)称“当”的核心义是“两方相当”。《说文解字·田部》:“当,田相值也。”段注:“值者,持也。田与田相持也,引申之凡相持、相抵皆曰当。”“报应”是同义并列复合词,构词理据是动词性语素“报”“应”具有相同语义特征,即“相当”和“回”。

先来看“报”的词义及其特征。《说文解字·㚔部》:“报,从㚔,从𠬝。𠬝,服罪也。”“报”为会意字,“㚔”为刑具,“报”是缉捕罪人给他戴上刑具。“报”本义为按律处决罪人,是使人服法、治人罪义。“当”是依律定罪量刑,往往见“当某罪”,直接宾语为罪名而非罪人。“报”较“当”更具执行的动作义。有一个可对应参照的基础、标准作为前提,另有与之相当称为“当”;使与该前提或一致、或相当的行为就是“报”。

我们归结“报”的核心义为“使与相当”,各义项基本均具有“相当”“回”两个语义特征,分述如下。

第一,“报”带有“相当”这一目的的语义特征,即这一行为要达到的目的是使程度相当,故含相等义。故“报”有“合”义、“论”义。“论”义强调所论内容与实际情况相当。

第二,“报”带有“回”这一指定方向的语义特征,即向着某一动作发出方向返还。“报”表示具体行为上的“回”,有“返回”“返还”义。用于言语对话上,就是回复消息、回答问题。“报”后接宾语既可以是好的消息、也可以是不好的消息,有“报喜”“报捷”,也有“报丧”“报警”。“报”表示“回答”“应答”,是对提问的回复。据方一新、王云路(2018:36),佛典习见“报”之“答”义。“报”有抽象的“回”义,后接宾语既有对正向施与的回复,如“报恩”“报德”“报功”;也有对负面施与的回复,如“报怨”“报冤”“报仇”“报恨”。

另外,“报”还指酬神的“祭祀”,也带有“回”的特征。“报赛①”为同义并列结构,指“古时农事完毕后举行谢神的祭祀”。蜡祭是年终大祭,“报”是“报神”义,指答谢神明的恩赐②。

再来看“应”的词义及其特征。《说文解字·心部》:“应,当也。从心,䧹声。”段注:“引伸为凡相对之称,凡言语应对之字即用此。”“应”“当”均可作副词表示“应该”,表示情态的“相

① 《说文解字·贝部》:“赛,报也。”唐司马贞《史记索隐》:“赛谓报神福也。”

② 《礼记·郊特牲》:“蜡也者,索也,岁十二月,合聚万物而索飨之也。”郑玄注:“万物有功加于民者,神使为之也,祭之以报焉。”

应、相当"。从抽象角度说,与实然相当、相一致、相对应的就是应然。"应"同于"当"必含两方:一方为参照,另一方随着参照方而变动,王凤阳(2011:774):"一种事物所引起的与之相当的反应称'应'。"其次,随之发生的变化既可以是实际产生的、也可以是在预测或其他判断中应产生的。我们归结"应"的核心义为"相应、相当"。

"应"表实义,往往用于"相应、相当"这类行为动作,重在描述对一事物或具体、或抽象的反应,也可用于表示这种行为的名物化,词义可由具体而抽象。既可以侧重表达对参照方(及其变化)做出的具体反应,也可以抽象化而重于描述对照两方的双向互动,如对应、照应、感应等。

根据参照方的变化做出的具体反应,"应"的表义可大致分为如下四类:第一,可表承接、承受参照方,故"应"有"承、受"义。第二,可表对参照方进行响应、回击,故"应"有"迎击"义。又有"应付、对付"义,也是一方对另一方行为、变化的回应,有双音词如"应变""应对"等。第三,具体表现在言语对话上,就是答复者对问询者的响应。"应"有"应声""回答""应和"义;也可作"应允、许诺"义,即"答应",是对请求者的响应。第四,具体表现于财物交易等,即为"支付"义,是在等价交换中一方对另一方提供的物品或服务的应对。若这种行为仅存在支付的一方而另一方只需接受,就是"供应""供给"义。

"应"的语义虚化重在描述两方"相应、相当"的关系,是具体反应的抽象化,又可分为多种类型。第一,在"相应、相当"这一对关系中,还是以参照方为基准,侧重表达另一方的反应,可为"回应"义。第二,以参照方为标准,使另一方与之相应、相当,"应"有"顺应""适应""符合"等义。第三,指两方的双向对应、互为参照验证,这种对应的"相当"不必是同形式或完全等量的,含可抵换对应意,故有"呼应""照应"义。第四,还有一些吃食等行为称"应节气",均表示对照两方的相当、相应。第五,又有"感应,应验"等义,也是两方的相当、相应,当参照方是先兆、预示时另一方为"感应"方,被参照方与预兆相合、相应即为"应验"。

三 用"报"代指"报应"的原因:"报""应"的语义差别

"报"既是"回报""报答"这一行为,也可作名词果报解,即可用于代指双音词"报应":

(11)凡爵列、官职、赏庆、刑罚,皆报也,以类相从者也。(《荀子·正论》)唐杨倞注:"报,谓报其善恶。"

"报""应"均可描述"相当"关系,可用"报"而不能用"应"代指"报应",正是由于二词的语义仍有差别。"报"所描述的是确定的,即一方"施与",另一方对此"回报";"应"所描述的关系则较"报"更为广泛、多样。

在方向上,"报"所描述的是回向施与方;"应"所描述的两方一为参照方,另一方根据参照方及其变化做出反应,故方向是多种多样的,既可以是同于参照方变化的方向,也可以是与之相对的"回"。另外,"应"还可以用于描述参照两方之间的"相应;相当",而"报"仅用于描述对施与方的回馈。具体表现在言语对话中,"报"只能表示对问题的回复即"告",而"应"则可以表示对问题的"应答",也可以表示对参照方的"应和"。

在量上,"报"力求与施与量相等,而"应"则不计此。具体来说,与参照方变动相较,"应"所描述的既可以是等量也可以是非等量。如"应声"指"出声回答",重在"出声"表示的"相应”,而不重回答的内容。

在速度上,“应”有实时性,即只要参照方发生了变化、另一方即随之发生变化;“报”更重结果上的“相当”,不计何时对施与方进行回报。佛教经论中“报定时不定”的说法正是此义:

(12)报定时不定者,此人作业之时,心极殷重,未必决断,复无誓心。故或现受生受后受也,俱不定者。(南朝梁宝亮等集《大般涅槃经集解》卷六〇)

表2 “报”“应”语义差别

	报	应
描述关系	施与方——回报方	参照方——相应方
方向	 施 报	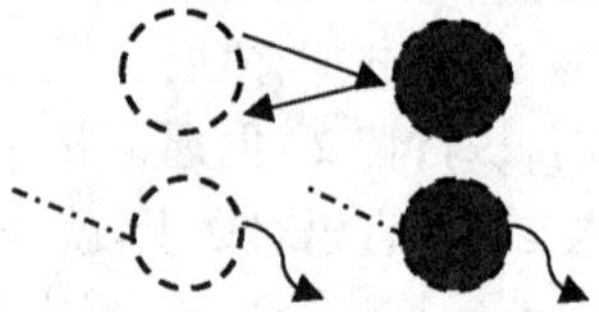
	单一性:回向施与方	多样化:可同于参照方变化方向,或与之相对
量	相当,力求等量	相应,不计多少
速度(发生时间)	不计早晚	实时性
其他特点	回报方具有主动性	相应方无主动性

可见,虽然“报”“应”均可用于描述两方关系的“相当”,但是“应”的使用范围较“报”更大,故语义共性集中在“报”上。“应”描述关系时,将“善”“恶”作为一个标准、参照方时,用“与善(恶)相应”这一搭配表示:

(13)众生根源所行法则各自相应,善者与善相应,恶者与恶相应。(苻秦昙摩难提译①《增壹阿含经》卷四六)

“报应”的词义重心在“报”,故用单音节表示双音词词义时往往仅用“报”,如“善报”“恶报”“现世报”等。以“善有善报,恶有恶报”为例,这里存在施与方“善”“恶”,即所作的善业、恶业,与之对应的“善报”“恶报”是具体的回报,所描述的关系是确定的。因此,用“报”而非“应”显然更为恰切。

四 小结

“报应”是汉语本有词,反映的是本土“天人感应”式的“报应观”。移用于汉译佛经,佛教观念融入其中,扩大了“报应”的词义内涵,“施行者”不必局限于“皇天神明”。这种泛化的“报应观”影响了词义的发展,并成为词语的唯一表义沿用至今。“报应”这一哲学术语从中土文献到佛教文献的移用,是促动词义丰富发展的重要原因。同时,从语言角度分析、比较词语的搭配使用,也可为观念流变的考察提供一种思路。

---

① 据吕澂(1980:49),《增壹阿含经》由苻秦昙摩难提译,后误东晋僧伽提婆译,经勘系僧伽提婆修正。

征引书目

战国·荀况《荀子》,唐·杨倞注,上海古籍出版社,2014。

西汉·司马迁《史记》(修订本),中华书局,2014。

东汉·班固《汉书》,中华书局,1962。

《太平经》,王明合校,中华书局,1960。

清·段玉裁《说文解字注》,中华书局,2013。

清·王引之《经义述闻》,上海古籍出版社,2016。

清·朱骏声《说文通训定声》,中华书局,2017。

清·阮元校刻《十三经注疏》,中华书局,1980。

大正一切经刊行会《大正新修大藏经》,台北新文丰出版公司,1983。

参考文献

[1]方一新,王云路.中古汉语读本(修订本)[M].上海:上海教育出版社,2018.

[2]关长龙.报应与惩罚:传统礼仪流行的保障维度[M]//关长龙.爰止国学丛稿.杭州:浙江大学出版社,2019.

[3]李维琦.佛经词语汇释[M].长沙:湖南师范大学出版社,2004.

[4]吕澂.新编汉文大藏经目录[M].济南:齐鲁书社,1980.

[5]王凤阳.古辞辨(增订本)[M].北京:中华书局,2011.

[6]王云路,王诚.汉语词汇核心义研究[M].北京:北京大学出版社,2014.

[7]杨联陞.中国文化中的"报""保""包"之意义[M].贵阳:贵州人民出版社.2009.

[8]叶贵良.敦煌道经写本与词汇研究[D].杭州:浙江大学,2004.

[9]曾良.敦煌文献丛札[M].杭州:浙江古籍出版社,2010.

[10]中国佛教文化研究所.俗语佛源[M].上海:上海人民出版社,1993.

[11][日]辛岛静志.《正法华经》词典[M].东京:创价大学国际佛教学高等研究所,1998.

The Development of "*Baoying*"(报应):The Application and Evolution in the Buddhist Sutras

Wang Jinying

Abstract: *Baoying*(报应) is a word with rich connotation. Morphemes *Bao*(报) and *Ying*(应) have semantic features in common, such as fair, returnand both are motion. Their differences make only *Bao* can replace *Baoying*. When they became a word, it was in the formation of synonymy coordinate disyllables. As developing, its meaning has developed because the usage of the word in Buddhist scriptures affects a lot.

Key words: *Bao*(报), *Ying*(应), *Baoying*(报应), lexical meaning development, Chinese buddhist scriptures

通信地址:北京师范大学新闻传播学院

邮　　编:100875

E-mail:282299127@163.com

中古石刻典故词语释读四则*

王 静

内容提要 中古石刻文献蕴含大量典故词语，对其加以考释是石刻整理和研究的一项重要内容。文章在前人研究的基础上，选取“白马”“迴鸾”“三善”“置水”四例试作解释。

关键词 中古石刻 典故词语 释读

中古石刻文献用典繁密，若要正确理解文意，就必须准确破解典故。《魏晋南北朝隋唐五代石刻用典研究》指出，典故词语在典源和典形的对应关系上，分为一对一、多对一和一对多三种情况（徐志学，2013:8-10）。尤其是后两种，隐藏性强、不易辨识，给现代读者阅读理解带来很大困难。加之这批典故词语，部分存在辞书未收或收录后义项不全、缺溯典源、例证单一等问题，有待进一步考释。现不揣谫陋，选取“白马”“迴鸾”“三善”“置水”四例试作解释。不当之处，敬请读者批评指正。

一 白马

(1)东魏高贵墓志：“辩穷天口，陋白马之上谈；气盖拔山，薄黄须之称勇。”（《北朝艺术研究院藏品图录—墓志》100）

(2)北齐徐之才墓志：“白马骊牛，辩同河霆；腾蛇飞鹊，笔若云起。”（《北图》8/39）①

(3)唐刘寿墓志：“惟岳降神，自天生德，壮志泉涌，逸气云飞，匪惟辩塞碧鸡，谈开白马而已。”（《补遗》4/394）②

按：《公孙龙子·迹府》：“公孙龙，六国时辩士也。疾名实之散乱，因资材之所长，为‘守白’之论。假物取譬，以‘守白’辩，谓白马为非马也。白马为非马者，言白所以名色，言马所以名形也。色非形，形非色也。夫言色，则形不当与；言形，则色不宜从。今合以为物，非也。如求白马于厩中，无有，而有骊色之马，然不可以应有白马也。不可以应有白马，则所求之马亡矣。亡则白马竟非马。欲推是辩以正名实，而化天下焉。”（《公孙龙子校释》1-2）公孙龙“白马非马”论，即出此。以上三例“白马”皆用此典，指公孙龙“白马非马”之辩。例(1)前一句用公孙龙“白马非马”之辩，称颂志主比公孙龙还要善辩。后一句“黄须”指曹操次子曹彰，

---

* 基金项目：河北省研究生创新资助项目“新出唐代墓志字词研究”（CXZZBS2022008）。本文写成后，承蒙业师梁春胜教授、《汉语史学报》匿名审稿专家提出宝贵修改意见，谨致谢忱。文责自负。

① 北京图书馆金石组《北京图书馆藏中国历代石刻拓本汇编》，简称《北图》。斜线前的数字表册数，后表页数。下仿此。

② 吴钢《全唐文补遗》，简称《补遗》。

性格刚勇,见《三国志》卷一九《魏志・任城威王彰传》(556),称颂志主比曹彰还要勇猛。例(2)"白马"指公孙龙"白马非马"之辩。"骊牛"是战国时期著名的哲学命题,见《庄子・天下》(《庄子集释》1106-1110)。"辩同河霔"出自《晋书》卷五〇《郭象传》(1396-1397),比喻说话滔滔不绝。三典连用,谓志主能言善辩。例(3)"碧鸡"语本《文选》卷五五刘孝标《广绝交论》:"骋黄马之剧谈,纵碧鸡之雄辩。"吕延济注:"王褒为《碧鸡颂》,雄盛辩辞之谓也。"(1015b①)指雄辩。"白马"亦是指公孙龙"白马非马"之辩。整句话称颂志主情思豪壮、气度脱俗,善于辩论。

《中国典故大辞典》收"白马公孙""白马高谈"(辛夷等,2009:17)亦是此典典形。除此之外,还作"非白""非马"等。如:

(4)唐赵有孚墓志:"选授太子通事舍人,以夷甫之名望,继仲冶之著述。撰《王政殷鉴》一部。岂逞辩于非白,将契理夫又玄。"(《珍稀墓志百品》143)

(5)唐房德墓志:"公甫申利见,遽简帝心。耀非马之宏词,叶深机于睿略。"(《西安新获墓志集萃》54)

(6)唐裴皓墓志:"清辩泉注,架非马于谈丛;峻藻霞鲜,轶雕龙于翰苑。"(《唐汇续》135)②

"白马"还指白马生张湛,居官敢于直言进谏。如:

(7)东魏封柔墓志:"除辅国将军、谏议大夫。献可替否,当官正色,循名推实,无惭白马。"(《校注》8/33)③

《后汉书》卷二七《张湛传》:"五年,拜光禄勋。光武临朝,或有惰容,湛辄陈谏其失。常乘白马,帝每见湛,辄言:'白马生且复谏矣。'"(929)后遂以"白马"作为忠言直谏的典实。例(7)"白马"即白马生张湛。句谓志主任谏议大夫,对君主劝善规过,和张湛相比也毫不逊色。

(8)东魏郭钦墓志:"复转前将军、太中大夫。高陟青蒲,谏同白马。"(《墨香阁》80)④

(9)《全唐文》卷一〇〇李湛然《太子少傅窦希瑊神道碑》:"岂有高堂擅青龙之疏,张湛推白马之名。"(1024b)

(10)《全唐诗》卷八八一李瀚《蒙求》:"史丹青蒲,张湛白马。隐之感邻,王修辍社。"(10034)

例(8)—(10)"谏同白马""张湛推白马之名""张湛白马"亦皆是用张湛典,取其敢于进谏义。《历代典故辞典》收"白马生谏",指出典形亦作"白马生""谏生乘白马"(陆尊梧、李志江,1992:14)。

"白马"还可指前来吊丧送葬的旧友。如:

(11)唐刘粲墓志:"白马徒降,青蒭空奠。竹林绝游,山阳罢燕。"(《补遗》4/291)

(12)唐杨基墓志:"白马良执,徒赴冥期;黄鸟哀篇,岂赎高价。"(《北图》12/37)

---

① 若征引著作每页分为上、下两栏,则分别用 a、b 表示上、下栏。若分为上、中、下三栏,则分别用 a、b、c 表示上、中、下栏。下仿此。

② 周绍良、赵超《唐代墓志汇编续集》,简称《唐汇续》。

③ 毛远明《汉魏六朝碑刻校注》,简称《校注》。

④ 叶炜、刘秀峰《墨香阁藏北朝墓志》,简称《墨香阁》。

(13)唐李义璋墓志:“死交白马,生刍吊宾。九原相送,千年故人。”(《千新》104)①

《后汉书》卷八一《范式传》,范式字巨卿,与张劭为友。劭死,式驰赴之,未至而丧已发引。既至圹,将窆,柩不肯进。遂停柩移时,乃见有素车白马,号哭而来。劭母望之曰:“是必范巨卿也。”式因执绋而引,柩于是乃前(2676-2677)。后遂以“白马”指前来吊丧送葬的旧友。例(11)“青蒭”典出《后汉书》卷五三《徐稺传》:“及林宗有母忧,稺往吊之,置生刍一束于庐前而去。”(1747-1748)指致送吊丧礼物,祭奠亡者。“白马”用范式典,指前来吊丧送葬的旧友。句谓逝者长逝,友朋聚会的时光不复。例(12)“白马良执”指前来为志主送葬的挚友。“黄鸟哀篇”出自《左传·文公六年》:“秦伯任好卒,以子车氏之三子奄息、仲行、针虎为殉,皆秦之良也。国人哀之,为之赋《黄鸟》。”(《十三经注疏》1844a)是哀悼忠良的诗篇。此处乃哀悼志主离世之辞。例(13)“白马”“生刍”用范式、徐稺典,句谓旧友对亡者的祭奠送葬之情。

传世文献亦有用例,如:

(14)《全唐诗》卷三二六权德舆《工部发引日属伤足卧疾不遂执绋》:“子春伤足日,况有寝门哀。元伯归全去,无由白马来。”(3662)

(15)唐王维《哭褚司马》:“尚忆青骡去,宁知白马来?”陈铁民校注:“《后汉书·范式传》:‘范式,字巨卿。……式因执绋而引,柩于是乃前。’此句即用其事,谓褚已卒,岂知已来哭吊?”(《王维集校注》1747-1748)

例(14)“白马”一词用范式典,指前来吊丧送葬的旧友。例(15)陈铁民已指出“白马”用范式典,本文从其说。《历代典故辞典》收“巨卿哭”“千里论交”“死结生交”“元伯相葬”(陆尊梧、李志江,1992:164)等亦是此典典形。除此之外,还作“白马之宾”“白马之交”等,石刻文献用例如:

(16)唐□□校尉墓志:“絮酒□客,白马之宾,衔泣来命,叙德铭仁。”(《唐汇》415)②

(17)唐潘伽墓志:“呜呼哀哉!空余白马之宾,徒悲絮酒之客。”(《千新》1)

(18)唐裴怂及妻李氏墓志:“屡沾霈泽,未复荣班,青云之望忽乖,白马之宾俄至。”(《风引薤歌:陕西历史博物馆藏墓志萃编》90)

(19)唐张本及妻郑氏王氏墓志:“卜宅得青乌之兆,送终有白马之交,适来其时乎,适去其顺也。”(《唐汇》1531)

例(16)“絮酒□客”典出《后汉书》卷五三《徐稺传》“设鸡酒薄祭”李贤注引三国吴谢承《后汉书》:“稺诸公所辟虽不就,有死丧负笈赴吊。常于家豫炙鸡一只,以一两绵絮渍酒中,暴干以裹鸡,径到所起冢隧外,以水渍绵使有酒气,斗米饭,白茅为藉,以鸡置前,醊酒毕,留谒则去,不见丧主。”(1747-1748)指用酒祭奠的宾客。“白马之宾”用范式典。句指前来吊丧送葬的宾朋旧友。例(17)用范式、徐稺典,指前来吊丧送葬的旧友。例(18)“白马之宾”指前来送葬的旧友,此处谓志主突然离世。例(19)“白马之交”,赵黎明(2010:53)认为出自《史记·秦始皇本纪》,凶服凶事义,非是。“白马之交”应是用范式典,指前来送葬的旧友。

《大词典》收“白马”一词,释作“白色的马”“古代用白马为盟誓或祭祀的牺牲”“古代以乘白马表示有凶事”“白马氏”“古津渡名”“古县名”“古驿名”“复姓”,义项不全,可据补。

---

① 吴钢《全唐文补遗·千唐志斋新藏专辑》,简称《千新》。

② 周绍良、赵超《唐代墓志汇编》,简称《唐汇》。

二 迴鸾

(20)唐怀州长史嫡子张君墓志:"妙尽临池,自有迴鸾之势;艺殚如堵,非无落雁之□。"(《千新》35)

(21)唐安思温及妻史氏墓志:"儒释二门,特加精意。篆隶得迴鸾之妙,庄周自天性之奇。"(《千新》221)

(22)唐王基及妻皇甫氏墓志:"以贞观十一年擢为兰台书乎(手),不成返鹊,思□迴鸾。"(《新编》4/2345)①

按:"迴鸾"形容书法笔势灵动优美。将书法之形态比作鸾凤,较早见于西晋书法家索靖《草书状》:"盖草书之为状也,婉若银钩,漂若惊鸾。舒翼未发,若举复安;虫蛇虬蟉,或往或还。"(《晋书》卷六〇《索靖传》1649)又见于《全梁文》卷六六南朝梁庾肩吾《〈书品〉序》:"波回堕镜之鸾,楷顾雕陵之鹊。"(《全上古三代秦汉三国六朝文》3343b)以上三例"迴鸾"皆索靖典,比喻书法笔势灵动优美。例(20)"落雁"用更嬴典,见《战国策·楚策四》(《战国策笺证》905),比喻箭术高超。"临池"指学习书法。"迴鸾"用索靖典。句言志主书法精美、射箭技艺精湛。例(21)前一句"迴鸾"用索靖典,言志主思温写字灵动。后一句言其性情先天就契合庄周之说。例(22)句谓志主写字如鸾鹊飞舞,灵动优美。

传世文献亦有用例,如:

(23)北周庾信《伤王司徒褒》:"辩足观秋水,文堪题马鞭。迴鸾抱书字,别鹤绕琴弦。"倪璠注:"索靖《草书状》曰:'盖草书之为状也,婉若银钩,漂若惊鸾。'"(《庾子山集注》308-311)

(24)《文苑英华》卷一〇六吕牧《书轴赋》:"能藏飞鹤之书,更掩迴鸾之篆。"(486b)

(25)《全唐文》卷四三二张怀瓘《史游章草赞》:"史游制草,始务急就,婉若迴鸾,攫如舞袖。"(4413b)

例(23)倪璠已指出"迴鸾"出处,本文从其说。例(24)是赞书轴之辞,言其能承载美妙的书法。例(25)"史游"是西汉书法家,曾撰《急就章》。"舞袖"形容草书的连绵起伏,《全唐文》卷一三八虞世南《笔髓论·释草》:"草则纵心奔放,覆腕转蹙,悬管聚锋,柔毫外拓,左为外,右为内,起伏连卷,收揽吐纳,内转藏锋。既如舞袖,挥拂而萦纡;又若垂藤,樛盘而缭绕。"(1402a)是其例。"迴鸾"用索靖典,与"舞袖"相对,称颂史游书法笔势优美。

典形亦作"鸾迴""惊鸾""鸾惊"等,石刻文献用例如:

(26)唐赵晏墓志:"武挺英略,文铿妙术。雁落雕弓,鸾迴彩笔。"(《新编》12/8166)

(27)唐夏侯法宝及妻张氏墓志:"玉轸波惊,俯琴亭而鹤引;银钩雾洒,下书沼而鸾迴。"(《新编》21/14973)

(28)唐皇甫松龄墓志:"六文垂露,银钩落以惊鸾;四始凌云,玉藻飞而吐凤。"(《补遗》5/114)

(29)唐陈则墓志:"临池尽妙,从逸态于惊鸾;体物含章,绚雕文于吐凤。"(《唐汇续》

① 周绍良《全唐文新编》,简称《新编》。

227)

(30)唐田玄达妻衡氏墓志:"鸣机则鵷飞鹤舞,弄笔则凤峙鸾惊。"(《补遗》3/477)

(31)唐康文通墓志:"风神倜傥,词辩纵横。道文逸翰,凤起鸾惊。"(《补遗》9/437)

《大词典》收录了"鸾迴""惊鸾""鸾惊",但不妥之处有四:第一,释"鸾迴"为"形容书法精美",未溯典源。第二,释"惊鸾"为"形容舞姿轻盈美妙",未溯典源,且义项不全。第三,释"鸾惊"为"喻指笔势飞动",亦未指出典源。第四,"鸾惊"引例为唐岑文本《奉述飞白书势》诗,孤例,例(30)-(31)皆可为其补充可靠例证。

"迴鸾"还指王阜事,称颂为官施行德政。如:

(32)唐乐善文墓志:"绥抚蛮俗,化如风靡。德比迴鸾,恩侔乳雉。"(《补遗》2/92)

(33)唐王俭及妻刘氏墓志:"迴鸾赴化,无谢于先贤;乳雉依仁,岂惭于往哲。"(《补遗》5/168)

《东观汉记》卷一三《王阜》:"王阜,字世公,为重泉令,政治肃清,举县畏惮,吏民向化。鸾鸟集止学宫。阜使校官掾长涉叠为张雅乐,击磬,鸟举足垂翼,应声而舞,翾翔复上县庭屋,十余日乃去。"(《东观汉记校注》512)上二例"迴鸾"即出此,后用为称颂官吏施行德政的典实。例(32)-(33)"恩侔乳雉""乳雉依仁"皆典出《后汉书》卷二五《鲁恭传》(874),谓地方官吏施行仁政。鲁恭、王阜二典同义,称颂志主为官行德政。

传世文献亦有用例,如:

(34)《全唐文》卷八六三陶谷《紫芝白兔颂》:"征其荐瑞之日,俱在迴鸾之次。酌物情,顺天意,吾君当垂衣而治。"(9050b)

(35)明邢大道《白云巢集》卷四《阳曲周明府考绩》:"驯雉谩传三异事,迴鸾真出五花书。"

典形又作"栖鸾""舞鸾""翔鸾""祥鸾""王阜翔鸾""祥鸾憩学""祥鸾舞学"等,石刻文献用例如:

(36)隋常丑奴及妻宗氏墓志:"中年乳雉,非独鲁君;重泉宿鸾,宁唯王阜。"(《隋代墓志铭汇考》3/251)

(37)唐王玄墓志:"字邑驰声,匪无誉于洽雉;调氓播美,实有绩于栖鸾。"(《唐汇》406)

(38)唐乐玄及妻赵氏墓志:"驯雉之谣,驾芳声于三异;舞鸾之政,扬茂轨于一同。"(《补遗》5/154)

(39)唐段文政及妻边氏墓志:"谣音载路,弦歌盈耳。庭有翔鸾,野无惊雉。"(《唐汇续》102)

(40)唐窦孝寿墓志:"学殚经史,词切弓商。祥鸾表誉,驯翟驰芳。"(《洛续》93)①

(41)唐畅昉墓志:"虽王阜翔鸾,未足方其善政;鲁恭驯雉,讵可匹此嘉声。"(《补遗》2/284)

(42)唐李辩墓志:"祥鸾憩学,茂王阜之清芬;化一驯童,郁鲁恭之胜迹。"(《补遗》2/271)

(43)唐韦俊墓志:"鸣琴多暇,制锦称工。乳雉驯桑,祥鸾舞学。"(《长安碑刻》385)

① 毛阳光《洛阳流散唐代墓志汇编续集》,简称《洛续》。

例(36)-(43)“中牟乳雉”“洽雉”“驯雉”“野无惊雉”“驯翟”“鲁恭驯雉”“化一驯童”“乳雉驯桑”皆是用鲁恭典，与王阜典同义，指官吏施行仁政。《大词典》收录了“迴鸾”“翔鸾”“祥鸾”，但不妥之处有三：第一，释“迴鸾”为“古代舞曲名”“犹回銮”二义，义项不全。第二，释“翔鸾”为“飞鸾”，义项不全。第三，释“祥鸾”为“祥凤”，义项不全。皆可据补。

三　三善

(44)唐王君德政之碑：“抚桐乡之耆老，先问百年；静蒲邑之阶庭，已闻三善。”(《河北隆尧石刻》65)

(45)唐元振墓志：“仲由莅邑，遽徵三善；宣尼梦奠，旋惊两楹。”(《补遗》4/37)

按：《孔子家语》卷三《辩政》：“子路治蒲三年，孔子过之，入其境曰：‘善哉由也，恭敬以信矣。’入其邑曰：‘善哉由也，忠信以宽矣。’至其廷曰：‘善哉由也，明察以断矣。’子贡执辔而问曰：‘夫子未见由之政，而三称其善，其善可得闻乎?’孔子曰：‘吾见其政矣。入其境，田畴尽易，草莱尽辟，沟洫深治，此其恭敬以信，故其民尽力也。入其邑，墙屋完固，树木甚茂，此其忠信以宽，故其民不偷也。至其廷，廷甚清闲，诸下用命，此其明察以断，故其政不扰也。以此观之，虽三称其善，庸尽其美乎。’”(《孔子家语疏证》94)“三善”即出此，指官吏施行仁政。上述三例“三善”一词皆用子路典。例(44)前一句典出《汉书》卷八九《朱邑传》：“朱邑字仲卿，庐江舒人也。少时为舒桐乡啬夫，廉平不苛，以爱利为行，未尝笞辱人，存问耆老孤寡，遇之有恩，所部吏民爱敬焉。”(3635)指为官爱民。下一句用子路典。句谓志主爱民善政。例(45)前一句用子路典，后一句语本《礼记·檀弓上》，丧亡之兆。句谓志主任官施仁政，后去世。赵黎明(2010:63)认为此处“三善”典出《孔子家语·七十二弟子解》：“仲由，弁人，字子路。有勇力才艺，以政事著名。”释“三善”为：“指三种好处，但具体所指则历代不一，其所用语境多为表彰政绩。”溯源既误，释义亦非。

传世文献亦有用例，如：

(46)《全唐文》卷二四二李峤《授敬晖营缮少监制》：“杼人务切，棘署名高，宜回三善之能，令得百工之任。”(2448a)

(47)元王恽《秋涧先生大全文集》卷六四《祭蒲大夫文》：“列高弟于圣门，扬仁风于蒲邑，三善之美，庸能既耶。”

典形又作“子路之三善”等，如：

(48)唐段承宗墓志：“有子路之三善，人也不偷；类君鱼之一同，膏也宁润。”(《新编》7/4817)

(49)唐王正因墓志：“宣父入境，非止独有三称；本守观风，可以兼知五县。”(《洛散》91)①

例(48)“类君鱼之一同，膏也宁润”典出《后汉书》卷三一《孔奋传》：“奋在职四年，财产无所增。事母孝谨，虽为俭约，奉养极求珍膳。躬率妻子，同甘菜茹。时天下未定，士多不修节操，而奋力行清絜，为众人所笑，或以为身处脂膏，不能以自润，徒益苦辛耳。”(1098)后用作

① 毛阳光、余扶危《洛阳流散唐代墓志汇编》，简称《洛散》。

官吏清廉的典实。"子路之三善"用子路典。整句话称颂志主善于为政、清正廉洁。例(49)"宣父入境,非止独有三称"亦是用子路典。

《大词典》收"三善",释作"君事臣,子事父,幼事长的三种道德规范""三样好处",义项不全,可据补。

四　置水

(50)北魏张玄墓志:"不因举烛,便自高明;无假置水,故以清洁。"(《北图》5/151)

(51)北周拓跋俭碑:"清不置水,明非举烛。马愿如羊,金须似粟。"(《庾子山集注》812)

(52)唐梁悒墓志:"鸣琴高堂,拔①薤置水。州闾清②静,迄可小康。"(《洛续》275)

按:《后汉书》卷五一《庞参传》:"拜参为汉阳太守。郡人任棠者,有奇节,隐居教授。参到,先候之。棠不与言,但以薤一大本,水一盂,置户屏前,自抱孙儿伏于户下。主簿白以为倨。参思其微意,良久曰:'棠是欲晓太守也。水者,欲吾清也。拔大本薤者,欲吾击强宗也。抱儿当户,欲吾开门恤孤也。'"(1689)"置水"即出此,后用为劝诫官吏清正廉洁或称颂官吏自身为政清廉的典实③。以上三例"置水"皆用此典,例(50)—(51)指劝诫官吏为官清正廉洁,例(52)指官吏自身为政清廉。具体分析如下:例(50)"举烛"典出《韩非子》卷一一《外储说》:"郢人有遗燕相国书者,夜书,火不明,因谓持烛者曰:'举烛。'云而过书'举烛'。举烛,非书意也。燕相受书而说之,曰:'举烛者,尚明也。尚明也者,举贤而任之。'燕相白王,王大说,国以治。"(《韩非子新校注》696)指以讹传讹、曲解本义。"置水"用庞参典,指劝诫官吏清廉。二典对举,句言志主不因举烛之误,而自聪明睿智;无假置水之戒,而自清正廉洁。例(51)"置水"是用庞参典,指劝诫官吏廉洁。"举烛"用郢人典。"马愿如羊"见于《后汉书》卷六五《张奂传》(2138),比喻官吏从政清廉。此处谓志主廉洁明察,为官有操守。例(52)"鸣琴高堂"出自《吕氏春秋·察贤》:"宓子贱治单父,弹鸣琴,身不下堂而单父治。"(《吕氏春秋新校释》1452)后遂以"鸣琴"称颂地方官简政清刑,无为而治。"拔薤""置水"连言,用庞参典,言志主自身为政清廉。"州闾清静,迄可小康"是对志主政绩的描述。句谓志主为官如宓子贱、庞参般善政廉洁,治理地方颇有成效。

《魏晋南北朝隋唐五代石刻用典研究》所收"薤水""薤水之言"(徐志学,2013:93)亦是此典典形。此外,又作"置水之谏"等,如:

(53)唐张通墓志:"高明莹贞,不因举烛之书;冰洁凝真,无烦置水之谏。"(《施蛰存北窗碑帖选萃》201)

例(53)"置水之谏"用庞参典,"举烛之书"用郢人典,整句话称颂志主明察清廉。

传世文献亦有用例,如:

(54)北周庾信《周使持节大将军广化郡开国公丘乃敦崇传》:"清不置水,明非举烛,

① 原文作"状",业师梁春胜教授指出当是"拔"字俗写,本文从其说。

② 原文作"请",业师梁春胜教授指出当是"清"字俗讹,本文从其说。

③ 笔者原释作"称颂官吏为官清廉",后承业师梁春胜教授提点而校正。谨此致谢!

乃是入境移风，非直停车待雨。”倪璠注：“《高士传》曰：‘任棠字季卿，隐身不仕。庞参为汉阳太守，到，先就家候焉。棠不与言，但以薤一本、水一盂，置户屏前，身抱孙儿伏于户下。……参思其微意，良久曰：棠置一盂水，欲谕太守清也。’”（《庾子山集注》668-669）

（55）清周锡溥《安愚斋集》卷二《寄怀福建抚军汪稼门先生》：“自公始至，变风尚户。置水薤庭，悬鱼上官。”

例（54）倪璠已指出“置水”用庞参典，本文从其说。句指劝诫官吏为政清廉。例（57）“悬鱼”典出《后汉书》卷三一《羊续传》（1110），与“置水”对文同义，指官吏自身为政廉洁。

“置水”谓为官公廉，还指孔翊之事。石刻文献用例如：

（56）唐唐践正墓志：“且龙韬受律，拥沙陈□胜之谋；熊轼临人，置水绝私门之请。”（《洛散》163）

（57）唐王思讷及妻乙娄氏墓志：“祖寿，隋洛阳县丞。其道也，仁义礼智为立身之基。其德也，温良恭让尽事人之节。或声驰九谷，翊置水而流清；或名振三山，赞褰帷而播美。”（《唐汇》881）

《太平御览》卷二六八引《鲁国先贤传》：“孔翊为洛阳令，置水于前庭，得私书皆投其中，一无所发。弹理贵戚，无所回避。”（1255a）指从政公廉。以上二例“置水”皆用此典。例（56）前一句典出《史记》卷九二《淮阴侯列传》，齐王广、龙且与韩信战：“韩信乃夜令人为万余囊，满盛沙，壅水上流，引军半渡，击龙且，详不胜，还走。龙且果喜曰：‘固知信怯也。’遂追信渡水。信使人决壅囊，水大至。龙且军大半不得渡，即急击，杀龙且。龙且水东军散走，齐王广亡去。”（2621）指作战善于谋划。后一句“置水”用孔翊典。句指志主为官善于作战、公正廉洁。例（57）“置水”是用孔翊典，称颂志主祖父为官清廉。

传世文献亦有用例，如：

（58）唐王维《魏郡太守河北采访处置使上党苗公德政碑》：“清节峻邈，硕量弘深。投书置水，酹酒捐金。”陈铁民校注：“《太平御览》卷二六八引《鲁国先贤传》曰：‘孔翊为洛阳令，置水于前庭，得私书皆投其中，一无所发。弹理贵戚，无所回避。’句用其事，谓苗‘公廉’。”（《王维集校注》971-974）

例（58）陈铁民指出“置水”用孔翊典，本文从其说。典形又作“置水沉书”“孔洛阳之置水”等。如：

（59）东魏高永乐墓志：“拔葵去利，苞苴以之不行；置水沉书，请谒于是自绝。”（《墨香阁》47）

（60）唐李智墓志：“孔洛阳之置水，自可同年；虞朝歌之盘根，彼多惭色。”（《补遗》2/412）

例（59）前一句“拔葵去利”典出《史记》卷一一九《公仪休传》：“（仪休）食茹而美，拔其园葵而弃之。见其家织布好，而疾出其家妇，燔其机，云：‘欲令农士工女安所雠其货乎？’”（3102）指居官不与民争利。后一句“置水沉书”是用孔翊典。整句话的意思是说志主如公仪休、孔翊般公正廉洁，所以送礼拜谒的人自然也就没有了。例（60）“孔洛阳之置水”是用孔翊典。“虞朝歌之盘根”典出《后汉书》卷五八《虞诩传》：“后朝歌贼甯季等数千人攻杀长吏，屯聚连年，州郡不能禁，乃以诩为朝歌长。故旧皆吊诩曰：‘得朝歌何衰！’诩笑曰：‘志不求易，事不避难，臣之职也。不遇槃根错节，何以别利器乎？’”（1867）言为官忠于本职，不避繁杂之事。句谓志主为官廉洁正直，与孔翊、虞诩相比也毫不逊色。

征引书目

战国・韩非撰,陈奇猷校注《韩非子新校注》,上海古籍出版社,2000。
战国・公孙龙撰,吴毓江校释,吴兴宇标点《公孙龙子校释》,上海古籍出版社,2001。
战国・吕不韦撰,陈奇猷校释《吕氏春秋新校释》,上海古籍出版社,2002。
西汉・司马迁《史记》,中华书局,1959。
西汉・刘向集录,范祥雍笺证《战国策笺证》,上海古籍出版社,2006。
东汉・班固撰,唐・颜师古注《汉书》,中华书局,1962。
东汉・刘珍等撰,吴树平校注《东观汉记校注》,中华书局,2008。
西晋・陈寿撰,南朝宋・裴松之注《三国志》,中华书局,1971。
南朝宋・范晔《后汉书》,中华书局,1965。
南朝梁・萧统撰,唐・李善等注《六臣注文选》,中华书局,1987。
北周・庾信撰,清・倪璠注,许逸民校点《庾子山集注》,中华书局,1980。
唐・房玄龄等《晋书》,中华书局,1974。
唐・王维撰,陈铁民校注《王维集校注》,中华书局,1997。
北宋・李昉等《太平御览》,中华书局,1960。
北宋・李昉等《文苑英华》,中华书局,1982。
元・王恽《秋涧先生大全集》,四部丛刊景明弘治本。
明・邢大道《白云巢集》,明万历四十五年刻补修本。
清・周锡溥撰《安愚斋集》,清光绪八年养知书屋刻本。
清・郭庆藩撰,王孝鱼点校《庄子集释》,中华书局,1961。
清・阮元校刻《十三经注疏》,中华书局,1980。
清・董诰等《全唐文》,中华书局,1983。
清・严可均《全上古三代秦汉三国六朝文》,中华书局,1985。
清・彭定求等《全唐诗》(增订本),中华书局,1999。
陈士轲《孔子家语疏证》,上海书店,1987。

参考文献

[1]北京图书馆金石组. 北京图书馆藏中国历代石刻拓本汇编[M]. 郑州:中州古籍出版社,1989.
[2]大同北朝艺术研究院. 北朝艺术研究院藏品图录—墓志[M]. 北京:文物出版社,2016.
[3]胡戟. 珍稀墓志百品[M]. 西安:陕西师范大学出版总社有限公司,2016.
[4]梁春胜. 六朝石刻丛考[M]. 北京:中华书局,2021.
[5]陆尊梧,李志江. 历代典故辞典[M]. 北京:作家出版社,1992.
[6]毛远明. 汉魏六朝碑刻校注[M]. 北京:线装书局,2008.
[7]毛阳光,余扶危. 洛阳流散唐代墓志汇编[M]. 北京:国家图书馆出版社,2013.
[8]毛阳光. 洛阳流散唐代墓志汇编续集[M]. 北京:国家图书馆出版社,2018.
[9]潘思源. 施蛰存北窗碑帖选萃[M]. 上海:上海古籍出版社,2012.
[10]陕西古籍整理办公室编,吴敏霞主编. 长安碑刻[M]. 西安:陕西人民出版社,2014.
[11]陕西历史博物馆. 风引薤歌:陕西历史博物馆藏墓志萃编[M]. 西安:陕西师范大学出版社,2017.
[12]王其祎,周晓薇. 隋代墓志铭汇考[M]. 北京:线装书局,2008.
[13]吴钢. 全唐文补遗[M]. 西安:三秦出版社,1994—2007.

[14]吴钢. 全唐文补遗·千唐志斋新藏专辑[M]. 西安:三秦出版社,2006.
[15]西安市文物稽查队编. 西安新获墓志集萃[M]. 北京:文物出版社,2016.
[16]辛夷等. 中国典故大辞典[M]. 北京:北京燕山出版社,2009.
[17]徐志学. 魏晋南北朝隋唐五代石刻用典研究[M]. 上海:上海交通大学出版社,2013.
[18]许明. 中国佛教金石文献·塔铭墓志部[M]. 上海:上海书店出版社,2018.
[19]叶炜,刘秀峰. 墨香阁藏北朝墓志[M]. 上海:上海古籍出版社,2016.
[20]张明. 河北隆尧石刻[M]. 北京:科学出版社,2018.
[21]赵黎明. 唐天宝年间墓志典故用词研究[D]. 重庆:西南大学,2010.
[22]周绍良,赵超. 唐代墓志汇编[M]. 上海:上海古籍出版社,1992.
[23]周绍良. 全唐文新编[M]. 长春:吉林文史出版社,2000.
[24]周绍良,赵超. 唐代墓志汇编续集[M]. 上海:上海古籍出版社,2001.

Four Allusion Words Interpretation in the Middle Ancient Stone Inscriptions

Wang Jing

Abstract: The literature of the middle ancient stone inscriptions contain a large number of allusions words, and it is an important part of the stone inscriptions and research. The article, based on previous studies, interprets "*baima*(白马)", "*huiluan*(迴鸾)", "*sanshan*(三善)", "*zhishui*(置水)".

Key words: the middle ancient stone inscriptions, allusion words, interpretation

通信地址:河北省保定市北市区七一东路河北大学新校区汉字研究中心 B1-150
邮　　编:071002
E-mail:15733810563@163.com

宝卷俗讹字释例*

周太空

内容提要 宝卷是明清至民国时期重要的民间宗教及通俗文学资料。因其多由民间刊刻传抄,故俗讹字甚多。文章以濮文起主编的《民间宝卷》为研究对象,通过异文比勘及归纳排比,对十余例俗讹字进行考释,以展现民间抄本用字情况,丰富近代汉字研究成果。文章认为:“[illegible]”是“州”的讹字;“[illegible]”是“佛”的会意俗写;“[illegible]”是“圣”的会意俗写;“[illegible]”是“巍”的换旁俗写;“[illegible]”是“属”的草书楷化;“[illegible]”是“萨”的讹字;“[illegible]”是“顺”的俗写;“[illegible]”是“抓”的换旁俗写;“[illegible]”是“交”的讹变;“[illegible]”是“牵”的俗写;“[illegible]”是“庆”的省写。

关键词 宝卷 俗讹字 考释

宝卷是中国民间宗教的专用经典,同时也是流行于下层社会的一种通俗文学,其源头可以追溯到唐代的俗讲。从内容性质来说,宝卷可以分为宗教宝卷和文学宝卷两类。前者纯粹宣传民间宗教思想,后者宣讲民间传说、戏曲故事。宝卷多由民间宣卷人编写、传抄,多系抄本,也有一些经过文人加工的印本。这些抄本文字粗糙,俗讹字、音借字夥多。濮文起主编的《民间宝卷》(2005)收录了明代至民国时期的宝卷材料357种,这些宝卷既有明清木刻本,也有清末民国石印本、铅印本,还有不少晚清民国手抄本。这些材料对于近代汉字研究大有裨益,本文选取部分晚清、民国时期的手抄本,对其中一些俗讹字进行考释,以就教于方家。

一 [illegible]

(1)旧抄本《佛说家谱宝卷》:“有苍[illegible],石狮子,口内吐火。景[illegible]塔,神风出,三处无情。”(4/69)①

按:“[illegible]”,以文意推之,当为“州”字。该字形的语例还有很多,如:

(2)《佛说家谱宝卷》:“十三省,府[illegible]县,变作血江。”(4/69)

(3)同上:“[illegible]城县,合乡村,强虏少女。”(4/76)

(4)同上:“癸未年,看精灵,幽[illegible]出现。”(4/77)

(5)同上:“甲戌年,贵[illegible]人苦,一个个求了残生。”(4/78)

(6)同上:“[illegible]城府县都抢挣,半王杀的无其数。”(4/78)

---

* 本文系国家社科基金重大项目“宋元明清文献字用研究”(19ZDA315)阶段性成果。匿名评审专家对文章提出了宝贵的修改意见,谨此致谢! 尚存问题概由作者负责。

① 为便于复核,文章引自《民间宝卷》的语例,皆在末尾标明册数及页码。如4/69,表示例句在第4册第69页。

(7)同上:"十三省𫟴城府县镇店乡村,人民都做无头之鬼。"(4/81)

(8)旧抄本《佛说八牛宝赞一卷》:"六祖慧能姓柱,居住兖𫟴。"(4/90)

(9)同上:"头一次下生在平定𫟴塔摩村姓张。"(4/90)

(10)同上:"六神𫟴,合庙宇,封神定位。"(4/102)

从"𫟴城府县""幽𫟴""贵𫟴"等词语推断,我们可以肯定"𫟴"即"州"字。这些"州"字皆由"九""刂"组成,从字形上分析,当是"州"字的讹变。"州"字的三个"刂"与"刂"旁形近,极易讹混。如《佛教难字字典》收录的"州"字异体"[illegible]""[illegible]"(1990:86),就已经讹为了"刂"旁。又王建军主编《清至民国岭南杂字文献集刊》第四册《一言杂字》:"[illegible],古州。"(2018:419)刘正印、李运富(2021)指出在越南汉籍文献中,受隶书影响,"州"也有讹成"[illegible]"的情况。可见,"州"字右部的点竖极易讹为"刂"旁。又"州"字草书常作"[illegible]""[illegible]""[illegible]""[illegible]"等(李静,2013:196),左部分与"九"字相似。综合看来,"州"字左部分草书楷化后或易讹为"九",右部讹为"刂",最终形成"𫟴"字。

二 𠌥 [illegible] [illegible] [illegible] [illegible]

(1)旧抄本《佛说八牛宝赞一卷》封面页题:"普明古𠌥遗刘八牛宝赞"。(4/88)

按:"𠌥"字由"西""天""人"构成,当为"佛"字的会意俗写,指"佛"是"西天人"。"佛"字这一写法还有其他例证:

(2)《佛说八牛宝赞一卷》:"如是朝礼诸𠌥祖,来在江心北岸边。"(4/89)

(3)旧抄本《玉簪宝卷》:"玉簪宝卷宣完成,诸𠌥菩萨尽欢欣。"(19/307)

由"诸𠌥祖""诸𠌥菩萨"亦可证明"𠌥"即"佛"字。在阅读宝卷的过程中,我们还发现了"佛"字的其他写法。

写作"[illegible]":

(4)《佛说八牛宝赞一卷》正文页题:"普明古[illegible]遗留八牛宝赞一本终"(4/89)

此例可与例(1)"普明古𠌥"形成异文。"[illegible]"由"天""国""人"构成,意指"佛"是"天国之人"。

写作"[illegible]":

(5)旧抄本《醮会右密十三卷》卷二"佛教祈祥开化礼请科仪"末尾题:"[illegible]教祈祥开化礼请科仪终"。(15/60)

此"[illegible]"字由"西""域""人"构成,显然指"佛"来自西域。《字汇·人部》:"佛:西方圣人名。"《字汇补》收"[illegible]"字,云:"道经佛字",盖表示"西域哲人"。"[illegible]"字造字意图与之相似。

写作"[illegible]":

(6)旧抄本《受生宝卷》:"诸[illegible]菩萨来庆贺,极乐国内乐逍遥。"(17/443)

(7)清抄本《天仙宝卷》:"参见西天如来[illegible],东京出了一妖晶(精)。"(20/345)

此二例"[illegible]"字表示"佛"为"西方人"。

写作"[illegible]":

(8)旧抄本《闹东京宝卷》:"文瑞宝卷终展(展)开,诸[illegible][illegible]萨降临来。"(20/301)

"[illegible]"由"西""山""人"构成,佛经中有佛居在王舍城灵鹫山的说法,又《西游记》等小说中

“佛”居西方灵山，故，“⿰亻⿱西山”字从“西”“山”会意。

写作“⿰亻⿱西国”：

(9)旧抄本《闹东京宝卷》：“□□①祥云行千里，西天⿰亻⿱西国国前面存。”(20/319)

“西天⿰亻⿱西国国”，后文作“西天仸国”。如“西天仸国多查到，上方三界并无影。”(20/320)“仸”“⿰亻⿱西国”异文。“⿰亻⿱西国”由“西”“国”“人”构成，表示“佛”为“西方国家的人”。

综上，“佛”字除常见俗写“仸”字外，宝卷中至少还存在“⿰亻⿱西天”“⿰亻⿱天西”“⿰亻⿱西域”“⿰亻⿱西亏”“⿰亻⿱西山”“⿰亻⿱西国”等六种俗写。这些俗写皆以地点会意，一定程度上反映了民间对于“佛”的理解。

三 ⿱天生

(1)旧抄本《祈祥品忏》卷六“三宵佑孩法忏”：“上来称扬四十二佛⿱天生，跪拜四十二礼。”(8/552)

(2)旧抄本《祈祥表折》卷一“佛教白龙表科仪”：“恭对⿱天生前，秉称露职。稽首和南，一心奉请。”(8/608)

按：“⿱天生”，字书不载。异文可以给我们提供答案，《祈祥表折》卷九“佛教山王表科仪”：“恭对圣前，秉称露职。稽首和南，一心奉请。”(9/63)据此，可知“⿱天生”为“圣”字。《清至民国岭南杂字文献集刊》第九册《字汇》：“聖②，～人。圣同上。⿱天生同上。”(2018:224)“⿱天生”，从天从生，或为“圣”的会意俗写，意为“天生圣人”。同上书，“君”用“天子”会意作“⿱天子”。(2018:129)“圣”字，岭南杂字文献中也有写作“奎”的。《清至民国岭南杂字文献集刊》第四册《一言杂字》：“奎，古圣。”(2018:402)认为“奎”是“圣”的古字。

“圣”或“圣人”在中国传统思想文化中有着极高的地位。人们认为“圣人”乃天命所归。为了维护封建统治，“圣”又常与宗教、王权结合，如皇帝被尊称为“圣上”，其旨意称为“圣旨”。由此“圣”或从“三王”，作“⿱三王”。旧抄本《地藏科文》：“大⿱三王十轮教主六趣宗师本尊地藏愿王菩萨。”(11/68)联系后文“大悲大愿、大圣大慈，南无十轮教主六趣宗师本尊地藏愿王菩萨。”(11/69)“⿱三王”或为“圣”字。

四 ⿱山如

(1)旧抄本《祈祥品经》卷二“白衣续世尊经”：“⿱山如～德海，浩浩慈门。难思难虑，无量无边。普赐麒麟，延续后代。”(8/360)

按：“⿱山如”字，字书不载。宝卷中还有很多用例，如：

(2)《祈祥品经》卷二“天际昭然妙经”：“天道⿱山如～不可量，玄穹御御世代光。”(8/374)

(3)同上：“掌托宝塔而英雄勇立，处处⿱山如峨。”(8/374)

① “□”表示字形残缺，无法辨识。

② 为方便讨论，此处保留繁体字形。

(4)《祈祥表折》卷四“佛教土皇表科仪”:“圣德⿱山如～不可量,地恩浩浩遍周方。”(8/645)

(5)《祈祥表折》卷十“佛教星主表科仪”:“⿱山如～福德不可量,金轮常放白毫光。”(9/92)

(6)旧抄本《荐亡品忏》卷五:“阿弥陀佛,无上医王,⿱山如～金相放毫光。苦海驾舟航,九品莲邦,同愿往西方。”(9/241)

(7)旧抄本《释天图录》卷四“疏章类”:“⿱山如～德相,紫么金容,大智惠师,常住佛宝两足尊。”(14/477)

(8)《混元金科》卷二:“湛湛金莲座,⿱山如～不动身。一时权在手,便把令来行。”(14/497)

(9)同上,卷四“化床咒”:“夜化祖师床,诸神不敢当。睡时入禅院,⿱山如～在上方。”(14/542)

(10)《醮会右密》卷二“佛教祈祥开化礼请科仪”:“⿱山如～功德,难尽赞扬。”(15/56)

据例(3)“⿱山如峨”,“⿱山如”字当读作“巍”字。又例(6),佛经中有异文,可供比勘。卍续新藏《三时系念佛事》:“阿弥陀佛,无上医王,巍巍金相放毫光。苦海作慈航,九品莲邦,同愿往西方。”(74/59/a)①“⿱山如⿱山如”与“巍巍”对应,“⿱山如”当是“巍”的俗写无疑。

那么,“巍”为何写作“⿱山如”呢?我们认为是声符的替换②。

“⿱山如”当为“巍”的替换声旁俗写。《说文》中,“巍”原是“从嵬委声”的字。抄录者或不知其“从嵬委声”,而当成“从山魏声”的字,遂将声旁“魏”换成“如”。“魏”“如”方言读音相近,《广韵》中“魏”为止摄疑母未韵三等,“如”为遇摄日母鱼韵三等。《中原音韵》中“魏”为影母齐微韵,“如”为日母鱼模韵。音韵学上有“支微入鱼”的说法,即中古的止摄三等韵读如遇摄三等韵。故方言中,“巍”“如”可能同音或音近。如在徽州方言中,“巍”“如”就是同音字。光绪二十五年石印本《新安乡音字义》中“巍”“如”同属平声居韵中的“儒”小韵,“儒”“余”“娱”“如”“惟”“唯”“维”“鱼”“渔”“危”“巍”等同音③。虽不知上述《祈祥品经》《祈祥表折》《荐亡品忏》《混元金科》等宝卷所属何地,不过“支微入鱼”在方言中分布广泛。李华斌(2021)指出:“闽语、湘语、吴语、徽语、江淮官话、西南官话、赣语以及山西、陕西、甘肃等地的不少方言中都存在这种现象。”故,“巍”会写作“⿱山如”也就不足为奇了。

五 [illegible]

(1)旧抄本《佛说大乘妙法莲花尊经七卷》(后文简称《大乘尊经》):“余常以他本诵念,间亦有字句错落,文理不[illegible]。”(8/3)

---

① 例句引自“CBETA 电子佛典”(2014),并在句尾标明册数、页码、栏数。

② 笔者在内部读书会上还曾提出另一种猜想:“⿱山如”可能是“威”字的草书楷化,“巍”是“威”的音借。“威”字草书一般作:(王羲之)、(王献之)、(智永)、(李世民)、(陆游)、(赵佶)、(鲜于枢)、(赵雍)、(于右任)(以上各草书形体来自于“国学大师·书法大师”网站)。其字形与“⿱山如”相近,楷化后讹作“⿱山如”。但宝卷中缺少“威”“巍”通用的语例。因此,我们还是偏向于“⿱山如”是“巍”换旁俗写。

③ 详见清詹逢光辑《新安乡音字义》(南江涛选编《汉语方言文献研究集刊》第9辑)第50、51页。

(2)旧抄本《大方便道报恩尊经七卷》(后文简称《报恩尊经》):“俱若琉璃玻璃砗磲玛瑙之⿸尸木,并无障碍。”(8/76)

按:“⿸尸木”即“属”字草书楷化。例句中,两“属”字音义不同,“文理不属”中,“属”音 zhǔ,为“连缀”义,“文理不属”即“文理不连贯”。“砗磲玛瑙之属”中,“属”音 shǔ,表示类别。

《大乘尊经》中更多的是“天仙眷⿸尸木”之句,如:

(3)“诸天诸圣及诸天王、天仙眷⿸尸木、金刚神王、天魔鬼神等,无鞅数众。”(8/5)

(4)“诸天诸圣及诸天仙眷⿸尸木。”(8/6)

(5)“若诸真仙及诸眷⿸尸木、天龙鬼神,无鞅数众。”(8/9)

(6)“广念多方便,佛子诸眷⿸尸木,闻法众普济。”(8/35)

这样的用例甚多,不再一一列举。

“⿸尸木”即“属”字草书楷化的结果。“属”草书作“□”“□”“□”“□”等(李静,2013:107),“⿸尸木”与上述草书字形笔势相近,但较为工整,字形上似从“尸”“木”。“⿸尸木”又可以作为部件参与构字。如“嘱”写作“⿰口⿸尸木”,旧抄本《祈祥品经九卷》卷三“七贤持叶妙经”:“七贤使者,灵山⿰口⿸尸木命。”(8/397)旧抄本《醮会左仪十三卷(一)》卷七“火官曦阳纪寿经”:“⿰口⿸尸木咐火部神祇,撤免火灾。”(14/704)“瞩”写作“⿰目⿸尸木”,旧抄本《祈祥表折十卷》卷三“佛教文昌表科仪”:“七曲文昌,恭望帝慈,高明远⿰目⿸尸木。”(8/625)

六 ⿱艹陈 蔯

(1)旧抄本《大乘尊经》卷一:“是时,会中有一真人左玄,长跪莲前,上白菩⿱艹陈:‘何名十极,五无间罪。’于是菩⿱艹陈说偈赞曰……”(8/9)

(2)旧抄本《祈祥表折》卷六:“仰差使者,登云路菩⿱艹陈。”(9/24)

(3)旧抄本《混元金科》卷二:“牛王菩⿱艹阵,福禄财神。”(14/499)

按:据文意,“⿱艹陈”即“萨”字。通过异文我们也可以得知,“元始菩萨”后文作“元始菩⿱艹陈”;“登云路菩⿱艹陈”前文作“登云路卄卅”。《大乘尊经》《祈祥品忏》《祈祥表折》《混元金科》中,“菩萨”写作“菩⿱艹陈”习见。可见,“萨”作“⿱艹陈”并非偶一为之。抄写者或将“⿱艹陈”的部件“陈”写为繁体,作“蔯”。这样的情况也很多,兹举三例:

(4)《大乘尊经》卷一:“大众奉颂偈已。菩蔯言:‘汝等诸天诸圣,及诸天王、天仙眷属、金刚神王、天魔鬼神、人非人等。’”(8/9)

(5)《大乘尊经》卷二:“妙智真人越班而出,长跪莲前,上白菩蔯曰:‘刹尘之内,一切众生,遂昔作何因缘,今日得遇无上法桥,饶益方便。’”(8/14)

(6)《祈祥表折》卷五:“南无白衣仙菩蔯摩诃莎。”(9/10)

“萨”写作“蔯”,不仅存在于宝卷中,民间杂字文献中也有相似字形。《清至民国岭南杂字文献集刊》第十四册中国香港民国印本《新增七十二行杂字》人品:“道士、估(仙)家、佛爷、苦(菩)⿱艹阵。”(2018:282)第五册广东广州《初学分类七十二行杂字》《七十二行杂字(一目了然)》作“道士、仙家、佛爷、苦(菩)萨。”(2018:222,309)“⿱艹阵”“蔯”字形相似。

“蔯”本有正字,音 chén,与“蔯”互为异体。《正字通·艸部》:“蔯,俗字。茵蔯本作因陈,别作堇蔯。旧注亦作‘蔯’,并非。”“萨”写作“⿱艹陈”“蔯”可能是传抄过程中产生的讹误。“萨”

在宝卷中或作“⿰讠薩”“⿰讠产”，“⿰讠苦”或为“⿰讠产”“⿰讠产”的讹变，后又繁化写作“⿱艹⿰阝產”。

顺便谈一下，“菩”也偶尔讹作“⿱艹衣”。“菩”的部件“立”讹为类似“衣”字的部件，如旧抄本《祈祥品忏十卷》卷六有“五雷王⿱艹衣⿱艹⿰阝產”(8/543)，前文作“五雷王廾卅”(8/543)“五雷王菩⿱艹⿰阝產”(8/542)。《闹东京宝卷》：“文瑞宝卷终㞡(展)开，诸⿰亻佛⿱艹衣萨降临来。”(20/301)

七 ⿰又頁 ⿰又页

(1)旧抄本《报恩尊经》卷一：“是经之出，天下风调雨⿰又頁，国泰民安。是经之奉，幽明神钦鬼伏，生⿰又頁死安，功德无量矣。”(8/70)

按：据文意，“⿰又頁”即“顺”的俗写。又《报恩尊经》卷二：“元始曰：‘有⿰又頁妻逆母者，有纵亲伤母者，有宠儿弃母者，有放儿凌母者，皆是忤逆不孝之流。’”(8/89)旧抄本《混元金科》卷六：“天地年日月时报司，千里眼，⿰又頁风耳，翻卦童子，扑筶郎君，金刀落地，判断吉凶。”(14/549)皆是其例。

或将“页”写为简体，作“⿰又页”，如：

(2)《报恩尊经》卷二：“倘能如是，则名为孝⿰又页儿女。生享平安之报，死登快乐之方。”(8/91)

(3)《祈祥品经卷》卷一之“月光太阴尊经”：“阴阳和合为健⿰又页，昼夜轮流照乾坤。”(8/342)

(4)《祈祥品经卷》卷一：“国家敬我月光神，风调雨⿰又页享太平。”(8/343)

“⿰又頁”，字书中同“⿰尤頁”“⿰右頁”，音 yòu。《正字通・页部》：“⿰又頁，旧注同‘⿰右頁’。不知‘⿰又頁’‘⿰右頁’皆俗‘⿰尤頁’字，《说文》本作‘⿰尤頁’。”《字汇・页部》：“⿰又頁，同‘⿰右頁’。”《集韵・宥韵》：“⿰尤頁⿰又頁，头颤也。亦从又。”《清至民国岭南杂字文献集刊》第二册《四言杂字》身体门：“⿰又页头侧颈，牙龅惊人。”(2018:240)这里的““⿰又页”即“头颤也”。“⿰又頁”作为“顺”的俗字，部件“又”或为符号代替。“又”作为符号，在俗写中常代替一些部件参与构字。曾良(2017:186)已揭示符号“又”可以代替“隹”“藋”“英”等部件。这里，符号“又”当代替“川”，“⿰又頁”“⿰又页”作“顺”的俗字。

八 ⿰⻊爪

(1)《祈祥品忏》卷一：“六根不全莫怪人，脚跰手⿰⻊爪瞎眼睛。”(8/477)

按：“⿰⻊爪”，字书不载。据文意，“⿰⻊爪”当为“抓”字，受“跰”影响，改换为“足”旁。

“跰”为“跛”义，《汉语大字典》：“跰，跛。”《四川方言词典》：“(形)跛：你看他们，脚跰眼瞎，穿襟挂绺。(曲苑总2,88)”《清至民国岭南杂字文献集刊》第三册《新刻七言杂字》：“疾瘫残疾生聋哑，跰脚瞎眼命不辰。”(2018:111)“抓”在某些方言中有“手指弯曲”之义。李荣《现代汉语方言大词典》：“【抓手】苏州。手有残疾者。”“【抓手子】扬州。一种手疾，手臂和手指不能伸直。”(2002:1649)《四川方言词典》：“爪(抓)，(形)手指弯曲不能伸直：你手～了呀？”《四川方言词语汇释》：“抓手：名。因伤残或疾病的后遗症使手指曲不能伸。”盖用手抓东西时需手指弯曲，所以引申出“弯曲”之义。又据卷首“入忏仪文”：“夫万天川主，崇应惠民。宣道法于灌州，救生存于蜀地”句，可以推测此宝卷当为四川地区流行的宝卷。故“⿰𧾷爪”当为“抓”的换旁俗写。“脚跰手⿰𧾷爪”即“手脚弯曲有残疾”。

宝卷中还有“瘵臂折脚”“折脚⿰𧾷毳⿰𧾷另”，如：

(2)旧抄本《屈害谋死亲夫香卷》：“瘵臂折脚齐来到，还有一个瞎先生。”(16/624)

(3)旧抄本《欺妻宝卷》：“瞎子搀道前行走，折脚⿰𧾷毳⿰𧾷另后头跟。”(16/575)

《说文·疒部》：“瘵，病也。”“瘵臂折脚”即“手脚残疾”。“⿰𧾷毳⿰𧾷另”，乍看不易识读，仔细分析，实则为“跷拐”的俗写。“⿰𧾷毳”，从足毳声，字书不载。其实，“⿰𧾷毳”就是“跷”的换旁俗写，从“毳”声的字有读成“qiao”的，如“撬”字。“跷”有“跛”义，清翟灏《通俗编·品目》：“跷欹……按：世因‘跷欹’之言，辄谓跛足者曰‘跷’。”“⿰𧾷另”即“拐”字，受前一字影响，换为“足”旁。“拐”在方言中有“瘸”义。“跷拐”表“跛足”义在小说中也常见，古本小说集成《生绡剪》第九回：“只见箱轿众人俱来搀扶，那玉峰慢慢挣起，又气又恼，一拐一跷，扒进轿去。”(第1辑：507)“但脚下有些高低，走落楼来一跷一拐，大家掩口而笑。”(第1辑：509)“吃些酒饭，近山别了敬华。玉峰一跷一跛，送那表叔几步。”(第1辑：535)《金台全传》第二二回：“左跷道：‘阿弥陀佛，多谢施主。’就把头装好，一跷一拐上街了去。”(第3辑：185)故“折脚⿰𧾷毳⿰𧾷另”也就是“腿脚残疾”。

九 乂

(1)清抄本《佛说白罗衫宝卷》：“却乂我，怎莫样，审问父亲。”(17/556)

(2)同上：“再乂人，唤你来，审问分明。”(17/557)

(3)同上：“徐御史，乂姚公，听我说话。”(17/557)

与“乂”相似的字形还有“夭”“㐅”“爻”等，如：

(4)清抄本《佛说白罗衫宝卷》：“徐御史，夭衙役，把门开了。”(17/560)

(5)同上：“只事情，好㐅我，不得分明。”(17/562)

(6)同上：“取出来，快爻我，观看分明。”(17/559)

按：据文意，“乂”有“使、让”的意思。异文给我们提供了线索：“徐御史，叫姚公，你休哄我。”(17/558)“叫衙役，铺红毡，拜谢诸亲。”(17/560)“叫”作“叫”的俗写，明清文献中常见。两相比勘，“乂”与“叫”对应，但字形上相差交大，或为“叫”的近义词。

我们认为，“乂”“夭”当为“交”字。下文“我爻你，回家取，罗衫一件。”(17/559)此例可以明显看出“爻”为“交”字。《说文·交部》：“交，交胫也。”又《汉语大字典》：“交，用同‘教’。”(2010:310)“教”字读平声有“使”“让”“令”之义。唐王昌龄《出塞》：“但使龙城飞将在，不教胡马度阴山。”《集韵·爻韵》：“教，令也。”“叫”也可以引申出“使”“令”之义，《说文·口部》：“叫，嘑也。”本义为“呼喊”，由“叫喊”引申出“呼唤”“召唤”义，凡则“呼唤”，必有“使令”，故引申出“使”“让”“令”之义。《汉语大字典》“叫”字义项⑧：“使，令。”(2010:620)引林基路《囚徒歌》：“无穷的罪恶，终要叫种恶果者自食。”此语料偏晚。“交”“叫”因同有“使”“令”义，所以在此意义上通用。

字形上，“交”与“又”手书相似，“又”或作“叉”。如：

(5)民国抄本《双奇冤宝卷》：“我书房中叉无女人来往，故也奇了。难道天赐我的活命之根？叉想夜间鼠声作闹，必然是老鼠啣来的。”(18/528)

(6)民国抄本《白兔记宝卷》：“指望投军求名利，那知叉是空费心。”(19/517)

“交”“叉”字形相近。但细察“交”“交”“交”等字形，撇、捺起笔处都稍有弯折，这里的弯折实际上就是“交”字的两点。

十　扻

(1)民国抄本《麒麟豹宝卷》：“方进酒菜吃不下，禁子扻了就动身。公子扻到法堂上，双膝跪在地埃尘。”(19/24)

(2)同上：“就将通政来扻上，打辱打骂贼奸臣。”(19/25)

宝卷中相似的字形还有很多，如：

(3)同上：“方进诸事多安排，牢中扻出裘统政。”(19/26)

(4)同上：“方同扻出裘统政，将他二人性命倾。”(19/28)

(5)同上：“飞龙又那来吩咐，扻出两个大奸臣。”(19/29)

按：“扻”，从手欠声。《汉语大字典》中，“扻”记录有三个音义：①zhì。同“栉”，梳理。②sǔn。同“损”，减少。③kǎn。同“轗”，击。(2010：1946)但以上诸义皆与例句不合。我们认为：“扻”当是“牵”的俗写。因与手部动作有关，故加以“手”旁。民国抄本《百鸟图宝卷》：“文达极死回魂转，头颈套子细链条。立刻牵到常州县，相验坐堂诉根苗。”(19/102)“苦怜文达公子小，今日禁子牵进后监牢。”(19/103)“监中牵出犯人潘文贵一名，忙将硃笔判定。犯人牵到法场中，两边兵马乱哄哄。”(19/108-109)“牵”在例句中指“牵押罪犯”，此义置于《麒麟豹宝卷》诸例中，正合。由此，“扻”即“牵”的俗写。

俗写常常造成同形字，今“锨”字俗写或作“扻”。《中国民间宝卷文献集成·无锡卷》第4册《弃子得金》：“说乃郭巨，拏个泥篮匾担铁扻，走到荒埄头上，连忙个开潭潭。”(2014：2128)据文意，“扻”即“杴”，今作“锨”字。《玉篇·木部》：“杴，许严切。锹属。”俗书“木”“扌”不分，故又作“扻”。

十一　ラ

(1)民国抄本《双珠球宝卷》：“司爷道：‘若要剿灭延ラ寺，要用里行外合，带流星三个，里势放外边动手，再用美女武艺刚强，可以出大人。’”(19/350)

(2)同上：“秀英即忙扎扮，叫朱福家人去办香烛，一同到延ラ寺烧香。”(19/350)

按：“延ラ寺”当为寺名。据异文知为“延庆寺”。如：“再有个常州人名叫超范，藏在城外延庆寺内。”(19/340)“若要剿灭延庆寺，清闲自在吃筒烟。”(19/351)“十只寺院九只善，常州延庆寺猛门。”(19/351)则“ラ”当为“庆”字。

宝卷中与“ラ”相近的字形还有“ァ”“ぅ”：

(3)旧抄本《珍塔宝卷》：“你家世代忠良善，德门余ァ古来闻。”(20/15)

(4)民国抄本《花名宝卷》：“不消一月完工，各府各员都来ぅ贺，不是亲来也是亲”。(20/701)

“德门余ァ”即“德门余庆”，“ぅ贺”即“庆贺”。“ァ”“ぅ”都是“庆”字。“ァ”当为“庆”字的省写，只保留部首“广”，又因连笔书写，形成“ラ”“ぅ”。

综上，宝卷中的俗讹字丰富多样，复现的异文材料为我们考释疑难俗字提供了有益的帮助。对宝卷文字的整理研究有利于展现民间手抄文献文字的书写状况，探究俗讹字的讹变过程。同时，部分字形在一定程度上反映了书写者对其的不同理解，如“佛”“圣”的诸多俗写，这对丰富近代汉字研究有着积极的意义。

征引书目

东汉・许慎《说文解字》(注音版)，宋・徐铉校定，愚若注音，中华书局，2015。

北宋・陈彭年等《大广益会玉篇》，中华书局重印本，2004。

北宋・陈彭年等《宋本广韵》，江苏教育出版社，2008。

北宋・丁度《集韵》，中国书店，1983。

明・梅膺祚《字汇》，上海辞书出版社，1991。

明・张自烈《正字通》，清・廖文英编，董琨整理，中国工人出版社，1996。

清・翟灏撰《通俗编》，颜春风点校，中华书局，2013。

清・詹逢光辑《新安乡音字义》(南江涛选编《汉语方言文献研究集刊》第9辑)，国家图书馆出版社，2013。

车锡轮主编，钱铁民分卷主编《中国民间宝卷文献集成・江苏无锡卷》，商务印书馆，2014。

古本小说集成编委会《古本小说集成》，上海古籍出版社，2017。

濮文起《中国宗教历史文献集成・民间宝卷》，黄山书社，2005。

王建军《清至民国岭南杂字文献集刊》，广西师范大学出版社，2018。

参考文献

[1]汉语大字典编辑委员会编纂. 汉语大字典(第二版)[M]. 武汉：崇文书局；成都：四川辞书出版社，2010.

[2]李华斌. “支微入鱼”补正[M] //民俗典籍文字研究(第27辑). 北京：商务印书馆，2021.

[3]李静. 草书字典[M]. 杭州：西泠印社出版社，2013.

[4]李琳华. 佛教难字字典[M]. 台北：常春树书坊，1990.

[5]李荣. 现代汉语方言大词典[M]. 南京：江苏教育出版社，2002.

[6]刘正印，李运富. 越南少数民族汉籍及俗字释例[J]. 古汉语研究，2021(02)：9-18，126.

[7]缪树晟. 四川方言词语汇释[M]. 重庆：重庆出版社，1989.

[8]王文虎，张一舟，周家筠. 四川方言词典[M]. 成都：四川人民出版社，1987.

[9]曾良. 明清小说俗字研究[M]. 北京：商务印书馆，2017.

Interpretation of Vulgar and Erroneous Characters in Baojuan(宝卷)

Zhou Taikong

Abstract: Baojuan(宝卷)is an important folk religion and popular literature material from the Ming and Qing Dynasties to the Republic of China. There are many vulgar and corrupt words in Baojuan(宝卷). The article takes Popular Baojuan(民间宝卷)as the research object, and uses different texts and inductive parallelism to examine and explain more than ten examples of common and corrupt characters. To show the use of characters in folk manuscripts and enrich the research results of modern Chinese characters.

Key words:Baojuan(宝卷),vulgar characters,textual research

通信地址:安徽省合肥市蜀山区肥西路 3 号安徽大学(龙河校区)文西楼
邮　　编:230039
E-mail:2871321165@qq. com

《甬言稽诂》的成就和不足*

周志锋

内容提要 近人应钟撰写的《甬言稽诂》是一部考证宁波方言的专著，该书有不少创获，也有很多失误。其学术成就主要体现在以下几个方面：考证了一批宁波方言词语的来源和本字；揭示了宁波方言语音演变的一些特点；探讨了一些有关方言来源、构词特点、音义关系、方言接触等理论问题。不足之处主要有：考证方面的疏失；方法论方面的疏失；多说并存与同词异解等方面的疏失。《甬言稽诂》存在的问题既有个人原因，也有时代原因，所以要从历史的角度客观地予以评价。

关键词 《甬言稽诂》 成就 不足 宁波方言

近代宁波鄞县人应钟先生写过一部方言著作《甬言稽诂》，现存稿本，藏于宁波天一阁博物院。迄今为止，学界对这部书知之甚少，相关研究还是空白。但是，许宝华、宫田一郎主编的《汉语方言大词典》引用该书稿 1400 多条，这从一个侧面说明该书具有较高的学术价值，而且已经有了一定的社会影响。笔者目前正在从事《甬言稽诂》的校注及研究工作，据考证，应钟（1907—1969），原名应石麟，宁波鄞县下应（今属鄞州区下应街道）人，是一位自学成才的传统语文学家。《甬言稽诂》，用文言写成，正文 10 卷，另有附录《变音》和《补遗》，共分 11 册，全书 40 余万字，写作时间长达 10 年。关于应钟先生的生平学行以及《甬言稽诂》的成书过程、编写体例和总体情况，笔者在《应钟和他的〈甬言稽诂〉》（见《浙江大学学报》人文社会科学版 2021 年第 6 期）一文里已有论及，本文拟在此基础上对《甬言稽诂》的成就和不足作进一步评述。

一 《甬言稽诂》的成就

（一）考证方言本字

“甬言稽诂”就是“宁波方言考证解释”。顾名思义，考证和解释宁波方言的来源和本字是《甬言稽诂》的写作宗旨。从总体看，作者在探寻宁波方言源头、考求宁波方言本字方面有许多创获，这也是该书的价值和成就所在。下面分几个方面介绍。

1. 钩稽古训以求本字

方言多本古训，古训多存方言。由于古今词汇兴替、词义演变，方言与雅训之间已很难

* 本文是国家社科基金项目“《甬言稽诂》校注及研究”（19BYY160）的阶段性成果之一。

直接沟通了。从事方言历时研究的学者就要旁稽博考,探赜索隐,努力挖掘方言中的古词古义,把业已断开的古今链条重新连接起来。作者在这方面用力甚勤。例如:

> 泽 《礼记·曲礼上》:"共饭不泽手。"郑玄注:"泽,挼莎也。"疏:"与人共饭,手宜絜净,不得临食始挼莎手乃食也。"钟案:《说文》:"挼,两手相切摩也。"泽谓两手切摩以去垢秽也。甬俗濯衣帛,以两手切摩涤除其垢曰"泽"。或谓之"搓"……泽与择同音,皆音宅,本皆澄纽,甬皆转从纽。(《释行事》"泽捌"条)

宁波话管洗叫"汏"(音丈[dʑiã^{213}],本字为"净"),在清水里搓洗叫"泽"[dzɐʔ^{12}]。这个词汤编本《宁波方言词典》不收,朱编本《宁波方言词典》及《阿拉宁波话》(修订版,下同)均收之,写作"濯"。如《阿拉宁波话》"濯"条:"音宅。在清水里搓洗:毛巾～一把|衣裳～～出。《广韵·觉韵》:'～,澣～。直角切。'"(2016:159)"濯"音浊[dzoʔ^{12}],而不是宅[dzɐʔ^{12}]。写作"濯"是因为我们找不到合适的字不得已而为之。"泽"有搓揉义(见上),又有洗涤义,如唐元稹《和乐天赠樊著作》:"解悬不泽手,拯溺无折旋。"清顾炎武《天下郡国利病书·云南二》:"江涘苗人以石垔就水泽发。""泽"与宁波话表示在清水里搓洗的这个词音义密合,应氏此说颇有见地。

> 慉 《说文·心部》:"慉,起也。"许六切。《诗·邶风·谷风》:"能不我慉。"传曰:"慉,兴也。"兴、起义同,皆奋动之意。今心振奋欲有所为,俗称"慉慉动",即其字。自动曰"慉",动人亦谓之"慉"。今以词鼓厉人心,令其奋起有所为,亦云"慉"。(《释言》"慉"条)

"慉慉动",宁波话形容萌发想做某件事情欲望的样子(此词朱编本、汤编本《宁波方言词典》及《阿拉宁波话》均失收)。如:"拨其一讲,我心里也慉慉动嚯。""阿哥买了一部宝马,阿弟慉慉动也想买一部。"尽管《诗经》"能不我慉"的"慉"各家有不同解释,但"慉"《说文》训"起也",《玉篇》训"兴也",且其字从心,与宁波话"慉慉动"的"慉"音义吻合。宁波话"慉"还有一种用法,当怂恿、逗引、激讲,如:"该人交关精明,慉勿动个。""小张该抢股票做介好,钞票慉其眼出来请请客。"此词朱编本《宁波方言词典》写作"旻"(1996:252),汤编本《宁波方言词典》及《阿拉宁波话》写作"嚎"(1997:369;2016:141),但"旻""嚎"其实无此义,用的是同音字。应氏谓"自动曰'慉',动人亦谓之'慉'",就把"慉慉动"的"慉"与当怂恿讲的"慉"两者很好地贯通了。其说可从。

2. 考察音变以求本字

除了古词消亡、词义演变之外,导致方言本字不明的另一个重要原因是语音变化。诚如应钟所说:"音变字讹,辗转附会,方言义理之多歧,往往如此。"(《释疾病》"瘪作癟"条)有鉴于此,应氏往往通过梳理古今语音变化的轨迹来探求本字。例如:

> 炊 甬俗蒸米作饭,必须二次。初蒸,米虽熟,而粒未舒张,质坚未柔,须倾入桶中,沃以沸汤而均之,奄覆密贮,以俟其舒张。及既舒,复蒸之成饭,乃可食。其初蒸,古谓之"饙"……复蒸之,古谓之"馏"……甬俗称饙为"头处饭",馏为"二处饭",处音似黐,实乃炊字。炊音同吹,甬音呼吹亦如处,支、鱼声近,故相转。吹、处皆穿纽,今音穿、彻每相混,故甬音处又似黐。(《释食》"黐"条)

汤编本《宁波方言词典》收有"头处饭"(1997:195)、"二处饭"(1997:34),"处"注音[tsʻɥ^{44}],当是记音字。音义接近的还有一个"次"[tsʻɿ^{44}],但宁波话量词不说"次",且"次"不读[tsʻɥ^{44}]。所以应钟的说法是富有建设性的。"吹",宁波话文读[tsʻɐɪ^{53}],白读[tsʻɥ^{53}],"炊""吹"同音,同隶《广韵》支韵,都是昌垂切,则"炊"按理也可白读为[tsʻɥ^{53}]。"炊"在闽语厦门方言里可作量词，用于蒸的次数（李荣，2002：2377）。从理论上讲，“炊”在方言里作量词，前提是它可作动词当蒸讲。宁波话“炊”没有动词用法，但其他吴语里有，如金华话、温州话（均见李荣，2002：2376）、温岭话（阮咏梅教授告知）。因此我们同意应氏的说法，“头处饭”“二处饭”的“处”，正字当是“炊”。盛益民、马俊铭（2020）也认为，本字当为“炊”，南部吴语多用“炊”表示“蒸”。

腐 《说文·肉部》：“腐，烂也。”凡物烂者，辄柔弱如泥。烂通糷。故《尔雅》以饭之淖糜者谓之糷。今亦称物之糜烂如淖泥者谓之“腐”，豆腐、乳腐是也。腐，奉纽。古无轻唇音，今奉纽字古音为重唇並纽，故腐古音如簿。甬称物柔如湿泥者谓之“南簿簿”，即“淖腐腐”也。（《释地》“淤腐”条）

宁波话有[nɐɪ^{213} bu^{213} bu^{213}]一词，形容软软的，其中[nɐɪ^{213}]当作“皯”（《集韵·勘韵》：“皯，柔革。奴绀切。”），本字不是“淖”。[bu^{213}]，朱编本《宁波方言词典》写作“虌”（1996：257），汤编本《宁波方言词典》写作“蒲”（1997：168），《阿拉宁波话》写作“脯”（2016：262），均为记音字。“腐，奉纽。古无轻唇音，今奉纽字古音为重唇並纽，故腐古音如簿。”应氏这个说法，为我们寻找[bu^{213}]的本字提供了一个新思路：这个词写作“皯腐腐”更为贴切。此外，[bu^{213}]还可作动词，指沙、土等受挤压而往不同方向移动；还有“胀[bu^{213}]”一词，指米、面条等泡在水中过久而涨大。这些[bu^{213}]，似都可以写作“腐”。

3.辨识名物以求本字

“辨识名物”在逻辑上与“钩稽古训”“考察音变”不是并列的，考虑到方言名物的特殊性，我们把它单列出来进行讨论。例如：

王薨 甬之乡鄙，或呼蚁音如“王薨”。王，大也。古名物之大者，曰马、曰牛、曰王……薨者，蚼之转音。“王蚼”犹云马蚁也。蚼，呼口切，音吼，晓纽，开口呼。转合口鱼类，则为虎；侯、东对转，东、蒸声近，则变呼登切，如薨。慈溪山北人呼蚁亦如“王薨”。（《释鱼虫》“王”条）

宁波话里，蚂蚁有许多异称，如“蚂粉”“胡蜣”“蚂轰”等，见朱编本、汤编本《宁波方言词典》及《阿拉宁波话》（1996：254；1997：97；2016：113）。笔者老家北仑东部柴桥、郭巨一带叫“蚂轰”。其中“轰”正字为何，迄无所得。应氏“王薨”的说解，解决了这个疑难问题。《释鱼虫》“玄蚼”条：“《方言》十一：‘蚍蜉，齐鲁之间谓之蚼蟓，西南梁益之间谓之玄蚼。’《玉篇》：‘蚼，呼口、巨俱二切。蚍蜉。’《广韵·四十五厚》：‘蚼，蚍蜉名也。’呼后切。”“蚍蜉”是大蚂蚁，“蚼”也是蚂蚁。“蚼，呼口切，音吼，晓纽，开口呼”，“侯、东对转……如薨”（薨、轰同音）。应钟这种说法是有道理的。《阿拉宁波话》“伛”条：“音怄，又音瓮。弯（腰）；低（头）：～头磕脑|～倒施揖|背脊骨～酸。《说文·人部》：‘～，偻也。’清胡文英《吴下方言考》卷十：‘～，音欧去声。吴中谓低头曲背曰～。’”（2016：165）“伛”（yǔ），《广韵》於武切，侯部字，又可读欧去声[oeʏ^{44}]，又可读瓮[oŋ^{44}]，正可与“蚼”既读吼[hoeʏ^{35}]，又可读薨[hoŋ^{44}]比较互证，都属于“侯、东对转”①。

① “王薨”“蚂轰”只是大略的记音，“薨”“轰”是阴平字，“蚼”是阴上字，似乎声调不合；但“薨”“轰”也可以读作或写作“哄（hǒng）”，则声调相合了。按照连读变调规律，宁波话前字是阳上，后字是舒声调类，后字往往读31，也即“薨”“轰”与“哄”调值相同。“伛”是阴上字，[oeʏ^{44}]、[oŋ^{44}]都读阴去，声调不合；但从词义看，[oeʏ^{44}]、[oŋ^{44}]的本字就是“伛”。方言声调偶有与韵书不合的，如“鲳”，《玉篇·卤部》：“鲳，音昌。卤渍。”（“昌”是阳韵字，《广韵·阳韵》“尺良切”）本读阴平[tɕʻiã^{53}]，但宁波话里读阴去[tɕʻiã^{44}]。

> 蒲 《说文·瓠部》:"瓠,匏也。"《诗》作壶。《豳风·七月》:"八月断壶。"传:"壶,瓠也。"……瓠之变种甚多,甬产多非细腰,大者如斗囊,小者如儿首,可作蔬,俗呼音如"蒲"。其长圆如臂者,俗名"夜开花",藤蔓系于竹棚而生,日落开白花,日出花敛,故名。市肆名"长瓜",乡鄙或亦呼为"蒲"……瓠读如蒲,即其音之讹变。瓠,匣纽。匣之合口,往往与轻唇奉、微混,故甬音奉、微之凫、符、巫、无与匣纽之胡、壶,混无所别。瓠既讹读为凫,为唇音,又从凫之轻唇转重唇並纽,变为蒲。(《释草木》"瓠瓤"条)

宁波话称瓠瓜叫"夜开花",也叫"蒲"或"早蒲"。应氏认为,瓠读如蒲,是音变所致。瓠是匣纽字,匣纽合口字往往与轻唇音奉、微纽相混,所以宁波话奉、微纽的"凫、符、无"与匣纽的"胡、壶"声母混同无别。瓠既讹读为唇音凫,又从凫之轻唇音转为重唇音並纽,故变为蒲。经过以上梳理,由"瓠"到"蒲"的语音演变线索就很清楚了。另外,宁波老话"黄鼠狼看蒲样——吊杀""蒲子咬弗落咬茄子——畏强欺弱","蒲"本字也当是"瓠"①。

(二)揭示语音特点

方言与通语的最大差异是语音。加上方言中的古音遗留、文白异读、小称儿化、特殊音变等,方言语音面貌显得更加错综复杂。《甬言稽诂》在考证方言词语来源的时候,对宁波方言的语音现象尤其是特殊读法多有论析;在附录《变音(上)》《变音(下)》里,更是用20多篇文章集中探讨了宁波方言的变音问题,揭示了一些规律性的东西。

1.声母方面

疑、泥、娘、明、微、来六纽往往转亢音。例如:

> 凡疑、泥、娘、明、微、来六纽字,往往转鼻作亢音,《鄞县通志》谓之"反浊音"。反浊即清,与清音义溷,其名可商。(《释亲》"孋媓"条)凡疑、泥、来、娘、明、微诸纽,不清又不浊者,往往转亢音,深喉出之。(《释动作》"矖盯"条)凡来纽字往往转亢音,如搋铃之搋、镂空之镂、拉车之拉、拎物之拎、辚辚车声之辚,皆其例。(《释行事》"捞"条)俗音"蛮"以亢音读之。凡疑、泥、娘、来、明、微等不清不浊诸纽,往往激转亢音。(《释语》"茂僇"条)

以上揭示了这么一条语音规律:中古疑、泥、娘、明、微、来六纽字宁波话里有时读"亢音"。所谓"亢音",《鄞县通志》称为"反浊音",语音学上称为"紧喉音"。如"蛮好""野蛮",前一"蛮"读紧喉,实际声母是[ʔm],后一"蛮"带浊流,实际声母是[ɦm]。

轻唇音读作重唇音。例如:

> 古无轻唇音,今微纽字,古皆读重唇明纽……方言多古音之遗,故微纽字多作明纽。如尾音弭,蚊音如门,远望之望呼如忙,晚娘呼如曼娘,皆其例。(《释天》"溦浽"条)古无轻唇,读微纽如门。今听闻之闻、蚊虫之蚊、问路之问、物事之物,犹皆读明纽。(《释草木》"文椅"条)古读微纽为明纽。今呼"晚娘""晚稻",晚音如慢,犹古音也。(《补遗》"晚莫荒"条)

清代学者钱大昕有"古无轻唇音"的说法,应钟用宁波方言的实例既印证了钱氏的理论,又据以解释了相关宁波方言词的读音。

---

① "蒲"的本字还有另外说法。盛益民、李旭平(2018:62)认为,表示瓠瓜的[bu²]本字是"匏","匏"《广韵·肴韵》薄交切,读-u保留了上古幽部的读音。可备一说。

2. 韵母方面

桓韵读若模韵。例如：

> 吴越读桓、换韵字往往误若模、姥韵者。如读盘若部，管若古，满若姥，款若苦，皆是。（《释货》“溥市贯”条）桓、缓、换韵字今每混作模、姥、暮韵。如馆音混固、半音混布、叛音混哺是。（《补遗》“乱私”条）

这是说，中古山摄桓韵的帮、见、影组字，宁波方言读鼻化韵母，如盘读[bũ²⁴]，管读[kũ³⁵]，满读[mũ²¹³]，款读[k‘ũ³⁵]等。这类字新派宁波话有鼻化韵消失的趋势，即分别读成部（阳平）、古、姥、苦。

先仙韵读作齐韵。例如：

> 甬音急促，外地人故云声硬。阳声字往往缩其鼻音而不见，遂变为阴声。故先仙韵字，有读作齐韵者。如舌头音之颠、天、田、年，读若低、梯、题、泥；重唇音之编、篇、便、眠，读若蓖、批、鼙、迷；从心之钱、鲜，读若齐、西；匣影之贤、烟，读若奚、翳；来之莲，读若藜；疑之妍，读若倪。盐添严韵今既与先仙混，故亦与齐混也。（《变音下·杂说》）

以上揭示了宁波方言韵母方面的一个特点：中古咸开三盐、严韵，咸开四添韵，山开三仙、元韵，山开四先韵的字，如“尖钳险盐”“剑欠枕严”“店甜兼谦”“编绵连件”“建健宪堰”“边天面烟”等字，普通话读 ian 韵，今宁波方言读 i 韵，与蟹开四齐韵、止开三支脂之微韵字同韵。有人说宁波话比较“硬”，这也是“硬”的一个表现。

3. 其他方面

方言往往存正音。例如：

> 《说文·肉部》：“脘，胃府也。”《广韵》音管，《广雅·释器》曹宪亦音丸，喉牙见匣通转也。今俗读如腕者，又从丸音之匣纽浊音转清，入影纽。胃之上脘，正当胸中，故称胸中曰“胸脘头”。脘正读如管，方言却存正音。（《释形体》“脘膻中”条）

宁波话管胸腔、胸口叫“胸脘头”，“脘”音[kũ³⁵]，与“管”同音。“脘”“管”同属《广韵》缓韵，古满切。《释货》“资”条说：“字音有讹读者，方俗语往往反存其正音”，此即其例。

方言上下字同化叠韵。例如：

> 方言联绵为词，有下字从上字音变，同化而叠韵者。如……炒米粉，呼若“炒冒粉”，米随炒叠韵而变……和众，谓全数也，俗呼若“和佐”，众随和叠韵而变佐。然亦有上字随下字音变而叠韵者。如全数曰“和众”，或呼作“红众”，则和随众叠韵而变红……大家，谓共同也，俗呼大变麻韵，为徒嘉切，则大随家叠韵而变入麻韵……端午，俗呼若“董红”，虞、东同入，午既转东韵而变红，端亦随红叠韵而变董。（《变音下·方言上下字同化叠韵说》）

此说有一定道理，可以解释一些特殊的语音现象。如炒米粉（大米炒熟后加糖、干橘皮等配料磨成的粉末），宁波话叫“炒毛麸”（一般不说“炒冒粉”），“毛”字费解，应氏“米随炒叠韵而变”不失为一种合理的解释。又如当代词及副词一起、共同讲的“大家”音[do²¹³ ko⁵³]，“大”字读音颇为特别，用“大随家叠韵而变入麻韵”来解析，令人信服。

（三）探讨相关理论

作者在考证宁波方言的过程中，也探讨了一些理论问题，包括方言来源、构词特点、音义关系、方言接触等。这些论述往往散见于具体词语考证当中，其中有些对我们更好地认识方言、解释方言有积极意义。择要介绍如下。

1.方言多本雅训

全书诸如此类的论述有不少,如:“方言名物,多本雅训。”(《释衣》“黎鞮”条)“方言名事物,初聆似不可解;细核之,皆隐含古训。”(《释衣》“纳”条)这些观点与黄侃(1983)“今世方言本之远古,今语之名物皆有所由来”一脉相承。例如:

《方言》七:“隑企,立也。”《广雅·释诂四》:“隑、起,立也。”曹宪音隑巨代反,而于《释诂二》隑音牛哀反。见“长也”条中。今慈溪山北人称立曰“隑”,或曰“隑起”,隑正读牛哀音。方言多本古训,而讹读别义之音,往往有之。巨代反,群纽;牛哀反,疑纽。(《释动作》“隑企”条)

宁波话里,“隑”字群纽巨代反与疑纽牛哀反两个读音仍然保留,前者音[ge²¹³],义为斜靠,如“墙倒隑着壁,呒子靠阿侄”,字后作“戤”;后者音[ŋe²⁴],义为站立,如“东立立,西隑隑”,与“慈溪山北人称立曰‘隑’”用法相同。宁波话“隑”字两个音义有所自。又,《汉语方言大词典》(修订本,下同)“疑”条义项②:“立。吴语。浙江绍兴。章炳麟《新方言·释言》:‘今浙东绍兴谓立为～,读如碍。’”(许宝华、宫田一郎,2020:6002)此“疑”本当作“隑”。

2.用仿词造新词

“仿词”是一种修辞手法,就是根据表达需要,更换现成词语的某个语素,临时造出新的词语。方言词也有利用“仿词”创造的。例如:

今谓鱼死曰“文”,胎儿死者亦曰“文”。文无义,即殇之音变也。死与活对,文与武对。既称死者为“文”,遂以生者为“武”。俗称鱼类之活者为“武”,如望潮鱼之活者曰“武望潮”。乃因讹而讹之辞。犹鱼肉之经冷藏冰冻者俗呼“冷气货”,其未经冷藏冰冻者则云“热气货”。其实何尝有“热气”哉?不过对“冷气货”反词云尔。(《释疾病》“殇”条)

死了的鱼或胎儿叫“文”,活着的鱼叫“武”,今已没有这种说法了,但应氏记录的语言现象却很有意思。原来“武望潮”之名是根据“文望潮”仿造出来的。至于“冷气货”与“热气货”,应氏的解释也非常到位,“冷气货”的确“冷”,“热气货”未必“热”,后者不过是仿造词语。今宁波话犹管冻肉为“冷气肉”,管鲜肉为“热气肉”。

3.声相若义相通

声近义通这种语言现象古代语言学家很早就注意到了,到了清代,乾嘉学派把它发展成为一种重要学说。应钟则把这种学说运用到方言研究当中,书中时有论及,如:“㾾、空双声,亦东、阳声近相转,故训空诸字,多在溪纽。如窠、科、窾、窟、廓、丘、窍、窐、罄、阙皆是。”(《释语》“㾾窒”条)“凡方言中纵缓义字,多在透纽。”(《释语》“繿褛韬纾”条)他如:

《说文·禾部》:“稬,沛国谓稻曰稬。”《玉篇》:“稬,乃唤切,黏也。又乃卧切,秫名。”秫,亦稷之黏者,见《说文》。亦为黏稻之称。见崔豹《古今注》。稬从耎声,古音本在元类,元、歌对转,故又音乃卧切。稬,俗作穤,见《玉篇》。今又作糯。钟案:稬之言偄也。《说文》:“偄,弱也。”穤之言儒也。《说文》:“儒,柔也。”稬、穤皆谓其性柔弱,为食不坚硬也……凡声相若者,义每相通。(《释食》“稬”条)

应氏谓“稬之言偄也”“穤之言儒也”,是。“穤(糯)”不仅与“儒”音义相通,还与“懦”同源。又,耎声与需声亦音义相通。

4.方言接触与比较

方言的产生和发展不是孤立的,方言与方言之间、方言与通语之间往往是互相作用的。

应氏在考证过程中，既注意外来语对本地话的影响，也注意方言之间的比较。例如：

甬地渔民称作为音如“念”，为何事曰“念所些”，《广韵·十二霁》：“些，何也。”苏计切。当何为曰“那念念”。此本绍兴语，甬地渔民多绍籍，故所言多绍语。外来语流传既久，往往成为土语。犹异方花木移种既久，遂作土产矣。（《释行事》“嬖义”条）

“甬地渔民称作为音如‘念’”，以及“念所些”“那念念”，今未闻。但“外来语流传既久，往往成为土语”的说法，颇有道理。

今谓河泽中小螺曰“私螺”。俗作蛳。蛳字《广韵》始有之，《六脂》：“蛳，蛳螺。”外地人或倒语为“螺蛳”。（《释鱼虫》“私师”条）

“螺蛳”，宁波话叫“蛳螺”，与普通话同素异序。应钟拈出《广韵》的材料，原来古人也叫“蛳螺”，是“外地人或倒语为‘螺蛳’”了。书中不同方言的比较有不少，不赘举。

二 《甬言稽诂》的不足

（一）考证方面的疏失

考证方言的本字和来源颇为不易，音义密合是基本要求，最好还要有文献依据和其他方言旁证。《甬言稽诂》虽然在这方面取得了一些成绩，但是考证失当、结论可疑的情况也比较普遍。例如：

膠(𣏒)铺/桥铺 《广雅·释器》：“膠，几也。”曹宪音尸赐反。《玉篇》除姚切，《广韵·四宵》音翘。几者，坐具，亦以庋物，即今椅凳之属。今以几凳架版为床，谓之“膠铺”，膠音正如翘。或曰，“膠铺”字当作𣏒。《广雅·释器》：“𣏒，版也。”曹宪音兆。兆，治小切，音赵，澄纽。甬读禅纽，如绍，音之讹也。盖澄、床相混，禅为床之浅浊故尔。架版为床，故云“𣏒”。且𣏒又训“杠也”，《广雅·释器》：“𣏒，杠也。”杠者，床前横木。是𣏒又有床义。（《释器》“膠”条）

宁波话临时搭床铺叫“[dʑio²⁴]铺”，也叫“[dʑio²⁴]眠床”。应氏认为本字是“膠”或“𣏒”，但“膠”是几案义，“𣏒”是床板义（《集韵·小韵》：“𣏒，床板。”），义不合。且“方言名物，当不若是之隐僻”（《释禽兽》“獖”条）。汤编本《宁波方言词典》写作“撬铺”（1997：113），“撬”下加小圆圈，表示同音替代。《汉语方言大词典》引《甬言稽诂》用了一个同音字写作“翘铺”（2020：5277）。朱编本《宁波方言词典》及《阿拉宁波话》均写作“桥铺”（1996：298；2016：192）。当年我们编词典，写作“桥”，仅仅是记音。笔者最近发现，“桥”其实就是本字。“桥”有动词架桥义，如《史记·司马相如列传》：“桥孙水，以通邛都。”裴骃集解引韦昭曰：“桥，为孙水作桥。”在凳子上放板搭铺，与架桥极为相似，故搭铺叫“桥铺”。“桥铺”的“桥”与“膠”或“𣏒”无关。

阻漏/捉漏 《左传·闵二年》：“狂人阻之。”《吕氏春秋·知士篇》：“故非之，弗为阻。”服虔、高诱注并云：“阻，止也。”通作沮。《诗·小雅·巧言》：“乱庶遄沮。”《大雅·云汉》：“则不可沮。”传并云：“沮，止也。”阻、沮皆从且声，古音为鱼类，其入铎、陌、昔。阻、沮转入声，音变为作。阻，照纽，作，精纽，类隔相转也。沮，从纽，作，精纽，浊音转清也。甬俗修治屋漏曰“作漏”，谓止其漏也。有技拙，修治弗善，漏益甚者，则诮之曰：“斯诚作漏矣。”（《释宫》“阻沮”条）

这个词有“捉漏”“筑漏”“壆漏”等多种写法，正字当作“捉漏”，与“阻”“沮”无涉。《鄞县通志·方言(二)》：“甬称圬者在屋上觅雨漏处而修补之曰捉漏，谓如捕捉盗贼也。”《越谚》卷上“格致之谚”：“晴天捉漏，雨落照旧。”又卷中“屋宇”收有“捉漏”条，均是。宋闻兵(2007)、盛益民(2018)均有论析，可参。

(二)方法论方面的疏失

考证失当往往跟考证方法不够科学有密切关系。应钟用传统语文学的观念和方法来考证宁波方言，大量采用“音转”“合声”“字训联言”“同义类聚”等说法考本字求理据，还把许多词缀解释为实词。方法不得当，观念有问题，导致许多考证说服力不够强，许多结论虽有新意但难成定谳。

1.“音转”“合声”太随意

上面已经说过，语音变化是导致方言本字不明的重要原因，因此，考证方言必须关注古今语音的发展变化，准确把握古今语音的演变规律。《甬言稽诂》虽然也很重视探讨音变现象，但科学性方面存在欠缺：“音转”太随意，“合声”太离谱。例如：

> 酒餗/酒水　《说文·䰜部》：“鬻，鼎实。”桑谷切。字亦作餗。《字林》：“餗，鼎实也。”《易·鼎卦》：“覆公餗。”疏曰：“餗，糁也，八珍之膳，鼎之实也。”释文引虞翻云：“餗，八珍之具也。”《周礼·秋官·司烜氏》疏引《易·鼎卦》“郑义以为餗美馔”。古鼎食者，豪侈之筵，故鼎中食实必珍美。餗从束声，古音为侯类，侯、鱼声近，长言转平，音变为胥。今称盛筵为“酒胥”，俗又讹为“酒水”，以吴越呼水音如胥，之、鱼相转故也。(《释食》“鬻餗”条)

“鬻(餗)”，鼎中的食物，也泛指美味佳肴，词义有一定关联。但《广韵》桑谷切，是入声屋韵字。应氏谓“餗从束声，古音为侯类，侯、鱼声近，长言转平，音变为胥”，“之、鱼相转”，“酒胥”又讹为“酒水”，语音变化涉及屋→侯，侯→鱼，鱼→之。层级多，跨度大，难以信从。笔者以为本字就是“酒水”。《阿拉宁波话》“酒水”条：“①酒席(多指婚宴)：办了五桌～。《警世通言》第十五卷：‘看看十日限足，捕人也吃了几遍～，全无影响。’②酒席上的菜肴等：～交关好。”(2016:77)可参。

> 鸟卵/蛋　《说文·糸部》“绾”篆解曰：“读若鸡卵。”段玉裁注：“卵古读如关，绾音亦如是。”……今音卵力管切，与古读关为叠韵，而纽变矣。今呼卵音如弹，俗作蛋，盖“鸟卵”合声之变。鸟，本都了切，端纽，吊上声。甬语呼如吊，正音也。而字读如嫋，转泥纽，从北语而讹矣。卵，鸟产，故曰“鸟卵”。疾呼声合为疸，清音变浊，端转定纽，则为蛋。蛋本蜑简字。《广韵》：“蜑，南方夷。”今粤江舟居之蛋户是也。或以为团字，谓卵形团圞也。非。(《释禽兽》“鸟卵”条)

“蛋”非“鸟卵”合声之变。“蛋”音义源自“弹”，取弹丸义。汪维辉(2018)《汉语核心词的历史与现状研究》：“‘蛋’是近代汉语阶段兴起的一个口语词，最初写作‘弹’，清陈作霖《养龢轩随笔》云：‘鸡鸭卵谓之弹，取其如弹丸也。’解释‘弹’的理据正确可从。‘弹’始见于宋代，元明时期的白话文献中多见。……但由于‘弹’也是个多义词，而且很常用，容易产生歧义……后来又被另一个民间俗字‘蛋’所取代了，并且一直用到今天。”可从。

2."字训联言""同义类聚"多不确

应钟所谓"字训联言",是指训诂著作中被训释词与训释词(包括训释短语中的某个词)合在一起;"同义类聚"则是指训诂材料中两个或两个以上的同义词合在一起。作者在运用这两个术语的时候,又必定与"合声""音转"等连用。这种做法主观随意性很大,观点很难置信。例如:

> 肿胅/瘃 《说文·肉部》:"胅,骨差也。"徒结切。《通训定声》:"谓骨差突出也。"引伸为突起而肿者皆曰胅。《尔雅·释畜》"犦牛"郭璞注:"领上肉胅起,高二尺许。"释文:"即今肿领牛。"胅与肿义似,故《广雅·释诂二》:"胅,肿也。"字训联言,"肿胅"疾呼,声合如䪼,之出切。䪼亦隆起义。甬俗称头上隆起如核者呼如"䪼"。鹅头突起之硬骨曰"鹅䪼",老寿星头额突出如球者谓之"寿星䪼"。(《释形体》"肿胅"条)

"鹅䪼""寿星䪼"之"䪼"非"肿胅"字训联言之合音,本字为"瘃"(音足)。《说文·疒部》:"瘃,中寒肿覈(核)。"陟玉切。宁波话冻疮叫"冻瘃",引申之,鹅头上突起的肉质、人头上鼓起的包也叫"瘃"。如"公鹅瘃","头里撞起一只瘃"。

> 顡誖脀/鞋荸驰 《说文·页部》:"顡,痴不聪明也。"五怪切。《肉部》:"脀,騃也。读若丞。"《广雅·释诂三》:"騃、誖、脀,痴也。"顡,疑纽,牙、喉通转,疑多转匣。如五、伍、午、忤读若户是。顡转匣纽,则音如鞋去声。甬呼鞋袜字为合怪切,开口呼。脀读丞,丞本禅纽,禅、澄常相转,说见前。故今读丞多如澄。脀既读澄,蒸、之对转,音变为驰。甬称痴騃不慧者音如"鞋荸驰",即"顡誖脀"之转音耳,皆类聚痴义字为词也。(《释流品》"顡誖脀"条)

宁波话管低能儿、痴傻的人叫"鞋荸驰",字或写作"鞋蒲荠",本字不明。但可以肯定的是,不可能是类聚《广雅》痴义字为词,不可能是"顡誖脀"之转音。应氏于《释衣》"淡荀"条说:"方言似不致用此僻词。"这句话正可施于本条。

3.类义词"以同义词命名"太机械

应钟认为,表示同类概念的词语,其命名理据往往相同。比如地名多取地界义或坟墓义,妓女、妖冶之女多取美好义,女佣(娘姨、矮姆)取奴婢义,生气、光火类词语来自愤怒义,满意、疼爱类词语来自爱怜义,等等。实际上,类义词的得名之由可以各不相同。用简单划一的方法来解释丰富复杂的词语理据,得出的结论大多经不起推敲。请看《释地》"畷""畦""畔""埸疆"等条:

> 畷/墶 《说文·田部》:"畷,两陌间道也。"……间道所以为界……则畷亦有界义。张劣切为知纽。古音无舌上,今知纽字于古读端纽。则畷古音如掇……今鄞地名,有康家墶、傅家墶、屠家墶等者,墶即畷之讹。谓其地康姓、傅姓、屠姓之界也。墶后出俗字。
>
> 畦/汇、横 《苍颉篇》:"田五十亩曰畦。畦,埒也。"故畦亦有区界义……畦本户圭切……户圭音似汇。甬乡有以"汇"名者,如李家汇、鲍家汇、符家汇。汇即畦也,谓李姓、鲍姓、符姓之区界也。
>
> 畦从圭声,古音为支类。支、耕对转,耕、庚声近,音变为横。鄞地名有以"横"称者,如童家横、任家横。横即畦之转音,谓童姓、任姓之区界也。
>
> 畔/畈 田界/埭 《说文·田部》:"畔,田界也。"薄半切。浊音转清,並转帮纽,音变为半。桓、寒、元、删同类相转,又变为板……畔既纽、韵俱变,俗字作畈。鄞地名有林家畈、薛家畈等,谓林姓、薛姓之田界也。
>
> "田界"疾呼声合为大。卦、泰声近。地有以"埭"名者,如周家埭、孟家埭、应家埭等。埭读

如大。本谓周姓、孟姓、应姓之田界。《玉篇》:“埭,徒赉切。以土堨水。”考其地无堨水处,故知其为谐声借字。

埸疆/洋 《诗·小雅·信南山》:“疆埸翼翼。”传曰:“埸,畔也。”畔,田界也。故《广雅·释诂三》:“疆、埸、畔,界也。”《说文新附》:“埸,疆也。”埸从易声,古音为支类。支、耕对转,耕、阳声近,音变为洋。“埸疆”字训联言,声合亦为洋。甬地名有以“洋”称者,其地本不濒海,如何家洋、李家洋、鲍家洋等。谓其地何姓、李姓、鲍姓之界也。

作者对康家堷、李家汇、童家横、林家畈、周家埭、何家洋等宁波地名中的“堷”“汇”“横”“畈”“埭”“洋”等词进行溯源,认为都由本来表示界、区界、田界、边界义的词音转或合音而来,均属牵强附会。堷(音答),用作地名,意为一块地方(《集韵·盍韵》:“堷,地之区处。德盍切。”);汇,本指众水合流之处;横,指区域横延之处;畈,取田畈义;埭,取土坝义;洋,本指滨海之处。这些词各有来历。

4. 词缀多当实词解

词缀是附加在词根前后的构词成分,意义已经虚化,只表示语法意义,不表示实在意思。应钟基本上不承认词缀说,他在《释天》“沱霤”条说:“凡方言名事物,词末有云头者,皆有义理相切之字。或为同音,或为双声叠韵之转,或为合声,变化繁多。翟灏《通俗编》概以助词目之,未允也。”基于这种认识,作者把绝大多数词缀都当成了实词。例如:

覃/头 《说文·㫗部》:“覃,长味也。”《酉部》:“醰,甜长味也。”从系传本。两字音同义若。长味者,谓味之永,食已下咽,口中犹有余味在焉。《新方言·释器》:“今人通谓味为味道,本味覃也。双声相转,侵、幽对转,字变作道。覃之为道,若禫服作导服,谷道呼谷䁴矣。”钟案:道从首声,古音本在幽类。覃音转为道,或亦转为头,以幽、侯声近,幽尤无定纽字,欲作定纽,势必转入侯韵,音如头矣。今谓味咸苦者曰“苦头”,曰“咸头”,头即覃字也。甜味曰“甜头”,即“甜醰”也。食之有味曰“有吃头”,反之,曰“无吃头”,肴馔佐味之品曰“帮头”,头皆覃字,犹云味也。凡声色不悦耳者曰“无听头”,无可观者曰“无看头”,头亦覃字,味义之引伸也。舌所以味,故称舌为“舌头”。(《释食》“覃”条)

“苦头”“甜头”“吃头”“帮头”“听头”“看头”“舌头”的“头”,都是后缀,而非“覃”之音变(今宁波话形容有点儿苦说“苦意头”,不说“苦头”;“咸头”亦不说)。诸如此类的说法很多,据初步统计,全书有70多条词条论及“头”字,所涉及的具体词语的数量则更多了。至于其观点,显然是不足取的。另外,词缀“老”“子”也多有误解的,此不赘举。

(三)多说并存与同词异解等方面的疏失

一般而言,一个方言词只有一个本字或源头;一个方言词可以派生出几个相关的意思,这几个相关的意思也只有一个本字或源头。《甬言稽诂》在考证方言词语的过程中,往往有两说甚至多说并存的情况;也有把同一个词理解为不同的词而分别探源的;此外,前后矛盾、顾此失彼的现象也时有所见。下面分别举些例子。

1. 多说并存

这一现象比较普遍,既反映了作者缺乏自信,也反映了其考证过于随意。例如:

狙/覙/豸 《史记·留侯世家》:“良与客狙击秦皇帝博浪沙中。”索隐引应劭曰:“狙,伺也。一云狙,伏伺也。谓狙之伺物,必伏而候之,故今云‘狙候’是也。”狙,应劭音七预反，徐广音千怒反，皆清纽。北音清从为清浊，狙转浊音，入从纽；又鱼、阳对转，音变为匠。疾亮切。今伏伺呼如弶，其亮切。上声，本狙之音变。或曰，是觊之音变。《说文》："觊，司人也。读若驰。"司即今伺字。司人谓伺候人也。支、耕对转，耕、阳声近，音变为仗。

◇《说文·豸部》："豸，兽长脊，行豸豸然，欲有所司杀形。"池尔切。段玉裁注："司今之伺字，许书无伺。凡兽欲有所伺杀，则行步详案（审），其脊若加长。豸豸然，长皃。文象其形也。"豸，纸韵，支、耕对转，耕、阳声近，音变为仗。今伺以相害呼如仗者，即豸之语转。（《释行事》"狙"条）

宁波话暗中监视、守候呼如仗[ʥiã^{213}]，其词源，作者列了三说："狙之音变""觊之音变""豸之语转"（加◇号的第三说是补在书稿天头上的，当是作者最终观点）。"狙""觊""豸"与[ʥiã^{213}]语音差距很大，词义也不够密合。今谓本字就是"弶"。"弶"本是捕捉鸟兽的一种工具。唐玄应《一切经音义》卷一八："弶，今畋猎家施弶以取鸟兽者，其形似弓也。"用作动词，指用弶捕捉。《宋本玉篇·弓部》："弶，施罥于道也。"由此再引申，就有暗中监视、守候义，如："弶贼骨头"，"墙角落头弶其的"。

2.同词异解

明明是同一个词，却分析为几个不同的词，把简单问题复杂化了。例如：

少劣/薛 《说文·力部》："劣，弱也。从力、少。"《广雅·释言》："劣，鄙也。"鄙有贱小义，弱义亦近小，故今以优劣为对称，即贵贱义也。《广雅·释诂三》："劣，少也。"少犹小也，与鄙贱义近。字训联言，"少劣"声合为薛。今慈溪山北及余姚人称人物之下劣者呼如"薛"，凡不善，亦云"薛"。（《释流品》"少劣"条）

婎/肸 《说文·女部》："婎，一曰丑也。"许惟切。通作倠。婎，晓纽，齐齿呼。晓之细音每与心、审混，故婎音如徙……婎，脂韵，脂入于质，声促转入，音如肸。羲乙切。慈溪山北以及余姚等地凡称丑恶不良，皆呼如"肸"。（《释语》"婎颏"条）

瘊、瘊弱/削 《说文·疒部》："瘊，减也。"《通训定声》："本训为病减，转注为凡减损消退之称，经传皆以衰为之。"钟案：人之气血消退，又转为病，故《广韵·六脂》："瘊，病也。"此即虚弱之病。瘊为脂韵重音，声近灰韵。灰入于没，瘊转入声没韵，作细音齐齿，音如削。甬称人体衰弱多病谓之"削"，器物之窳薄不强固者亦云"削"。或云，削者，即"衰弱"急言之合声。《穀梁·序》："昔周道衰陵。"疏："谓衰弱陵迟。""衰弱"今常语，急言则合为一尔。（《释疾病》"瘊弱"条）

从语音看，"薛""肸""削"都是入声字，宁波话读音相同。从词义看，"今慈溪山北及余姚人称人物之下劣者呼如'薛'，凡不善，亦云'薛'""慈溪山北以及余姚等地凡称丑恶不良，皆呼如'肸'""甬称人体衰弱多病谓之'削'，器物之窳薄不强固者亦云'削'"，这几个意思是有联系的。应氏分三条讨论，提出四个源头（"少劣"合音、"婎"之音转、"瘊"之音转、"衰弱"合音），不确。其实，本字或源头只有一个，就是"疲"。《说文·疒部》："疲，病劣也。"《集韵·缉韵》迄及切，音吸。这个词不仅慈溪话、余姚话里习用，宁波话里也有，有"身体瘦弱""器物不坚固""不好；差"等三义，见《阿拉宁波话》（2016：234）；其他吴语如浙江绍兴话、杭州话、金华岩下话，徽语如浙江建德话也有这个词，义为"不好；差"，见《汉语方言大词典》（2020：3131）。

3.前后矛盾

有些方言词语的解说前后抵牾，令人无所适从。例如：

隙衅/皵丝 《广韵·廿二昔》："皵，皮细起也。"七迹切。亦入《药韵》，音鹊。俗于手足爪后有皮裂起者谓之“倒皵皮”，皵正读如鹊。竹木有坼裂，其皮芒翘起者，亦曰“皵”。谚云“扁担寻皵丝”，“象牙筷寻皵丝”。俗语称“皵丝”，本“隙釁”之音变。其本旨为吹毛求疵、抵瑕蹈隙之意。釁，震韵晓纽，真、脂对转，晓、审相似，釁转审纽脂韵，其音如师。今音脂、之无别，师、丝掍同，故讹为丝。(《释疾病》“皴皵”条)

隙斯/皵丝 《说文·𨸏部》：“隙，壁际孔也。”段玉裁注：“引伸之，凡坼裂皆曰隙。”……隙既引伸为坼裂，故人情之破裂亦云隙，隙又用为嫌隙怨仇义。《广雅·释诂二》：“斯、隙，裂也。”今谓窥间伺隙以寻衅，谓之“寻隙斯”，“隙斯”音似“皵丝”。俗讹而复緟益其词曰“象牙筷寻皵丝”，或曰“买扁担，寻皵丝”。(《释语》“隙斯”条)

“皵丝”，又叫“皵头”，指竹、木等表面的裂起处。“寻皵丝”即故意找碴儿。作者“皴皵”条说“俗语称‘皵丝’，本‘隙釁(衅)’之音变”，“隙斯”条又引《广雅》“斯、隙，裂也”之训，谓“‘隙斯’音似‘皵丝’”，即认为“皵丝”本来当作“隙斯”，互相矛盾。其实本字就是“皵丝”。

《甬言稽诂》内容很丰富，既有亮点，也有缺陷。应钟有良好的文字、音韵、训诂功底，又花了10年时间精研博考，因而于宁波方言古词古义多有发明；应钟毕竟是一位传统语文学家，观念和方法都受到历史局限性的制约，因而不可避免地出现这样那样的差错。所以我们要带着分析的眼光来阅读、使用和研究这部著作。

参考文献

[1]黄侃述，黄焯编. 文字声韵训诂笔记[M]. 上海：上海古籍出版社，1983：263.

[2]李荣主编. 现代汉语方言大词典[M]. 南京：江苏教育出版社，2002.

[3]盛益民. “捉漏”补说[N]. 语言文字周报，2018-02-21.

[4]盛益民，李旭平. 富阳方言研究[M]. 上海：复旦大学出版社，2018.

[5]盛益民，马俊铭.《老派宁波方言同音字汇——基于〈宁波方言词典〉的字音汇编与校释》[M]//《东方语言学》第二十辑，上海：上海教育出版社，2020年。

[6]宋闻兵.“捉漏”老略[J].《语言研究》，2007(1)：89-91.

[7]汤珍珠，陈忠敏，吴新贤. 宁波方言词典[M]. 南京：江苏教育出版社，1997.

[8]汪维辉. 汉语核心词的历史与现状研究[M]. 北京：商务印书馆，2018：258-260.

[9]许宝华，宫田一郎主编. 汉语方言大词典(修订本)[M]. 北京：中华书局，2020.

[10]应钟. 甬言稽诂[M]. 宁波：天一阁藏稿本.

[11]朱彰年，薛恭穆，汪维辉，周志锋. 宁波方言词典[M]. 上海：汉语大词典出版社，1996.

[12]朱彰年等原著；周志锋，汪维辉修订. 阿拉宁波话(修订版)[M]. 宁波：宁波出版社，2016.

The Achievements and Shortcomings of *Yong Yan Ji Gu*

Zhou Zhifeng

Abstract: *Yong Yan Ji Gu* written by *Ying Zhong*, a modern book, is a monograph on the textual research of Ningbo dialect. The book has many achievements and many mistakes. Theacademic achievements of the book are mainly reflected in the following aspects: the sources and original characters of a batch of Ningbo dialect words are researched; some characteristics of the phonetic evolution of Ningbo dialects are revealed; some theoretical issues issues related to dialect sources, word formation characteristics, phonetic and meaning relations, and dialect contact are discussed. The main shortcomings are: the negligence in textual research; the negligence in the methodology; the negligence in the coexistence of various views and the different interpretations of the same word. The problems in *Yong Yan Ji Gu* have both reasons of the individual and reasons of the times, so they should be evaluated objectively from a historical perspective.

Key words: *Yong Yan Ji Gu*, achievements, shortcomings, Ningbo dialect

通信地址:浙江省慈溪市白沙路街道文蔚路521号宁波大学科学技术学院
邮　　编:315300
E-mail: zhouzhifeng@nbu.edu.cn

再论《三朝北盟会编》的语言特点与内部差异*

许峻玮

内容提要 学界对《三朝北盟会编》的关注和研究还很不够,在版本流传、异文考辨、语言特点、词汇语法特征等几个大的方面都还有较大研究空间。本文介绍《三朝北盟会编》及其作者徐梦莘的基本情况,从总体上考察《会编》的语言特点,认为《会编》语言具有原始性、口语性、专业性三个特点,同时《会编》全书语言存在较大的内部差异。现有研究指出《会编》语言存在的"文白之别"现象,实际上只是《会编》语体差异的一个表现。本文认为《会编》语言存在语体差异的原因有三个,包括文献来源不同、个人语言习惯不同以及为了满足交际需要。

关键词 《三朝北盟会编》 语言特点 内部差异 语体

一 徐梦莘与《三朝北盟会编》

《三朝北盟会编》(以下简称为"《会编》")成书于绍熙五年(1194),是记载宋金和战史料的重要著作。作者徐梦莘,字商老,临江军清江县人。学界对徐梦莘的生卒年或有异说。《宋史·徐梦莘传》记载:"梦莘恬于荣进,每念生于靖康之乱,四岁而江西阻讧,母襁负而去,得免。……开禧元年秋八月卒,年八十二。"有人据此认为徐梦莘生于宣和六年(1124),卒于开禧元年(1205)。此说当为《宋史》误记。楼钥《直秘阁徐公墓志铭》指出:"公生于靖康之初元,岁在丙午。"即徐梦莘生于靖康元年(1126),《宋史·徐梦莘传》也说徐梦莘"生于靖康之乱",则徐梦莘生于靖康元年当无可疑。楼钥《直秘阁徐公墓志铭》还记载:"开禧元年,亲党为八十之寿,宴笑数日乃罢。"则开禧元年时,徐梦莘为八十岁。按《宋史·徐梦莘传》所说徐梦莘八十二岁卒,则应当卒于开禧三年。楼钥《直秘阁徐公墓志铭》亦记载:"三年八月,浴出,瞑目危坐而化,二十有一日也。"则徐梦莘卒于开禧三年八月二十一日,《宋史·徐梦莘传》所记不确①。

《会编》全书共二百五十卷,上帙记载宋徽宗政和、宣和间事,共二十五卷;中帙记载宋钦宗靖康年间事,共七十五卷;下帙记载宋高宗建炎、绍兴间事,共一百五十卷。其书大抵按年编

---

* 本文为国家社科基金青年项目"语体视角下的《三朝北盟会编》语言研究"(23CYY012)的阶段性成果。本文写作过程中得到导师汪维辉教授的悉心指导,《汉语史学报》编辑部和匿名审稿专家也为本文提出了很中肯的修改意见,谨致谢忱。文中尚存错误概由作者负责。

① 陈乐素(1986:104-113)将《宋史·徐梦莘传》的记载与楼钥《直秘阁徐公墓志铭》一一对照,条举《宋史·徐梦莘传》的舛误之处,认为:"此《传》全部记叙无一能越《墓志铭》范围者,则其为以《墓志铭》为根据,自无可疑。"邓广铭、刘浦江(1998:94)也指出:"《宋史》卷四三八《儒林传》中的《徐梦莘传》,间接依据《墓志铭》写成的。这篇传记非但不能于《墓志》有所补益,反倒讹谬多端,对于我们了解徐梦莘实在是毫无用处。"

排，每卷之下又以事分类。对于不好编年及分类者，则归之于"诸录杂记"，自靖康中帙七十一至靖康中帙七十五，共五卷。对于《会编》的内容、编纂体例及撰述目的，《宋史·徐梦莘传》说：

> 思究见颠末，乃网罗旧闻，会萃同异，为《三朝北盟会编》二百五十卷，自政和七年海上之盟，讫绍兴三十一年完颜亮之毙，上下四十五年，凡曰敕、曰制、诰、诏、国书、书疏、奏议、记序、碑志，登载靡遗。帝闻而嘉之，擢直秘阁。梦莘平生多所著，有《集补》，有《会录》，有《读书记志》，有《集医录》，有《集仙录》，皆以"儒荣"冠之。其嗜学博文，盖孜孜焉死而后已者。

《会编》篇幅甚巨，记事甚详。除记载宋金和战的始末外，还有相当篇幅是关于国家间文书往来、群臣奏疏等的原始材料，可补史书之缺。此外，《会编》卷三、卷四、卷十八等记载了女真语言、风俗、礼仪等早期史料，对于研究女真的起源与变迁极有意义。《会编》卷二十为抄录许亢宗《宣和乙巳奉使行程录》的内容，是研究宋金时期北方地理及交通的重要资料。卷二百四十四所引张棣《金虏图经》，介绍了金国的京邑、宫室、宗庙、禘祫、山陵、仪卫、旗帜、冠服、官品、取士、屯田、用师、田猎、刑法、京府、节镇、防御州军、地里驿程等内容，涵盖金国政治、经济、军事等各个方面，是研究金代历史的宝贵史料。《四库全书总目》评价《会编》为"其博赡淹通，南宋诸野史中，自李心传《系年要录》以外，未有能过之者"，可谓实至名归。

二 《三朝北盟会编》的语言特点

《会编》不仅在宋辽金史的研究中具有重要价值，还是我们今天研究宋代汉语的重要语料。《会编》有相当篇幅是关于宋金口头谈判的实录，徐氏征引文献秉持"其辞则因元本之旧，其事则集诸家之说，不敢私为去取，不敢妄立褒贬"的原则，如实记录了其所见私家史料中的口语成分，因此是汉语史研究可用的口语语料。正如梅祖麟(2000)所说："《三朝北盟会编》不仅保存着不少基本的史料，而其中所转录宋人和金人口头谈判的记载，又是研究北宋1120年左右口语的珍贵语料。"刘坚(1982)说："徐梦莘《三朝北盟会编》网罗旧闻，拾掇各书，记述宋徽宗、钦宗、高宗三朝与金人和战的始末，书中采用的《燕云奉使录》《茆斋自叙》《靖康城下奉使录》《山西军前和议奉使录》《秀水闲居录》等都有不少白话材料。"总的来说，《会编》语言具有原始性、口语性、专业性三个特点。以下分别论述。

(一)原始性

徐梦莘编著《会编》，征引资料极多，且基本照录原文，保留了诸多文献的原始面貌。如赵良嗣《燕云奉使录》、马扩《茆斋自叙》等，今原始材料已散佚不闻，仅能通过《会编》《续资治通鉴长编纪事本末》等窥探其原貌。陈乐素(1936:296)指出："《茆斋自叙》，马扩撰。扩，政之子，熙州狄道县人。史无传，此书亦早不传。而实际上其人与书皆于时代有相当重要关系。幸而《会编》与《系年要录》均详载其事迹，而《自叙》《会编》所引亦二十余段(《长编纪事本末》亦有数段)，可供研究。"梅祖麟(2000)按此思路，将《会编》和《续资治通鉴长编纪事本末》所引的《燕云奉使录》逐条对照，认为《会编》保存了口语原貌："拿《纪事本末》和《三朝》比较，可见《纪事本末》把《燕云》和《茅斋》某些白话的词句改写成文言。……改写成文言的原因是《三朝》和《纪事本末》体例不同。《三朝》是'提纲转录体',一件事情立个纲目,作扼要的叙述,然后就是一字不改地钞录原始资料,《三朝》作者徐梦莘主要的任务是编纂,书名叫《三朝北盟会编》。《纪事本末》是'叙事体',把李焘《续资治通鉴长编》及徐梦莘①《三朝北盟会编》里已有的资料简单扼要地叙述一遍,有一部分是钞录和改编,为了使文词统一起见,就把《三朝》里触目的白话改写成文言。"如《会编》"自今日议约既定,只是不可与契丹讲和"一句,《续资治通鉴长编纪事本末》改为"今日约定,不可与契丹复合也",将口语词"议约""只是""讲和"径改为文言词,则此段文字完全失去了作为宋代口语语料的价值。

除了《燕云奉使录》《茆斋自叙》这种原书早已散佚的材料,《会编》所引的著作有些今天仍能见到原本。将这类著作的原本与《会编》本作比较,就可以看出《会编》在征引材料时究竟能不能做到"其辞则因元本之旧"。宋代曹勋所作《北狩闻见录》②是记载靖康二年(1127)宋徽宗被掳北上之事的重要文献,陈振孙《直斋书录解题》、尤袤《遂初堂书目》等即著录此书,今存清抄本、《学海类编》本、《学津讨原》本等诸多版本③,《会编》《建炎以来系年要录》《宋史》《靖康稗史》等著作亦有征引《北狩闻见录》的内容④。将《北狩闻见录》原本与其他诸本相互对照,可以看出诸本在引用《北狩闻见录》材料时的倾向(见下表)。

表1 《北狩闻见录》诸本对照表

段落	《学海类编》本《北狩闻见录》	《会编》本《北狩闻见录》	《建炎以来系年要录》卷四	《宋史·后妃传》
A		三月二十八日,起发邢、赵之间,皇子元帅斡离不请观打围。契丹旧臣郭药师、张令徽初以天祚出奔,上表请归本朝,许之。爵以衮衣之贵,锡以金珠之优,使镇山后。一旦大金兵至,投戈乞命,至是遣出,令拜太上,药师曰:"昔日君臣,敢不尽礼。前日之降,力所不加,乞赦臣罪!"上曰:"天时如此,非公之罪,何赦之有?"药师等惭而退。(《会编》卷八十九)	初,上皇行至邢、赵之间,金右副元帅宗杰请观打围,遂遣郭药师奏谢。上皇曰:"天时如此,非公之罪。"药师惭而退。	
B	燕王途中以乏食薨,背敛以槽,犹露双足。	燕王途中以乏食薨,背敛以马槽,犹露双足。(《会编》卷八十九)	燕王俣以绝食薨于庆源境上,敛以马槽,犹露双足。	

① 原文作"赵良嗣",当为"徐梦莘"之误。

② 书名又作《北狩见闻录》,参看潘思琦(2016)。

③ 参看潘思琦(2016)。

④ 匿名审稿专家指出:"现存的所谓《北狩闻见录》原本很大可能其实是从《会编》里面抄出来的,因为现存原本内容并没有超过《会编》,甚至还比《会编》简略。"邓广铭、刘浦江(1998:103)也认为:"曹勋《北狩见闻录》……今天的传本其内容都不超出《会编》的引文,估计是后人从《会编》里辑出来的本子。"关于今本《北狩闻见录》的来源,尚待进一步考察。感谢匿名审稿专家为笔者指出这一点。

续表

段落	《学海类编》本 《北狩闻见录》	《会编》本 《北狩闻见录》	《建炎以来系年要录》 卷四	《宋史·后妃传》
C	徽庙在路中苦渴，令摘道旁桑椹食之，语臣曰："我在藩邸时，乳媪曾啖此，因取数枚食，甚美，寻为媪夺去。今再食而祸难至，岂非桑实与我终始耶？"	太上在路中苦渴，摘道傍桑椹食之，语勋曰："我在藩邸时，乳媪曾啖此，因取数枚食，美，寻为媪夺去。今再食而祸难至，岂椹为我终始耶？"(《会编》卷九十八)	上皇道中苦渴，摘桑椹食之。(此并据曹勋所进《北狩录》)	
D	徽庙过河数日，宣谕曰："我梦四日并出，此中原争立之象。不知中原之民，尚肯推戴康王否？"臣曰："本朝德泽在民，至深至厚，今虽暂立异姓，终必思宋，不肯归邦昌，幸宽圣念。"又曰："我梦想不忘，第记此梦。"次日，宣谕臣曰："我左右惟尔后生健步，又备知我行事，与我持信寻康王，庶知父母系念于彼，及此行艰难。"勋曰："仰赖天威，可以伺便冒围而出，愿不辱命，得达圣心。"	太上自北狩出城起行，至过河旬日后，宣谕勋曰："我梦四日并出，中原争立之象。不知中原之民，尚肯推戴康王否？"勋曰："本朝德泽在民，至深至厚，今虽暂立异姓，终必思宋，不肯归邦昌，幸宽圣念。"又曰："我梦想当不妄，第记此事。"次日，宣谕勋曰："我左右惟汝后生健步，又备知我行事，为我持信寻康王，庶知父母系念于彼，及此行艰难。"勋曰："臣仰赖天威，可以伺便冒围而出，愿不辱命，得达圣意。"(《会编》卷九十八)	至真定，入自东门，市人皆哭。过河十余日，谓管干龙德宫、合门宣赞舍人曹勋曰："我梦四日并出，此中原争立之象。不知中原之民，尚肯推戴康王否？"	
E	是晚下程，徽庙出御衣三衬一领(俗呼背心)，折领写字于领中，曰："可便即真，来救父母。"并押，计九字，复缝如故付臣。勋又索于懿节皇后，得所带金耳环子一只(双飞小蛱蝶，俗呼斗高飞)，云："是今上皇帝在藩邸时制，以为的验。"	是晚，太上出御衣三衬一领(俗呼背心)，折领写字于领中，曰："可便即真，来救父母。"并押，计九字，复缝如故付某。又索邢皇后，得所带金耳环子一只(双飞小蛱蝶，俗呼斗高飞)，是今上在藩邸时手制，以为的验。(《会编》卷九十八)	翌日，出御衣三衬，自书领中曰："可便即真，来救父母。"	

续表

段落	《学海类编》本《北狩闻见录》	《会编》本《北狩闻见录》	《建炎以来系年要录》卷四	《宋史·后妃传》
F	及皇太后信，令臣勋见上奏之，诏诰丁宁，且泣且嘱曰："无忘我北行之苦！"又以拭泪白纱手帕子付臣，曰："见上，深致我思念泪下之痛！父子未期相见，惟早清中原，速救父母。此外，吾不多致语言，气已哽吾脰矣。俟到燕山，尔乃去。"	及皇太后信物，令某不以方所，必见大王奏之，训诰丁宁，且嘱且泣曰："无念吾北行之苦！"又以拭泪白纱帕子付某，曰："见大王，深致我血泪之痛！父子未期相见，惟早清中原，速救父母。此外，吾不能多致语言，气哽吾脰故也。待到燕山去，此信三圣人知，余皆不知。"(《会编》卷九十八)	并持韦贤妃信，命勋间行诣王。	
G	懿节皇后初取环子与沈押班，令付臣曰："到时传语大王，愿早如此环，遂得相见。并见吾父，幸道无恙。"皇太后以下皆哭，徽庙圣训曰："如见上，奏有可清中原之谋，悉举行之，无以子为念，且保守宗庙，洗雪积愤。"又宣谕曰："艺祖有约藏于太庙，誓不诛大臣、用宦官，违者不祥，故七圣相袭未尝辄易。每念靖康中诛罚为甚，今日之祸，虽不止此，要知而戒焉。"徽庙又令奏上云："恐吾宋之德未泯，士众推戴时，宜速应天顺民，保守取自家宗庙。若不勉顺，记得光武未立事否？"又宣谕："曾密赐上马价珠犀合子等物。又上曾说欲决河灌渡河番人等事，以为密验。"	皇后初取环子与沈押班，令付勋曰："到时传语大王，愿早如此环，遂得相见。并见吾父，幸道无恙。"皇太后以下皆哭，太上又宣谕曰："如见大王，但奏有可清中原之谋，悉举行之，无以我为念，且保守宗庙，洗雪积愤。"又曰："艺祖有约藏于太庙，誓不诛大臣，言有违者不祥，相袭未尝辄易。每念靖康中诛罚为甚，今日之祸，虽不止此，要当知而戒焉。"太上又令奏云："恐吾宋之德未泯，士众推戴时，宜速应天顺民，保守取自家宗庙。若不顺，记得光武不立时事否？"又宣谕曰："曾有龙德宫密赐马价珠犀合子等物，大王曾说，欲决河灌渡河番人等事，以为密验。"(《会编》卷九十八)	邢夫人亦脱所御金环，使内侍持付勋曰："为吾白大王，愿如此环，早得相见，并见吾父，为道无恙。"贤妃已下皆哭。上皇又谕勋曰："如见康王，第奏有清中原之策，悉举行之，毋以我为念。"又言："艺祖有誓约藏之太庙，誓不杀大臣及言事官，违者不祥。"又宣谕尝密赐王马价珠犀合子，及王尝启决河灌金人为验。	金人犯京师，夫人从三宫北迁。上皇遣曹勋归，夫人脱所御金环，使内侍持付勋曰："幸为吾白大王，愿如此环，得早相见也。"王怜之。及即位，遥册为皇后，官后亲属二十五人。

A段见于《建炎以来系年要录》卷四，后文有跨行夹注"此并据曹勋所进《北狩录》"，实际上此段文字出自蔡絛《北狩行录》，而非曹勋《北狩闻见录》的内容。《会编》亦有对此事的记载，当是直接抄自蔡絛《北狩行录》，内容远比《建炎以来系年要录》卷四所记更为详细，可知《建炎以来系年要录》在征引文献时多有删略。

B段《北狩闻见录》原本、《会编》卷八十九所引、《建炎以来系年要录》卷四所引略同。

C、D、E、F、G等段可以看出《会编》与《建炎以来系年要录》在征引文献时的巨大不同。《会编》卷八十九、卷九十八全文钞录《北狩闻见录》，仅在极少数字词上有所出入。而《建炎以来系年要录》对《北狩闻见录》的内容大幅删减，只取大略，因此大大失去了《北狩闻见录》作为宋代汉语语言研究的价值。如《北狩闻见录》中的"乳媪""啖""后生""健步""背心""押"

“手帕子”等词，均不见于《建炎以来系年要录》卷四所引内容。

G段内容，《宋史·后妃传》的记载更为简略，远非《北狩闻见录》原貌。

由此表可以看出，徐梦莘编著《会编》基本忠实于其所见原始材料，对书中的口语成分也不妄自改动，因而保存了大量鲜活生动的口语语料，使得《会编》这样大部头的史书也可以用作汉语史研究的材料，弥足珍贵。

(二)口语性

《会编》的口语性首先表现在词汇上，使用了一大批近代汉语阶段新出现的口语词。语法上，《会编》中也有不少近代汉语阶段新兴的语法现象。语音上，《会编》直接反映语音现象的内容比较少，但卷三有部分内容记录了人名、官名及一些常见词汇的女真语读音，对早期女真语的研究有一定价值。以下我们选取《会编》中的一段语料，看看宋代汉语口语究竟是什么样子：

初四日戊午，李靖等入见于崇政殿。

李靖上殿，捧书传达如仪，上遣黄珦传旨云：“两朝共议协力讨伐契丹，今已得燕，实为庆事。自泛海计议累年，大事已定，自合结绝；今来一事未了，又生一事，暴师日久，各不稳便，早见了当，共享太平，岂不美事？所有税赋等事，诣宰臣王黼赐第计议。”靖等诣黼赐第，黼谕靖等云：“两朝计议累年，大事已定，今却忽于元约之外，顿生税赋一事，何故如此？”靖等对以：“只为本国自用兵马取得燕京，献与宋朝，所以要税赋。”黼谕：“今来元约之外，顿然后更要税赋，本朝官员上下，以至朝廷议论，都不肯，黼亦以此为难。惟是上意要成交好，特地允从。黼性明白，自来不隐事，人所共知，自家心里事，亦须说与使人。且如初议取燕地，本要复汉地、救汉民，今来贵国却于元约之外，生此税赋一事。且如自来与契丹五十万银绢，已是㬹多，今若更要税赋，须是又添物事，交如何出得？委是难以依随。若便断绝，即是许多年岁往来计议交好不成，两国如此，各不稳便。今来选置官吏，屯驻兵马，与贵国出地税，有何所利？实是止欲成就交好。且如地税，自燕中计脚乘到贵国，如何搬运得，莫须别以银绢代税赋？”靖云：“如此则甚好，却是省力，不知待着多少银绢代税赋？”黼对以：“燕地税赋，自来素有定数，已得圣旨，令赵龙图等前去议定。”

初五日己未，李靖等入辞于崇政殿。

靖跪殿下，上令黄珦传旨，谕靖等：“到军前日，传语大金皇帝，谢远遣使人到阙。两朝信好，累年已著，切不可听契丹言语。此辈亡国之臣，没安身处，只欲斗乱两国，但与鉴破，必不敢复言。且如税赋，本实难从，只缘成就交好，特议依应，然亦须酌中商量，方可了得。所有平、滦三州，地里不多，只是要抵敌四军，且是一道了绝甚好。本朝与贵国交好累年，且如朋友觅一般物，也须与。卿等到日，但子细奏知。”靖等云：“领圣旨。”靖等又奏禀去年岁币，上又令珦传旨：“今年来要去年岁币，极无名，待将金帛为贺功犒军之礼。”靖又再三奏，上不许。又再奏告，上遣珦再谕靖等与去年岁币，靖等欢欣，不觉踊跃。靖为期日已迫，乞免供奉库赐宴及朝辞，并门外御筵等，上许之。(《会编》卷十五)

《会编》卷十五记录了李靖在崇政殿奏对及与王黼计议政事的内容，其中多见口语词，如泛海、结绝、稳便、了当、元约、取得、明白、自家、㬹、物事、交、依随、地税、脚乘、搬运、莫须、省力、地里、了绝、子细、岁币、贺功、犒军等。

【泛海】犹"跨海;渡海"。《敦煌变文校注·维摩诘经讲经文》:"如人泛海欲行舟,万里波澜看咫尺。"《会编》卷四:"宣和二年春三月,诏遣中奉大夫、右文殿修撰赵良嗣,假朝奉大夫,由登州泛海使女真,忠训郎王瑰副之。"《新五代史·段希尧传》:"是时,江、淮不通,凡使吴越者皆泛海,而多风波之患。"

【结绝】义为"了结;结束"。《会编》卷十五:"然宣抚司颇难之,盖恐已送温讯,愈更滋蔓,终未得结绝。"金·董解元《西厢记诸宫调》卷一:"比及结绝了道场,恼得诸人烦恼。"

【稳便】即"稳妥;方便"。《入唐求法巡礼行记》卷二:"廿九日,北风吹,令新罗译语道玄作谋:'留在此间,可稳便否?'道玄与新罗人商量其事,却来云:'留住之事,可稳便。'"唐·长孙无忌《冕服议》:"今新礼亲祭日月,乃服五品之衣,临事施行,实不稳便。"宋·苏轼《论高丽买书利害札子三首(之一)》:"高丽使言海商擅往契丹,本国王捉送上国,乞更赐约束,恐不稳便。"

【了当】义即"了结;结束",与"结绝"义同。《会编》卷十三:"兀室曰:'不是本朝要断绝,自是贵朝惜物,若相就作百万,便见了当。'"宋·岳飞《奏乞罢制置使职事状》:"臣深体国事之急,愤激于怀,是以承命出征,不暇辞请,今来并已收复了当。"

【脚乘】指"搬运费用"。宋·欧阳修《乞条制都作院》:"自来州军不以远近,并于磁、相般请生铁,差占衙前,枉费脚乘。"宋·苏轼《论积欠六事状》:"又将钱折麦,所估麦价至低,又有仓省加耗及脚乘之类,一文至纳四五文。"

【地里】指"里程;面积"。唐·杜甫《哭王彭州抡》:"蜀路江干窄,彭门地里遥。"《会编》卷一百一十:"当日大辽亦是三百余座州军,贵朝是四百余州军,两国地里广狭亦不相远。"

【犒军】义为"犒赏军队"。《旧五代史·李承嗣传》:"驾还宫,赐号迎銮功臣、检校工部尚书、守岚州刺史,赐犒军钱二万贯。"《会编》卷二十八:"孝民云:'要割大河为界,更要犒军金帛。'望之云:'如此则非是买卖。'"《会编》卷三十三:"若只为犒军金银,此已别差一番使人入去,便不须相见。"

像这样成篇成段的口语语料,《会编》中并不少见。据本文统计,《会编》全书约一百四十万字,其中可用作汉语史语料的部分大约有十万多字,总的篇幅不小。《会编》的口语性之强,可见一斑。

《会编》还引歌谣、谚语、俗语数条,是当时口语的真实记录,如:

谚语有之:"一马不备二鞍,一女不嫁二夫。"为人臣,岂事二主?燕中士大夫,岂不念此?(《会编》卷八)

俗谚云:"求人不如求己。"古人云:"上策莫如自治。"又:"事贵制人,不贵制于人。"皆此之谓也。(《会编》卷一百三十九)

侍御史魏矼奏札,论不当讲和:"臣伏睹魏良臣、王绘归自淮甸,亦有虏酋文字,事意曲折,不得与闻。臣闻于传记,有曰:'前车覆辙,后车之戒。'又曰:'商鉴不远,在夏后之世。'靖康初,虏骑既退,大臣偷安,不复注意军事,故时有'不理会防秋,却理会《春秋》'等语。"(《会编》卷一百七十)

国家开、宝之间,西夏叛命,仁宗皇帝以经略安抚之任付之韩琦、范仲淹,二人雅有时望,军中有"一韩一范,西贼破胆"之谣,兵不大用而元昊臣服。(《会编》卷二百二十五)

致虚素不晓边防兵革事，往往取献陈者利便，按文施设，军民与州县不胜其扰。又撰《散金歌》，效子房《散楚歌》，使人刊板于金人寨榜及张挂州县，其言云："丙午新回丁未初，金人浑似水中鱼。鱼潜水底时时旺，鱼处梁原自丧躯。北人意似南方马，赤羊金兔金自杀。若向南朝金杀金，金龙活也金狄灭。北人半是南朝民，食禄南朝终为君。失意暂时辞汉主，彷徨不忍痛思亲。"(《会编》卷七十七)

《会编》卷三还有一些记音的内容，如：

其言语则谓好为感，或为赛痕，谓不好为辣撒，谓酒为勃苏，谓拉杀为蒙山不屈花不辣，谓敲杀曰蒙霜特姑，又曰洼勃辣骇。夫谓妻为萨那罕，妻谓夫为爱根。

其姓氏则曰完颜(谓王)、赤盏(谓张)、那懒(谓高)、排摩申、独斥、奥敦、纥石列、秃丹、婆由满、酿剜、梦剜、陀嫚、温迪掀、棹索抅、兀居、尼漫古、棹角、阿审、孛术律、兀毯、遇雨隆、晃兀、独顶、阿迭、乌陵、蒲察、乌延、徒单、仆散、温敦、庞古(唐时初称姓挐，至唐末，部落繁盛，共有三十首领，每领有一姓，通有三十姓)。其官名则以九曜二十八宿为号，曰谙版孛极列(大官人)、孛极列(官人)，其职曰忒母(万户)、萌报(千户)、毛可(百人长)、蒲里偃(牌子头)。孛极列者，统官也，犹中国言总管云。(《会编》卷三)

这些都是汉语史研究可用的资料。

(三)专业性

《会编》内容庞杂，引书多达一二百种①，包括诸家之说、记传、书疏奏议、行实碑志等，内容涵盖政治、军事、外交、风土等多个方面，描写记述细致繁复，且多用专业名词。如《会编》卷十五详细记载了宋朝国信使携带国书拜见金国国主的礼仪：

赵良嗣至涿州，韶瓦郎君及高庆裔来，传乃酋言意，指摘誓草，云五字不当用，及常年二字，及除去后面叠道五句，便令退换誓书。更为所取人口未足，未许过界。良嗣等以其意附递奏闻，复于递中付下，御前降下改定誓书并誓草。进至燕，差李靖、刘嗣卿充馆伴，至寨门，执笏捧国书入。至国主帐前，面北立，合门官传国书入，引至帐内，跪奏问大金皇帝圣躬。及谢，差使拜起，复跪问南朝皇帝圣躬万福。奏讫拜起，复位，引出帐南，面西立，有合门官赞喝云："大宋国信使、试工部尚书卢益等朝见！"又一合门官引某等面北立，先五拜，搢笏舞蹈，不离位，奏圣躬万福。又两拜，合门官引益少进，躬身致词，复位。又五拜，舞蹈如前，遣使问某官等远来不易。又五拜，舞蹈如前，遂引所贲礼物金器等，自西而东于国王面前过，却引出第二重门外，面北立，合门官称有制，令先两拜起，再云赐卿等对衣金带。跪受讫，拜起，合门官引复入依前，面北立，合门官云："谢恩。"又五拜、舞蹈，又云："赐卿等茶酒。"又五拜、舞蹈，合门官引趍帐西浮幕下少立。一衣紫系犀带者，认是汉儿宰相左企弓，国主前拜跪、进酒，仿学士上寿仪。国主饮讫，令在位者皆拜，遂各就座。合门官又引起，称传宣劝酒，令搢笏饮至尽。又两拜，就坐。自此每盏并系汉儿宰相及左右亲近郎君跪进，又将国主自食者饮食分赐。至第四盏，宣劝如前。五盏讫，乐官以下共赐绢四百二十疋。再引帐前，面北立，合门官云："谢宴。"又五拜、舞蹈，引出上马，同馆伴还安下处。三节人从，各七事衣、银十两。(《会编》卷十

① 参看汤勤福(2013)。

五）

可以看到宋金两国国书交接时的礼仪极为繁琐，有问安、跪拜、致词、舞蹈、饮酒、赏赐等多个环节。像这样细致描写外交礼仪的内容，在宋代的其他史书中也是不多见的。《会编》还有对军事战争场面的直接描写，其中多用军事术语，如卷六十一记载霍安国、范仲熊率众守城：

霍安国以仲熊知虏虚实，即差仲熊都大主管军马。是时方得隆兴府路安抚使张有极于隆德府未破时发来怀州蜡书，云金人于南关冲散董恩人马，迤逦前去，过隆德府，关报怀州为备。时蕃人在城下日夜攻打，初用云梯，敌楼上用神臂弓，偏架、女墙上用斩马刀、大斧，每有蕃人上来，辄斩之。云梯既不能上，乃使鹅车洞子，状如数间屋，皆以生皮裹了，下面藏数十人，执锹镢掘城于鹅车洞子。由小梯欲登城，又为城上人以草燃火，放火炮烧小梯，及烧打鹅车洞子，开陷板于夜，又礧石、礧木，又用金汁及热汤烧灌。既使不得鹅车洞子，乃立炮坐数十，初放入撒星炮，其大如斗。城上人于敌楼上排大枋，堆尺余粪土，上面结大索网，又括民间青布帐幕以御炮。而蕃人先用火炮延烧青布及索网，放虎蹲大炮九梢，其大如七八斗栲栳。每一炮到城，索网、粪土、大枋楼上皆破，城中人甚惧。霍安国令仲熊夜募锐士二百余人，缒城劫寨，约到寨杀人放火，叫九州岛汉儿反，使其阵乱，因烧城下炮坐。既下城，见无数蕃人马军连路，极难行。至三更向尽，到炮坐下，先使十余人放火，而阵不乱，遂硬相斗，各有杀伤，展转得出。比明，复缒城而上者二十四人，仲熊方往见霍安国，忽城上有人叫云："东南上有白旗子来，是朝廷救兵来!"霍安国急令仲熊排人马，欲开北门，而蕃人已打散城上兵，城上立十数黑旗子，准备将领王美投濠而死。（《会编》卷六十一）

这段文字仅仅五百余字，使用的军事术语就有：云梯，敌楼，神臂弓，偏架，女墙，斩马刀，大斧，鹅车洞子，锹镢，小梯，火炮，陷板，礧石，礧木，金汁，炮坐，撒星炮，大枋，索网，虎蹲大炮，缒城，劫寨，白旗子，黑旗子，准备将领。这些词语或沿袭前代，或始见于《会编》，是研究宋代军事、战争的宝贵资料。

三 《三朝北盟会编》语言的内部差异及其成因

《会编》为杂采诸书而成，不同来源的文献常常呈现出不同的面貌。即使是相同来源的文献，其内部语言也并非均质的，而是存在相当大的语体差异。梅祖麟（2000）指出："《三朝》所转录的奉使录等，叙事几乎一律用文言，可以撇开不论。对话部分白话成分较多，而内部另有文白之别。"具体有如下几种类型：

（1）金人用白话，宋人用文言。如：

阿骨打令译者言云："契丹无道，我已杀败，应系契丹州域，全是我家田地。为感南朝皇帝好意，及燕京本是汉地，特许燕云与南朝，候三两日便引兵去。"良嗣对："契丹无道，运尽数穷，南北夹攻，不亡何待？贵国兵马去西京甚好。"（《会编》卷四）

（2）对方用白话，自己用文言。如：

贯大惊曰："金人国中初定，些小人马在边上，怎敢便做许大事？"仆曰："某去年云中回，便以此事覆大王，劝大王三路摘十万兵，分统以压助常胜军，乃是预制此意；在任丘县论金人已擒天祚事，保州所申，乞急备边于京师，又劝大王提十万兵出压境，计议交割，皆某预知此贼深怀张觉之憾，为契丹亡国之臣激发，必生不测之变，大王皆不之信。”(《会编》卷二十三)

(3)对士兵用白话，对宰相用文言。如：

虞候见事急，知二将必退回，遂率四五侍从，又同白宰相，说王权退师，已临江口，必败国事。……二十一日，陛辞，上慰劳甚渥，云：“卿本词臣，不当遣，以卿谙军事故也。”

虞候与说：“我今日只办两眼，随你懑成得功大，与你填大底官诰，立得功小，填小底官诰，若死于此，则当同死于此，若你懑走，我亦随你去，你懑道我走去甚处？我便去见官家，说某人统制已下某人肯厮杀，某人不肯。”(《会编》卷二百四十二)

关于《会编》中文白之别的原因，梅氏认为：“最合理的解释是重要部分用白话，使人特别注意。”

此后，罗舒(2012)用专门章节讨论了《会编》中的文白之别，将《茆斋自叙》《燕云奉使录》《靖康城下奉使录》《靖康大金山西军前和议录》《绍兴甲寅通和录》《采石战胜录》中能够反映文白之别现象的段落摘录出来，并对这种现象的原因进行更深一步探讨：“第一，记载重要的谈话内容用白话；第二，体现了一种大汉族主义的心理，起到区别身份的作用；第三，需要如实的记录，以还原谈判的现场，所以用白话；第四，表现人物的不同状态，如童贯与马扩的对话。……归根结底，《会编》中使用白话的原因还是为了如实的还原历史，令读者相信并能真切的感受这段历史。包括文白之别的白话也是这样，不是说为了故意贬低某某而用白话，而只是对其叙述的一种如实记录。因此可以说文白之别体现出来的作者的某种政治立场，是从‘别’，即文白对立之中体现出来，而绝非是单纯的由白话体现出来。”

本文认为上述两项研究揭示了《会编》中存在的文白之别现象，并对其原因进行探讨，可以说比较敏锐地注意到了《会编》语言的内部差异。但是这两项研究也存在未尽之处：

第一，《会编》文本极其复杂，绝不能简单作“文”“白”两分。也就是说，《会编》除了白话以外，其余部分并不是均质的文言成分；白话部分也不是口语化程度完全相同的。而上述两项研究仅将《会编》文本作“文”“白”两分，未能更进一步探讨《会编》语言的内部差异。本文从语体角度出发，认为《会编》中的文白之别现象实际上反映出《会编》文本存在的语体差异，而语体的差异是不能用“文”“白”两分来简单概括的。

第二，《会编》语言的语体差异，反映在词汇、语法等多个方面。上述两项研究仅关注《会编》存在的文白之别现象，而对这种现象在词汇、语法上的具体表现则语焉不详。

第三，上述研究对《会编》文白之别现象的原因有所探讨，但仍有不足。

我们认为，可以按照冯胜利(2012)和汪维辉(2014)的做法，将《会编》语体划分为俗常体、正式体、庄典体三种，分别指日常口语、正式的书面语和典雅的书面语。而《会编》语言存在的这种语体差异，主要有三个方面的原因。

(一)文献来源不同

《会编》全书约一百四十万字，征引文献多达一二百种，不同来源的文献常常呈现出不同的语体面貌。《会编》徐梦莘自序将《会编》引书分为五个大类：

(甲)诸家所说。

(乙)诏、敕、制、诰。

(丙)书、疏、奏、议。

(丁)记传、行实、碑、志。

(戊)其他文集、杂著。

而陈乐素(1936:206)将《会编》所引书目归并为四项①:

(一)即甲类诸家之说之大部分而并丁类之记传。

(二)即丙类书疏奏议。

(三)即丁类之行实碑志。

(四)为书目中另题之"金国诸录",即甲类诸家之说之其余部分。

总的来说,陈乐素所举第一项中有相当一部分是俗常语体,第四项中也有不少口语成分。梅祖麟(2000:32)指出:"宋人管口头谈判的记录叫'语录'。……其功用有二,谈判中发生了问题,可以把语录呈上朝廷,听候指示;另外是使臣的备忘录,等到谈判结束之后,去见皇帝或上司时可以按照记录报告谈判经过。"《会编》中的通俗口语成分大多见于这些"语录",如赵良嗣《燕云奉使录》、马扩《茆斋自叙》、郑望之《靖康城下奉使录》、李若水《山西军前和议奉使录》、王绘《绍兴甲寅通和录》等等。《会编》亦有多处提及"语录":

(1)经十余日,良嗣、武仲同李靖、王永福、撒卢拇回自燕中赴阙,不言所议,童贯呼仆谓曰:"良嗣昨有申到语录,与你所说不同,兼你系摘留使人,自合赴阙,本司已作奏状,可取东路驰去。"(《会编》卷十三引马扩《茆斋自叙》)

(2)良嗣云:"此去京师三十程,正月已终,何以往还?臣等欲只至雄州,入递缴奏,等候回降却来,庶可相及。"阿骨打从允,次晚,南还到雄州,作语录入递待报。(《会编》卷十四引马扩《茆斋自叙》)

(3)良嗣等怒仆不合理会山后,必致坏却山前,仆答:"山前后相为表里,阙一则不可守。兼御笔令力争,岂可不尽心理会?"兀室三日不至,良嗣仓皇云:"某本不欲理会西京事,公必欲为言,必连山前事坏了。"仆曰:"御笔令力争,安得不言?"良嗣曰:"但归日,语录中载力争之言数段足矣。"(《会编》卷十四引马扩《茆斋自叙》)

(4)马扩归到太原府宣抚司,以往来所历事节答语录呈贯,大惊曰:"金人国中初定,些小人马在边上,怎敢便做许大事?"(《会编》卷二十三引马扩《茆斋自叙》)

(5)是日午刻,有旨召对内殿,上问劳,圣语温厚,良臣某皆至感泣,上问过界事,皆如语录对。(《会编》卷一百六十三引王绘《绍兴甲寅通和录》)

范仲熊《北记》被陈乐素归入第四项,其中也有不少口语成分,如:

(6)粘罕使蕃官传令曰:"你许多人,是谁最不肯降?"霍安国云:"是宋朝守臣霍安国率众不降。"又问第一行诸军曰:"是州主不降?是你门都不降?"皆说某等与知州一般,皆不肯降。又令于东北望大金拜降,霍安国云:"安国是大宋之臣,不曾得赵官家文字,如何拜降?"粘罕令引过,尽脱去衣服,用索执缚,又令高尚书说与其它人曰:"你门都是小官,不干你事,亦不要你降,各赦罪。"又令传过鼎澧路将官来,其鼎澧路将校到粘罕前,皆叫云:"不是某等不降,都是霍安国、范仲熊不降。其范仲熊曾领兵出战!"粘罕乃

① 据陈乐素(1936:206)的说明,另有只题"文集、杂著、报状"而不举其名的部分,因为没有细目,故不列入这四项之中,也不单独列为一项。

传令曰:"叫范仲熊!"遂于县官行中拖出,剥去衣服缚了,问曰:"元来是你不肯降?"仲熊对曰:"仲熊是赵皇臣子,岂敢便降!"又传令曰:"你全不怕我军令,为甚?"仲熊对云:"仲熊昨日已蒙监军郎君贷命,云大金国一句便是一句,贷了命,更无他公事,恃此所以不怕。"粘罕乃笑曰:"难当!难当!"又传令曰:"范仲熊已贷命,可赦罪。"(《会编》卷六十一引范仲熊《北记》)

此段记载霍安国、范仲熊与粘罕、骨舍的对话,全用日常口语,真是明白晓畅!像这样的俗常体内容,在《会编》中并不少见,是研究宋代口语的宝贵资料。

陈乐素所举第二项、第三项大致都为正式语体的内容,如《会编》卷四十三引汪藻《上宰执乞道君还阙札子》、《会编》卷五十七引李若水《乞救河东河北札子》、《会编》卷一百五十八引张栻《刘子羽墓志》、《会编》卷一百七十三引李邴《答诏条具利害奏状》等,均使用正式的文言写成,《会编》全书语言大部分都是这样的正式语体。

《会编》还多引两国间的往来国书、誓书等内容,用语典雅,当为《会编》庄典体的代表,如:

(7)金人国书:"五月日,大金皇帝致书于大宋皇帝阙下:因旋使传,继附音函。会当命伐之时,未报克期之约。方将并取,爰审前由,来书云汉地等事,并如初议。俟闻举兵到西京的期,以凭夹攻。不言西京,就便计度。以此遣兵征讨,及留送使船上等候,见胜捷,即令拘回。"(《会编》卷七引金人国书)

(8)又读仁宗皇帝誓书曰:"窃以两朝修睦,三祀于兹。边鄙用宁,干戈是偃。近怀先誓,炳若日星。今绵禩已深,敦好如故。关南十县,本朝传守已久,愧难依从,别纳金缯之仪,用代赋敛之物,每年增绢一十万疋、银一十万两,并前银绢,般至雄州所管白沟交割。"(《会编》卷六引宋朝誓书)

《会编》引用材料的来源不同,这是《会编》语言呈现出语体差异的根本原因。《会编》乃是杂抄诸书而成,其语言面貌是由所钞录的文献直接决定的。而同一类型的材料,其语言也存在语体差异,这是因为作者个人的语言习惯不同。此外,在同一种材料中,语言也往往不是均质的,这种语体差异的实质是为了满足交际的需要。详见下文分析。

(二)个人语言习惯不同

《会编》各类征引材料中,各位外交使臣所撰写的奉使录因为是第一手材料,受到历史研究者的高度关注。又因为奉使录中常常直接记录口语内容,因而也受到汉语研究者的重视。而同样是外交使臣的谈判实录,由于作者个人语言习惯的不同,往往产生语体差异。甚至对同一件外交事务的记录,在不同使臣撰写的奉使录中也呈现出不同的语言面貌。对同一件外交事务的记录,赵良嗣《燕云奉使录》往往比马扩《茆斋自叙》更为口语化,使用更多的口语词汇。反映在语体上,就是赵良嗣《燕云奉使录》更接近于通俗的日常口语,而马扩《茆斋自叙》虽然也使用了不少唐宋间新出现的口语词,但总的语体面貌比赵良嗣《燕云奉使录》更文一些。试对比如下诸例。

(1a)是日阿骨打令赵良嗣与蒲结奴议事,蒲结奴云:"去年本国专遣使臣理会任大国情公事,屯着人马,专专地等候回使,相约打灭契丹,却留我使人,一住半年,滞了军期,更不遣回使,只将空书令军人送过海来,已是断绝之意,此段休说。更说一段,且如夹攻，本国兵马从今年正月已到中京，因甚不便来夹攻？本国自去年十一月出兵，今年正月到中京，三月到西京，已是半年，受了千辛万苦，贵朝才于五月出兵，慢慢地占稳占奸，更说甚夹攻？此一段亦休说。皇帝有指挥，去年不遣使，乃是失信，今年虽出兵，亦不如约，便画断休说，而今特将已收下西京一路州县与南朝，请先交割外，为契丹昏主，犹领残兵，不先了了燕京，不惟为金国之患，亦恐去南朝作过，皇帝已定亲去收燕京，候收燕京了，却来商量。"(《会编》卷十一引赵良嗣《燕云奉使录》)

(1b)次日，令皇叔蒲结奴、相温并二太子斡离不者，就一毡帐中约说话，皆令人通译，云："前次遣曷鲁、大迪乌议割还燕地，贵朝不遣聘使，乃是断绝。今来，难举海上之约，但皇帝知赵皇诚心，不忍绝好，燕京俟平定了日，与或不与，临时商量，今西京(谓云中府)却已平定，奉还贵朝，可差军马交割。"(《会编》卷十一引马扩《茆斋自叙》)

例(1)均为记载蒲结奴所说的话，两部奉使录的语言存在相当大的差异。词汇上，赵良嗣《燕云奉使录》中使用的"理会""任大""专专地""打灭""千辛万苦①""占稳占奸""作过"等词，均不见于马扩《茆斋自叙》。语法上，助词"了"在两部奉使录中的用例各不相同。赵良嗣《燕云奉使录》中既出现了用在句中的"了"，如"滞了军期""受了千辛万苦""了了燕京"，也有用在句尾的"了"，如"收燕京了"。而马扩《茆斋自叙》中仅出现一例"平定了日"，此例"了"还是"了结；完毕"的动词义。从词汇、语法两个方面可以看出，例(1)记载蒲结奴所说的话，赵良嗣《燕云奉使录》采用大段通俗口语，为典型的俗常语体。与之相比，马扩《茆斋自叙》显然对蒲结奴说的内容有删改，且将不少口语词换成了文言说法，更接近正式语体。

(2a)良嗣度其意欲以西京交割为名，更改许燕之议，乃云："本朝与贵国通好五六年，自贵国兵马未到上京时，已有要约，今来却恁地翻变说话，是甚义理？据良嗣等所奉御笔处分，先夹攻燕京了日，然后夹攻西京，须是先得燕京，然后交割西京，固自有次第。"(《会编》卷十一引赵良嗣《燕云奉使录》)

(2b)良嗣错愕，失词答云："元议割还燕地，若燕京不得，即西京亦不要。"(《会编》卷十一引马扩《茆斋自叙》)

例(2)也清楚地表明，赵良嗣《燕云奉使录》的语言比马扩《茆斋自叙》更为通俗。当然，这也不是绝对的，有时马扩《茆斋自叙》也会出现更口语化的情况。

(3a)(良嗣)又语兀室曰："贵朝所须不赀，本朝一无所吝，唯西京早与，庶人情无亏。"《会编》卷十一引赵良嗣《燕云奉使录》

(3b)良嗣徐语兀室云："贵朝所须，本朝一一从了，却有山后西京地土人民，并系旧汉地，今燕京已了，若将西京一同割还，乃是契义。"《会编》卷十一引马扩《茆斋自叙》

如例(3)，赵良嗣《燕云奉使录》中的"本朝一无所吝""唯西京早与"，在马扩《茆斋自叙》中变成了"本朝一一从了""若将西京一同割还"。这是比较特殊的一种情况。奉使录是外交使臣进呈给皇帝的文书，往往存在美化自己的情况，甚至会篡改事实。例(3)所记赵良嗣的话，赵良嗣《燕云奉使录》的记载更为文雅，当为赵良嗣自己所改，从而突显自己在谈判时镇定自若、有礼有节。关于《会编》卷十四赵良嗣《燕云奉使录》和马扩《茆斋自叙》记载的差异，宋代杨仲良在编纂《续资治通鉴长编纪事本末》时早已有所探考，他认为："良嗣更易语录，今

---

① 《汉语大词典》"千辛万苦"条首引书证为元秦简夫《赵礼让肥》第四折："想当时受尽了千辛万苦，谁承想有今日驷马安车。"时代嫌晚，可据《会编》补宋代例证。

扩《自序》亦不见此。"(《续资治通鉴长编纪事本末》卷一百四十三)梅祖麟(2000:33-34)也对《会编》卷十四所载两种奉使录的内容真伪有所辨析,可参看。

(三)交际需要

《会编》在同一种材料中,甚至在同一段对话里,也可能出现语体的差异,这主要是出于交际的需要,即是由语用驱动的。可以细分为两种情况。

1. 说话对象不同

《会编》中针对不同的说话对象,常常采用不同的语体。如梅祖麟(2000:34-37)列举的三种情况:

(1)金人用白话,宋人用文言。有两个原因:金人说的话重要,语录中用白话以求信实;体现了大汉族主义的心理,认为文化落后的番邦代表不可能懂文言。

(2)对方用白话,自己用文言。可以显示出自己的淡定从容。

(3)对士兵用白话,对宰相用文言。这是典型的语用导致的语体差别,士兵自然不会满嘴文绉绉的话,只有用通俗的口语,才能让士兵听得懂。

这种由语用造成的语体差异,在《会编》中并不罕见。罗舒(2012)所举《会编》中的文白之别现象,主要也是这种情况。

2. 表现亲疏好恶

《会编》同一种材料中的语体差异,往往还隐含着作者的亲疏好恶,即通过这种语体的差别来表明自己对此事的态度。试看如下两例。

(1)童贯是日与参谋宇文虚中、范讷、机宜王云、宋彦通等谋赴阙禀奏。初七日早衙,贯请太原张孝纯并乃子机宜浃,面谕当急赴阙禀议事,已令札送照会,一面差官馆待人使,言:"本司来日便行。"孝纯愕然云:"金人已渝盟入寇,当在大王勾集诸路军马,并力枝梧。今大王若去,人心骇散,是将河东路弃与贼。河东既失,则河北路岂能保耶?且乞大王驻司在此,共竭死力,率众报国。如今太原府路地险城坚,人亦谙战斗,未必金贼便能破也。"贯怒目顾孝纯云:"贯止是承宣抚,不系守土,若攀宣司驻此经营,却要帅臣做甚?此是公职事,且须勉力。贯到京禀奏,即日便发诸路军马来策应,使贯留此,亦两无所益。"孝纯愤然起,退至机宜位中,抵掌大呼云:"寻常见童太师做许大模样,次第到临事,却如此畏懦,更不顾身为大臣、当为国家捍御患难,一向只思走窜,是甚节操?"因顾乃子浃云:"休休!自家父子与他死守。"(《会编》卷二十三)

宣和七年(1125),粘罕率金军重兵围困太原,童贯名义上要赴朝廷禀奏,实际上是当即打算逃跑。张孝纯最初劝童贯留守太原,共同抗金:"且乞大王驻司在此,共竭死力,率众报国。"此时仍用文言。而童贯一听此言便对张孝纯怒目而视,说:"贯止是承宣抚,不系守土,若攀宣司驻此经营,却要帅臣做甚?"语言甚为通俗,是典型的俗常体。张孝纯听了童贯要逃跑的话,也转而用通俗口语:"寻常见童太师做许大模样,次第到临事,却如此畏懦,更不顾身为大臣、当为国家捍御患难,一向只思走窜,是甚节操?"这种语体的差异更表现出童贯打算逃跑时的仓皇失措、气急败坏和张孝纯情绪激动下使用更直截痛快的口语直斥童贯卑劣行径的大义凛然。

(2)准淳熙元年七月二十二日敕,尚书省送到降授特进、枢密使、江淮东西路宣抚使、魏国公张浚札子,奏:……赵龙图于当夜二更,将带官兵自武昌县渡江回来黄州,连夜上城,摆布守御。于当月二十五日巳时,番贼攻破州城,就西边城上捉赵龙图去城东,地名土门子。就坐,赵龙图一向高声叱骂云:"番犬!你甚物类,如何敢犯大宋州郡,杀害生灵?真是畜生禽兽!"连声叫骂:"我誓死不屈!"其番贼将酒与饮,挥盏掷打云:"我不饮番贼畜牲之酒!"褫去凉衫,欲换战袍,又骂云:"我不着番贼畜牲之衣!"番贼称:"待与你好官。"又骂云:"我不受番贼畜牲伪命!"勒令下拜,又骂云:"我有两膝,只拜我祖宗!"当时见其难屈,毁骂不已,番贼大怒,用铁鞭打赵龙图面额一下,正当左额,并连眼颊,血流被面。赵龙图骂声愈高,即令驱出向东竹林边脑后敲杀,至死骂声不绝。(《会编》卷一百三十三引张浚《乞建庙礼部状》)

大臣所上朝廷奏疏一般采用正式文言,而张浚《乞建庙礼部状》则有大段的口语,均为记述赵龙图被金军所擒后所说,极为通俗鄙俚,如:"番犬!你甚物类,如何敢犯大宋州郡,杀害生灵?真是畜生禽兽!"语言之通俗,语气之强烈,在上奏朝廷的文书中是不多见的。这种语体的差异充分表现了赵龙图抗金被俘的英勇无畏,以及张浚对赵龙图英勇抗金的赞赏。

四 结语

综上,《会编》语言具有原始性、口语性、专业性三个特点,同时《会编》全书语言存在较大的内部差异。现有研究指出《会编》语言存在的"文白之别"现象,实际上只是《会编》语体差异的一个表现。《会编》语言的语体差异大体上出于三种原因,即:文献来源不同,个人语言习惯不同,以及交际的需要。其实还有一种更为复杂的情况,如:

上曰:"卿等此行,窃不须与虏人计较言语,卑辞厚礼,朕且不惮,如岁币岁贡之类,不须较。更为说宇文虚中久在金国,渠有父母,日望渠归,见粘罕可说与,交早放还,更说襄阳诸军皆故地,只因李成侵犯不已,遂命岳飞收复。枢密院有前后探报,国书文字,卿等可问朱胜非,皆录取去,庶知首尾。"(《会编》卷一百六十一引王绘《绍兴甲寅通和录》)

此段所引的一大段皇帝的话,是对同一个人说的,也是文白错杂,当然以文为主,但是其中也夹杂了一些口语成分。这说明这样的语体混杂现象实际上是言语交际中的一种常态,古今皆然,可见语体是具有模糊性和包容性的,选词造句有一定的弹性。这是语体研究中一个值得探讨的问题。

参考文献

[1]陈乐素. 三朝北盟会编考[M]//"中研院"历史语言研究所集刊(第6册). 上海:中华书局,1936.
[2]陈乐素. 徐梦莘考[M]//陈乐素. 求是集. 广州:广东人民出版社,1986.
[3]邓广铭,刘浦江.《三朝北盟会编》研究[J]. 文献,1998(1).
[4]冯胜利. 语体语法:"形式-功能对应律"的语言探索[J]. 当代修辞学,2012(6):8.
[5]刘坚. 古代白话文献简述[J]. 语文研究,1982(1):102.
[6]罗舒.《三朝北盟会编》文献与语言研究[D]. 成都:四川大学,2012.
[7]梅祖麟.《三朝北盟会编》里的白话资料[M]//梅祖麟. 梅祖麟语言学论文集. 北京:商务印书

馆,2000.
[8]潘思琦. 曹勋《北狩见闻录》研究[D]. 杭州:杭州师范大学,2016.
[9]汤勤福.《三朝北盟会编》引书数量及相关问题[J]. 史学史研究,2013(4):99.
[10]汪维辉. 现代汉语"语体词汇"刍论[J]. 长江学术,2014(1):92.

Re-discussing the Linguistic Features and Internal Differences of *Sanchaobeimenghuibian*

Xu Junwei

Abstract: The scholarly community has not yet paid enough attention to and researched on *Sanchaobeimenghuibian*, and there is still much room for research in several major aspects, such as editions, variants, and the lexical and grammatical features. This paper introduces the basic information about *Sanchaobeimenghuibian* and its author, Xu Mengshen, and examines the linguistic characteristics of the Book in general, concluding that the language of the Book has three characteristics: originality, colloquiality, and professionalism, and that there are large internal differences in the language of the Book. This paper believes that there are three reasons for the stylistic differences in the language of *Sanchaobeimenghuibian*, including different sources, different personal language habits, and the need to meet communicative needs.

Key words: *Sanchaobeimenghuibian*, linguistic features, internal differences, style

通信地址:湖南大学中国语言文学学院
邮　　编:410000
E-mail:767211611@qq. com

说“薄板车”

——兼论辞书对相关词条的释义*

田启涛

内容提要 “薄板车”即“薄畚车”，指“以蒲苇等编织的帘席为车篷的车子”。文献中还有不少变体形式，作“薄笨车”“蒲笨车”“苇畚车”“苇笨车”“笨车”“苇车”等。《汉语大词典》收录相关词条5个，《辞源》《辞海》也有所涉及，但释义都不准确。

关键词 薄板车 薄畚车 篷车

“老子西出函谷关”的传说流传甚广，文献中也多有记载。关于老子的出行工具，有两种说法：

一是“青牛”。如《史记·老子韩非列传》：“老子修道德，其学以自隐无名为务。居周久之，见周之衰，乃遂去……言道德之意五千余言而去，莫知其所终。”司马贞《索隐》引《列仙传》：“老子西游，关令尹喜望见有紫气浮关，而老子果乘青牛而过也。”

一是“青牛薄板车”，即“青牛牵引的薄板车”。如《初学记》卷七“地部下”引《关令内传》：“周元极元年，岁在癸丑，冬十有二月二十五日，老子度函谷关。关令尹喜先敕门吏曰：‘若有老翁从东来，乘青牛薄板车，勿听过关。’”

在今天的通俗文学、绘画、雕塑作品中，“老子骑青牛”的形象更为流行，“薄板车”却慢慢淡出了人们的视野。其实，在道家和道教早期文献中，“青牛薄板车”的记载更为普遍，如：

(1)P.2353成玄英《道德经开题序诀义疏》：“《出塞记》及《玄妙内篇》《文始内传》并云关令尹喜预瞻见紫云西迈，知有道人当过，即以其年十二月廿五日，老子乘青牛薄板车，徐甲为御到关也。”(3/1385-1386)①

(2)王悬河《三洞珠囊》引《老子化胡经》：“是时，太岁在癸丑十二月二十五日腊除，道过来西度关，关令尹喜先敕门吏：‘今日当有老公乘青牛薄板车来度关，告之，勿令去。’”(25/357c)②

(3)释道宣《广弘明集》引甄鸾《笑道论》：“《文始传》云：老子以上皇元年下为周师，无极元年，乘青牛薄板车度关，为尹喜说五千文。”

(4)杜光庭《道德真经广圣义》卷三：“昭王二十四年壬子十二月二十五日，老君乘青

---

* 本文是国家社科基金项目“魏晋南北朝道教戒律文献词汇新质研究”(19BYY164)阶段性成果。

① 本文所引敦煌道经经文，据李德范辑《敦煌道经》(全5册)，中华全国图书馆文献缩微复制中心，1999年。其格式“P.2353成玄英《道德经开题序诀义疏》”指该例句在《敦煌道经》中的编号及道经篇目，“(3/1385-1386)”指该例句的位置在《敦煌道经》第3册，第1385至1386页。

② 本文所引《正统道藏》经文，据文物出版社、上海书店、天津古籍出版社的1988年版影印本36册明《正统道藏》。如《三洞珠囊》为该例句所出道经篇目，(25/357c)，指此例出自《正统道藏》第25册，第357页，c代表下栏(a、b、c分别代表每页经文的上、中、下栏)。后皆类此。

牛薄板车，徐甲为御，以来度关。”(14/330a)

(5)《太平御览》卷九百“兽部十二”引《关中记》曰：“周元年，老子之度关，令尹喜先敕门吏曰：‘若有老公从东来，乘青牛薄板车者，勿听过关。’”

异文材料中，“薄板车”又写作“薄軬车”，如：

(6)贾善翔《犹龙传》卷三：“至昭王二十五年癸丑岁五月二十九日壬午，乘青牛薄軬车，徐甲为御而去周。”(18/15b-c)

(7)陈景元《道德真经藏室纂微篇》：“至昭王二十五年癸丑岁五月二十九日壬午，乃乘青牛薄軬车，徐甲为御，遂去周。”(13/652c-653a)

(8)陈葆光《三洞群仙录》卷七引《丹台新录》：“尹喜初为函谷关令，见一老人乘青牛薄軬车来，喜顿首而前曰：‘圣欲何之？’”(32/279a)

对“薄板车”的记载，除老子出关一事外，未见其他用例，也不见辞书收录。而“薄軬车”在文献中还有一些其他用例，如：

(9)《三国志·魏志·裴潜传》：“正始五年薨，追赠太常，谥曰贞侯。”裴松之注引三国魏鱼豢《魏略》：“始潜自感所生微贱……又以父在京师，出入薄軬车。”

(10)《三国志·魏志·常林传》：“年八十三，薨……谥曰贞侯。”裴松之注：“《魏略》以林及吉茂、沐并、时苗四人为《清介传》……又其始之官，乘薄軬车，黄牸牛，布被囊。”

值得注意的是，“薄板车”“薄軬车”在文献中还有不少变体形式，作“薄笨车”“蒲笨车”“苇軬车”“苇笨车”“笨车”“苇车”等，如：

(11)《太平广记》卷一六四引《商芸小说》：“众人皆诣大槐客舍而别，独膺与林宗共载，乘薄笨车，上大槐坂。”

(12)《宋书·隐逸传·刘凝之》：“妻亦能不慕荣华，与凝之共安俭苦。夫妻共乘薄笨车，出市买易，周用之外，辄以施人。”

(13)《南史·隐逸传·刘凝之》：“妻亦能不慕荣华，与凝之共居俭苦。夫妻共乘蒲笨车，出市买易，周用之外，辄以施人。”

(14)《新唐书·车服志》：“胥吏、商贾之妻、老者乘苇軬车，兜笼舁以二人。”

(15)《新唐书·百官志》：“凡苇軬车不入宫门。阑遗之物揭于门外，榜以物色，期年没官。”

(16)《金楼子·说藩》：“司马承身居藩屏，躬处俭约，乘苇笨车，家无别室。”

(17)《后汉书·袁忠传》：“初平中，为沛相，乘苇车到官，以清亮称。”

(18)《宋书·颜延之传》：“凡所资供，延之一无所受，器服不改，宅宇如旧。常乘羸牛笨车，逢竣卤簿，即屏往道侧。”

“薄板车”“薄軬车”“薄笨车”“蒲笨车”“苇軬车”“苇笨车”，文字略有不同，“笨车”“苇车”是其缩略形式。这些词语虽词形各异，但语义关系密切。

“薄”“蒲”“苇”，语义相关。黄金贵《古代文化词义集类辨考》(2016:720)中说：“‘薄’之门窗帘义主要用于上古、秦汉。秦汉后，主要专用指蚕薄，即蚕帘，用细竹苇编成方四丈的养蚕帘席，可卷舒……常与‘曲’连用。”①《方言》卷五：“薄，宋、魏、陈、楚、江、淮之间谓之苗，或谓之麴。自关而西谓之薄，南楚谓之蓬薄。”《史记·绛侯周勃世家》：“勃以织薄曲为生。”司

① 感谢匿名评审专家的提醒。

马贞《索隐》:“谓勃本以织蚕薄为生业也。韦昭云‘北方谓薄为曲’。许慎注《淮南》云‘曲,苇薄也’。”所谓“苇薄”即“苇席”。《荀子·礼论》:“薄器不成内。”杨倞注:“薄器,竹苇之器。”“薄”多由“蒲叶、芦苇、秫秸或竹篾编织而成”,表“草席;竹席;帘席”之义,这与表水草类的“蒲”(蒲草)“苇”(芦苇),属于“编织品”和“编织材料”的关系。这种“以制器所用材料的名称作为器物的名称”(张永言,1981:206)的称名方式并不鲜见。沈括《梦溪笔谈》卷二十二“谬误”:“今采箭以为矢,而通谓矢为‘箭’者,因其材名之也。”

“板”“㡢”“笨”,三者音近:

“板”:《广韵》布绾切,上声,潸韵,帮母;

“㡢”:《广韵》扶晚切,上声,阮韵,並母;

“笨”:《广韵》蒲本切,上声,混韵,並母。

三字同属“上声”。“㡢”和“笨”属“並母”,韵部分属“阮韵”和“混韵”,而《广韵》“阮韵”下已标注与“混很同用”,故而北宋时期“㡢”和“笨”已成为同音字。而“板”属“帮母”,与“並母”同为双唇音。“潸韵”与“阮韵”“混韵”,同属收-n的阳声韵,韵近。根据王力先生的古音构拟,三字的中古音分别是:板〔pan〕、㡢〔bhǐwɐn〕、笨〔puən〕。

三者语音相近,为通假提供了前提条件。从字形字义看,“㡢”为本字,“板”“笨”是音同音近的假借字。“㡢”本义为“车篷”,字典辞书释义明确。《方言》第九:“车枸篓……秦晋之间自关而西谓之枸篓,西陇谓之椿,南楚之外谓之篷。”晋郭璞注:“椿,即㡢字。”《释名·释车》:“㡢,藩也,蔽水雨也。”《广韵·阮韵》:“㡢,车㡢。”《集韵·阮韵》:“㡢,车上篷。或作椿。”《集韵·混韵》:“㡢,车篷也。或作輽。”而“板”和“笨”的本义都与车子无关。《汉语大词典》“笨”字的第五个义项释为:古代辇车上如篷盖形的一种车饰。《隋书·礼仪志五》:“齐武帝造大小辇,并如轺车,但无轮毂,下横辕轭。梁初,漆画代之。后帝令上可加笨,辇形如犊车,自兹始也。”《通志·器服二》:“又制副辇,加笨,如犊车,通幰朱络,谓之篷辇。”其实,以上文例中的“笨”属同音假借,本字当为“㡢”,非“笨”字的语义引申。词典释义时最好能加以标注(通“㡢”),以明其语义来源。

综上,“薄板车”即“薄㡢车”,指“以蒲苇等编织的帘席为车篷的车子”。文献中有些关于这种车子形制的零散记载,可资参证。

(19)(宋)谢才澜《混元圣纪》:“老君复欲开西域,乃以昭王二十三年癸丑(上天之无极元年也)五月壬午,驾青牛之车,薄板为隆穹,徐甲为御,将西度函关。”(17/809a)

(20)(宋)董思靖《道德真经集解·序说》:“时老君以昭王二十三年五月壬午,驾青牛车,薄版为隆穹,徐甲为御,将往开化西域。”(12/821b)

“薄板(薄版)为隆穹”,“隆穹”是什么形状呢?《说文·车部》:“輴,淮阳名车穹隆〔为〕輴。”段玉裁注:“淮阳,汉国……车穹隆即车盖弓也。”清焦循《毛诗补疏》:“《方言》云:车枸篓,或谓之簦笼,或谓之隆屈。郭注以为车弓。车弓即盖弓。弓之为状,中央宛曲,车盖似之。《释名》云:弓,穹也。张之穹隆然也……弓之形,高下屈曲,故曰穹隆。”“穹窿”即“隆穹”,谓“车篷如弓形。中间隆起,四周下垂”。另外,清李绿园《歧路灯》第七回,有一段关于“老子骑牛过函关”的谈话,“孝移踟蹰答道:‘仿佛是簿㡢之车。’濮阳公答道:‘是了。’又问:‘㡢是个什么东西?’孝移道:‘像是如今席棚子,不知是也不是?’”文中把“簿㡢”说成“席棚子”，亦有参考价值(见:图1;图2)①。同时值得一提的是，唐乐朋龟撰《西川青羊宫碑铭》记载:“弃柱史而隐迹，东离魏阙，西度函关，乘青牛宛转之车，驾白凤逍遥之辇。”其中的“宛转之车”可与焦循《毛诗补疏》“车弓即盖弓。弓之为状，中央宛曲，车盖似之”相印证，“宛转之车”即“中央宛曲的篷车”。

图1 《清明上河图》中的客货两用牛车

图2 山东曲阜孔庙《圣迹图》中的牛车

《史记·老子韩非列传》记载老子“过(函谷)关”，并未提及出行工具。“青牛”和“青牛薄板车”在《列仙传》之后的文献开始出现，这是道家和道教在神化老子的背景下演绎出来的，但它却在客观上反映了那个时代较为通行的交通工具“牛车”。东汉至唐初“牛车”盛行，简约质朴的“薄板车”就是其中的一类，这种车子多为生活清贫简朴的人所乘坐。而关于这种车子的形制，尚未引起大家的充分注意。

《汉语大词典》中收录“薄板车”相关词语5条(为节省篇幅，文例略)，而在释义方面，都可修正补充。

【薄笨车】一种制作粗简而行驶不快的车子。(9:577)②见例(12)

【薄畚车】即薄笨车。(9:578)见例(9)

【蒲笨车】以蒲草为遮蔽的车。(9:521)见例(13)

【笨车】粗陋而不加装饰之车。(8:1117)见例(18)

【苇车】柴车。简陋无饰的车子。(9:492)见例(17)

“薄笨车”“薄畚车”释为“一种制作粗简而行驶不快的车子”。以“粗简”释“薄”，以“行驶不快”释“笨”，都不准确。《辞海》也收有“薄笨车”(2000:748)，释义与《大词典》同。《辞源》中的“薄笨车”一词，释为“竹车，粗陋的车子”(2015:3581)。以“竹车，粗陋”释“薄笨”，也是望文生义。可改释为“以蒲苇等编织的帘席为车篷的车子”。

“蒲笨车”释为“以蒲草为遮蔽的车”，可改释为“以蒲草席为车篷的车子”。这样，“笨”的语义不会落空，“蒲”的作用也更加明确。

“笨车”释为“粗陋而不加装饰之车”。《辞源》(2015:3113)也收有该词，释义与《大词典》相同。《汉语大字典》也把“笨车”中的“笨”释为“粗陋”(2010:3150)。皆非确诂。三本工具书所引文例都是《宋书·颜延之传》中的“羸牛笨车”。若不明“笨”本字为“畚”，加之前文“羸牛”的影响，极易致误。萧旭先生在《〈金楼子〉校补(二)》(2012)中已谈到这个问题。可改释为“篷车”。(清)朱景英《海东札记》卷四:“南北路任载及人乘者，均用牛车，编竹为箱，名曰

① 图1和图2的图像及名称，引自刘永华《中国古代车舆马具》，北京:清华大学出版社，2013年。感谢匿名评审专家对此问题的提醒。

② (9:577)，指此词条出自《汉语大词典》第9册，第577页。后皆类此。

笨车。”可证。

“苇车”释为“柴车。简陋无饰的车子”。《辞源》也收有该词，释为“柴车。简朴无装饰的车乘”(2015:3544)。皆不准确。可更改为“以苇草席为车篷的车子”。

“薄板车”是一个带有典故性质的词语，文献中有不少用例，并且有多种变体形式。辞书在收录此类词条时，应尽可能源流兼顾，比如出现较早、使用频率较高的“薄板车”，似应收录。“苇畚车”“苇笨车”，也可酌情收入，或在相关词条下有所涉及。另外，在对这些变体形式释义时，要注意彼此间的关联，破通假，找本字，梳理演变脉络，使释义相互统一。

参考文献

[1]辞海编辑委员会. 辞海(缩印本)[Z]. 上海:上海辞书出版社,2000.

[2]汉语大词典编辑委员会、汉语大词典编纂处. 汉语大词典(第 8 册)[Z]. 上海:汉语大词典出版社,1991.

[3]汉语大词典编辑委员会、汉语大词典编纂处. 汉语大词典(第 9 册)[Z]. 上海:汉语大词典出版社,1992.

[4]汉语大字典编辑委员会编纂. 汉语大字典[Z]. 成都:四川辞书出版社,武汉:崇文书局,2010.

[5]何九盈,王宁,董琨主编. 辞源(第三版)[Z]. 北京:商务印书馆,2015.

[6]黄金贵. 古代文化词义集类辨考(新一版)[M]. 北京:商务印书馆,2016:720.

[7]刘永华. 中国古代车舆马具[M]. 北京:清华大学出版社,2013:227;229.

[8]萧旭.《金楼子》校补(二)[EB/OL]. 复旦大学出土文献与古文字研究中心网站(2012-7-17). http://www. fdgwz. org. cn/Web/Show/1903.

[9]张永言. 读王力主编《古代汉语》札记[J]. 中国语文,1981(3):206.

Talk about *BoBanChe*“薄板车”
——On the Interpretation of Related Terms in the Reference Book

Tian Qitao

Abstract: *BoBanChe*(薄板车)is *BoBenChe*(薄畚车), which refers to “the vehicle with a curtainwoven of reeds as its canopy ”. There are many variations in the literature, such as “薄笨车”“蒲笨车”“苇畚车”“苇笨车”“笨车”“苇车”. There are five relevant entries in *the Great Chinese Dictionary*, *Ciyuan* and *Cihai* are also involved, but their definitions are not accurate.

Key words: *BoBanChe*(薄板车), *BoBenChe*(薄畚车), Caravan(篷车)

通信地址:浙江省宁波市江北区风华路 818 号宁波大学人文与传媒学院

邮　　编:315211

E-mail:tqt_2002@163. com

“帻箜”源流考[*]

——兼谈方言名物词的探源问题

黄沚青

内容提要 吴语、徽语中多称针线筐为“帻箜(篮)”,写法不一。在前人研究的基础上,综合考察明清以来的方言文献材料和古今音义关系,发现该词本字为“帻篕”。“帻”指绩好的苎麻线,又写作“繌”。“篕”指竹篮,该义项来源于“篕笼”。“帻篕”如今主要保留在吴语、徽语、闽北方言中。在考辨方言名物词源流的过程中,应该综合语音规律、文献资料与实物资料等多重证据,方能将中断的词源重新接续起来。

关键词 吴语 徽语 帻箜 帻篕 词源

针线筐是百姓日常生活中的常用器物,多为竹篾编制的扁圆形容器。吴语、徽语中多称之为“帻箜(篮)”,主要通行于吴语婺州片金华、汤溪,处衢片江山、常山、遂昌,太湖片宁波,徽语绩溪、歙县等地。目前各类方言研究著作中对于该词的写法不一。如浙江宁波“帐⁼箜[tɕiã^{44} k^{h}oŋ^{44}]”(汤珍珠等,1997:216),汤溪“借⁼空⁼篮[tsia^{33} k^{h}ɑo^{24} lo^{0}]”(曹志耘,2014:77),金华“节⁼空⁼[tsia^{33} k^{h}oŋ^{55}]”(黄晓东等,2017:93),江山“蔳箜[tɕiə^{44} koŋ^{44}]”(王洪钟等,2017:91),遂昌“制⁼空⁼[tɕiɛ^{33} k^{h}əŋ^{45}]”(王文胜等,2017:87),富阳“帻箜篮[tɕia^{33} k^{h}oŋ^{33} lã^{53}]”(盛益民等,2018:174),安徽绩溪城关“蔳筐[tsɿ^{53} k^{h}u ɑ̃^{31}]”(赵日新,2003:8;赵日新,2014:82),绩溪荆州“蔳筐[tsɿ^{55} k^{h}uɛ^{55}]”(赵日新,2015:153),歙县大谷运“借⁼空⁼[tɕia^{214} k^{h}uəŋ^{52}]”(陈丽,2013:87)等。此外,据笔者调查,浙江常山方言也将针线筐称为“借⁼空⁼[tɕie^{44} k^{h}oŋ^{44}]”①。前人在相关研究中已经涉及了该词前字的本字问题,如游汝杰(1998:262),秋谷裕幸、汪维辉(2015),曹志耘等(2016:31),盛益民、李旭平(2018:65)都认为是“帻”。但关于该词的后字“箜”,未见相关研究。该词的来源及其得义之由都有待于进一步考察。

一 文献记录

目前所见,较早记录该词的文献是清代范寅《越谚》,写作“帻箜”。《越谚》卷中“器用”:

---

* 本文系国家社科基金项目“明清闽南方言自造字研究”(20CYY008)、国家社科基金重大项目“《宋元以来民间文书异体字大字典》编纂”(22&ZD304)的阶段性成果。论文在撰写修改过程中,先后承蒙汪维辉、刘祥柏、张涌泉、秋谷裕幸、曹志耘等先生提供宝贵意见,匿名审稿专家提出宝贵修改意见,谨此一并致谢。文中疏误,概由本人负责。

① 本文方言语料来源如下:宁波的材料来自汤珍珠等(1997),金华、汤溪的材料来自曹志耘等(2016)、黄晓东等(2017),江山的材料来自秋谷裕幸(2001)、王洪钟等(2017),遂昌的材料来自曹志耘等(2000)、王文胜等(2017),富阳的材料来自盛益民等(2018),绩溪城关、绩溪荆州的材料来自赵日新(2003),歙县大谷运的材料来自陈丽(2013),政和镇前的材料来自秋谷裕幸(2008),常山的材料来自笔者调查。使用同音字时在文字右上角加“=”符号表示。

“幯箜簩：‘借空待’，盛所绩之麻者。”可见，当时绍兴方言将盛放绩好成团的苎麻的竹筐称为“幯箜簩”，读音为“借空待”。“簩”本指捕鱼竹器。《集韵》上声蟹韵杜卖切：“取鱼竹器。”元代以后，“簩”可以用于泛指竹器，且多见于江浙地区。元王祯《农书》卷十五：“筛谷簩，竹器。簩与袋同音，《篇》《韵》俱各不收，盖土俗所呼传写于文字者如此……尝见于江浙农家。”今吴语中还用“簩”表示用柳条或篾条等编成的圆而平的器物，如温岭[da31]（阮咏梅，2013：171）。

（一）“幯”指绩好的苎麻线

“幯”本指缉麻纻，引申表示绩好的苎麻线。《说文》未收。《广韵》去声霁韵子计切：“幯，幯缉麻纻名，出《异字苑》。”《集韵》去声霁韵子计切：“幯，缉也。”《广韵》中明确指出“幯”字出自《异字苑》。《异字苑》，三国吴朱育撰，隋代以前已经亡佚，其中多有异字。《隋书·经籍志》：“《异字》二卷，朱育撰。”《三国志·吴志·虞翻传》裴松之注引《会稽典录》：“孙亮时，有山阴朱育，少好奇字，凡所特达，依体象类，造作异字千名以上。”因此，从源头上来看，“幯”可能是三国时期吴地的新造字。

“幯”又写作“縩”。“縩”是“幯”的异体字。明张自烈《正字通·齐部》：“幯，旧注音祭，缉麻纻也。或作縩。”清代江苏太仓人氏顾张思在《土风录》中也说明了二字之间的异体关系，其中卷十五“绩麻曰縩”条：“《广韵》‘幯’字注：‘音祭，缉麻纻也。或作縩。’俗麻已绩曰縩，本此。”

元明清时期，长江流域各省和福建两广地区是主要的苎麻和麻布产地。通过考察文献，可以发现“幯”“縩”字主要出现在吴地和闽地的文献中。相比之下，“縩”字更加流行。

明清以来的吴地文献中多见“幯（縩）”字，表示绩好的苎麻线。例如：

（1）如昆山之民，南方业绵布，北方业苎布，妇人业辟麻与纺纱。常年客商收布多，故布贵縩纱贵，而得度日。（明周孔教《周中丞疏稿·救荒事宜》）①

（2）清早起来，蓬子头，赤子脚，绩麻纺縩，极少做到半夜。（清《缀白裘》二集卷二《儿孙福·别弟》）

（3）绩縩：同“幯”，音“借”。麻丝绩成为团曰“縩”，其续也曰“绩”。（清范寅《越谚》卷中“服饰”）

（4）绩幯婆，中“借”。见“器用”条。倍大于蝗，夜鸣以翼。（清范寅《越谚》卷中“虫豸”）

（5）喜得尊称绩縩婆，灰黄衣着见调和。淡花摘得供朝食，妨碍南瓜结实多。自注曰：“小儿呼为‘绩縩婆婆’，读如吉介，多笼养之，摘南瓜淡花为食料，即雄蕊也。”（周作人《儿童杂事诗》丙之十四《绩縩婆》）

例（3）《越谚》明确指出“縩”同“幯”，并指出将麻丝绩成为团称为“縩”。例（4）中的“绩幯婆”与例（5）中的“绩縩婆”实为一词，指纺织娘。今武义方言中麻丝称“幯”[tɕia53]（曹志耘等，2016：31），富阳方言中苎麻线称为“幯[tɕia335]”（盛益民等，2018：65），温州方言将经捻搓

① 周孔教，明代江西抚州人。《救荒事宜》是其担任应天府（今南京）巡抚时，针对当时江南一带水灾救荒所撰，主要内容是关于赈救水灾的诸项事宜。引文中讨论的是昆山地区百姓的生计，因此所用的词汇有比较明显的地域色彩。

相互连接成的苎丝也称“𪩘”[tsei^{42}](游汝杰,1998:262)。

此外,闽地文献中也多见“𦇧”字。例如:

(6)闽中名苎麻,绩之曰𦇧,以成夏布,其用行天下。(明何乔远《闽书》卷一五〇《南产志·麻》)

(7)乡:绩𦇧。正:絺苎、绩苎麻。乡:破成𦇧。正:分成麻丝。(明佚名《正音乡谈·衣服门·𦇧》)

(8)𦇧,绩𦇧,𦇧布。(清谢秀岚《汇集雅俗通十五音》稽韵上去声曾母)

(9)𦇧,𦇧绩,布𦇧。(佚名《渡江书十五音》鸡韵下去声曾母)

例(7)(8)(9)均为闽南方言文献。今雷州方言将绕成团的麻丝称为“𦇧”[tsɔi^{21}](张振兴等,1998:168)。莆仙方言中,将绩好的苎麻线称为“𦇧”,承接𦇧丝用的竹筐称为“𦇧筐”。莆仙戏中还有一出传统剧目为“𦇧筐戽水”。此外,闽语区的人们根据各地的方音,更换“𦇧”字声符,将其写作如“𦇧”(福州、福清)、“綕”(揭阳)①。

(二)“箜”有“篮”义

“箜”《广韵》平声东韵苦红切:“箜,箜篌,乐器。”“箜”主要出现在联绵词“箜篌”一词中,指古代的一种弦拨乐器,一般不单用。旧题明宋濂《篇海类编·花木类·竹部》中还记录了该词的另一个义项:“箜,篮也。”但是在目前所见的传世文献中,除了出自《篇海类编》中的记录以外,未见关于“箜”有“篮”义的相关文献用例,其来源有待探析,详见下文。

二 语音对应

根据文献记录,“𪩘”指绩好的苎麻线,“箜”指竹篮,因此“𪩘箜”一词本指盛放绩好的苎麻线的竹筐。不过这个词是否就是吴语、徽语中表示针线筐的词汇,还需要结合方言古今语音对应关系来判断。

(一)“𪩘箜”的前字读音

“𪩘”《广韵》子计切,精母蟹摄开四霁韵去声。各方言中“𪩘箜”(或“𪩘箜篮”)的前字在本方言中的音韵地位,均可与中古精母蟹开四霁韵去声字对应,且符合连读调规律②。如宁波

① 《汉语方言大词典》“𦇧布”条:“夏布;苎麻布。闽语。福建福州[tsɛ^{53} βuɔ^{213}]、福清[tsɛ^{53} βuɔ^{21}]。”明代福州方言韵书《戚林八音》已记录了“𦇧”字(曾母西韵阴去),释义“夏布”。《汉语方言大词典》“綕”条:“抽剥好的麻线。闽语。广东揭阳[tsoi^{213}]。”“綕”在明代闽南方言戏曲文献中已经出现。例如明万历刊本《荔枝记》第四三回:“我今日远行,未知只去值时转来,你在家饲猪,私加绩綕去卖。”明万历刊本《金花女》“迫姑掌羊”:“羊不肯去掌,綕绩无一枝。”

② “绩”的本义是把麻或其他纤维搓捻成绳或线。《说文》:“绩,缉也。”纺绩时用来盛纱缕的筐也叫“绩筐”。但是“绩”是入声字,《广韵》则历切,精母梗摄开四锡韵入声,均不符合各地方言中“𪩘箜”的前字读音。如宁波[tɕiɪʔ^{55}],金华[tsiəʔ^{4}],汤溪[tsei^{55}],江山[tɕiɛʔ^{45}],常山[tseʔ^{5}],遂昌[tɕiɪʔ^{5}],富阳[tɕieʔ^{5}],绩溪城关[tɕieʔ^{32}],绩溪荆州[tsieʔ^{3}]。因此,尽管“绩”在意义上符合该词的词义,但并非其本字。

[tɕiã⁴⁴ kʰoŋ⁴⁴],金华[tsia³³ kʰoŋ⁵⁵],汤溪[tsia³³ kʰɑo²⁴ lo⁰],江山[tɕiə⁴⁴ koŋ⁴⁴],常山[tɕie⁴⁴ kʰoŋ⁴⁴],遂昌[tɕiɛ³³ kʰəŋ⁴⁵],富阳[tɕia³³ kʰoŋ³³ lã⁵³],绩溪城关[tsɿ⁵³ kʰu ɑ̃³¹],绩溪荆州[tsɿ⁵⁵ kʰuɛ⁵⁵]。

需要特别说明的是,其中较为特殊的读音有金华[tsia³³ kʰoŋ⁵⁵],汤溪[tsia³³ kʰɑo²⁴ lo⁰],宁波[tɕiã⁴⁴ kʰoŋ⁴⁴],富阳[tɕia³³ kʰoŋ³³ lã⁵³],前字韵母都是[ia]。南部吴语中,蟹摄四等齐韵的读音层次较为复杂①。陈忠敏(2013)、孙宜志(2016)、施俊(2016)都曾讨论过这个问题。如孙宜志(2016)认为南部吴语齐韵字的今读有七个层次,同时指出金华方言中齐韵有读 ia 层次,与假摄三等相同,这一层次是南部吴语先秦脂部字向《切韵》时期齐韵字演变的中间过程,有 ＊iɑi→iɑ→ia→ie 的变化。金华方言齐韵读 ia 的字很少,主要有"细小[sia⁵⁵]""渧滴[tia⁵⁵]"二字。秋谷裕幸、汪维辉(2015)讨论了吴语中表示"左"的本字"济",同时以"帻"字为例,说明吴语中确实存在霁韵开口读[ia]的音韵层次。盛益民、李旭平(2018:65)赞同读[ia]是齐韵较古老的层次,富阳方言中的"渧"读[tia³³⁵]可为这种说法提供新的证据,同时在"本字考"中也讨论了左手的本字"济[tɕia³³⁵]"和表示苎麻线的本字"帻[tɕia³³⁵]"。

以"细小"(蟹摄开口四等霁韵)为例,各方言单字调读音如表 1 所示。

表 1 各方言点"细"字读音

例字	金华	汤溪	江山	常山	遂昌	绩溪城关	绩溪荆州
细小	sia⁵⁵	sia⁵²	ɕiə⁴³	ɕie³²⁴	ɕie³³⁴	sɿ³⁵	sɿ³⁵

关于宁波方言中的"帻"[tɕiã⁴⁴],秋谷裕幸、汪维辉(2015)认为与婺州片相同,宁波方言中也存在霁韵开口读[ia]韵的层次,"帻"就是一个典型的代表,宁波方言"帻"读作"帐[tɕiã⁴⁴]",盖因受到"箜"的同化所致。这个结论是可信的。我们发现,1876 年美国传教士睦礼逊编纂的《宁波方言字语汇解》记录了该词的早期读音。该书"basket 篮"条:"tsia-k'ong-læn 织筐篮。"(睦礼逊,2016:36)由此可见当时"帻"字的读音为 tsia,鼻化现象应是后来产生的,可能是 19 世纪晚期以后才出现的现象。

此外,歙县大谷运"[tɕia²¹⁴ kʰuəŋ⁵²]"前字的韵母[ia]也较为特殊。歙县大谷运方言中齐荠霁三韵开口一般读作[i]韵,如礼[li³⁵]、鸡[tɕi³¹]、细[ɕi²¹⁴]。"帻"读作[tɕia²¹⁴],其来源还有待考察。

(二)"帻箜"的后字读音

"箜"《广韵》苦红切,溪母通摄开一东韵平声。各方言中"帻箜"(或"帻箜篮")的后字读音在本方言中的音韵地位,均可与溪母通摄开一东韵平声对应,且符合连读调规律。如宁波[tɕiã⁴⁴ kʰoŋ⁴⁴],金华[tsia³³ kʰoŋ⁵⁵],汤溪[tsia³³ kʰɑo²⁴ lo⁰],江山[tɕiə⁴⁴ koŋ⁴⁴],常山[tɕie⁴⁴ kʰoŋ⁴⁴],遂昌[tɕiɛ³³ kʰəŋ⁴⁵],富阳[tɕia³³ kʰoŋ³³ lã⁵³],绩溪城关[tsɿ⁵³ kʰu ɑ̃³¹],绩溪荆州[tsɿ⁵⁵ kʰɯɛ⁵⁵],歙县大谷运[tɕia²¹⁴ kʰuəŋ⁵²]。江山[tɕiə⁴⁴ koŋ⁴⁴]后字读作不送气音,读音特殊。

以"空"(通摄开口一等东韵)为例,各方言单字调读音如表 2 所示。

① "齐韵"指《切韵》音系中蟹摄四等"齐荠霁"三韵,举平以赅上去。

表 2　各方言点“空”字读音

例字	宁波	金华	汤溪	江山	常山	遂昌	富阳	绩溪$_{\text{城关}}$	绩溪$_{\text{荆州}}$	歙县$_{\text{大谷运}}$
空	k^{h}oŋ^{53}	k^{h}oŋ^{334}	k^{h}ɑo^{24}	k^{h}oŋ^{44}	k^{h}oŋ^{44}	k^{h}əŋ^{55}	k^{h}oŋ^{53}	k^{h}u ɑ̃^{31}	k^{h}uɛ^{55}	k^{h}uəŋ^{31}

也有学者认为该词后字的本字是“筐”，但显然“筐”（《广韵》去王切，溪母宕摄合三阳韵平声）并不符合该字在方言中的音韵地位。如上述《宁波方言字语汇解》中的“tsia-k‘ong-læn 织筐篮”（睦礼逊，2016：36），今宁波方言宕摄合口三等阳韵见组读[uɔ̃]，“筐”读[k^{h}uɔ̃^{53}]。《绩溪方言词典》（赵日新，2003：8）认为绩溪（城关）方言中的“黹筐”读音特殊：“黹，广韵旨韵猪几切，上声，绩溪读阴去。筐，广韵阳韵去王切，按规律单字音读作[k^{h}õ^{31}]，这里读音特殊。”此外，赵日新（2015：87）将[k^{h}uɛ^{55}]作为绩溪荆州方言中“筐”字的特殊读音加以举例，“[k^{h}uɛ^{55}]（黹～：针线筐），读如通摄，与‘空$_{\text{天～}}$’同音”。事实上，绩溪城关方言中的[tsɿ^{53} k^{h}u ɑ̃^{31}]、绩溪荆州方言中的[tsɿ^{55} k^{h}uɛ^{55}]，后字都不是“筐”。这两个词都是“㡟箜”，“箜”符合古今语音对应关系①。

三　“㡟箜”来源

“㡟”有绩苎麻、绩好的苎麻线义。据《篇海类编》记载，“箜”有竹篮义。因此“㡟箜”本义就是盛放绩好的苎麻线的竹篮。上文已阐明“㡟”的来源，但“箜”的竹篮义仅见于《篇海类编》的记载，未见其他用例，其本字恐怕另有来源。

（一）“箜”的本字是“篢”

考察文献，我们发现这个词早在元代文献中就已经出现。元王祯《农书》卷二六“农器图谱・麻苎・绩篢”：“绩篢（去中切），盛麻绩器也。绩，《集韵》云‘缉也’；篢，《说文》曰‘笼也，又姑篓也’②，字从竹。或以条茎编之，用则一也，大小深浅随其所宜制之。麻苎蕉葛等之为絺绤，皆本于此，有日用生财之道。”明徐光启《农政全书》卷三六“蚕桑广类・麻・绩篢”、明王圻《三才图会》“器用九卷・绩篢”中的描述与王祯《农书》相同③。三部典籍中都附有“绩篢”的插图（见图 1），其形制与今天各地的针线筐“㡟篢”相同。

① 明清时期徽州杂字中将该词写作“绩箜”“繌箜”。如《开眼经》：“洗刷简箒，提箩绩箜。”明清徽州杂字《易见杂字・竹器类》：“深盘糠盘，繌筐繌箜。”（戴元枝，2017：198，224）

② 今本《说文》无此文。缪启愉、缪桂龙（2008：721）指出：“《说文》无‘篢’字，自无‘笼也’之解（其他字书也无此解），不知王祯根据什么。”

③ “绩篢”是常见的器物，形制相近，名称有异。项楚《王梵志诗释词》（1986）、《王梵志诗校注》（2019：2、5）考释“绢筐”一词，认为“绢”当为“缉”之异写，“绢筐”即“缉筐”。“缉”“绩”通用，“绩筐”就是王祯《农书》中所说的“绩篢”，女功纺绩所用，以盛丝麻等物。

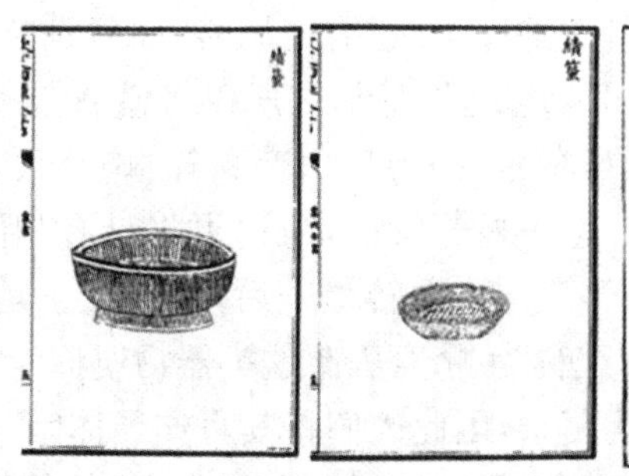
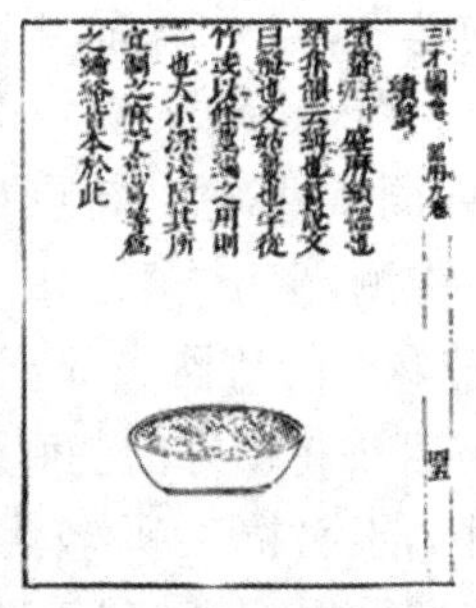

图 1 《农书》《农政全书》《三才图会》中“绩䉶”的插图

“䉶”在《广韵》中有三个读音：去宫切，溪母通摄开三东韵平声；渠容切，群母通摄开三钟韵平声；曲恭切，溪母通摄开三钟韵平声。吴语、徽语中普遍存在通摄开口三等东韵与一等东韵合流的现象。各方言中的读音符合“䉶”《广韵》“去宫切”的音韵地位。以“弓”“宫”为例，各方言读音如表 3 所示。

表 3　各方言点“弓”“宫”读音

例字	宁波	金华	汤溪	江山	常山	遂昌	富阳	绩溪城关	绩溪荆州	歙县大谷运
弓	koŋ^{53}	koŋ^{334}	kɑo^{24}	kəŋ^{44}	koŋ^{44}	kəŋ^{55}	koŋ^{53}	kuã^{31}	kuɛ^{55}	kuəŋ^{31}
宫	koŋ^{53}	koŋ^{334}	kɑo^{24}	kəŋ^{44}	koŋ^{44}	kəŋ^{55}	koŋ^{53}	kuã^{31}	kuɛ^{55}	kuəŋ^{31}

此外该词还见于闽北方言，秋谷裕幸、汪维辉(2015)指出闽北政和镇前方言称为“帻箜”[tsai^{42} koŋ^{52}]，其中前字“帻”符合音韵地位，后字则读音特殊，读不送气音[k]。显然该词后字[koŋ^{52}]的读音并不完全符合“箜”的音韵地位。不过[koŋ^{52}]却符合《广韵》中记录的“䉶”的另一个音韵地位：渠容切，群母通摄开三钟韵平声。秋谷裕幸(2008：124、138)指出镇前方言中古全浊声母读清音，而且今读塞音或塞擦音时，大多数是不送气音，如共[keuŋ^{45}]。此外通摄三等东钟韵读[oŋ]，与通摄一等相同，如重[toŋ^{45}]。由此可见，镇前方言中的[tsai^{42} koŋ^{52}]就是“帻䉶”①。

(二)“帻䉶”得名之由

《广韵·东韵》去宫切：“䉶，䉶笼也。又去龙切。”“䉶笼”指车弓，即古代车上弓形的车篷架，又称盖弓。汉代扬雄《方言》收录了该词：“车枸篓，宋魏陈楚之间谓之筱，或谓之䉶笼。”郭璞注：“即车弓也。”《广雅·释器》：“枸篓、隆屈、筱篷、䉶笼，軬也。”“䉶笼”还可以单称“䉶”。《玉篇·竹部》：“䉶，姑篓也，即车弓也。”

“䉶笼”的外形特点是中间隆起，四周下垂。“䉶笼”“枸篓”“穹窿”等一系列词语为同源词。关于这个问题，清代王念孙《广雅疏证》中已讨论，张永言(2015：116)、刘钧杰(1999：28)、蒋绍愚(2005：169)等学者都做了进一步的分析总结。

由此可见，表示车弓的“䉶笼”是因其形体特点而得名的。相同的得名之由还见于其他相似的器物。例如汉代有一种专用的小型的盛酒器名“鉅镂”。孙机(2008：379)指出：“《广

① 从文献记录来看，“帻䉶”曾经可能还流行于闽南方言。清代漳浦人蔡奭编纂《官话汇解·器具服饰》：“縩巩，正：绩筐。”可见当时闽南方言中将“绩筐”称为“縩巩”，“巩”或为“䉶”的俗写。

雅疏证·释器》:'枸篓者,盖中高而四下之貌。山颠谓之岣嵝,曲脊谓之痀偻,高田谓之瓯窭,义与枸篓并相近。'器名鈲镂,所状亦是此形。"可见,之所以将盛酒器命名为"鈲镂",是由于它的形状中间高四周下垂,这一特点与车弓"枸篓"、山峦高耸"岣嵝"、驼背"痀偻"十分相似。据此,我们可以推测,由于"篕笼"的这一显著特征,故而可将具有相同特征的器具称为"篕"。盛放绩好的苎麻线的竹器底部宽大弯曲,翻转覆盖后,其形状正是"中高而四下",故而称为"绩篕"①。方言中将绩好的苎麻线称为"帻",因此这类器物便称为"帻篕"。

在"帻篕"一词中,前字"帻"字形较为复杂,因此人们将其写作异体字"繐";后字"篕"较为生僻,因此书写中人们采用记音字"箜"来记录。"箜"原本只出现"箜篌"一词中,并无竹篮义。但由于"篕"的方言记音字"箜"恰好与"箜篌"的"箜"字形相同,成为了同形字,使得该字出现了竹篮义。这也正是《篇海类编》将"箜"解释为"篮也"的来源。

纺织和女红密不可分。鸦片战争以后,洋布、洋纱进入中国市场,机器纺织业逐渐兴起,极大冲击了中国传统的手工纺织业。随着传统家庭纺织业的衰落,原本用于盛放苎麻线的竹筐,其功能也发生了转变,主要作针线筐使用。由于"帻篕"两个字都较为生僻,字形复杂,故而民间书写时往往根据方言读音,将该词写作"帻箜"或"繐箜"。而"箜"的竹篮义主要出现在"帻箜"一词中,不常单用。随着时代的变迁,这个含义逐渐不为人所知。因此,在使用过程中,人们又常在"帻箜"后加上"篮"或"篣"字,使其含义更为明晰,故而又称之为"帻箜篣"(《越谚》)或"繐箜篮"。从历史文献的记录来看,"帻篕"一词可能曾经是南方通语,而今主要通行于吴语、徽语、闽北方言中,由此亦可见几种方言之间的密切关系。

四　结语

张永言(2015:27)在讨论词语的内部形式时,谈到"词源中断"(de-etymologisation)的现象,指"由于语言里的某些词汇成分在历史发展过程中的消亡或者它们的语音、意义和形态的变化,一个词常常会跟它所由形成的词失去语义上的联系而'孤立'起来,从而它的内部形式也就变得模糊不明,甚至完全被人们遗忘",而借助历史语言学和历史比较语言学的方法,可以重新揭示已经模糊的词的内部形式。对于方言名物词而言,由于词汇传播依靠世代口耳相传,其"词源中断"现象更是常见。结合"帻篕"的探源过程,可以看出方言词名物词在接续"中断"词源的过程中,应重点关注的几个方面。

一是探析字形理据,突破字形束缚。方言词汇在民间书写的过程中,为了便于识别,常常采用记音字或自造形声字表示。这些方言字的造字理据往往与方言词汇的早期语音形式密切相关,为探析词源提供了重要线索,需要加以辨析。与此同时,由于方言用字缺乏规范,较为随意,随着时空的变化,容易出现"字随音变"的现象,与本字早已相去甚远。正如"箜"

① "绩篕"或可简称为"篕"。明佚名《适菴韵对》卷一:"农夫早起勤春耜,纺妇迟眠转夜篕。"朝鲜农政学者徐有榘(1764-1845)曾博览中国农书,所著《枫石鼓箧集》卷六《本史补论断·镃器记》:"其为麻也,无刀以刈之,无篕以盛之,无机梭以织之,则虽以羲皇之圣神,必不能徒手造布。"缪启愉、缪桂龙(2008:721)认为王祯《农书》中的"绩篕"之"篕"与历代字书中记录的"篕笼"有关,但是"(篕笼)与装麻缕的竹筐完全不搭界。不过王氏也许是根据土俗名称采用此字,那完全可以,又何必引经据典呢?"事实上,王祯《农书》中采用的恰是当时通行的名称,其用字也有所本。

尽管在历史文献中有"篮"义的记录,却并非其本字。因此在准确分析字形理据的基础上,还需要进一步突破字形的束缚,方能理清源流。

二是觅音觅字觅轨,考求方言本字。关于方言考本字问题,前贤多有创见。其中梅祖麟(1995)将基本方法总结为"觅字法",并提出"觅音法"。潘悟云(2105、2016)进一步提出"觅轨法",指根据音变轨迹来确定其本字,将本字的搜索范围从本体层扩展到整条音变链。这些方法在方言名物词探源过程中尤其值得重视,方能根据音变规律找到相应本字。

三是重视方言文化,多重证据互证。名物研究离不开实物佐证。对于方言名物词探源而言,民间世代流传的日常器物能够提供最宝贵的实物证据。然而随着城镇化进程的加快,许多传统的日常生活器物正从社会生活中快速消逝,方言文化保护传承工作迫在眉睫。目前不少学者致力于这项工作,如曹志耘主编《中国语言文化典藏》(2017)等系列成果对各地区方言文化进行抢救性调查记录和保存保护,为语言研究与文化传承提供重要的第一手材料。方言名物词的溯本求源,应该充分利用实物资料、文献资料与语音规律等多重证据,方能得出可靠的结论,从而更好地保护与传承方言文化。

征引书目

西汉・扬雄《方言校笺》,周祖谟校笺,中华书局,1993。

西晋・陈寿撰,南朝宋・裴松之注《三国志》,中华书局,1971。

梁・顾野王撰,宋・陈彭年等修订《大广益会玉篇》,中华书局,1987。

唐・魏征等《隋书》(修订本),中华书局,2019。

宋・丁度等《集韵》,上海古籍出版社,1985。

元・王祯《农书》,浙江人民美术出版社,2015。

明・张自烈《正字通》,中国工人出版社,1996。

明・何乔远《闽书》,福建人民出版社,1995。

明・徐光启《农政全书校注》,石声汉校注,上海古籍出版社,2011。

明・王圻《三才图会》,上海古籍出版社,1988。

明・周孔教《周中丞疏稿》,《续修四库全书》第481册,上海古籍出版社,1996。

明・宋濂《篇海类编》,上海古籍出版社,1996。

明・佚名《新刻增校切用正音乡谈杂字大全二卷》,《美国哈佛大学哈佛燕京图书馆藏中文善本汇刊》第32册,广西师范大学出版社,2003。

明・佚名《适庵韵对》,《四库未收书辑刊》第六辑第20册,北京出版社,1998。

清・范寅《越谚》,江苏广陵古籍刻印社,1990。

清・顾张思《土风录》,曾昭聪、刘玉红点校,上海古籍出版社,2015。

清・钱德苍选编《缀白裘》,汪协如点校,中华书局,2005。

清・谢秀岚《汇集雅俗通十五音》,《续修四库全书》第260册,上海古籍出版社,1996。

清・王念孙《广雅疏证》,江苏古籍出版社,2000。

清・蔡奭《新刻官话汇解便览》,《中国方言谣谚全集》第16册,宗青图书出版公司,1985。

佚名《渡江书十五音》,厦门大学出版社,2003。

徐有榘《枫石鼓箧集》,《韩国文集丛刊》第288册,韩国民族文化推进会,2002。

参考文献

[1]曹志耘. 汤溪方言民俗图典[M]. 北京:语文出版社,2014.

[2]曹志耘,秋谷裕幸,太田斋,赵日新. 吴语处衢方言研究[M]. 东京:好文出版株式会社,2000.
[3]曹志耘等. 吴语婺州方言研究[M]. 北京:商务印书馆,2016.
[4]曹志耘. 中国语言文化典藏[M]. 北京:商务印书馆,2017.
[5]陈丽. 安徽歙县大谷运方言[M]. 北京:方志出版社,2013.
[6]陈忠敏. 汉语方言语音史研究与历史层次分析法[M]. 北京:中华书局,2013.
[7]戴元枝. 明清徽州杂字研究[M]. 上海:上海教育出版社,2017.
[8]黄晓东,曹文进. 中国语言文化典藏·金华[M]. 北京:商务印书馆,2017.
[9]蒋绍愚. 古汉语词汇纲要[M]. 北京:商务印书馆,2005.
[10]刘钧杰. 同源字典再补[M]. 北京:语文出版社,1999.
[11]缪启愉,缪桂龙. 东鲁王氏农书译注[M]. 上海:上海古籍出版社,2008.
[12]梅祖麟. 方言本字研究的两种方法[A]//梅祖麟等. 吴语和闽语的比较研究. 上海:上海教育出版社,1995.
[13]睦礼逊. 宁波方言字语汇解[M]. 上海:上海大学出版社,2016.
[14]潘悟云. 方言考本字"觅轨法"[J]. 方言,2015(4):289-294.
[15]潘悟云. 再论方言考本字"觅轨法"——以现代韵母为u的滞后层为例[J]. 语文研究,2016(4):9-11.
[16]秋谷裕幸. 吴语江山广丰方言研究[M]. 日本松山:爱媛大学法文学部综合政策学科,2001.
[17]秋谷裕幸. 闽北区三县市方言研究[J].《语言暨语言学》专刊甲种之十二之二,台北:"中研院"语言学研究所,2008.
[18]秋谷裕幸,汪维辉. 吴语中表示"左"的本字[J]. 语文研究,2015(4):15-18.
[19]阮咏梅. 温岭方言研究[M]. 北京:中国社会科学出版社,2013.
[20]施俊. 论南部吴语齐韵的读音层次[J]. 语言科学,2016(4):59-73.
[21]孙机. 汉代物质文化资料图说[M]. 上海:上海古籍出版社,2008.
[22]孙宜志. 南部吴语齐韵字的读音层次及演变[J]. 中国语文,2016(3):359-370.
[23]盛益民,李旭平. 富阳方言研究[M]. 上海:复旦大学出版社,2018.
[24]汤珍珠,陈忠敏,吴新贤. 宁波方言词典[M]. 南京:江苏教育出版社,1997.
[25]王文胜. 吴语处州方言的地理比较[M]. 杭州:浙江大学出版社,2012.
[26]王文胜,尹樟达,尹雪迎. 中国语言文化典藏·遂昌[M]. 北京:商务印书馆,2017.
[27]王洪钟,赵普义. 中国语言文化典藏·江山[M]. 北京:商务印书馆,2017.
[28]项楚. 王梵志诗释词[J]. 中国语文,1986(4):281-287.
[29]项楚. 王梵志诗校注(修订本)[M]. 北京:中华书局,2019.
[30]游汝杰. 温州方言词典[M]. 南京:江苏教育出版社,1998.
[31]张振兴,蔡叶青. 雷州方言词典[M]. 南京:江苏教育出版社,1998.
[32]张永言. 词汇学简论 训诂学简论(增订本)[M]. 上海:复旦大学出版社,2015.
[33]赵日新. 绩溪方言词典[M]. 南京:江苏教育出版社,2003.
[34]赵日新. 绩溪方言民俗图典[M]. 北京:语文出版社,2014.
[35]赵日新. 绩溪荆州方言研究[M]. 合肥:安徽教育出版社,2015.

A Textual Research on the Origin and Development of *Jikong*(帻箜)in Wu Dialect ——Also on the Research on the Origin of the Noun Words in Dialects

Huang Zhiqing

Abstract: In Wu dialect and Hui dialect, the needle and thread basket is often referred to as “*Jikong* (basket)”(幯箜篮), which is written in different ways. A comprehensive investigation of the dialect literature materials since the Ming and Qing Dynasties and the relationship between ancient and modern sounds and meanings, we can find that the word is written as “幯箜”. “*Ji*” (幯) refers to good-quality ramie thread. “*Kong*” (箜) refers to bamboo basket, and its original word is “篢”. The bamboo basket meaning of “*Qiong*”(篢) is derived from “*Qionglong*”(篢笼). “*Qionglong*”(篢笼) is now mainly reserved in Wu dialect, Hui dialect, and northern Fujian dialect. In the process of identifying the etymology of dialect names, multiple evidences such as phonetic rules, literature data, and physical data should be integrated to reconnect the interrupted etymology.

Key words: Wu Dialect, Hui dialect ,*Jikong*(幯箜),*Jiqiong*(幯篢),etymology

通信地址:浙江省金华市婺城区浙江师范大学人文学院

邮　　编:321004

E-mail:huangzhiqing000@126.com

郭店简《唐虞之道》"訇"字诸解平议及新释*

孙兴金

内容提要 疑难字词释读需要从字形、音义、辞例、文意、用字习惯等多个方面综合考量。本文以郭店简《唐虞之道》的"訇"字为例，罗列各家意见，分析其中不足。通过字形比对，"訇"应释为"訡"，分析为从言、今省声，即表"闭口"义的"吟""噤""唫"之异体。此"訡"字在句中表广义的"闭"。"万物皆訡"与《太玄经·唫》"万物各唫"结构、句义皆相同，指万物闭藏不生。"大明不出，万物皆訡"指太阳不出现，天下万物就没有生机，与后句"圣者不在上，天下必坏"正相照应。

关键词 郭店简 《唐虞之道》 訇 訡

疑难字词的释读是古文字研究的核心任务。但要真正做到"文通字顺"，并非易事。就当前的楚简文字研究来说，有些疑难字有多至十余种释读意见，到底哪种才是合理的，需要从字形、音义、辞例、文意以及用字习惯等方面综合考量。有的释读意见能够在某一或某些方面证据确凿，却在其他方面不尽如人意。这就要重新评估其准确性。以下以郭店简《唐虞之道》中的所谓"訇"字为例，搜罗各家释读意见，从多个角度辨析这些意见的优劣，并通过字形比较、辞例比勘等方法对其作出新释，以期对疑难字考释方法问题提供一些有益的启示。

一

郭店简《唐虞之道》简 27-28 有这样一句话：

《虞志》曰："大明不出，万物皆訇。圣者不在上，天下必坏。"(释文从宽)

其中的"訇"字，原整理者隶定作"訇"，但未作任何解说。学者对此字有多种释读意见，现列举如下。

(1)从勹，言(音)声，读为"揞"。

白于蓝(1999：113-114)指出，简文此"訇"字实是从勹言声，乃"揞"字异构。"揞"从音声，古文字中言、音乃一字分化。义符"勹"乃"伏"字初文，"伏"字古有藏、覆、隐等义，而"揞"字古亦有藏、覆、隐等义。这句话的字面意思是讲日(或月，或日月)不出，万物隐匿，引申之则意为圣人不出，万民蒙昧。

刘钊(2005：159)亦认为，"訇"从"勹"(伏字初文)从"言"声。古"言""音"本为一字之分化，疑此"訇"字读为"揞"。

* 本文的写作参考了郑怡宁女史对相关问题所作的集释(未刊)，谨致谢忱！

(2)从音声,读为“暗”。

李零(1999:500/2002:98)认为,此字原从勹从言,从言与从音同,疑读“暗”。廖名春(2000:112)认为“訇”字疑误,字当从宀从音,读为“暗”。这种观点被之后出版的《楚地出土战国简册(十四种)》和《楚地出土战国简册合集(一)·郭店楚墓竹简》所吸收。白于蓝(2017:1236)编著《简帛古书通假字大系》也括读为“暗”。

(3)从言声,读为“隐”。

周凤五(1999:756)指出,字从言声,言,古音疑母元部,当读作“隐”;隐,影母文部,二字旁转可通。以隐、坏为韵脚,二字对转可以押韵。林志鹏(2007:489)从之。

(4)同“哼”,呻吟。

涂宗流、刘祖信(2001:62)认为,此字同“哼”,呻吟。章炳麟《新方言·释言》:“凡呻吟亦曰訇,俗字作哼。”句意为“太阳不出,万物都要哀鸣呻吟”。

(5)从言,今声,读为“阴”。

黄锡全(2005:224)以为此字实从言,今声,即訡,读为“阴”。是“言”之上两横兼充“今”之内两横。阴、暗于古音同义通(均为影母侵部)。

(6)释为“询”,读为“喧”,或读为“恂”。

廖名春(2010:226)曾经引到李锐的两种说法,一是以为訇,同询簋铭之“询”字,当释为“询”。《说文》:“询读若宣。”疑此处“询”当读为“喧”,《玉篇·口部》:“喧,大语也。”一是当读为“恂”,《礼记·大学》“‘瑟兮僩兮’者,恂栗也”,恂有恐惧义。《儒藏(精华编)》282册收录了由李锐、王晋卿(2020:117)校点的《唐虞之道》,其注释中只收录了第二种说法,即认为此字应释为询,读为恂,恐惧义。

(7)即“訇”字,训为克。

廖名春(2010:226)提到,传世文献里“五行相克”“土克水”等中的“克”字,在清华简中皆写作“訇”,也就是“訡”。“訇”在《说文》籀文中写作“訇”,从“勹”是“匀省声”,“訇”“訇”通用。据此,《唐虞之道》的“”字和上博一《孔子诗论》简22的“”字依清华简应当训为克,指克制、压制。

(8)从勹声,读为“伏”。

张富海《郭店简文与古书语句之对照》(草稿)指出古书中“万物”多与“伏”连言,疑万物皆訇,应读为万物皆伏,即“”从“勹”得声①。单育辰(2014:39)在引用此说时表示:“张富海说于字形既合,于文义尤洽,无疑是最合理的。”

(9)从言、夗声,读为“怨”或“蕴”。

薛培武(2018)认为此字是由金文中“”(《集成》03737)演变而来,分析为从言夗声,读为“怨”或“蕴”,训为“伏藏”。

① 张富海文似未公开发表,请参看单育辰(2014:39)的引用。

二

上述诸意见为“”字的释读做出了有益的探索，然从字形、音义、辞例、文意、用字习惯等方面综合考虑，则皆有未安之处，下面对各家说法进行辨析。

第(1)(2)两种意见，二者皆以此字从“音”得声立论。然从形体来看，此字明是从“言”不从“音”。“言”“音”字形接近，理论上存在相讹的可能性。正因如此，书手在书写时会有意区别“言”“音”二字(参看宋华强，2009)。在楚简实例中，无论是作为独体字还是偏旁，“言”“音”相混的例子皆极为罕见。假如按照“言”来解释能够讲通，就不必另辟蹊径视为误字。从辞例和文意来看，无论是读为“揞”，还是读为“暗”，皆有不安之处。“揞”字最早见于《方言·卷六》：“揞、揜、错、摩，藏也。”《广韵》：“揞，手覆。”可见“揞”字词义为“用手覆盖物体，使之被掩藏”。若将“”字理解为“伏藏”“隐匿”一类的意义，“万物皆”只能理解为“万物隐匿(自身)”，这与“揞”字的词义并不相合。先秦秦汉文献中亦未见“万物”与“揞”“暗”连用的辞例，且“万物皆暗”的说法颇嫌直白，不似古人托物喻事之语。

第(3)种意见以“言”声立论，“言”“隐”虽然音近，但先秦秦汉文献中未见二字相通的例证。从用字习惯看，楚简中用来表示“隐”这个词的字形，皆与“言”字无涉。例如《唐虞之道》简7的“(㤂)”字，整理者以为从“乚”声，通作“隐”。上博简数见从“㒚”声的字，皆读为“隐”，如：(隱，上一·诗论·01)、(陻，上一·诗论·20)、(嚚，上四·内豊·06)。学者认为“㒚”字即为楚简“隐”字声符(参看吕佩珊，2011：148)。因此将“”读为“隐”难以令人信服。

第(4)种意见释为“哼”于古文字字形无据，其所据《新方言》之例时代太晚，无法反映先秦时期的文字状况。从文意来讲，“万物呻吟”也并不合适。

第(5)种意见对字形的分析很有道理(详后文)，但读为“阴”不可从。从用字习惯看，楚简中“阴”这个词多用“侌”字表示，如(郭店·太一·02)；亦有从“金”声者，如(上六·用曰·04)；还有写作“峹”字者，如(清二·系年·54)。未见用“訡”字表示者。且先秦秦汉文献中似未见与“万物皆阴”相类的辞例。

第(6)(7)种意见皆认为此字从“旬(匀)”。(6)提到的询簋之“询(，《集成》4321)”，其外部所从为“旬”字初文。“旬”字习见于甲骨文，西周时出现加“日”旁作为形符的写法，春秋战国文字改从“匀”声。(7)提到的《诗论》之“(询)”，因有《诗经》对照，可以确定应释为“询”，其所从即为“匀”声。“”“”左上角起笔处像“手”形，为“旬”字常见写法的典型特征。楚简中也有起笔处不作“手”形的写法，如(郭店·唐虞·02)、(郭店·尊德义·34)，所从的“匀”字保留了中间“两横一竖”的笔画，且有“日(田)”旁制约，所以二字一般释为“均”，分析为从土旬声。也有个别的“旬”字，上部讹作了“勹”形，中间省去了两短横，如

(包二·183)、(九店·五六·105)。不过由于有“日”旁的制约作用,学者仍释为“旬”字。“訇”字既没有所谓“手”形,又没有“日”旁或“两横一竖”的制约,能否认为是从“旬”或“匀”省,实在难以通过字形比较来确定。从文意来讲,(6)读为“恂”,说“大明不出,万物皆恐惧”,未免程度过重,文献中也没有这样的辞例。(7)并未指出“訇”读为哪个词,仅仅根据“五行相克”的辞例训为“克”不仅于古无征,且于文意不畅。

第(8)种意见从文意来讲比较恰当,但在字形方面存在缺憾。从字形而言,正如薛培武(2018)所说:“从言从勹声之字在以往的古文字材料及后世字书、文献中似不见,或者其造字本义对应文献中哪个词,这一点是需要进一步解释的。”

第(9)种意见在字形上的证据比较薄弱。金文中的“”字作为人名用字,是否可直接分析为从言从夗尚可进一步讨论;“夗”写作“勹”形属于少见情况,将“訇”字上部视为“夗”的变形缺乏坚实的证据①。从辞例而言,先秦秦汉文献中亦无“万物”与“怨”“蕴”连用的辞例。

通过以上辨析可以看出,诸家意见在字形、词义、辞例、文意、用字习惯等方面均未能做到融通允洽,换句话说就是在某一方面的证据略嫌不足。这样就会让人心生疑窦,难以完全信服。以下拟寻求一个在各方面都能够讲通的答案。

三

廖名春(2010:226)提到,清华简中有一个“訇”字②,相当于“五行相克”的“克”。有学者谓应读为“胜”,即“五行相胜”③。沈培(2013:70-77)亦持相同观点,并详细论证了“訇”与“胜”相通的上古音依据,认为二者相通当是古齐楚方音的表现。范常喜(2021:134-136)指出,楚文字“胜”多见,一般写作“勳”,未有作“訇”者;并根据廖名春(2010:226)的隶定,将“訇”与清华简《皇门》第9简的“”联系起来,认为“五行相訡”的“訡”当分析为从“今”得声,读为“戜”,即“戡”字异体,训为“克”“胜”。其说当可信从。

我们认为,郭店简《唐虞之道》的“訇”字应即这类写法的“訡”字省写,分析为从言,今省声。楚简中作为偏旁的“今”有时会省写中间的两短横,例如“畬”字,常规不省写法作:

(上九·陈公·03) (清七·越公·46)

省去短横的写法在清华一《楚居》中出现了24次,如:

(简2);(简4);(简5);(简6)

① 蒙郑怡宁女史示其未刊稿指出,楚文字中从“勹”形的字很多,罕见可以释作从“夗”者。而且根据现有材料,“夗”写作“勹”形的写法出现在“遼”这种结构复杂的字中,有可能是为了简省,由于有其他部件制约,整个字仍然不会认错。可是“訇”的结构很简单,如果也将“夗”旁写得这样简省,就会导致该字脱离原形,成为另一个字。

② 此字截至清华简第十一册尚未公布。

③ 参看廖名春(2009)文后“学者评论”区网友评论。

这种省写现象在同一篇中成规模的出现,应该不是简单的漏写笔画,而是“今”与“酉”共用中间的两横笔。由此可知,黄锡全(2005:224)对“ ”字的形体分析可从。

这种共用笔画现象应是受到楚文字字形结构影响的结果。一来,“畲”是半包围结构,“酉”和“今”的两横笔都要写在“今”字上部的半包围中,空间的有限势必导致部件间的拥挤乃至笔画共用或部件脱落。与“今”旁形体相近的“勺”在作偏旁时也会出现省略中间笔画的情况,如楚简“军”字从车勺声,一般写作 A 形,省写者作 B 形(参看滕壬生,2008:1183):

A: (包二・131);B: (包二・88)

不难看出,“勺”字的半包围结构是省写笔画的重要影响因素。二来,“訡”字所从的“言”以及“畲”字所从的“酉”上部皆为两横,很容易和“今”字所从的两横连在一起,遂促成了笔画的共用。安大简《诗经》有一个“畲(饮)”字作:

(安大一・112) (处理后的图片,以便比对)

“酉”字上部的两横笔和“今”字中间的两横笔几乎相连,但细审此字,仍然可辨识出中间两横存在左右相错的形态,应是分属两字。左边两横属“酉”,右边两横属“今”。这个字形可以反映此类结构的字从笔画不共用到共用的中间状态。

清华十《四告》简 17 有个“龕”字,写作下举 C 形,此字从龍,今声,读为“戡”。《四告》简 48 有个写作“寵”[1]形的字,即下举 D 形,辞例为“寵之克之”。整理者(2020:123)隶为“寵”,无说。王宁(2020)读为“撞”或“冲”。按,此写作“寵”之字应即“龕”字,从龍,今省声,读为“戡”,《尔雅・释诂上》:“戡,克也。”“龕(戡)之”与“克之”为同义词组。此字可看作是省写了“今”字的两横,也可以看作是“今”“龍”共用笔画。

C: (简 17);D: (简 48)

湖北荆门左冢战国墓出土的漆梮中有一个字作下列 E 形:

E: (原拓为朱文,经过去底色处理);

整理者(黄凤春、刘国胜,2003:493-501)原释为“窨”,朱晓雪(2011:145)认为从今从音,“今”和“音”二字共享笔画,疑读为“寵”。若此,这也是从“今”之字共用笔画的例证。将上述现象列表如下:

	訡	畲	龕
未省字			
省形字			

综观上述“訡”“畲”“龕”等共用笔画之例,可以发现它们皆为从“今”的半包围结构,且下部之偏旁皆有两横,容易与“今”字的两横相扰。由此可见,将“ ”之形体分析为从言从今省

[1] 为方便起见,本段“寵”“龍”使用繁体。以下几处不再出注说明。

声是符合楚文字书写规律的。

下面说“訡”字的意思。古文字中“言”“口”作为同义偏旁可以换用，“訡”即“吟”字异体。《说文·口部》谓“吟”“或从言”，《玉篇·言部》亦谓“訡”“或为吟”。“吟”字《说文》训作“呻也”，即呻吟。然其本义应为“闭口”。裘锡圭（2015：420-421）指出，“今”大概是倒写从口的“曰”字而成的，本义是“闭口”，应该是“吟”（噤）字的初文。当闭口讲的“吟”应该就是表示“今”字本义的分化字。《史记·淮阴侯列传》：“虽有舜、禹之智，吟而不言，不如瘖聋之指麾也。”《说苑·权谋》：“君吁而不吟，所言者莒也。”是其用例。

“闭口”义也常用“噤”和“唫”表示，三字在这个义项上互为异体。《说文·口部》：“噤，口闭也。”上引《史记·淮阴侯列传》之例司马贞《索隐》曰：“吟，郑氏音巨荫反。又音琴。”裘锡圭（2015：421）指出：“‘巨荫反’之音与‘噤’字之音相同。所以当闭口讲的‘吟’和‘噤’可以看作一字的异体。”《史记·袁盎晁错列传》：“且臣恐天下之士噤口，不敢复言也。”上引《说苑·权谋》之例，《吕氏春秋·审应览·重言》作“君呿而不唫”。《墨子·亲士》：“近臣则喑，远臣则唫。”

除了表示“口闭”之义，“唫”“噤”也可以泛指广义的“闭”。《太玄经·玄冲》：“唫，不通也。”《文选·潘岳〈西征赋〉》“有噤门而莫启”，李善注：“噤亦闭也。”

与郭店简“万物皆訡”一句类似的辞例古书有征。《太玄经·唫》：“阴不之化，阳不之施，万物各唫。”司马光《集注》曰：“陆曰：‘唫，闭塞也。’凡阳施其精，阴化其形，万物乃生。处暑之气，阴不化，阳不施，万物各闭塞之时也。”此处“各”与“皆”为同义，如《春秋繁露·阳尊阴卑》“诸在上者，皆为其下阳；诸在下者，各为其上阴”，“皆”“各”同义相对。可见“万物各唫”与“万物皆訡（吟—唫）”句义相同。《淮南子·天文》：“阴气极，则北至北极，下至黄泉，故不可以凿地穿井。万物闭藏，蛰虫首穴，故曰德在室。”“万物闭藏”句，马宗霍云：“此犹《周髀算经》所谓‘阴绝阳彰，故不生万物’。”“万物皆唫”亦与“万物闭藏”意思相类，皆指环境恶劣，万物封闭不能生长。

“大明不出，万物皆訡（唫）”字面意思为“太阳不出来，万物都闭藏不生”。此句为托物喻事，“大明（太阳）”喻指“圣人”“贤君”，“万物”喻指“天下万民”，与后句“圣者不在上，天下必坏”相互照应。其内在意思即圣人贤君不出现，天下万民就没有生机。可见释“訡”能够很好地将文义贯通。

古文字释读需要从多个方面综合考虑。概而言之，符合演变规律的字形分析、有据可征的音义关系、合乎其时的用字习惯以及畅通合理的前后文义是必不可少的条件。上面以《唐虞之道》的“訇”字为例，分析了前人观点的不足，并作出了各方面都能讲通的释读，希望能对疑难字释读方法问题提供有益的启发。

征引书目

荆门市博物馆《郭店楚墓竹简》，文物出版社，1998。

中国社会科学院考古所编《殷周金文集成》（修订增补本），中华书局，2007。

湖北省荆沙铁路考古队编《包山楚墓》，文物出版社，1991。

湖北省文物考古研究所，北京大学中文系编《九店楚简》，中华书局，2000。

马承源主编《上海博物馆藏战国楚竹书（一）》，上海古籍出版社，2001。

马承源主编《上海博物馆藏战国楚竹书（四）》，上海古籍出版社，2004。

马承源主编《上海博物馆藏战国楚竹书(六)》,上海古籍出版社,2007。

马承源主编《上海博物馆藏战国楚竹书(九)》,上海古籍出版社,2012。

清华大学出土文献研究与保护中心编,李学勤主编《清华大学藏战国竹简(贰)》,中西书局,2011。

清华大学出土文献研究与保护中心编,李学勤主编《清华大学藏战国竹简(柒)》,中西书局,2017。

清华大学出土文献研究与保护中心编,黄德宽主编《清华大学藏战国竹简(拾)》,中西书局,2020。

安徽大学汉字发展与应用中心编,黄德宽、徐在国主编《安徽大学藏战国竹简(一)》,中西书局,2019。

汉·许慎撰,宋·徐铉校订,愚若注音《说文解字》,中华书局,2015。

汉·司马迁撰,南朝宋·裴骃集解,唐·司马贞索隐,唐·张守节正义《史记》(点校本二十四史修订本),中华书局,2014。

汉·刘向撰,向宗鲁校证《说苑校证》,中华书局,1987。

汉·扬雄撰,宋·司马光集注,刘韶军点校《太玄集注》,中华书局,2013。

梁·顾野王撰《原本玉篇残卷》,中华书局,1985。

梁·萧统编,唐·李善注《文选》,上海古籍出版社,1986。

许维遹撰、梁运华整理《吕氏春秋集释》,中华书局,2009。

清·孙诒让撰,孙启治点校《墨子閒诂》,中华书局,2001。

张双棣撰《淮南子校释》(增订本),北京大学出版社,2013。

参考文献

[1]白于蓝.《郭店楚墓竹简》读后记[M]//吉林大学古文字研究室编. 中国古文字研究(第一辑). 长春:吉林大学出版社,1999.

[2]白于蓝编著. 简帛古书通假字大系[M]. 福州:福建人民出版社,2017.

[3]陈伟主编. 楚地出土战国简册(十四种)[M]. 北京:经济科学出版社,2009.

[4]范常喜. 也谈清华简"五行相詈"的"詈"字[M]//李运富,汪维辉主编,真大成,何余华副主编. 汉语字词关系研究. 上海:中西书局,2021.

[5]黄锡全.《唐虞之道》疑难字句新探[M]//长沙文物考古研究所编. 长沙三国吴简暨百年来简帛发现与研究国际学术研讨会论文集. 北京:中华书局,2005.

[6]黄凤春,刘国胜. 记荆门左冢漆梮[M]//第四届国际中国古文字学研讨会论文集. 香港:香港中文大学中国语言及文学系. 2003.

[7]李零. 郭店楚简校读记[M]//陈鼓应主编. 道家文化研究(第 17 辑):郭店楚简专号. 北京:生活·读书·新知三联书店,1999.

[8]李零. 郭店楚简校读记(增订本)[M]. 北京:北京大学出版社,2002.

[9]廖名春. 郭店楚简引《书》论《书》考[M]//武汉大学中国文化研究院编. 郭店楚简国际学术研讨会论文集. 武汉:湖北人民出版社,2000.

[10]廖名春. 郭店简"訇"、上博简"詈"字新释[EB/OL]. (2009-08-07). http://www. fdgwz. org. cn/Web/Show/865.

[11]廖名春. 郭店简"訇"、上博简"詈"字新释[C]//复旦大学出土文献与古文字研究中心编. 出土文献与传世典籍的诠释:纪念谭朴森先生逝世两周年国际学术研讨会论文集. 上海:上海古籍出版社,2010.

[12]吕佩珊.《上海博物馆藏战国楚竹书(一-六)》通假字研究[D]. 台北:台湾师范大学. 2011.

[13]李锐,王晋卿校点. 郭店楚墓竹简《唐虞之道》[M]//儒藏·精华编·282·出土文献类·上. 北京:北京大学出版社,2020.

[14]刘钊. 郭店楚简校释[M]. 福州:福建人民出版社,2005.

[15]林志鹏. 郭店楚墓竹书《唐虞之道》重探[M]//丁四新主编. 楚地简帛思想研究(三). 武汉:湖北教育出版社,2007.

[16]裘锡圭. 说字小记·说“去”“今”[M]//裘锡圭学术文集·第3卷·金文及其他古文字卷. 上海:复旦大学出版社,2015.

[17]宋华强.《凡物流形》“五音才人”试解[EB/OL].(2009-06-20). http://www.bsm.org.cn/?chujian/5300.html#_ftn9.

[18]沈培. 谈谈清华简用为“五行相胜”的“胜”字[M]//出土文献(第3辑). 上海:中西书局,2013.

[19]单育辰. 楚地战国简帛与传世文献对读之研究[M]. 北京:中华书局,2014.

[20]滕壬生. 楚系简帛文字编(增订本)[M]. 武汉:湖北教育出版社,2008.

[21]涂宗流,刘祖信. 郭店楚简先秦儒家佚书校释[M]. 台北:万卷楼图书有限公司,2001.

[22]武汉大学简帛研究中心、荆门市博物馆编著. 楚地出土战国简册合集(一)·郭店楚墓竹简[M]. 北京:文物出版社,2011.

[23]王宁.《清华十〈四告〉初读》112#回帖[EB/OL].(2020-12-02). http://www.bsm.org.cn/forum/forum.php?mod=redirect&goto=findpost&ptid=12624&pid=29212&fromuid=101214.

[24]薛培武. 从《唐虞之道》“訇”的一种可能的解读说到甲骨文中的“围攻”战[EB/OL].(2018-08-30). http://www.bsm.org.cn/?chujian/7945.html.

[25]周凤五. 郭店楚墓竹简《唐虞之道》新释[M]//“中研院”历史语言研究所集刊·第七十本第三分. 1999:756.

[26]朱晓雪. 左冢漆梮文字考释[M]//中国文字(新三十六期). 台北:台北艺文印书馆,2011.

The Overviews and A New Interpretation of the Graph *Jin*(訇) in the Guodian *Tang yu zhi dao* Manuscript

Sun Xingjin

Abstract: The interpretation of doubtful Graphs needs comprehensive from the character pattern, sound and meaning, the usage of character and context meaning. This paper takes the Graph *Jin*(訇) in the Guodian *Tang yu zhi dao* Manuscript as an example, list the opinions and analyze the deficiencies. By comparing various character patterns, we argue that “訇” should be understood as *Jin*(訡), it contains shape-symbol 言 and the phonetic component 今 which is economical. It is a variant of *Jin*(吟/噤/唫) which means silent. It means close in the sentence. *Wan Wu Jie Jin*(万物皆訡) and *Wan Wu Ge Jin*(万物各唫) in the *Jin*(唫) of *The Tai Xuan Sutra*(太玄经) both mean all things on earth is closed and lifeless. *Da Ming Bu Chu*, *Wan Wu Jie Jin*(大明不出,万物皆訡) means that without sages, there would be lifeless for all nations. This sentence and the latter *Sheng Ren Bu Zai Shang*, *Tian Xia Bi Huai*(圣者不在上,天下必坏) complement each other.

Key words: Guodian Manuscript, *Tang yu zhi dao*, *Jin*(訇), *Jin*(訡)

通信地址:山东省济南市历城区山大南路27号山东大学文学院

邮　　编:250100

E-mail:15866676293@163.com

探寻“准联绵词”理据的一种方式
——以“婵娟”及相关词语的考源为例*

袁　也

内容提要　汉语中有一类双声/叠韵的同义复合词，它们中的一部分受形符类化、语音演变等因素的影响，其内部理据现多难以知晓，因而在释义时往往被误认作联绵词处理。本文将这类表层形式与联绵词极为相似的双声/叠韵的同义复合词称为“准联绵词”，并以其中的“婵娟”及相关词语的考源为例，提供一种探寻该类词理据的操作方式：在广泛搜集某一准联绵词多种异形的基础上，利用谐声、同源及事理关系，追溯其构成语素被掩盖的核心义，并将语素的核心义组配，重新代入准联绵词出现的各类语境进行检验，修正古书注解及现代辞书中的笼统释义。通过准联绵词的理据探求，有助于该类词释义的精准化、完善化与系统化。

关键词　准联绵词　理据探求　核心义　谐声关系　婵娟

一

联绵词是汉语词汇成员中特殊的一类，其来源较为复杂，大致可分为：变形重叠、语音类化、羸缩变易、重言演化、义合凝固、缓读分音、语源分化、模拟声音(孙景涛，2008：199-203；付建荣，2019：231-233)。其中，“义合凝固”指由同义复合词紧密凝固而成，它是联绵词的重要来源之一(胡正武，1997：263)。但受形符类化、语音演变等因素的影响，这类词的内部理据现多难以知晓，其表层形式与其他来源的联绵词基本无别：(1)语音上多为双声或叠韵；(2)字形上异形繁多；(3)语义上无法拆分解释。如果仅从共时、静态的角度出发，这类词的释义多只能依赖早期注家的释语及其出现的语境，所得的释义也较为笼统，各义项间难以系联，并且无法对释义进行证实或证伪。

义合凝固产生的联绵词与其他来源的联绵词有本质区别，后者是不可拆分的单纯词，而前者从根源上看是可以拆分的复合词。为避免术语混淆，本文将这类双声/叠韵的同义复合词称作“准联绵词”①。对于这类词，应分别探求其构成语素的核心义②，方能对整个词语的

---

*　基金项目：中国人民大学科学研究基金(中央高校基本科研业务费专项资金资助)项目“汉语伴随义副词的类型、来源及演变”(项目编号：23XNH135)的阶段性成果。文章曾在第三届青年文献语言学学术论坛上宣读(上海，2020年9月)，程邦雄先生给出了非常中肯的修改建议；匿名审稿专家和编辑部老师也提供了非常宝贵的修改意见，谨致谢忱。文中舛误概由本人承担。

①　原文使用的术语易产生混淆，这一点承蒙匿名审稿专家指出。

②　核心义在统摄复音词词义、解释词义发展演变的制约机制与词语内部意义之间的深层联系方面具有重要作用，可详参王云路(2017)，王云路、王诚、王健(2019)。

语义有准确的理解①。

本文以准联绵词成员中“婵娟”及相关词语的考源为例，利用谐声、同源及事理关系，寻求其构成语素被掩盖的核心义，并将语素的核心义组合，重新代入词语出现的各种语境，检验并修正古书注解及现代辞书中笼统的释义，使得这些准联绵词的释义趋于精准化、完善化与系统化。

二

“婵娟”在《汉语大词典》(以下简称《汉大》)中共有8个义项：

①姿态美好貌；②指美人；③形容花木秀美动人；④指花木；⑤形容月色明媚；⑥指代明月或月光；⑦轻盈飘舞貌；⑧犹婵媛，情思牵萦貌。

对于辞书中给出的释义，我们有几点问题。第一，释义较为笼统。美的概念过于空泛，释义未揭示出事物美的具体特征。第二，“婵娟”各义项之间如何联系？第三，“婵娟”得义之由为何？

回答以上问题需从“婵娟”的内部结构入手。“婵娟”有一些异形词，如“蝉娟”“婵媛”“婵嫣”“澶湲”“嬗娟”“亶爰”。这类异形词是与原词音义相同(或音近义同)、用法相关而书写形式不同的词语。按照传统观点，这些异形词都属于联绵词，其内部结构无法探求。但若进一步扩大考察范围，则可发现异形词中的部分语素还能参与其他构词，如“蝉联”“连娟”“蜿蝉”“蜿蟺”“宛亶”等，它们在语义上多与“婵娟”的异形词相关(如表1，表中释义出自古书注释或《汉大》列出的义项)。

表1 “婵娟”异形词及相关词语的释义与出现语境

词语	释义	例句
【婵媛】	情思牵萦	心婵媛而无告兮，口噤闭而不言。(西汉·刘向《楚辞·九叹·思古》)
	交错相连	结根竦本，垂条婵媛。(东汉·张衡《南都赋》，载《文选》卷四)
	姿态美好	形便娟以婵媛兮，若流风之靡草。(南朝宋·范晔《后汉书·文苑列传下·边让》)
【婵嫣】	相连貌	我姓婵嫣，由古而蕃。(唐·柳宗元《祭从兄文》)
【蝉嫣】	有亲族关联	有周氏之蝉嫣兮，或鼻祖于汾隅。(西汉·扬雄《反离骚》，载《汉书·扬雄传上》)
【婵连】	牵连，谓有亲族关系	云余肇祖于高阳兮，惟楚怀之婵连。(西汉·刘向《楚辞·九叹·逢纷》)
【蝉联】	绵延不断，连续相承	袭五公而长驱，四代赫蝉联之祉。(唐·杨炯《遂州长江县先圣孔子庙堂碑》)
【蝉连】	语言啰嗦，文词繁琐	与阿太语，蝉连不得归。(唐·房玄龄等《晋书·外戚列传·王蕴》)
【连娟】	曲细之状	长眉连娟，微睇绵藐。(西汉·司马相如《子虚赋》，载《汉书·司马相如传》)

① 王艾录、司富珍(2002:168-169)指出，从理论上讲，探求合成词的理据，应当采用先分解、后综合的“分解综合式考证法”，即首先识别合成词中每个语素的理据，再综合考证合成词整体上的音义理据。

续表

词语	释义	例句
【蝉娟】	情思牵萦	荡子从军事征战，蛾眉蝉娟守空闺。（唐·高适《塞下曲》）
	体态美好	流萤明灭夜悠悠，素女蝉娟不耐秋。（清·苏曼殊《东居杂诗》之二）
【蝉蜎】	竹妍雅貌	檀栾蝉蜎，玉润碧鲜。（西晋·左思《吴都赋》，载《文选》卷五）
【亶爰】	传说中的山名	亶爰之山，多水，无草木，不可以上。（《山海经·南山经》）
【嬗娟】	飞腾貌	旌旆翻其猗靡，惊熛因而嬗娟。（西晋·陆云《南征赋》）
【澶湲】	水徐流貌	嘉清源之体势，澹澶湲以安流。（东汉·蔡邕《汉津赋》，载《古文苑》卷七）
【蜿蝉】	蛟龙盘屈貌	乘六蛟兮蜿蝉，遂驰骋兮升云。（东汉·王逸《楚辞·九思·守志》）
	指萦回屈曲	蜿蝉迤逦，千里始尽，不测其气脉之所终。（清·梅曾亮《复上汪尚书书》）
【蜿蟺】	蚯蚓的别名	蚯蚓，一名蜿蟺，一名曲蟺。（西晋·崔豹《古今注·鱼虫》）
	屈曲盘旋貌	瀄汩澎湃，蜿蟺相纠。（三国魏·嵇康《琴赋》，载《文选》卷十八）
【婉僤】	行动之貌	青龙蚴蟉于东箱，象舆婉僤于西清。（西汉·司马相如《子虚赋》，载《汉书·司马相如传》）
【蜿灗】	展转之状	澎濞沆瀣，穹隆云挠，蜿灗胶戾。（西汉·司马相如《子虚赋》，载《史记·司马相如列传》）（《汉书》作“宛潬”）
【宛潬】		
【宛亶】	回旋盘曲	山隆谷窳，宛亶相搏。（东汉·王粲《游海赋》，载《艺文类聚》卷八）
【宛澶】	同上	坚崿既崚嶒，回流复宛澶。（南朝齐·谢朓《游山》）

除了能表示姿态美好的意义外，表中词语的意义可概括为连续、盘曲、牵引之义。这些意义涉及事物的具体特征，相较于单纯地形容事物美来说无疑更加具体。那么这些准联绵词的构词语素是否与连续、盘曲、牵引义相关呢？如何证实或证伪呢？

在充分利用训诂材料的基础上，从谐声及同源关系考察准联绵词前后两个语素的核心义应该是一种行之有效的方法。声符在形声字中的作用不单是标识读音，它往往还提示了命名理据或语源（即具有示源功能）。正如曾昭聪（2002：23）所言：“联绵词是可以推源的。如果两个形声字组合为一个联绵词，那么我们就可以从声符入手来推源。组成联绵词的形声字的声符相当一部分是可以提示语源的。”（按，曾文此处的“联绵词”即本文的“准联绵词”。）而通过谐声关系瞄准联绵词的声符，并依据早期文献及训诂材料挖掘事物的得名之理，便能系联出多组同源词，进而提取每组词的核心义，避免就分析单个语素可能造成的片面性与主观臆断性。“婵娟”及相关词语中涉及的谐声声符主要有“亶”“单”“爰”“肙”“宛”，下面将分别讨论各组谐声声符及相关同源词的核心义。

三

（一）“亶”声字及相关同源词的核心义有连续、回转之义

【嬗】【蟺】【蝉】“嬗”表示事物的蜕变、演变。《史记·屈原贾生列传》：“形气转续兮，变化

而嬗。"《文选》卷十三贾谊《鹏鸟赋》中此句作"变化而蟺",李善注:"苏林曰:'转续,相传与也。蟺音蝉,如蜩蝉之蜕化也。'或曰:'蟺,相连也。'"蜕变义与相连义在事理上相关,因为事物蜕变或演变的过程就包含了连续变化与前后接替两个方面。"蝉"亦有蜕变、连续之义,与"嬗""蟺"(均属禅母元部)为同源词。蝉因在夏秋间由幼虫蜕变而成,故名为"蝉"。《方言》卷一:"嫽、蝉、䌕、撚、未,续也。""续"正是"蝉"的核心义。

【"擅/氈"】《说文·手部》:"擅,撚毛也。"《广韵·仙韵》:"氈,席也。《周礼》曰:'秋敛皮,冬敛革,供其毳毛为氈。'""毳"本义为鸟兽的细毛。"撚毛"是以手指揉搓毛发、使之相连的动作。《玄应音义》卷十四"撚髭"注:"撚,两指索之也,相接续也。"《方言》卷一、《广雅·释诂二》均训"撚"为"续也"。"氈"最早指用兽类细毛揉搓连缀成的块状制品,可当作垫子或御寒的鞋帽料。

事物沿圆周运动的过程也是连续不断的①,因而"亶"声字还能表示回转义。

【澶】《说文·水部》:"澶,渊水。在宋。"又:"渊,回水也。""澶"表示回旋的水波。

(二)"爰"声字的核心义有牵引、延长之义

【援】《说文·手部》:"援,引也。"牵引指以手拉持某物,后引申出攀援义。《文选》卷二张衡《西京赋》:"熊虎升而拏攫,猨狖超而高援。"

【蝯】《尔雅·释兽》:"猱、蝯善援。"《经典释文》:"援,犹引也。"猿猴因其臂膀舒展且长,擅于攀援,故得名。

【媛】《说文·女部》:"媛,美女也,人所援也。"《尔雅·释训》:"美女为媛。"郭璞注:"媛,所以结好媛。""媛"本指有姿色且擅于交际、牵引他人的女性,如今之名媛。

(三)"肙"声字及相关同源词的核心义有圆曲、弯曲之义

【囗】《说文·口部》:"囗,规也。从囗肙声。"《荀子·赋》:"圆者中规,方者中矩。""规"为圆规,"囗"为做规之模具。

【蜎】《诗经·豳风·东山》:"蜎蜎者蠋,烝在桑野。"郑玄笺:"蠋蜎蜎然特行,久处桑野,有似劳苦者。""蜎"表示昆虫身体弯曲、蠕动爬行的样子。

"瞏"与"肙"具有同源关系(均属匣母元部),"瞏"声字的核心义亦多有圆曲义。

【圜】《说文·囗部》:"圜,天体也。"《楚辞·天问》:"圜则九重,孰营度之?"朱熹注:"圜,谓天形之圆也。"古人有天圆地方的观念,因此以"圜"命名天。后世文献中"圜"多作"圆"。

【嬛】【娟】《说文·女部》:"嬛,材紧也。"段玉裁注:"材紧,谓材质坚致也。紧者,缠丝急也。《上林赋》'便嬛绰约',郭璞曰:'便嬛,轻利也。'"但"便嬛"与材紧义之间有何关联段玉裁未能进一步解释。按,"便嬛"多作"便娟",早期文献用例如下:

便娟之修竹兮,寄生乎江潭。(西汉·东方朔《楚辞·七谏·初放》)

雌霓便娟以增挠兮,鸾鸟轩翥而翔飞。(战国·屈原《楚辞·远游》)

丰肉微骨,体便娟只。(战国·屈原《楚辞·大招》,一说为战国时期景差所作)

---

① 例如《释名·释水》解释"澜"为"连也,波体转流相及也"。

形便娟以婵媛兮，若流风之靡草。（南朝宋·范晔《后汉书·文苑列传下·边让》）

初便娟于墀庑，末萦盈于帷席。（南朝宋·谢灵运《雪赋》）

其中“便”表示轻便、轻盈。第一例中“便娟”用来形容修长的竹子，因竹竿细长，所以经风吹动时常作弯曲之态。竹有弯曲而不易折断的特性，因此在古代多用来制弓。《周礼·冬官·考工记》中记载：“弓人为弓，取六材必以其时。”所谓“六材”，即干、角、筋、胶、丝、漆，干是弓的主体部分。从早期出土的弓箭形制看，弓的主干部分多用竹与木。湖南长沙楚墓曾出土过一件战国时期的复合体弓，弓体为竹质，中间一段用四层竹片叠合而成，两端装有角质的弭，并粘附动物的筋。此类结构的弓能承受的拉力和压力之高，在同时期世界范围内的弓中也鲜有出其上者（孙机，2014：368-369）。《说文》“嬛”作材紧义正本于此，“材紧”形容制弓的竹竿材质紧密、弯曲后不易折断之特性，即具有韧性。《方言》卷一训“嬛”为“续”，“续”义为连续不断，与“材紧”义亦合。

“嬛”“娟”在此可表弯曲义，与“瞏”“肙”圆曲的核心义相符。“便娟”基本义作轻盈、弯曲。现代入其他几例中检验。第二例“便娟”形容“雌霓”，“雌霓”亦作“雌蜺”。彩虹分内外二环，内环色深者为雄，名虹，外环色浅者为雌，名蜺。“便娟”表示外环的彩虹轻浅、呈圆弧状的样子①。三、四例均形容女子的体态。第三例王逸注“便娟”为“好貌”，非常笼统。第四例李贤注引《淮南子》曰：“今舞者便娟若秋药被风。”引文中提供了一条重要的信息，“便娟”并非形容女子静态时的体貌，而是舞蹈时动态的体貌。“便娟”表示女子舞蹈时体态轻盈、弯屈柔美之姿。“婵媛”的核心义为连续、延长，这里指女子体态纤长。“形便娟以婵媛”即描述女子体态纤长、轻盈有柔韧性，这与“若秋药被风”及“若流风之靡草”形容细长之草因风动而弯曲的譬喻完全吻合。第五例形容雪花，表示其飞舞时轻盈曲转的样子。所以“便娟”基本义为轻盈、弯曲不误。

（四）“宛”声字的核心义有屈曲、圆形之义

【腕】《释名·释形体》：“腕，宛也，言可宛屈也。”“宛”有屈曲义。《说文·宀部》：“宛，屈草自覆也。”段玉裁注：“此曰‘屈草自覆’者，宛之本义也，引申为宛曲、宛转。”“腕”为手腕，是掌臂相连可以弯曲的部位。

【豌】《广雅·释草》：“豌豆，蹓豆也。”朱骏声《说文通训定声·乾部》：“登，《广雅·释草》：‘豌豆，蹓豆也’，字作‘豌’……子圆如珠，煮食甜美。”殷寄明（2000：188-189）指出“豌”因形圆而得名，“‘豌、登、蹓’，皆寓圆义，‘宛’从‘夗’声，夗声亦有圆义，‘蹓、榴、瘤’同源，留声亦有圆义。”

（五）“嫣”有欣喜快乐义与连续绵长义

【嫣】以“焉”为声符的字不多，我们不太容易从中提取出它的核心义，所以“蝉嫣”为何能表示连续不断的意思还需要进一步解释。《说文·女部》：“嫣，长皃。”《玉篇·女部》：“长美

---

① 亦有“宛虹”一词，表示弯曲状的彩虹。《上林赋》：“奔星更于闺闼，宛虹拖于楯轩。”颜师古注：“宛虹，曲屈之虹也。”

也。”此义与今天常用来表示女子笑貌的“嫣”意义不同，注家对其解释不多①。

实际上，“嫣”字记录了两个不同的词。一表示欣喜快乐貌，旧作“嗎”。《玉篇・口部》：“嗎，嗎嗎，喜也。”《方言》卷十三：“嘕，乐也。”钱绎笺疏：“嗎，与嘕同。”“嗎”义为喜悦，后世多写作“嫣”。《楚辞・大招》“靨辅奇牙，宜笑嗎只”，王逸注：“嗎，笑貌。”而《文选》卷十九宋玉《登徒子好色赋》“嫣然一笑”下李善引王逸注作“嫣，笑貌”。“嫣然一笑”即露出喜悦的笑容。又潘岳《离合诗》：“溪谷可安，奚作栋宇。嫣然以喜，焉惧外侮。”“嫣然”正指内心喜悦的样子，后引申出女子笑貌、姿态姣好貌。“嗎”字《广韵・仙部》作许延切，“嫣”字亦收此音。另《史记・李将军列传》：“天子与韩嫣。”司马贞索隐：“又音许乾反。”“许延切”与“许乾反”读音相同，两字语音上亦吻合，所以在欣喜快乐义上，“嗎”“嫣”实同一词②。

二表示连续、绵长义。“焉”与“匽”音近（仅声调平与上之别）可通。《汉书・魏豹田儋韩王信传》“颓当孽孙嫣”，郑氏曰：“音鄢陵之鄢。”颜师古注：“郑音是也，音偃。”又《广雅・释宫》：“柤，隁也。”王念孙疏证：“郑注《周官》‘稻人’云：‘偃猪，畜流水之陂也。’《荀子・非相》作‘匽’，《后汉书・董卓传》作‘鄢’，《魏志》作‘堰’，并字异而义同。”因此，“嫣”“鄢”“偃”“匽”“堰”可通。“匽”与“蝘”亦通。《大戴礼记・夏小正》：“匽之兴五日翕，望乃伏……唐蜩鸣。唐蜩者，匽也。”王聘珍解诂：“唐读曰螗，匽读曰蝘。”“唐蜩”《尔雅・释虫》作“螗蜩”，郭璞注：“《夏小正传》曰：‘螗蜩者蝘。’俗呼为蝉，江南谓之螗蛦。音荑。”又《诗经・大雅・荡》：“如蜩如螗。”毛传：“蜩，蝉也。螗，蝘也。”孔颖达疏引舍人云：“皆蝉也。方语不同，三辅以西为蜩，梁宋以东谓蜩为蝘，楚语谓之蟪蛄。”“蝘”是“蝉”的别名，“蝘”与“蝉”是因方言语音变异而产生的一对同源词。上文已述蝉的得名之由以及与蝉同源的词表示连续的意义，所以蝘亦有连续之义。“嫣”“匽”“蝘”三字可通，“嫣”可以表示连续义。《正字通・女部》“嫣”字下作“连也，与延通。”“嫣绵”表示连续不绝。皮日休《悼贾》：“粤炎绪之嫣绵兮，其国度之未彰。”或写作“嫣”。《山海经・西山经》：“西望帝之搏兽之丘，东望蠵渊。”“蠵渊”即绵长不止的渊水③。《说文》“嫣，长皃”正本于此，义为绵长、连续。《玉篇》作“长美也”恐是未能理解《说文》“长皃”之义，且因“嫣”多用表美好貌，故误增“美”字。

四

以上通过谐声、同源及事理上的关系，探求了“婵娟”及相关准联绵词涉及到的谐声声符的核心义，进而可知以此为声符的各相关语素的核心义。我们将“婵娟”及表1中的词条重新归并，可以看出这些准联绵词均是核心义相同或相通的语素并列而成的复合词（见表2）。在结构及语义方面与它们相近的词语并不少，如：宛延（蜿蜒）、宛转、宛曲、宛委、委屈、委曲、

① 段玉裁认为：“《诗》毛传：‘颀颀，长皃。’‘颀’与‘嫣’声相近也。”按，“颀”（群母文部）与“嫣”（影母元部）语音差别不小，又缺乏其它材料佐证，仅从语义上考虑恐怕欠妥。

② “嫣”字今读 yān，而不是许延切的 xiān，yān 来自表示连续绵长义的“嫣”（《广韵》有於乾切 yān、於蹇切 yǎn、於建切 yàn 三个读音，但意义上无区别）。由于连续义的“嫣”后世基本废用，当“嗎”字写作“嫣”后，两者构成同形字，读音上发生混同。最晚在唐初，形成一词多音。《史记・韩信卢绾列传》“颓当孽孙韩嫣”，司马贞索隐：“音偃，又一言反，又休延反，并通。”“嫣”在现代汉语中仅保留了 yān 一种读音。

③ 语义结构如今之“长江”。

曼延(蔓延)、曼衍(漫衍)、缠绵、绵延、延属、蝉蔓、遭回、连卷(连蜷)等。

表2 “婵娟”及相关准联绵词的核心义与具体释义

词语	词语核心义		释义
	前语素	后语素	
【婵媛】【澶湲】【亶爰】	连续/回转	牵引/延长	①女子体态纤长,后泛指女子貌美 ②枝条曼长、相互交连 ③山势绵延不止 ④水势连续不断 ⑤情思牵萦、绵长
【婵嫣】【蝉嫣】	连续/回转	连续/绵长	连续绵长,引申为有亲族关系
【婵连】【蝉联】【蝉连】	连续/回转	连续/连接	①连续不断,引申为族亲关系连续相承 ②言语、文词连属繁琐
【蜿蝉】【蜿蟺】【宛潬】 【宛亶】【宛澶】【婉僤】 【蜿蟺】	屈曲/圆形	连续/回转	①水波盘旋回转 ②蛟龙盘曲之态 ③蚯蚓的别名,因其爬行时身形作屈曲、盘曲状得名,又名“蟺蛇”
【婵娟】【蝉娟】【蝉蜎】 【蟺娟】	连续/回转	圆曲/圆转	①草木茎干纤长、具有韧性,多用来形容竹子,后泛指竹子或植物生长繁茂、秀美 ②女子体态纤长、柔韧性好,后泛指女子貌美,又引申为美女 ③古人因将月亮比作美女,所以最初用它来表示月色美,后指代月色及月亮(由②泛化的引申义发展而来) ④火光摇摆不定的样子 ⑤雪花飞舞时盘旋不止 ⑥情思绵长、盘结,后泛指情思

借助各词条前后语素的核心义,能够重新建立起准联绵词各义项与核心义之间的理据关联,进而可以将所得释义放入文献及注释中重新证实或证伪,调整、修改原有辞书中对该类词的释义(见表2释义部分)。这包括如下三个方面:

一是释义精准化。一方面是明晰笼统的释义。例如“蝉蜎”原本释作“竹妍雅貌”,没有解释竹子妍雅的具体特征。现根据“蝉”“蜎”的核心义为连续绵长、圆曲,描述出竹竿纤长、有韧性的特点(可与上文“便娟”竹竿轻盈、有韧性的意义相比较),将释文具体化。

另一方面是明确内部语义结构。虽然有些词的释义并不笼统,但由于不了解其构成语素的核心义,容易对词语整体意义的来由产生困惑。例如“蝉嫣”“蝉联”均有连续不断的意义,我们容易辨识出“联”有连续义,但“蝉”和“嫣”为何与“连续不断”相关,仅凭它们常见的语素义难以推得。又如将“蜿蟺”释为蚯蚓的别名,《汉大》虽已引李时珍《本草纲目·虫四·蚯蚓》“蜿蟺、曲蟺,像其状也”解释得名之由,但未能建立事理与各语素意义之间的关联。现已知“蜿”“蟺”分别有屈曲、回转的核心义,蚯蚓有“蜿蟺”之名正因其爬行时身形作屈曲、盘曲状而得,可见李说不误。

二是释义完善化。一方面解释未释词。如“亶爰”一词出自《山海经·南山经》“亶爰之山,多水,无草木,不可以上”,《汉大》虽有收录,但因注家未有解释,所以仅将其视作传说中的山名。现可据“亶爰”有连续、延长的核心义,将其释作山势绵延不止。这一解释还能得到同义同构词“蝉联”“曼衍”的佐证，两词均可形容绵延的山陵。例如，左思《吴都赋》：“布濩皋泽，蝉联陵丘。”《汉书·爰盎晁错传》：“土山丘陵，曼衍相属。”颜师古注：“曼衍，犹联延也。”

另一方面纠正偏误的释义，兹举二例。“婵娟”的义项之一《汉大》释作“花木秀美动人”，这是语义泛化后的意义，并非其本义。从早期文献来看，不是所有花木均能受“婵娟”修饰，被修饰的植物多有茎干纤长、具有韧性的特征，其中“婵娟”修饰竹子的频率最高。例如，吴均《绿竹》：“婵娟鄣绮殿，绕弱拂春漪。”

“嬗娟”《汉大》引陆云《南征赋》“狂飙起而妄骇，行云蔼而千眠。旌旆翻其猗靡，惊熛因而嬗娟”，将其释作“飞腾貌”，这是根据“熛”字猜测出的意义。《说文·火部》：“熛，火飞也。”“熛”为“票(䙗)”之异体，表示飞腾的火光。考察诗义，此四句写南征将士将赴出征的场景，风云涌动，旌旗随风飘扬，营地冲天的火光也因风惊起。“嬗”“娟”二语素的核心义有连续、弯曲之义，所以“嬗娟”应指飞腾冲天的火光因风吹折、摇摆不定的样子。

三是释义系统化。准联绵词的书写形式多样，义项关系复杂，因此它们的释义对象不应局限于一个词或一种书写形式，而是在广泛搜集其异形词及相关词语的基础上，归并词条，聚合成一个词丛(如表2“婵娟”形成的准联绵词丛)，通过构成语素的核心义解释不同语境下词丛中各成员的意义，令解释具有周遍性。

此外，系统化还体现在各义项间的关联性增强。“婵娟”原释义中的“情思牵萦貌”与“女子、花木美丽动人”关联程度低，难以察觉其中的联系。而根据连续绵长、圆曲的核心义可重新将释义修改为：(1)女子体态纤长、柔韧性好；(2)草木茎干纤长、具有韧性，多用来形容竹子；(3)情思绵长、盘结。各义项间的关联一目了然。

释义的侧重点偏离，未将核心义体现在释义中也会遮蔽义项间的联系。例如“婵娟”的轻盈飘舞貌、“澶湲”的水徐流貌在释义系统中的地位并不明确，这是由于释文将“轻盈”与“徐缓”作为释义的重点，反而忽略了构成语素的核心义。如果将这两个义项分别修正为雪花飞舞时盘旋不止、水势连续不断，便能清晰地观察到义项间的关联①。

综上所述，本文以“婵娟”及相关词语为例，提供了一种探求准联绵词理据的可行方式，其操作步骤可概括如下：

(1)广泛搜集某一准联绵词的多种异形，罗列它们出现的语境和已有的释义；

(2)用谐声、同源及事理关系，探寻(1)中所涉及词语语素的核心义；

(3)重新归并词条，搭配组合(2)中语素的核心义组合作为各条词语的核心义，并代入(1)中词语出现的各类语境，对已有的释义进行检验，从而做到澄清笼统释义，匡正错误释义，考证不明释义，统合相关释义。

因此，探寻准联绵词的理据，应该作为词汇史研究、辞书编纂及文献注释工作中基础但又不可或缺的一环。

① 王云路、王诚、王健(2019)也指出，核心义的分析有助于解决《汉语大词典》等辞书中复音词义项关联不明显、释义错误的问题。他们作了一个精妙的比喻：“核心义像一个无形的磁场，能把与之相关的意义吸附、统摄在一起，不在这个语义磁场范围之内的意义，就需要考虑是不是假借义，或者是随文生义造成的误释；一个词的多个义项往往存在关联，核心义可以帮助我们揭示义项之间的联系。”

征引书目

汉·扬雄撰,晋·郭璞注《方言》,中华书局,2016。
汉·刘熙《释名》,中华书局,2016。
汉·班固撰,唐·颜师古注《汉书》,中华书局,1962。
南朝宋·范晔撰,唐·李贤等注《后汉书》,中华书局,1965。
南朝梁·萧统编,唐·李善注《文选》,上海古籍出版社,1986。
南朝梁·顾野王《大广益会玉篇》,中华书局,1987。
唐·房玄龄等撰《晋书》,中华书局,1974。
唐·释玄应,黄仁瑄校注《大唐众经音义校注》,上海古籍出版社,2012。
唐·陆德明《经典释文》,上海古籍出版社,2013。
宋·陈彭年等《宋本广韵》,江苏凤凰教育出版社,2008。
宋·洪兴祖《楚辞补注》,中华书局,1983。
明·张自烈编,清·廖文英补《正字通》,国际文化出版公司,1996。
清·董诰等编《全唐文》,中华书局,1983。
清·段玉裁《说文解字注》,上海古籍出版社,1988。
清·王念孙《广雅疏证》,中华书局,2004。
清·郝懿行《山海经笺疏》,上海古籍出版社,2019。
清·钱绎《方言笺疏》,中华书局,2013。
清·阮元校刻《十三经注疏》,中华书局,2009。
清·严可均编《全上古三代秦汉三国六朝文》,中华书局,1958。
清·王聘珍《大戴礼记解诂》,中华书局,1983。
清·朱骏声《说文通训定声》,中华书局,1984。
清·王先谦《荀子集解》,中华书局,1988。
逯钦立辑校《先秦汉魏晋南北朝诗》,中华书局,1983。
汉语大词典编纂委员会编纂《汉语大词典》,上海辞书出版社,1986。

参考文献

[1]付建荣. 联绵词研究的回顾与展望[M]//汉语史学报(第十九辑). 上海:上海教育出版社,2019.
[2]胡正武. 同义复词是联绵词一大来源例说[M]//古典文献与文化论丛. 北京:中华书局,1997.
[3]孙机. 中国古代物质文化[M]. 北京:中华书局,2014.
[4]孙景涛. 古汉语重叠构词法研究[M]. 上海:上海教育出版社,2008.
[5]王艾录,司富珍. 语言理据研究[M]. 北京:中国社会科学出版社,2002.
[6]王云路. 论核心义在复音词研究中的价值[J]. 浙江社会科学,2017(7):126-130.
[7]王云路,王诚,王健. 再论核心义在复音词研究中的价值[J]. 汉字汉语研究,2019(3):31-39.
[8]殷寄明. 语源学概论[M]. 上海:上海教育出版社,2000.
[9]曾昭聪. 形声字声符示源功能述论[M]. 合肥:黄山书社,2002.

A Method of Exploring the Motivation of the Approximate Alliterative Words
——Take *Chanjuan*(婵娟) and Related Words as an Example

Yuan Ye

Abstract: There are some synonymous compound words that appear alliteration or vowel rhyme. The motivation of them has become gradually vague under the assimilation of symbols and phonetic evolution, which makes people difficult to know the internal structure. We refer to this kind of words as “approximate alliterative word”. This paper takes the source of *chanjuan*(婵娟) and related words as an example, providing a general method which is applicable to the approximate alliterative words. Firstly, we should widely collect the family words of approximate alliterative words. Secondly, we can get the core meaning of morphemes that form the approximate alliterative words under the investigation of homophony, phonetic system and logic relations. Thirdly, we will substitute the core meaning of morphemes into various contexts for testing, so as to modify the general interpretations in ancient books and modern dictionaries. This work may help us to make the interpretation of the approximate alliterative words more precise, integrated and systematic.

Key words: approximate alliterative word, the exploration of the motivation, core meaning, phonetic system, *chanjuan*(婵娟)

通信地址:北京市海淀区海淀街道中关村大街 59 号中国人民大学文学院
邮　　编:100872
E-mail: soochowyuanye@163. com

“每下愈况”是怎么变成“每况愈下”的*

戴佳文

内容提要 成语“每况愈下”源自《庄子·知北游》的“每下愈况”，两者并非直接转变的关系，而是经历了两次误解误用，关键在“况”字。“每下愈况”的“况”义为“滋、甚”。宋人误以为该字表示“比照”，化用《庄子》时把“每下愈况”错改为“每况愈下$_1$”；随后，“每况愈下$_1$”的“况”又被误解为“情况”义，“每况愈下$_2$”由此产生并行用。误解误用不仅是词义演变的途径之一，有时也会推动新形式出现。这类语言现象背后的时代原因值得深究。

关键词 每下愈况 每况愈下 况 误解误用 宋代

表示“情况越来越坏”的成语“每况愈下”来源于“每下愈况”，这可以说是目前的共识。迄今为止的研究尚未把转变的过程梳理清楚，甚至互有出入，因此有必要继续探讨①。本文基于先行研究考察“每下愈况”变成“每况愈下”的过程，力图从语言使用者的立场出发，寻求更为近真的答案。

一 “每下愈况”的确诂

考察“每况愈下”的形成，需先求得演变起点“每下愈况”的确诂。后者出自《庄子》外篇《知北游》：

> 东郭子问于庄子曰：“所谓道，恶乎在？”庄子曰：“无所不在。”东郭子曰：“期而后可。”庄子曰：“在蝼蚁。”曰：“何其下邪？”曰：“在稊稗。”曰：“何其愈下邪？”曰：“在瓦甓。”曰：“何其愈甚邪？”曰：“在屎溺。”东郭子不应。庄子曰：“夫子之问也，固不及质。正获之问于监市履狶也，每下愈况。汝唯莫必，无乎逃物。至道若是，大言亦然。”（引自唐·成玄英《南华真经注疏》）

划线部分未见校勘性异文②，隐含的意思是：连最难肥的地方都长肉了，其他地方肯定有肉；连最下贱的地方都有道存在，别处一定也有。庄子借此说明“道”无处不在。前贤对这

* 本文写作、修改过程中承汪维辉师悉心指导；边田钢老师也惠赐过宝贵意思；文稿曾在浙江大学汉语言研究所2021年研究生论文报告会与首届“朴学之光”研究生学术论坛上宣读，分别得到方一新、庄初升、李旭平、罗天华、王竹勋、叶雁鹏和化振红、王诚、刘周霏、刘昕曜等师友指教，统此申谢。文责自负。

① 《读书生活》编辑部(1942)、王力(1958/1980:675)、枚子君编著(1982:63-65)、林杏光(1983)、张拱贵(1983:276-277)、陈增杰(1985)、唐超群(1990)、刘兴策(1999)、谭雨雯(1999)、陈璧耀(2004)、朱庆之(2013)、顾军(2012)、黄友(2017)等先后有过讨论。个别学者(如郭庆山，1984；苏长兵，2009；吴安宁，2018)指出“每况愈下”与“每下愈况”无关，笔者以为不可取。

② “校勘性异文”的定义参看真大成(2020:55)。

句话的整体解读出入不大,但字词释义尚有分歧。其中,状语位置的"每""愈"较为明确:前者表示反复发生同样情况中的任何一次;后者表示更加,承载一种倚变关系(吕叔湘,1990:367)。"下"有动词"往下"与名词①两说,后者是误解"况"字带来的连锁反应(详下)。要之,问题症结在"况"。这关系到"每况愈下"的出现,有必要仔细辨析。

"况"字至今主要有五种歧解:

	释义	始见时代	早期代表性文献
A	比照	晋	(1)夫监市之履豕以知其肥瘦者,愈履其难肥之处,愈知豕肥之要,今问道之所在而每况之于下贱,则明道之不逃于物也必矣。(《庄子·知北游》晋·郭象注) (2)正,亭卒也。获,其名也。监市,市魁也。狶,大豕也。履,践也。夫市魁履豕,履其股脚狶难肥处,故知豕肥耳。问道亦况下贱则知道也。(《庄子·知北游》唐·陆德明释文引晋·李颐《庄子集解》)
B	意况	唐	(3)凡今问于屠人买猪之法,云履践豕之股脚之间难肥之处,愈知豕之肥瘦之意况也。(《庄子·知北游》唐·成玄英疏)②
C	饶益	宋	(4)每下愈况……一曰:况,益也。每履其悬蹄之下,难肥之处见其肥,则知上之饶益多矣。(北宋·陈景元《南华真经章句音义》卷上)③
D	喻晓、显明④	明	(5)每下谓先问其首而渐及于尻也。况,喻也,晓也。(明·顾大韶《炳烛斋随笔》"夫子之问也固不及质正获之问于监市履狶也每下愈况") (6)以足蹴大豕股脚难肥处则知豕之肥瘠,盖每下愈明。(明·方虚名《南华真经旁注》卷三《知北游》)
E	滋、甚	清	(7)《庄子》之每下愈况谓每下而愈滋也即滋、甚之意。(清·罗汝怀《绿漪草堂集》文集卷四《说"況"》)⑤ (8)《庄子·知北游》:正获之问于监市履狶也,每下愈况。愈况犹愈甚也。(章太炎《新方言·释词·兄》)

其中BC显然不妥。前者的问题在于状语"愈"后无法紧接指称性成分⑥;后者则是随文释义,实指猪肥的"饶益"揆之本文虽协,但验之他卷不通。下面详辨其余三说。

歧解A从者甚夥⑦,把"下"认定为名词就是出于对这种解读的配合。其实"比照"说代入原文讲不通,至晚南宋就有人措意,明清两代也有学者指出,如南宋刘辰翁点校《庄子南华

① 如"下贱"(晋·郭象、唐·陆德明引晋·李颐)、"监市之贱者"(南宋·林希逸)、"尻"(明·顾大韶)。

② 《辞源》等训"况"为"状",或可视作成疏之余绪。

③ 今人王叔岷(1988:830)观点相同。

④ 杨柳桥(1991:440)认为"况"是"明"或"炳"的叠韵通借字,不妥。先秦未见通借实例。

⑤ 罗文讨论"况""況"字形问题,故题中"況"字保留繁体。

⑥ 同理,"况"释为"况味"(见明·陈治安《南华真经本义·知北游》)也不能成立。

⑦ 包括北宋·陈景元(陈氏虽同时罗列他说,但把"比照"义放在首位),南宋·林希逸,明人吴伯与、韩敬、藏云山房主人,清人林云铭、浦起龙、徐廷槐、胡鸣玉、高嵣、陆树芝、陈寿昌,江户时代的日本学者杜多秀峰、冈松辰,民国阮毓崧、支伟成、朱文熊。(参看方勇、陆永品,1998;严灵峰,1972、1974、1982)今人方向东(2003:144)、朱庆之(2013)、龚雪梅和林志强(2018)等亦持此说。据罗汝怀《说"況"》,"每下愈况"之"况"作"比照"解还是清代字书的通行看法。

真经·知北游》:"每下愈况即愈况每下也,倒言之耳。"①明·藏云山房主人《南华大义解悬参注·知北游》:"况,比也。每下愈况,亦倒文,即每况愈下也。"清·吴汝纶《桐城吴先生点勘诸子·庄子点勘·知北游》:"某谓据李(颐)、郭(象)注,则正文当作每况愈下。"遗憾的是他们未能打破以郭象、李颐为代表的旧注局限,反而怀疑《庄子》采用"倒言/倒文";更有甚者指出"每下愈况"这句话"原自欠安"(明人叶秉敬语)。其实依旧注作解并不合理,因为不论在原词序基础上释"况"为"比照",还是"倒言/倒文"说,"每下愈况"的语义都是越比越下、越下越比,据此不足以推出"道无所不在"的深意。再者,《庄子》外、杂篇成书于战国晚期(胡波,2019),而表示"比照"义的"况",现存最早的例证出自西汉中晚期桓宽的《盐铁论》(《汉语大字典》已引),中间至少一百年的空白期也很难解释。

歧解 D 明代始见,当时对"每下愈况"存在"履狶愈下,比况愈明"之类的解读(如潘基庆、陆长庚、杨起元、陈荣、程以宁),这一注解习惯或可追溯到郭象与李颐[参例(1)(2)]。不过"况"在汉语史上未见表示"喻晓、显明"的其他用例,颇疑此义来源于"比况愈明"这类意译语境。有意思的是,清人又将"喻晓、显明"与"比照"糅成一说,如宣颖《南华经解·知北游》所谓"况者,显譬也"。《辞海》第二版②开始改释"每下愈况"之"况"为"由比照而显明",或许就是采纳了糅合的做法。借助《辞海》的权威地位,"由比照而显明"产生了较大影响,《汉语大词典》也沿用此说③。考虑到被糅合的两义皆非正解,这个解释自然不攻自破④。

歧解 E 清代方兴,今人闻一多也说:"况,益也,益犹甚也。"(见《闻一多全集·庄子编》所收未刊稿《庄子章句》)《现代汉语词典》第一至七版"每况愈下"条下,"每下愈况"之"况"皆释作"甚"⑤。笔者认为这是确解。表示"滋、甚"义的"况",字本作"兄"。《说文解字·兄部》:"兄,长也。"段玉裁注:"兄之本义训益,许所谓长也。许不云兹者,许意言长则可赅长幼之义也","兹与滋义同。兹者,草木多益也。滋者,益也。凡此等,毛诗本皆作兄。俗人乃改作从水之況,又讹作况"。该字王念孙也有论说,《读书杂志·墨子第二》"兄"条:"兄与况同。况,益也。言纣益自放纵也。《小雅·常棣篇》'况也永叹',毛传曰:况,兹也。兹与滋同。滋益也。《晋语》'众况厚之',韦注曰:况,益也。《无逸》'则皇自敬德',汉石经'皇'作'兄',王肃本作'况',云:况,滋,益用敬德。《大雅·桑柔篇》'仓兄填兮'、《召旻篇》'职兄斯引',传并曰:兄,兹也。"所举例证与段注"兄"条大致相同。可见"况"在先秦确有"滋、甚"义,只是最初写作"兄"。

南朝宋颜延之崇尚玄道之学(张润平,2018:152),他笔下有一例"每下愈笃"值得注意:"好生恶死,每下愈笃,故宥其死者顺其情,夺其生者逆其性,至人尚矣。"(《又释何衡阳

① 明·归有光、文震孟《南华真经评注》误将此句置于柳柳州名下。方勇编著(2008:459)认为是"有人在借历史上和当代的名公名家(尤其是唐宋八大家)以抬高此书的身价",可备一说。

② 即 1965 年未定稿。《辞海》第一版"每下愈况"条下收录"比照"与"甚"两说。

③ 持这一观点的还有《古书典故辞典》(1984/1988:222)、陆钦(1994:491-492)、陈增杰(1996)、徐传武(1997)、谭雨雯(1999)、陈璧耀(2004)、丁建川(2004)、王艾录(2005)、李馨(2006)、苏长兵(2009)、祝鸿熹(2010)、孙艳红(2010)、孟肇咏(2011)、王郁丰(2017)等。

④ 从"比照"到"喻晓、显明"再到"由比照而显明",这种"层累造成"的错误在古书注解中并不罕见,找到致误源头方能抽丝剥茧、还原真相。

⑤ 若水(1961)、张拱贵(1983:276-277)、刘洁修编著(1989:701)、王艾录(2005)、史慧(2006)、李馨(2006)、刘洁修编(2009:781)、孙艳红(2010)、任坚(2013)等皆同此说。

书》)①"每下愈 X""每 X 愈 X"的句式当时并不能产,这显然是化用《庄子·知北游》的"每下愈况"。"好生恶死,每下愈笃"即好生恶死的情形越往下程度越深,说明中古时期还有人能准确解读《庄子》原意。

综上,演变起点"每下愈况"的意思是每往下去,程度越深。这句话宋代以前基本只见于《庄子》及其注解材料。

二 "每况愈下"的语义

演变终点"每况愈下",目前见到的最早用例出自宋代文献。《辞源》各修订本与《汉语大词典》表示"情况越来越坏"的"每况愈下",首证都是例(9):

(9)子瞻自言平生不善唱曲,故间有不入腔处,非尽如此。后山乃比之教坊雷大使舞,是何每况愈下,盖其谬耳。(宋·胡仔《苕溪渔隐丛话后集》卷二六"东坡一")

下列也是两宋之交的用例:

(10)伎术标榜,所在如织,五星、六壬、衍禽、三命、轨析、太一、洞微、紫微、太素、遁甲,人人自以为君平,家家自以为季主,每况愈下。由是借手于达观要人,舟车交错于道路,毁誉纷纭,而术益隐矣。(宋·洪迈《容斋续笔》卷八《蓍龟卜筮》)

追溯成语"每况愈下"的来源时,这两例广被引用。其实两者虽然同形,但语义有别。

洪迈笔下的"每况愈下"是用同现代汉语的最早例证。君平、季主是西汉时期德行高尚的卜筮者(后者事见《史记·日者列传》,褚少孙称之为"楚贤大夫"),洪迈对两人评价颇高:"考其所条具,固有于传记无闻者,而高下等差,殊为乖谬。如司马季主、严君平止于男爵,鲜于妄人、洛下闳同定太初历,而妄人封伯,下闳封男,尤可笑也。"(《容斋三笔》卷一三《大观算学》)《蓍龟卜筮》条揭露卜筮行业乱象:门派丛生,自命不凡;由此生发的"每况愈下"是对行业风气越来越坏的感叹。朱庆之(2013)将此例释为"用来比况的事物一个比一个低下",可能是受"某某自以为某某"这类含有"比照"义的表达误导。

胡仔笔下的"每况愈下"有所不同,他认为《后山诗话》为上等的东坡词错选了下等的比照对象。此例朱庆之(2013)释作"用来比况的事物一个比一个低下",大致不差;但需注意,例(9)中"用来比况的事物"只有雷大使舞一个。类似的例子又如:

(11)昔人求礼于野人,求道于瓦砾,问迷于童子,每况愈下,谓愚者千虑,必有一得。(宋·李新《跨鳌集》卷一九《上皇帝万言书》)②

以上加波浪线的三处,比照对象也各只有一个。朱文所引下例才是表示"用来比况的事物一个比一个低下"的典型例证:

(12)(《诗》)又曰"鸤鸠在桑,其子在梅,其子在棘,其子在榛"者,盖先实者梅,后实者棘,先实者棘,后实者榛,故其序如此。亦其榛卑小于棘,棘卑小于梅,《诗》以刺之,故每况愈下也。(北宋·陆佃《埤雅》卷一四《释木·榛》)

---

① 张拱贵(1983:276)、刘洁修编著(1989:701)、刘洁修编(2009:781)已引。

② 朱庆之(2013)认为此例用同《庄子·知北游》的"每下愈况",未妥。"每况愈下"早期并无"越往下去,程度越深"的意思。清人有把"每况愈下"理解为"每下愈况"的(见赵翼辑《陔余丛考》卷四十三《成语》),应该是混淆了二者的缘故。

用于比照的“梅、棘、榛”，内部层级逐次往下。此处的“况”义为“比照”，“每况愈下”就是“越比越下”。这是笔者所见“每况愈下”的最早用例，“越比越下”则是这一形式最初的语义，比例(10)表示“情况越来越坏”的早八十多年。有趣的是，《埤雅》中还有“每况愈上”的说法：

(13)《诗》曰：麟之趾、之定、之角，始于趾，终于角。言德以升进为美也。《易》曰：德言盛。故是《诗》每况愈上。(北宋·陆佃《埤雅》卷三《释兽·麐》)

“趾、定、角”也都是比照对象，只不过次序由下往上。这个变体在一定程度上显示出新形式“每况愈下”的生命力。

这样看来，宋代存在两个“每况愈下”：一个表示“越比越下”，记作“每况愈下$_1$”，一个表示“情况越来越坏”，记作“每况愈下$_2$”。朱庆之(2013)较早区分出这两个意义，但因关键例证归属不准确，而将“每况愈下$_2$”的始见时代错定为元代。实际上，“每况愈下$_2$”至晚南北宋之交已经出现[例(10)]。“每况愈下$_1$”最初用于存在多个比照对象的语境，意在强调比照对象的等级之分，参例(12)，后来在语言使用者口中/笔下朝不同方向衍生出新的用法。其一是语境变体：“比照”作为语义核心，使用过程中不断得到凸显，“每”的语义则随“况”的凸显而淡化；在当时的语言使用者看来，“每况愈下”中承载表义功能的只有“况愈下”，因此“每况愈下$_1$”又可用于仅有一个比照对象的语境，强调的重点转移到“比照”这一行为上，如例(9)(11)。其二即“每况愈下$_2$”：一方面，“况”的“情况”义在宋代普遍行用①，另一方面，一般人把“每况愈下”作为整体识解，不会深究“况”“每”之间的语法关系。因此，“每况愈下$_1$”的“况”被误解为“情况”是很自然的②。

宋代以后，字面义显豁的“每况愈下$_2$”经文人群体的推广逐渐占据优势，并顺利进入现代汉语书面语的词库。而“每况愈下$_1$”只在宋代昙花一现，此后便淹没在历史尘埃中。这一环节的断裂可能正是对成语“每况愈下”溯源不清的问题所在。

三 “每况愈下$_1$”“每下愈况”之关系

“每况愈下$_1$”是连接演变起点“每下愈况”与终点“每况愈下$_2$”的桥梁③。上节讨论了从“每况愈下$_1$”到“每况愈下$_2$”的变化，下面分析“每下愈况”到“每况愈下$_1$”这一步。

“每况愈下$_1$”也是对“每下愈况”的误解误用。导致构成成分顺序变化的关键在于误解“况”的词义。由于《庄子》旧注的误导，以陈景元、林希逸、刘辰翁为代表的宋代知识分子多把“每下愈况”的“况”理解为“比照”(详第一节)。征引或注解《庄子》时，他们虽意识到旧注

① 表示“情况”义的“况”中古已见，如：“而其意况，可不须言辩而识，故言尚可了之。”(姚秦·鸠摩罗什译《大智度论·释天主品第二十七》，CBETA T25/448a)唐宋时期常用于偏正式双音组合，如：“其余事况，条写如后云云。”(唐·白居易《与微之书》)“他日亲知问宦况，但教吟取杜家诗。”(唐·杜荀鹤《赠秋浦张明府》)“先生问：吕子约近况如何？”南宋·黎靖德编《朱子语类》卷一二二“吕伯恭”)“情况”义至晚宋代已成为实词“况”在口语中的主导义位。

② 任坚(2013)已言“误解关键字词而致”，但未作论证。徐学玲和伍宗文编著(1999：301)、史慧(2006)、王彤伟(2012：165)等把“每况愈下$_2$”的“况”释为“情况，状况”，其识解心理可谓古今相通。

③ 一般认为“每下愈况”与“每况愈下$_2$”是直接转变的关系，细分有“先变义后变形”(如张拱贵，1983：276-277)和“先变形后变义”(如孙维张，1989：103；徐传武，1997；祝鸿熹，2010)两说。朱庆之(2013)敏锐地注意到过渡环节的存在，但也认为“每况愈下$_1$”是“每下愈况”的简单变形。

与原文语法存在矛盾，但在突破旧注和质疑原文之间选择了后者（尽管没有任何版本依据）。此外，表示“比照”义的“况”在书面语中的沿用可能对这个注解习惯起到了巩固作用，例如：足下语及不肖，动辄以仲尼况之，此虽甚愚不辨菽麦之人，亦不敢当。”（北宋·司马光《答武功石令书》）“以今况古，孰与朕休？如卿遭时，亦曰鲜俪。”（南宋·陈傅良《止斋先生文集》卷一四《外制·前导礼义使并奏礼毕通议大夫同知枢密院事余端礼转通奉大夫》）

问题是，对“每下愈况”之“况”的误解至晚晋代就开始了，缘何宋代才误用成“每况愈下$_1$”？这与宋代知识分子本身不无关系。其一，对庄学的推崇。据郎擎霄（1992：333-339），“庄学得王（安石）苏（轼）之提倡，故当时治《庄子》者已次第臻于极盛，而庄子之学遂如日之中天矣”。宋代知识分子的这一治学取向决定他们对《庄子》的态度，在交谈或写作中化用《庄子》语句或许就是推崇庄学的表现之一。其二，以我为主的心态。清人皮锡瑞曾在《经学历史》中说道：“宋人尽反先儒，一切武断；改古人之事实，以就我之义理；变三代之典礼，以合今之制度；是皆未敢附和以为必然者也。”宋人意识到旧注与“每下愈况”语法不合，但在征引或注解《庄子》时没有擅自改动，等到脱离《庄子》原文及其注解的时候，与《庄子》原意有别而合乎这群知识分子推理逻辑的“每况愈下$_1$”就应运而生了①。“每况愈下$_1$”初见的语境［例（10）］与《庄子·知北游》十分相似，都存在逐级往下的多个比照对象，也可以证明“每况愈下$_1$”跟“每下愈况”之间有直接的联系。

四　结语与余论

表示“情况越来越坏”的“每况愈下”源自《庄子·知北游》“每下愈况”，但两者并非直接转变的关系，中间经历的过程是：

每下愈况 $\xrightarrow{\text{误解误用}}$ 每况愈下$_1$ $\xrightarrow{\text{误解误用}}$ 每况愈下$_2$

“每下愈况”的意思是每往下去，程度越深。表示“滋、甚”义的“况”，至晚中古时期在口语中消亡，于是“每下愈况”变得“用字深奥”（王力，1958/1980：675）。宋代知识分子误以为“况”表“比照”义，化用《庄子》时把“每下愈况”错改为“每况愈下$_1$”。“每况愈下$_1$”的“况”随后又被识解为当时常用的“情况”义，“每况愈下$_2$”就在文人误解误用的过程中推行开来。虽然第二阶段与“况”在口语中的主导义位递嬗有关，但从“每下愈况”到“每况愈下$_2$”的变化都是在书面语体中实现的。以往的研究者不注重寻求“每下愈况”的确诂，也未能准确描写“每况愈下”的语义及其通行的时代（尤其是忽视“每况愈下$_1$”这一环节），导致对成语“每况愈下”溯源不清。

这个案例至少留下了两个可供思考的问题。其一，误解误用不仅是词义演变的途径之一（汪维辉、顾军，2012；顾军，2012），有时也会推动新形式出现。除了“每况愈下”，是否还有一批因误解误用而产生的新形式等待发掘？其二，这样的误解误用在宋代知识分子笔下并不罕见，“每况愈下”“卑之无甚高论”（汪维辉、李雪敏，2022）皆是其例，此类现象或许潜藏着

① 南宋还出现了颇为能产的“每X愈下”，如“每降愈下”“每执愈下”“每变而愈下”（分见陈振孙《直斋书录解题》卷一五、杨万里《诚斋易传》卷九、刘克庄《后村集》卷五二），元代以后还能见到“每流愈下”“每趋愈下”等。

更深层次的学术、文化和思想史背景，倘若能从语言学角度揭橥一批这样的证据，也许可以使我们对备受陈寅恪、钱穆、余英时等人推崇的"宋学"有一个更全面的认识①。

参考文献

[1]陈璧耀．当前文言词语和成语的误用误写举隅[M]//许宝华主编．语文论丛 8．上海：上海教育出版社，2004.

[2]陈增杰．汉语成语引源举略[J]．烟台师范学院学报(哲学社会科学版)，1985(1)：11-21.

[3]陈增杰．"每下愈况"和"每况愈下"——鲁迅与章士钊的一次文字论争[J]．咬文嚼字，1996(12)：25-26.

[4]丁建川．汉语典故词语研究[D]．曲阜：曲阜师范大学，2004.

[5]董尽．每下愈况(每况愈下)[J]．文史知识，1985(6)：98-99.

[6]《读书生活》编辑部．读书生活问答："每况愈下"与"每下愈况"[J]．读书生活，1942(2)：71.

[7]方向东校注．庄子今解[M]．扬州：广陵书社，2004.

[8]方勇编著．庄学史略[M]．成都：巴蜀书社，2008.

[9]方勇，陆永品．庄子诠评 全本庄子汇注汇评[M]．成都：巴蜀书社，1998.

[10]高本汉著，董同龢译．高本汉诗经注释[M]．上海：中西书局，2012.

[11]龚雪梅，林志强．语言文字的演变与"积非成是"[J]．福建基础教育研究，2018(10)：48-50.

[12]顾军．汉语词义的误解误用研究[D]．南京：南京大学，2012.

[13]郭庆山．每况愈下与每下愈况[J]．文史知识，1984(11)：107-109.

[14]杭州大学中文系《古书典故辞典》编写组编．古书典故辞典[M]．南昌：江西人民出版社，1984/1988 校订本.

[15]何大安．"话"和书名叫作"话"的历史[M]//丁邦新等编．汉语研究的新貌：方言、语法与文献．香港：香港中文大学中国文化研究所吴多泰中国语文研究中心，2016.

[16]胡波．常用词的使用与先秦文献时代考论[M]//历史文献研究(第 42 辑)．扬州：广陵书社，2019.

[17]黄友．语言中的"习非成是"现象之模因论解读[J]．泰山学院学报，2017(5)：71-76.

[18]蒋门马．庄子汇校考订[M]．成都：巴蜀书社，2019.

[19]郎擎霄．庄子学案[M]．上海：上海书店出版社，1992.

[20]李馨．谈成语的语义变异及其规范[J]．辽宁科技学院学报，2006(1)：54-56，70.

[21]李运富．从成语的"误解误用"看汉语词汇的发展[J]．江苏大学学报(社会科学版)，2013(3)：1-7.

[22]林杏光．每下愈况和每况愈下[M]//北京市语言学会编．语文知识丛刊 5．北京：地震出版社，1983.

[23]刘洁修编著．汉语成语考释词典[M]．北京：商务印书馆，1989.

[24]刘洁修编．汉语成语源流大辞典[M]．北京：开明出版社，2009.

[25]刘涛．《庄子》异文研究[D]．上海：华东师范大学，2014.

[26]刘兴策．从"发奋图强"说起[M]//刘兴策．语言与文字论集．武汉：武汉出版社，1999.

[27]鲁洪生．诗经集校集注集评[M]．北京：现代出版社、中华书局，2015.

[28]陆钦．庄子通义[M]．长春：吉林人民出版社，1994.

[29]吕叔湘．吕叔湘文集 第 1 卷 中国文法要略[M]．商务印书馆，1990.

① 何大安(2016)已经指出："战国、六朝、宋元为汉语语用史之三大发扬时期，其间语域之盈虚消长、语境之参差变换，与夫新词之创造、旧义之迤逦曼衍，千姿百态，极其绚烂。语言之活动、语言之生命力，极为蓬勃壮大。"

[30]马启俊. 源自《庄子》的成语考察[J]. 巢湖学院学报，2012(2):17-22.
[31]枚子君编著. 漫话语病[M]. 南宁:广西人民出版社，1982.
[32]孟肇咏. 试论汉语成语的俗化[J]. 语文研究，2011(1):40-42.
[33]任坚. 试论“误解误用”对《庄子》成语语义演变的影响[J]. 甘肃广播电视大学学报，2013(4):13-16.
[34]若水. 成语的变更——从“每况愈下”说起[J]. 新闻战线，1961(11):24-25.
[35]史慧. 简论流俗词源现象的产生途径及特点[D]. 天津:天津大学，2006.
[36]苏长兵. 每下愈况≠每况愈下[M]//苏长兵. 正说成语. 天津:天津教育出版社，2009.
[37]孙维张. 汉语熟语学[M]. 长春:吉林教育出版社，1989.
[38]孙艳红. 成语语义变异现象的考察与分析[D]. 哈尔滨:黑龙江大学，2010.
[39]谭雨雯. “良工心苦”与“每下愈况”[J]. 汉字文化，1999(3):47,58.
[40]唐超群. 将错就错，新颖生动——俗词源的修辞作用[M]//杨照谟，彭启廷主编. 修辞知识例话. 武汉:武汉测绘科技大学出版社，1990.
[41]汪维辉，顾军. 论词的“误解误用义”[J]. 语言研究，2012(3):1-8.
[42]汪维辉，李雪敏. “卑之无甚高论”的误解误用——兼论辞书存在的问题[J]. 中国语文，2022(2):227-233.
[43]王艾录. 言语变体的习非成是[J]. 盐城师范学院学报(人文社会科学版)，2005(1):96-102.
[44]王力. 汉语史稿[M]. 北京:科学出版社/北京:中华书局，1958/1980.
[45]王世舜，韩慕君编著. 老庄词典[M]. 济南:山东教育出版社，1993.
[46]王叔岷. 庄子校诠[M]. 台北:乐学书局，1988.
[47]王彤伟编. 成语由来[M]. 成都:四川辞书出版社，2012.
[48]王郁丰. 汉语中的“积非成是”现象及其语言学意义[J]. 语文知识，2017(19):86-89.
[49]王云. 成语演变现象的考察与分析[D]. 天津:天津师范大学，2012.
[50]孔党伯，袁謇正主编. 闻一多全集 9 庄子编[M]. 武汉:湖北人民出版社，1994.
[51]吴安宁. 每况愈下与每下愈况[N]. 河北大学校报，2018-04-15(1).
[52]徐传武. 沿误成习词语例说[M]//徐传武. 古代文学与古代文化 下. 天津:天津古籍出版社，1997.
[53]徐学玲，伍宗文编著. 成语小词典[M]. 四川辞书出版社，1999.
[54]严灵峰编辑. 无求备斋庄子集成初编[M]. 台北:艺文印书馆，1972.
[55]严灵峰编辑. 无求备斋庄子集成续编[M]. 台北:艺文印书馆，1974.
[56]严灵峰编辑. 无求备斋老列庄三子集成补编[M]. 台北:成文出版社，1982.
[57]杨合鸣编著. 诗经 汇校汇注汇评[M]. 武汉:崇文书局，2016.
[58]杨柳桥. 庄子译诂[M]. 上海:上海古籍出版社，1991.
[59]杨天堂. “每况愈下”，还是“每下愈况”? [M]//杨天堂. 杨天堂文集. 广州:暨南大学出版社，1998.
[60]张拱贵. 成语辨正[M]. 北京:北京出版社，1983.
[61]张润平. 元嘉家研究[M]. 北京:中国农业大学出版社，2018.
[62]赵丕杰. “每况愈下”指情况越来越坏[J]. 青年记者，2020(30).
[63]真大成. 中古文献异文的语言学考察[M]. 上海:上海教育出版社，2020.
[64]朱庆之. 试论与汉字相关的“言语错误”在汉语词汇历史演变中的作用[M]//曹广顺等编. 综述古今钩深取极. 语言暨语言学专刊系列之五十. 台北:“中研院”语言学研究所，2013.
[65]祝鸿熹. “每况愈下”解[J]. 语文新圃，2010(8):38-39.

How Did *Mei Xia Yu Kuang*(每下愈况)Change to *Mei Kuang Yu Xia*(每况愈下)?

Dai Jiawen

Abstract: The idiom *mei kuang yu xia*(每况愈下)came from *mei xia yu kuang*(每下愈况)in *Zhibeiyou of Zhuangzi*(《庄子·知北游》). The latter was not directly transformed into the former but has experienced two misunderstandings and misuses, to which the key was *kuang*(况). When quoting *Zhuangzi*(《庄子》), scholars in the Song Dynasty mistakenly thought that *kuang*(况)meant comparison, making them change *mei xia yu kuang*(每下愈况)into *mei kuang yu* xia_1(每况愈下$_1$); Later, this *kuang*(况)was misunderstood as the meaning of situation, and then *mei kuang yu* xia_2(每况愈下$_2$)was formed and put into use. Misunderstanding and misuse is not only one of the ways of word meaning evolution, but also can promote the emergence of new forms. The time factor behind this phenomenon is worthy of a further study.

Key words: *mei xia yu kuang*(每下愈况), *mei kuang yu xia*(每况愈下), *kuang*(况), misunderstanding and misuse, Song dynasty

通信地址:浙江省杭州市西湖区余杭塘路866号浙江大学汉语史研究中心
邮　　编:310058
E-mail:daijiaven@163.com

唐五代碑刻所见“百牛”词义考*

吴慧欣

内容提要 唐五代蜀地的碑刻中有“百牛”一词，清人叶昌炽等猜测是“当时方言”。从文献用例出发，结合语境，考察社会观念，证明碑文中的“百牛”应指癞疾，这一词义的产生，可能受到出自《论语》的典故“伯牛之疾”的影响。

关键词 碑刻 《语石》 百牛 典故词

叶昌炽所著《语石》，是石刻研究的重要著作，卷二提及“百牛”一词：

> 千里不同风，百里不同俗，刻石之文，盖亦有风气焉。……又《罗汉寺碑》有云“后有外人侵夺者，愿此生来生常受百牛之大疾”，《王董龛报国院记》有云“行藏不吉，染患百牛”，永泰元年《施山田记》则云“如后有别人书障，世世苦大风疮”，东武刘氏谓是当时土人誓词，其犹冉駹之俗欤？

清代金石学者多认同在碑文末出现的“常受百牛之大疾”“染患百牛”等语具有誓辞的性质，然不解其意，“疑当时方言”。如陆增祥《八琼室金石补正》卷七七《招提净院施田记》：“右碑因造弥陁龛、作招提净院并舍财施田以充供养而作，后列四至，并有云‘百牛大疾’‘百牛大病’者，想是当时里俗誓词，亦异闻也。”此碑即《罗汉寺碑》。赵之谦《补寰宇访碑录》卷三《罗汉寺碑》：“碑末载誓辞云‘当受百牛大病’，不可晓，然蜀碑数见，疑当时方言也。”

韩锐（1995：186）注：“惟不知‘百牛’是何语。杜甫诗有‘万牛回首丘山重’（形容大木）之句，大概‘百牛’也是极言其病之‘重’吧。”而《汉语大词典》虽收录“百牛”，下仅列有一个义项：“众牛，喻巨大的力量。”

一 从碑文语境看“百牛”词义

除去上文已引的《罗汉寺碑》《王董龛报国院记》，《唐文续拾》卷五收有李栖元《造像碑阴记》：“日后如有人隐欺□□□□□僧斋当受百牛□□□不出□□□□□□。”①唐惠详《弘赞法华传》卷七“释道树”条：“又一时，诸尼在郑寺，共学经声，树来观。历到一沙弥尼，敛眉语曰：‘尔须忏悔。’更二年婴百牛疾，乞活道路，果如其言。”

---

* 本文在撰写及修改过程中，承蒙王云路、张涌泉、冯国栋、王诚、张文冠诸位师长提供宝贵意见，谨致谢忱！文责自负。

① 《唐文续拾》所附小传：“栖元。会昌中东川节度左二将，检校太子詹事上柱国陇西县开国侯。”同书卷九收有《平□罗□军兵造弥勒像设平□斋记》，提及“上将李栖元署都知兵马使”，《造像碑阴记》或在此碑碑阴。

综观诸例,“百牛”当有一项与疾病相关的词义。见于碑刻的四例,都记载着向佛寺捐献财物、土地之事,涉及颂扬佛法、自陈捐献缘由、所捐献财物的数额、土地的“四至”、见证人等,明确了土地所有权。誓辞则诅咒那些侵夺佛寺利益的人,意在避免施舍者亲属等人将来与佛寺争夺利益的潜在风险。此外,《施山田记》虽未见“百牛”,却与出现“百牛”的碑刻内容相类,立碑时地亦相近。通过下表,可以对这些碑刻有更直观的认识①。

碑刻	誓辞	地点	年代
《罗汉寺碑》	后有无智弟儿侄外人侵夺者,愿此生来生常受百牛之大疾。 如有兄弟伯叔儿侄及外人心生贪认者,愿当生来生,常受百牛大病。	四川乐至	唐昭宗光化三年(900)
《王董龛报国院记》	盟誓已后,异日他时,忽有别人侵耕一犁□□□□税课者,愿行藏不吉,染患百牛。	四川乐至	五代后蜀孟昶广政二十年(957)
《造像碑阴记》	日后如有人隐欺□□□□□僧斋当受百牛□□□不出□□□□□□□	四川	唐武宗会昌(841—846)前后
《施山田记》	如后有别人书障,世世苦大风疮病,无药可治。	四川简州	唐代宗永泰元年(765)

“大风疮病”又称“癞”,通常带有可怖的皮肤症状。《黄帝内经·素问·长刺节论》:“病大风,骨节重,须眉堕,名大风。”元危亦林《世医得效方·风科》“疠风”条:“治疠风,即大风恶疾,癞是也。虽名曰风,未必皆因风……或自作不仁极猥之业所致。”《中医大辞典》“疠风”条:“慢性传染性皮肤病之一。……又名冥病、大风、癞病、大风恶疾、疠疡、大麻风、麻风、风癞、血风。”

从碑文看,“百牛大病”符合“癞”的症状。“常受”表明不会立刻危及生命,但不易袪除。“行藏不吉”犹言出入不平安,同地出土的唐阙名《蜀报国院西方并大悲龛记》有“伏愿可元自身康吉,灾星不挠于行藏”语。“染患”之“染”常指疾病的传染,结合“行藏不吉”考虑,该病或具有传染性。故《施山田记》的“大风疮病”与“百牛”可能是同一概念的不同表达。

二 社会认知:与道德相关联的疾病

医书倾向于将大风(癞疾)的病因归于“风”,但也不排斥其与报应、犯忌相关,民间社会更是在不道德行为与患癞疾之间构建了因果联系。这一过程中,宗教发挥了影响,梁其姿(2013:80)指出:

> 根据宗教传统,癞是所有疾病中最严重的,是对今生、前世或病人的亲属或祖先犯下的最深重之罪孽的报应。癞病的典型症状,包括肌骨腐烂、发臭生疮,被认为正是病人内在道德败坏的反映。

受报应而患癞之说久已有之,旧题东汉安世高译《罪业应报教化地狱经》卷一:

> 复有众生,身体顽痹,眉须堕落,举身洪烂,鸟栖鹿宿,人迹永绝,沾污亲族,人不喜见,名之癞病。何罪所致?佛言:以前世时,坐不信三尊,不孝父母,破坏塔寺,剥脱道

① 因原碑下落不明,所引碑刻录文,除《造像碑阴记》据《唐文续拾》,皆据《金石苑》。

人,斩射贤圣,伤害师长,常无返复,背恩忘义,常行苟且,淫匿尊卑,无所忌讳,故获斯罪。

《太平广记》卷一一六“唐文伯”条引南朝梁王琰《冥祥记》①:

宋唐文伯,东海赣榆人也。弟好蒱博,家资都尽。村中有寺,经过人或以钱上佛。弟屡窃取,后病癞。

唐末五代的高道杜光庭著有《道教灵验记》,因作者久居蜀地,一定程度上反映了当地的社会实际。以卷一五“籍县刘令破黄箓斋验”条为例:

刘生者,咸通末为陵州军事判官,知籍县事,主簿程克恭精勤崇道,率众置黄箓道场,请道士罗超然主张斋法。……刘使吏就坛内擒超然,欲加捶扑。久之,隶校縻絷,诘其紫衣之由。超然云:“法位合著,谓之法衣,是道门升坛朝谒之服尔。”刘殊不听,填于犴牢中,斋坛由是遂罢。超然寻亦放释。刘自此沉疾逾月,日夕号呼,若有捶挞,眉须堕落,疮痏周身,遂成风癞。

刘生因拘禁道士、打断斋仪而遭报应,患上风癞之疾。同书卷四“苏鹄偷尊像验”、卷九“西王母验”、卷一七“蜀州新津县平盖化被盗毁伐验”也涉及“风癞”,且除“苏鹄偷尊像验”外,其他三则故事的背景都是唐代的蜀地,可知这一时期当地癞疾多发。

民间社会此种认知,正好能为施田记类碑刻中出现的誓辞提供合理解释。一方面,皮肤症状会明显地表露在外,又缺乏有效的治疗手段,故对百姓而言,癞疾是极度令人生畏的疾病;另一方面,“癞”的病因往往被归究于有亵渎宗教的举动,百姓们由衷相信亵渎神圣者会遭到报应。元王珪《泰定养生主论》卷三:“二曰果报之病,伯牛之癞、袁盎之疮者是也。”《全元文》卷一七八五《盘龙山莲峰祖师誓愿碑文》:“若有先施田地后悔争者,现身害癞,终堕无间地狱。”亦可旁证此观念影响之深远。

三 “百牛”与“伯牛之疾”

从词汇本身考虑,“百牛”是否可能发展出“癞疾”义?是有可能的,那就是作为典故词语“伯牛之疾”的变体。

“百牛”“伯牛”一字之差,“百”“伯”形声相近。《管子·轻重乙》:“已得四者之序,发号出令,物之轻重相什而相伯。”安井衡云:“古本‘伯’作‘百’。”毕沅《关中金石记》卷五:“《苍颉庙碑并阴》,开宝八年大吕月立……碑字甚拙,其阴列孔子弟子姓名,书冉耕字百牛。考汉《启母庙石阙铭》‘百川栢鲧’,义作‘伯’,汉碑阴又有‘出钱几伯’之文,是古‘百、伯、栢’三字通用也。”正如张涌泉(2020)所言:“‘伯’‘百’通用,先秦已然,汉魏沿用;后来契券文书‘百’繁化大写作‘伯’,可谓渊源有自,水到渠成。”

《论语·雍也》:“伯牛有疾,子问之,自牖执其手,曰:‘亡之,命矣夫!斯人也而有斯疾也!斯人也而有斯疾也!’”包咸注:“牛有恶疾,不欲见人,故孔子从牖执其手也。”邢昺疏:“恶疾,疾之恶者也。《淮南子》云‘伯牛癞’。”《淮南子·精神》:“子夏失明,冉伯牛为厉。”《说文·疒部》:“疠,恶疾也。”厉、疠通,汉儒多释为癞,所以有“伯牛之疾”是癞疾的说法。

① 同卷“周宗”“郭祖深”条也是因侵犯佛寺利益而患癞疾的报应故事。

这个典故词已经被辞书吸收,《汉语大词典》"伯牛"条第一个义项就是"孔子弟子冉耕的字",并指出"后诗文中以'伯牛之疾'指不治的恶疾"。值得注意的是,诗文中的"伯牛之疾"有正面含义,即对有道德、有才能者患恶疾的感伤,如苏轼《药诵》:"使汝不幸而有中散之祸、伯牛之疾,虽欲采薇散发,岂可得哉?"无德无行之人即使患恶疾,也不宜用"伯牛之疾"喻指。在医书中,情感色彩相对淡化,"伯牛疾"纯粹指"癞"。如《证类本草》卷二二"蚺蛇胆":"陶隐居云此蛇出晋安……亦云能疗伯牛疾。"《本草纲目》卷四三"蚺蛇":"多入药用,亦疗伯牛疾(弘景癞也)。"出现"百牛"一词的碑刻,撰文者文化水平不高,使用此词,近于医书中这一类无情感倾向的引申。

综上所述,唐五代碑刻中意义与疾病相关的"百牛",应与《施山田记》的"大风疮病"是同类疾病,即"癞",而"百牛"可指称癞疾,或许受到典故"伯牛之疾"的影响。

征引书目

春秋·管仲《管子》,黎翔凤校注,中华书局,2004。

佚名《黄帝内经》,中华书局,2010。

西汉·刘安《淮南子》,何宁集释,中华书局,1998。

旧题东汉·安世高译《罪业应报教化地狱经》,《高丽大藏经》本,线装书局,2004。

唐·惠详《弘赞法华传》,《大正新修大藏经》本,大正一切经刊行会,1934。

唐·杜光庭《道教灵验记》,中华书局,2013。

北宋·李昉等编《太平广记》,中华书局,1961。

北宋·唐慎微《证类本草》,四部丛刊影金泰和晦明轩本。

元·王珪《泰定养生主论》,明正德刻本。

元·危亦林《世医得效方》,人民卫生出版社,1990。

明·李时珍《本草纲目》,清文渊阁四库全书本。

清·毕沅《关中金石记》,清乾隆中镇洋毕氏刊经训堂丛书本。

清·董诰等编《全唐文》,中华书局,1983。

清·段玉裁《说文解字注》,上海古籍出版社,1988。

清·阮元校刻《论语注疏》,中华书局,2009。

清·刘喜海《金石苑》,清道光二十八年自刻本。

清·陆增祥《八琼室金石补正》,民国十四年吴兴刘氏希古楼刻本。

清·赵之谦《补寰宇访碑录》,清同治三年刻本。

清·陆心源《唐文续拾》,中华书局,1983。

清·叶昌炽《语石》,韩锐校注,今日中国出版社,1995。

李修生主编《全元文》,凤凰出版社,1998。

参考文献

[1]李经纬等主编.中医大辞典[M].北京:人民卫生出版社,2004.

[2]梁其姿.麻风:一种疾病的医疗社会史[M].朱慧颖,译.北京:商务印书馆,2013.

[3]罗竹风主编.汉语大词典[M].上海:上海辞书出版社,2011.

[4]张涌泉.数词"百"大写作"伯"发覆[J].四川大学学报(哲学社会科学版),2020(3).

Research on "*Bainiu*"(百牛) in the Inscriptions of Tang and Five Dynasties

Wu Huixin

Abstract: Some inscriptions from the Shu region in Tang and Five Dynasties Period contain the word "*Bainiu*(百牛)", which attracted the attention of epigraphists such as Ye Changchi . They proposed that "*Bainiu*" stemmed from a dialect. This article proposes a new explanation of "*Bainiu*" that it refers to leprosy by investigating the language examples and social concept. The meaning of this word may be influenced by the allusion "Boniu's disease" from the *Analects of Confucius*.

Key words: inscription, *Yushi* , *Bainiu*(百牛), allusion word

通信地址:浙江省杭州市西湖区浙江大学紫金港校区银泉 5 幢
邮　编:310058
E-mail:wuhx@zju. edu. cn

异形同源和同形异源
——两种值得注意的唐代墓志典故词语例释*

张永惠

内容提要 唐代墓志中存在大量典故词语,有些典故词语在唐代墓志中出现较为频繁,而辞书中却不见收录,各家著录亦未见解释,对理解墓志文意造成一定困难。今选取唐代墓志中7例异形同源典故词语和同形异源典故词语试作考释。

关键词 异形同源 同形异源 典故词语 例释

唐代墓志由于自身文体等原因,其中蕴含着大量的典故词语。且志文撰写者在化用典故时对典源文献进行过加工和剪裁,使得一些典故词语所形成的典面结构过于简单和隐晦,不易辨识;而有的不同典故词语则因为所择取的典源文献关键字相同,造成了典故词语同形异源的现象,都给典故词语的破解造成障碍。今选取唐代墓志中出现频率较高,且辞书未加收录或收录后义项不全的典故词语,分异形同源典故词语和同形异源典故词语两类加以考释。

一 异形同源典故词语例释

(一)荀玉

(1)唐贞观九年《长孙家庆墓志》:"岐嶷彰于弱岁,芳猷著乎将立。光润溢目,类韦珠之[□]明;符彩照人,同荀玉之外朗。"①

(2)唐显庆二年《赵顺墓志》:"腾秀气于髫年,综生知于绮日。词锋电举,剑杪风飞。磊砢架于和松,明润侔于荀玉。"(《二〇一五》77②)

(3)唐龙朔三年《杨思讷墓志》:"惟公承耀台华,摛灵岳秀。韶姿冠于荀玉,重器轶于山金。"

(4)唐总章元年《董士及妻刘氏墓志》:"君龆年对日,尤旌江夏之谈;觽岁玄识,[□]贯成都之惠。灼灼孤跱,秀出嵇峰;温温特润,光逾荀玉。"

---

* 文章承蒙张涌泉、梁春胜、张磊等老师及匿名审稿专家提出宝贵修改意见,谨致谢忱。文中疏误概由本人负责。

① 文中未标出处的例证均引自中华书局古联数字公司"中华石刻数据库"。

② 齐运通、杨建锋《洛阳新获墓志二〇一五》,简称《二〇一五》。

(5)唐上元三年《王之操及妻高氏墓志》:“夫人勃海高氏,胄绪清显,识悟才□。甫在芳年,独悲孀袂。韦珠亟失,荀玉频伤。”

按:“荀玉”,大型辞书未收,该词当典出西晋皇甫谧《高士传·荀靖传》:“荀靖,字叔慈,颍川人也。少有隽才,以孝著名。兄弟八人,号曰八龙。阖门悌睦,隐身修学,动止合礼。弟爽,字慈明,亦以才显于当时。或问汝南许章曰:‘爽与靖孰贤?’章曰:‘皆玉也。慈明外朗,叔慈内润。’”“靖与爽”即指荀靖和荀爽,二人皆为荀淑子,俱有才名。与荀俭、荀绲、荀焘、荀汪、荀肃、荀旉并称“荀氏八龙”。故唐代墓志中的“荀玉”即指荀靖和荀爽。后因以比喻品行温润外朗之人。例(1)-(4)中的“荀玉”均用于夸赞志主为人贤能,品行爽朗温和。例(5)则以“荀玉”代指优秀的子弟。

例(2)“和松”典出《世说新语·赏誉》:“庾子嵩目和峤:‘森森如千丈松,虽磊砢有节目,施之大厦,有栋梁之用。’”后因以指卓越的人才。例(3)“山金”典出《世说新语·赏誉》:“王戎目山巨源:‘如璞玉浑金,人皆钦其宝,莫知名其器。’”志文以“山金”夸赞墓主品质优秀质朴。

墓志文献中,“荀玉”又作“二玉”“两璧”:

(6)北魏建义元年《元谭墓志》:“双珠韦炫,二玉荀映。始趋羽翼,出纫邦印。”

(7)北齐天统四年《房广渊墓志》:“荀家二玉,无以方斯温润;韦氏双珠,不能比其精彩。”(《北朝图录》168①)

(8)唐仪凤三年《王烈及妻姜氏墓志》:“嗣子齐旦,次子齐丘等,并孝总天经,德标人纪。洞荀门之两璧,曜韦幄之双珠。”

(9)唐调露元年《□仕六及妻马氏墓志》:“虽复双珠比莹,韦氏愧其家声;二玉分辉,荀里惭其令问。”

例(1)(6)“韦珠”“双珠”典出汉孔融《又与韦甫休书》:“前日元将来,渊才亮茂,雅度弘毅,伟世之器也;昨日仲将又来,懿性贞实,文敏笃诚,保家之主也。不意双珠,近出老蚌,甚珍贵之。”后因以代指有才华的兄弟二人。

《中国姓氏辞典》(485)“荀”姓楹联“二玉齐芳”下注云:“荀蕤,字令远,其弟荀羡,字令则。兄弟二人为晋代颍川郡颍阴人,荀蕤有仪操风望,雅为简文帝为重,官至建威将军、吴国内史。荀羡少有大志,后尚公主,拜驸马都督,至徐州刺史,累立战功,抚纳降附,甚得众心,时称二玉。”然而查阅典籍,并未找到荀蕤、荀羡称为“二玉”的相关文献记载,其实,此联中的“二玉”当指荀靖和荀爽,《中国姓氏辞典》将其解释为荀蕤和荀羡当误。

“荀玉”“二玉”作为典故词语在墓志文献尤其是唐代墓志中经常出现,而在其他文献中用例较少,体现了唐代墓志用典的独有特点。《汉语大词典》可据墓志文献增补“荀玉”“二玉”两词。

(二)嵇松

(10)唐麟德二年《韦整墓志》:“公中南蕴秀,翠岳降其英灵;大(太)液潜祯,璜川荐其淑气。清襟已肃,写风韵于嵇松;贞节不渝,拟霜筠于稽箭。”(《二〇一五》88)

① 大同北朝艺术研究院《北朝艺术研究院藏品图录:墓志》,简称《北朝图录》。

(11)唐总章二年《贺若贞亮墓志》:"迹忠良之茂祉,禀贞粹之淑灵。发颖贤条,掩嵇松而交蔚;承规德里,逸荀閈以腾华。"

(12)唐咸亨四年《吉逖墓志》:"执履幽贞,栖游雅致。郄桂标美,嵇松抗志。"

(13)唐垂拱四年《樊昭及妻魏氏墓志》:"惟君地灵标秀,天爵疏英。识宇淹融,湛黄陂之万顷;风仪端肃,擢嵇松之千仞。"

(14)唐景龙三年《申屠行及妻崔氏墓志》:"君量苞山水,器韫冲和。千寻侔兰桂之条,百丈越嵇松之干。"

传世文献亦可见:

(15)《唐大诏令集》卷五四《郑从谠河东节度平章事制》:"嵇松磊落,长擅构厦之姿;和璧温良,克表如虹之气。"

(16)唐贯休《上孙使君》:"馨香拥兰雪,峻秀高嵩岱。嵇松领岁寒,庄剑无砻淬。"

按:"嵇松",大型辞书未收。详加考究,"嵇松"为典故词语,当典出南朝宋刘义庆《世说新语·容止》:"嵇康身长七尺八寸,风姿特秀。见者叹曰:'萧萧肃肃,爽朗清举。'或云:'肃肃如松下风,高而徐引。'山公曰:'嵇叔夜之为人也,岩岩若孤松之独立;其醉也,傀俄若玉山之将崩。'"故因以"嵇松"用为赞美人外貌俊朗、器宇不凡之典。"嵇松"采用选字重组的方法而产生典故词语,这类词语往往从字面上难以看出其意义,构词也往往不具有理据性,不易破解。

在唐代墓志中,该典故又有"嵇柯""嵇玉""嵇峰""嵇岫""嵇岳""嵇干"等不同变体:

(17)唐总章三年《李倜墓志》:"公荆珍比润,皋兰竞芳。森郁嵇柯,罩千寻于素魄;冲瀜黄量,镜万顷于丹霄。"

(18)唐总章三年《宋刘师墓志》:"断山标嶷,耸嵇玉以构仁;止水澂清,镜黄澜而藻智。"

(19)唐咸亨元年《斛斯政则墓志》:"汪汪焉,湛黄陂而罕测;岩岩也,竦嵇峰而直秀。"

(20)唐咸亨四年《王韦及妻狄氏墓志》:"黄陂激量,引长洲而沂廻;嵇岫开襟,望包山而错峙。"

(21)唐咸亨四年《王正因墓志》:"惟君风裁夷远,器局崇严,峙嵇岳于霞庄,湛黄陂于烟极。"

(22)唐上元三年《田信墓志》:"祖远,隋朝学士。森森嵇干,秀云路以旌奇;渺渺黄波,扬日辉而湛浚。"

上述典故词语均来自同一个典源故事,提取的典面却不相同,其中"嵇松"在唐代墓志中出现频率最高,"嵇玉"次之。且多出现于唐代时期的墓志文献中,而同时期的其他文献则所见不多。

通过破解典故,我们还可以考释唐代墓志中的一些俗字。如唐咸亨四年《窦师纶墓志》:"黄陂万顷,起白鹭之仙涛;[illegible]岳千寻,耸青牛之逸干。"(《汇释》123①)"[illegible]"字,《汇释》存疑待考,中华石刻数据库录作"秕"。根据文意和用典情况可以推测,该字当为"嵇"的俗字,石刻文献中"嵇"字构件"尤"常讹写作"丸",如后唐天成二年《张稹墓志》"嵇"字作"[illegible]",而"山"旁

① 毛远明、李海峰《西南大学新藏石刻拓本汇释》,简称《汇释》。

俗又写作“止”形，故“嵇”字又讹写作“[illegible]”。志文用“嵇岳”夸赞墓主器宇深沉，风仪俊朗。

(三)引蔗

(23)唐贞观十九年《王君愕墓志》：“赫矣君侯，美哉风烈。秋霜比义，冬筠竞节。引蔗非工，中杨讵绝。”

(24)唐贞观二十三年《唐晏墓志》：“君余庆钟美，生知挺秀。含风云以散怀，泻山河而入抱。潜韬秘略，夙契冥符；引蔗中杨，自然神妙。”(《大唐》上/93①)

按：“引蔗”，大型辞书未收，传世文献亦未见用例。详加考究，“引蔗”当典出《三国志·魏书·文帝纪》裴松之注引《典论·自叙》：“尝与平虏将军刘勋、奋威将军邓展等共饮，宿闻展善有手臂，晓五兵，又称其能空手入白刃。余与论剑良久，谓言将军法非也，余顾常好之，又得善术，因求与余对。时酒酣耳热，方食芊蔗，便以为杖，下殿数交，三中其臂，左右大笑。”曹丕年少时善于剑术，曾使用甘蔗与大将邓展比试剑法，三次击中邓展手臂取胜。后因以称赞人剑术高超，技艺不凡。例(23)(24)均以“引蔗”夸赞墓主剑术高超。

又“中杨”，大型辞书亦未收录，该词亦为典故词语，典出《战国策·西周策》：“楚有养由基者，善射，去柳叶者百步而射之，百发百中，左右皆曰善。”养由基能够在百步之外射中杨柳的叶子，后人多用此典形容人射箭技艺高超。

唐代墓志中，“引蔗”又有“击蔗”“提蔗”不同的典故变体：

(25)唐麟德二年《程知节及妻孙氏崔氏墓志》：“至于沉沙之术，桀石之勇，穿杨之妙，击蔗之奇，求诸曩贤，无谢厥美。以倜傥之器，逢感会之辰。”

(26)唐仪凤三年《靳勖墓志》：“连环纵辩，烂锦敷文。沉砂飞石之奇，击蔗穿杨之巧，何必荀令之子，独擅美于当年。”

(27)唐调露元年《泉男生墓志》：“书剑双传，提蔗与截蒲俱妙；琴棋两玩，雁行与鹤迥同倾。”

例(27)“截蒲”典出《汉书·路温舒传》：“路温舒字长君，钜鹿东里人也。父为里监门。使温舒牧羊，温舒取泽中蒲，截以为牒，编用写书。稍习善，求为狱小吏，因学律令，转为狱史，县中疑事皆问焉。”后多以“截蒲”用为刻苦勤学之典。志文则以“截蒲”赞美墓主书法精妙，博学多才。

通过破解典故，我们亦可以校订石刻文献中存在的释文错误，如唐贞观二十三年《王客卿墓志》：“至于炙輠连环之辩，悬针垂露之能，穿杨落雁之奇，击[illegible]断鳌之术，莫不穷其秘赜，得其玄妙。”“[illegible]”字，《大唐》(89)、中华石刻数据库均释作“遮”，据文意，该字当为“蔗”的俗字，此处“击蔗”当赞扬墓主剑术高妙。

“引蔗”作为典故词语，目前只在唐代墓志中见到使用，《汉语大词典》可据墓志文献增补该词。

① 胡戟、荣新江《大唐西市博物馆藏墓志》，简称《大唐》，“上/93”代表上册第93页。

(四)两骥

(28)唐咸亨元年《孝明高皇后杨氏墓志》:"棠棣相辉,鹡鸰交映。刘家两骥,誉满寰中;荀氏八龙,名高海内。"

(29)唐大历七年《袁恒妻宋氏墓志》:"令问令望,元方季方。人兼两骥之能,时与八龙之号。皆大家严诫,孟母善诱之所立也。"(《搜续》3/873①)

(30)唐上元二年《张冲儿墓志》:"惟攸遐曾,春陵扈义。载劭良箕,传之不坠。誉概八龙,声逾两骥。"

(31)唐垂拱元年《格处仁及妻李氏墓志》:"既而曾闱阐教,孟邻垂范。□吴鹤之哭,则训子逾深;勖陶侃之诫,则待宾何匮。故能使八龙盈室,两骥充衢。"

(32)唐万岁通天二年《韦思谦妻王婉墓志》:"价轶双珠,名优两骥。钟釜荣禄,珪珩宠位。"

按:"两骥"典出《三国志·吴志·刘繇传》:"刘繇,字正礼,东莱牟平人也。齐孝王少子封牟平侯,子孙家焉。繇伯父宠,为汉太尉。繇兄岱,字公山,历位侍中,兖州刺史。繇年十九,从父韪为贼所劫质。繇篡取以归,由是显名。……平原陶丘洪荐繇,欲令举茂才。刺史曰:'前年举公山,奈何复举正礼乎?'洪曰:'若明使君用公山于前,擢正礼于后,所谓御二龙于长途,骋骐骥于千里,不亦可乎!'""两骥"即指刘繇和其兄刘岱,因刘繇和刘岱兄弟二人皆有才能,故因以"两骥"代指优秀的兄弟或子弟。

"两骥",古代类书中亦有所记载。《白氏六帖事类集》卷六"两骥"条:"刘正兄弟二人时号两骥。"《渊鉴类函》卷二四九"兄弟齐名两骥八龙"下云:"刘正兄弟二人时号两骥。"《翰苑新书》《古今合璧事类备要》《海录碎事》《锦绣万花谷》等类书亦均认为"两骥"指刘正兄弟二人。据史书记载,刘正为沛釐王刘定之子,《后汉书·沛献王辅传》:"定立十一年薨,子节王正嗣。元兴元年,封正弟二人为县侯。正立十四年薨,子孝王广嗣。"刘正兄弟共有三人,且史书记载较少。故上述类书中的"两骥"当指刘繇和刘岱兄弟二人,而非指刘正兄弟。

墓志文献中,"两骥"又作"刘骥":

(33)唐显庆三年《朱延度墓志》:"张钧何算,未谕景福之祉;刘骥荀龙,宁方人物之盛。"

(34)后唐清泰三年《张季澄墓志》:"幄中三令,堂上六奇,象先之称弥彰,训子之方益励。佐洪勋而实资刘骥,居德门而首冠荀龙。"

(35)南吴天祚三年《钱匡道墓志》:"次曰匡义、匡礼、匡晋、匡霸等。马史麟经,犹当披阅;孟□刘骥,不愧时名。"

"两骥""刘骥"《汉语大词典》均未收录,可据墓志文献增补。

① 赵文成、赵君平《秦晋豫新出墓志搜佚续编》,简称《搜续》,"3/873"代表第3册第873页。

二　同形异源典故词语例释

(一)击缶

(36)唐上元二年《郑师及妻王氏墓志》:"初冠在期,婚乎太原王氏。好仇隆誉,才闻叶瑟之情;偕老尚赊,先惊击缶之叹。逝川驰想,隙驷遄忧。"(《大唐》上/195)

(37)唐垂拱三年《樊浮丘妻李氏墓志》:"寂寞琴瑟,凄凉云雨。望轸据蒿,情殚击缶。"

(38)唐天宝七载《窦氏墓志》:"少公初承凶问,□小吏之悬枝;后对偏遗,悟大人之击缶。"

(39)唐天宝十一载《李无谲妻宇文氏墓志》:"夫人之二子曰刘三等,才离匍匐,遽切荼苦。孺慕之痛,悲缠路人。庄生送终,空闻击缶;潘氏悼往,徒瞻繐帷。"

(40)唐总章二年《王思泰墓志》:"迫以耆年,潜婴美疹。西嵫既昃,徒兴击缶之嗟;东里不留,竟轸抽簧之恸。以总章元年十二月廿三日,薨于州镇,春秋七十八。"(《三编》1/232①)

(41)唐开元三年《赵慈劼及妻宇文氏墓志》:"君讳慈劼,字冬日,陇西天水人也。常山临代,探宝称贤。渑池会秦,击缶终屈。世济明德,贻诸子孙。"

按:例(36)-(39)"击缶"典出《庄子·至乐》:"庄子妻死,惠子吊之,庄子则方箕踞鼓盆而歌。"成玄英疏:"盆,瓦缶也。庄子知生死之不二,达哀乐之为一,是以妻亡不哭。鼓盆而歌,垂脚箕踞,敖然自乐。""击缶"即"鼓盆"的同义替换,表达对妻子去世的哀悼之情。

例(40)"击缶"典出《周易·离卦》:"九三,日昃之离,不鼓缶而歌,则大耋之嗟,凶。"王弼注:"处下离之终,明在将没,故曰'日昃之离'也。明在将终,若不委之于人,养志无为,则至于耋老有嗟,凶矣。故曰'不鼓缶而歌,则大耋之嗟凶'也。"本指太阳附着在西边,将要落下,不击缶歌唱而徒然嗟叹,就会大凶。后因以"击缶"代指人至暮年。"西嵫既昃,徒兴击缶之嗟"暗指墓主人生已到暮年,将要离世之意。

例(41)"击缶"则典出《史记·廉颇蔺相如列传》:"遂与秦王会渑池。秦王饮酒,酣,曰:'寡人窃闻赵王好音,请奏瑟。'赵王鼓瑟,秦御史前书曰:'某年月日,秦王与赵王会饮,令赵王鼓瑟。'蔺相如前曰:'赵王窃闻秦王善为秦声,请奏盆缻秦王,以相娱乐。'秦王怒,不许。于是相如前进缻,因跪请秦王。秦王不肯击缻。相如曰:'五步之内,相如请得以颈血溅大王矣!'左右欲刃相如,相如张目叱之,左右皆靡。于是秦王不怿,为一击缻。"例(41)追溯志主的祖先赵王,能够不畏强国淫威。

"击缶",六朝石刻亦可见用例:

(42)东魏武定二年《元湛妃王令媛墓志》:"方当致偕老于君子,成好仇于哲王,鼓琴之志讵申,击缶之期奄及。春秋廿,以兴和四年岁在壬戌十月戊午朔廿日丁丑,薨于

① 张永华、赵文成、赵君平《秦晋豫新出墓志搜佚三编》,简称《三编》,"1/232"代表第1册第232页。

邺。"(《校注》7/376①)

"击缶",《校注》注云:"《诗经·陈风·宛丘》:'坎其击缶,宛丘之道。'由击缶联想到宛丘,再由宛丘联想到坟墓,因以'击缶'之期表示人死亡。"此说当误,《诗·陈风·宛丘》:"《宛丘》,刺幽公也。淫荒昏乱,游荡无度焉。"和死亡之义没有任何关系。此处志文中的"击缶"亦当典出《庄子·至乐》。暗指志主夫妻二人琴瑟和鸣、相敬如宾之时,妻子突然去世。

《汉语大词典》:"击缶,亦作'击缻'。敲击瓦缶。古人或以缶为乐器,用以打拍子。缶,瓦盆。"将其当作一般词语处理,可据墓志文献增补悼念亡妻、人至暮年、不畏豪强等义项。

(二)乘星

(43)唐咸亨四年《王韦及妻狄氏墓志》:"长史观国公杨恭仁、少府监冯长命,或观风淮海,或乘星震泽,咸奉鹄书之寄,载希莺谷之英。君乃爰应嘉招,授辰州别驾,迁蕲州别驾。"

(44)唐延载元年《吴遍净墓志》:"显祖懿考,惟忠与贞。道隆展骥,化洽乘星。提戈鸟地,杖剑龙庭。"(《搜续》2/438)

(45)唐天宝六载《萧思讷墓志》:"秩满,加朝议郎,行吉州永新县令,弦歌易俗,惠爱宁人。化洽何必于乘星,政成不俟于周月。"(《搜续》3/756)

(46)唐咸亨元年《大周无上孝明高皇后碑》:"太祖崩号,奉遗弓而积慕。沈绵遽轸,终无就日之期;痼疾遄淹,忽切乘星之衅。"

(47)唐垂拱元年《薛震墓志》:"已陟元宰,言登上公。蒿粜少气,满畚疑风。乘星忽远,梦日俄穷。山河一望,冢茔相向。"

按:例(43)-(45)"乘星"典出《吕氏春秋·察贤》:"宓子贱治单父,弹鸣琴,身不下堂而单父治。巫马期以星出,以星入,日夜不居,以身亲之,而单父亦治。""乘星"即伴着星星出去,伴着星星归来。本称颂巫马期任单父宰勤于政事,后用为赞美官吏为官勤政辛劳之典。

例(46)(47)"乘星"典出《庄子·大宗师》:"傅说得之,以相武丁,奄有天下,乘东维,骑箕尾,而比于列星。"陆德明《经典释文》:"崔云:'傅说死,其精神乘东维,托龙尾,乃列宿。今尾上有傅说星。'"《楚辞·远游》:"与化去而不见兮,名声著而日延。奇傅说之托辰星兮,羡韩众之得一。"傅说死后,其精魄升天化为星辰,故"乘星"又代指死亡。例(46)"忽切乘星之衅"指武士彟因高祖李渊去世而过度伤心,痼疾复发而去世。例(47)"乘星忽远"暗指墓主薛震去世,该墓志上文"人之云亡,托辰星而忽远"亦化用该典故而来,与"乘星"一词正相呼应。

"乘星"《汉语大词典》未收,可据墓志文献增补。

(三)许月

(48)唐显庆五年《赵轨墓志》:"金兰俊友,对许月以缠哀;淡水英交,望陈星而屑涕。"

(49)唐咸亨元年《程义墓志》:"父通,并栖襟学苑,浪思文河。澄雅量于黄陂,叶华

① 毛远明《汉魏六朝碑刻校注》,简称《校注》,"7/376"代表第7册第376页。

游于许月。”

(50)唐上元二年《杨偘及妻李氏墓志》:“良筵会友,瞻许月而逾深;绮席宾僚,望陈星而未远。”

(51)唐神功二年《牛遇及妻王氏墓志》:“咸以南金舟楫,东箭盐梅。不期许月先凋,陈星早落。”(《汇编》上/247①)

(52)唐总章二年《刘智墓志》:“纵使毫驰许月,恐致谬于陶阴;琰镂滕城,庶甄芳于遗爱。”

(53)唐长安二年《门道墓志》:“樗玟卜地,滕室开铭;字留许月,魂掩吴星。”

按:例(48)(50)(51)“陈星”典出《世说新语·德行》:“陈太丘诣荀朗陵,贫俭无仆役,乃使元方将车,季方持杖后从,长文尚小,载箸车中。既至,荀使叔慈应门,慈明行酒,余六龙下食。文若亦小,坐箸膝前。于时太史奏:‘真人东行。’”刘孝标注引檀道鸾《续晋阳秋》:“陈仲弓从诸子侄造荀父子,于时德星聚,太史奏:‘五百里贤人聚。’”墓志中,常以“陈星”代指有德行才华之人。例(49)“黄陂”典出《世说新语·德行》:“郭林宗至汝南造袁奉高,车不停轨,鸾不辍轭。诣黄叔度,乃弥日信宿。人问其故,林宗曰:‘叔度汪汪如万顷之陂。澄之不清,扰之不浊,其器深广,难测量也。’”志文以“黄陂”夸赞志主器量宽广。故以文例推之,“许月”亦当是和人德行品行有关的词语。详加考究,“许月”当典出《世说新语·言语》:“刘尹云:‘清风朗月,辄思玄度。’”梁刘孝标注引《晋中兴士人书》:“许询能清言,于时士人皆钦慕仰爱之。”《世说新语·赏誉》:“许掾尝诣简文,尔夜风恬月朗,乃共作曲室中语。襟怀之咏,偏是许之所长。辞寄清婉,有逾平日。简文虽契素,此遇尤相咨嗟,不觉造膝,共叉手语,达于将旦。既而曰:‘玄度才情,故未易多有许!’”后因以“许月”称赞人风致高雅或代指品行高雅之人。例(48)(51)将志主比作“许月”,表达对贤才去世的哀悼。例(50)以“许月”代指德行品格高雅的贤士。

而例(52)(53)中的“许月”则典出《后汉书·许劭传》:“初,劭与(从兄)靖俱有高名,好共核论乡党人物,每月辄更其品题,故汝南俗有‘月旦评’焉。”许劭和从兄许靖喜欢评论乡里人物,每月都要更换对每人的评论内容,当时称为“月旦评”。故因以代指评论人物和作品,多指有名人士的权威评论。例(52)“陶阴”指传写之误,《汉语大词典》已收,该句志文意指即使当代士人已经对墓主的品行有所品评,但依然会出现谬误,而不如将志主的评价刻在石上,能够永久流传。例(53)“滕室”代指坟墓,《汉语大词典》已收,“字留许月”指志主品行德行流传在世人的评价中。

“许月”,《汉语大词典》未收,可据墓志文献增补。

征引书目

秦·吕不韦《吕氏春秋》,许维遹集释,梁运华整理,中华书局,2009。

西汉·司马迁《史记》,中华书局,2014。

西汉·刘向集录《战国策》(修订本),缪文远校注,巴蜀书社,1998。

东汉·班固《汉书》,中华书局,1962。

① 赵力光《西安碑林博物馆新藏墓志汇编》,简称《汇编》,“上/247”代表上册第247页。

东汉·孔融《孔北海集》,文渊阁四库全书本,台湾商务印书馆,1983。
西晋·皇甫谧《高士传》,商务印书馆,1937。
西晋·陈寿《三国志》,裴松之注,中华书局,1959。
西晋·郭象注,唐·成玄英疏《庄子注疏》,中华书局,2011。
南朝宋·刘义庆《世说新语》,余嘉锡笺疏,中华书局,2007。
南朝宋·范晔《后汉书》,中华书局,1965。
北宋·宋敏求《唐大诏令集》,中华书局,2008。
南宋·洪兴祖《楚辞补注》,黄灵庚点校,上海古籍出版社,2015。
清·阮元校刻《十三经注疏》(附校勘记),中华书局,1980。
清·彭定求主编《全唐诗》,中华书局,2003。

参考文献

[1]陈明远,汪宗虎主编.中国姓氏辞典[M].北京:北京出版社,1995.
[2]大同北朝艺术研究院.北朝艺术研究院藏品图录:墓志[M].北京:文物出版社,2016.
[3]胡戟,荣新江.大唐西市博物馆藏墓志[M].北京:北京大学出版社,2012.
[4]罗竹风主编.汉语大词典[M].上海:汉语大词典出版社,1986—1993.
[5]毛远明.汉魏六朝碑刻校注[M].北京:线装书局,2008.
[6]毛远明,李海峰.西南大学新藏石刻拓本汇释[M].北京:中华书局,2019.
[7]齐运通,杨建锋.洛阳新获墓志二〇一五[M].北京:中华书局,2017.
[8]赵文成,赵君平.秦晋豫新出墓志搜佚续编[M].北京:国家图书馆出版社,2015.
[9]赵力光.西安碑林博物馆新藏墓志汇编[M].北京:线装书局,2007.
[10]张永华,赵文成,赵君平.秦晋豫新出墓志搜佚三编[M].北京:国家图书馆出版社,2020.

Heterograph and Homograph
——Two Kinds of Noteworthy Epitaph Allusions in the Tang Dynasty

Zhang Yonghui

Abstract: There are a lot of allusions in the epitaph of tang Dynasty, Some allusion words appeared frequently in the epitaph of Tang Dynasty, but they are not included in the dictionaries, and there is no explanation in various descriptions, which makes it difficult to understand the meaning of the epitaphs. Now we select 7 cases of homologous allusions and heteromorphic allusions from the epitaph of Tang Dynasty to try to explain.

Key words: epitaph of the Tang Dynasty, allusion word, explanation

通信地址:江苏省淮安市淮阴区淮阴师范学院文学院
邮　　编:223300
E-mail:453496509@qq.com

吐鲁番出土唐代书信中的肯定语气词“在”*

丁爱玲

内容提要 吐鲁番出土唐代书信中位于句末的“在”，性质上可视为肯定语气词，功能上主要表达确认或肯定语气，兼带有一些状态持续义。本文发现，语气词“在”在唐初期书信中就可用于疑问句，且“在”的语法化程度很高，别于唐代正式公文，而与同时期及之后口语性强的文献一致。结合“在”在现代汉语方言中的功能和句法表现，本文主张汉语方言的语气词“在”沿袭自近代汉语并有一定的功能扩展。

关键词 吐鲁番出土唐代书信　肯定语气词　“在”　功能

一　引　言

句末助词“在”是近代产生的语气词，以往研究结合本土口语性强的历史文献或汉语方言材料观察“在”的功能、语义特征和形成过程等相关问题，达成了一定的共识：语气词“在”最早见于唐代，或由“存在”义动词语法化而来，条件是“在”降级为第二动词，“存在”义减弱，宋代语气助词“在”可用于疑问句（曹广顺，1995：171；向熹，2010：510-511；李小军，2011 等）；语气词“在”功能上表动作或状态持续，具有申说或确信语气（吕叔湘，1984：59；孙锡信，1999：87；罗骥，2003：33-38；白维国，2015：2574 等）；元至明清，语气词“在”衰退，但在汉语方言有所延续（曹广顺，1995：174；卢烈红，2018 等）。不过，已有成果未注意到吐鲁番出土文献的相关情况，也较少基于语气词“在”的语言事实，从共时和历时两个角度同时审视“在”的特点。

有鉴于此，本文在以往研究的基础上，借助出土新材料，从以下三个方面展开讨论：一是唐初期书信中语气词“在”的功能和特点；二是语气词“在”在汉语方言中的继承与发展；三是对语气词“在”相关问题的补议。

二　唐初期书信中语气词“在”的功能和特点

王启涛（2012：151）注意到吐鲁番出土唐初期书信中的语素“在”位置灵活，但未考察

* 本文是重庆第二师范第三批校级科研重点平台“融媒体传播与社会发展研究中心”（项目编号：2021XJPT01）、校级重点学科“新闻与传播”（项目编号：23XJXK06）建设经费资助成果。本文也受到国家社科基金青年项目“江西中南部方言语法词的语义演变研究”（项目编号：23CYY023）资助。写作和修改过程中，得到吴福祥师的指导和王启涛、薛宏武、卢烈红先生的帮助，《汉语史学报》编辑部和审稿专家惠赐建设性修改意见，特致谢忱。

"在"的性质和功能。据我们观察，书信中位于句中的"在"有处所动词、处所介词、时间介词、时间副词用法，均承自上古，但位于句末的"在"却是近代初期才产生的语法词。吐鲁番出土唐初期书信中位于句末的"在"语法化程度高，性质上可视为肯定语气词。句法分布上，语气词"在"可与动词（含不及物动词）、动宾短语和形容词共现，除用于直陈句外，还可用在疑问句中表中性询问；语义功能上，主要表示确认或肯定语气，兼带有一些状态持续义。

（一）"在"的句类和语义功能

我们对书信中语气词"在"的用例进行了初步分类统计，语气词"在"更倾向于位于陈述句，仅见5例用在疑问句，未见其用于否定式。其句法分布环境归纳如下表[①]：

表1　吐鲁番出土唐代书信中语气词"在"的句法分布

词性（句法位置）＼句类		陈述句	疑问句
语气词	形容词后	7	5
	单个动词后	1	
	动宾短语后	2	

用于陈述句的"在"根据其前词语（或短语）的性质，可分为以下三类：

a. 用在形容词后

（1）⿺麦玉麹连此间平安好在。（64TAM24：29《唐⿺麦玉连、武通家书》）[②]

（2）□□子、举仁两个家里平安好在……贺子大惭愧在。（64TAM5：40《唐李贺子上阿郎、阿婆书一[一]》）

（3）张积都问讯阿赵，如供君妹处待在平安在。（64TAM24：31/1，2《唐□连家书》）

（4）次问讯张法师、阿园□张将舍尽平安在。（64TAM5：39《唐李贺子上阿郎、阿婆书二[二]》）

（5）次问讯氾欢伯合家大小，郭怀悦身平安好在。（64TAM5：80《唐李贺子上阿郎、阿婆书四[三]》）

上述形容词"平安""好""惭愧"在句中作谓语成分，"在"位于句末表达书信写作者对叙述主体所处境况的肯定及确认，"在"的语义辖域是谓语。其中例（1）"在"表达写作者对目前境况的确认；例（2）"惭愧"前已有程度副词"大"，语气十分强烈，后加语气词"在"更加凸显"贺子"无物给阿婆作信时惭愧的状态；例（3）至例（5）都可视为兼语句，句中出现固定短语"问讯"，表达写作者有意对事实做进一步的确认。

b. 用在单个动词后

---

① 吐鲁番出土唐西州时期文书中出现一批书信，受限于此类出土文献的数量和质量，我们整理出52封书信（过于残缺的书信不计）。本文文献来源主要是全四册图录本《吐鲁番出土文书》，荣新江等主编《新获吐鲁番出土文献》以及陈国灿整理的《斯坦因所获吐鲁番文书研究》。

② 例句中"TAM"和"Ast"为阿斯塔那古墓区编号，前者是图录本编号，后者是斯坦因所用编号；编号之前的数字代表挖掘出土的年份，编号之后的数字为墓区具体编号；书名号里的内容是编订者依据文书内容确定的题目，"[]"里的年份为原文书写时的时间；□表示因文书残缺而缺少的字，若干□□则代表缺少相应数目的字；长方框表示残缺，但不能确定缺少的具体字数。

(6)闻阿嫂共阿婆一处活在。(64TAM24:30《唐赵义深与阿婆家书》)

此例“一处”前似省略了处所介词“在”,“活”作为不及物动词带有一些静态和持续意义。写信者事先已知道“阿嫂和阿婆在一处活”这一事情,进一步向阿婆确认,“在”的功能在于表达确认及肯定语气,兼表“活”这种状态的持续。

c.用在动宾短语后

(7)顺看阿郎、阿婆养二人时得长命果报在。(64TAM5:79《唐李贺子上阿郎、阿婆书四[一]》)

(8)千万问讯宋果毅并儿女等尽得平安以不?在此家内大小并内外眷属得平安好在。(72TAM150:37《唐氾正家书》)

(9)义深□来去供给依常粮食在。(64TAM24:30《唐赵义深与阿婆家书》)

例(7)中出现尝试义动词“看”,“在”表达确认语气;例(8)与例(4)(5)形式相近,但前者状态形容词并非直接作谓语,而是处于“得 VP”中,功能上也是表达确认语气;例(9)属于直陈句,“在”表达的是肯定语气。

总的来看,形式上,陈述句中的“在”位于句末,“在”之前有主要动词或形容词,“在”属于选择性分布,可以删除;语义上,“在”前的动词(或形容词)不表“存在”义,句子的主要信息与“在”无关,“在”为句子添加了一种确认或肯定语气,个别用例兼带有一些状态持续义;语用上,表达说话人(书信写作者)对事件的确认及肯定态度。

用于疑问句的“在”前多为形容词,其后接否定小词“不”,标志此类疑问句为是非问句,用例如下:

(10)阿婆、阿裴已下合家小大□平安好在不?(72TAM152:31/2《唐□文悦与阿婆、阿裴书稿》)

(11)□□、武通两个千万恭承阿嫂、阿兄▭主儿女等,阿叔、叔母并儿女等,未▭,▭在不?(64TAM24:29《唐甦连、武通家书》)

(12)阿郎、阿婆千万问信,儿进塠、汉塠、憧憧三人从发家已来,得平安好在不?次海塠千万再拜,三个阿兄身马得平安已不?次阿嫂千万再□□男迪君、女受姜、小男小君等近得平安▭得平安好在不?(60TAM326:04/1[a],04/2[a]《唐总章元年[668]海塠与阿郎、阿婆家书》)

(13)次问讯郭延明儿黑石平安在不?(64TAM5:80《唐李贺子上阿郎、阿婆书四[三]》)

例(11)“在不”前文残缺,根据同类书信可推知“在”前或为“平安”之类问候语。观察上述用例可以发现,相同句法位置上,“平安好在不”“平安已不”“平安在不”可以互相替换,“在”并不是必有成分,比如例(13)删除“在”对句子语义表达没有影响。疑问句中的“在”也不处于主要句法位置,句子的疑问语气主要通过句末小词“不”及语调来表达,“在”在其中用于加强语气①。

疑问句中的“在”基本出现在“平安好在”这样的四字式中。通过检索语料库发现,宋以前传世文献中未见这样的四字式,宋以后“平安好在”发展成为固定的问候语;《敦煌变文集》

① 肯定语气词“在”能与疑问小词“不”共现,暂无法排除语气词“在”似有向词内成分发展的可能。

以及《全唐诗》中有部分"好在"用例,用于疑问句末尾,表问候。例如①:

(14)庆云来现,唤言:"下方摩耶夫人得好在已否?"(《敦煌变文集·八相变[二]》)

(15)别后安和好在否?比来此处相寻访……长者见说小时名字,即知是儿,"别久,好在已否?"(《敦煌变文集·大目乾连冥间救母变文》)

(16)白石峰之半,先生好在么。(贯休《怀匡山山长二首》)

据《唐五代语言词典》:"好在"为问候语,犹"好在么""好么"。上述用例中"好在"为"安好"义,"在"在这个词中没有实义,只是一个词内成分。按董秀芳(2016:180－200),汉语中虚词的进一步演变是通过词汇化的方式进入词内,变为不贡献意义的词内成分。据此来看,"好在"双音化为一个词,是"在"语法化后进一步词汇化的后续演变,唐初期书信中用于疑问句的"在"还没有完全进入"好在"词内,由于问候内容与语气词"在"经常组合出现,"好在"韵律上常被视为一个词,久而久之,经言语社团扩散后发展成为问候语中固定的词内成分,晚唐五代以后在对话中使用普遍,但该用法受限于特殊的问候语境,其他语境中未见。

(二)与同时期及之后文献的比较

新兴的词汇语法现象通常在口语性极强的文献中反应及时,而在比较书面化的文献中反应滞后。吐鲁番出土唐代公文的"在"并没有完全虚化,而是处于动词向语气词过渡的阶段,而唐初中期、五代及宋代口语性强的文献中,语气词"在"使用频率高,且用法上也有了新的发展。

唐代公文中位于句末的"在"可单用或位于动宾短语后,表示"存在"义。举例如下:

(17)谨审:但染勿等保石染典在此见有家宅及妻儿亲等,并总见在。(73TAM509:8/9[a][b]《唐开元二十一年[733]染勿等保石染典往伊州市易辩辞》)

(18)其曹果毅、曹二是胡,客京师,有家口在。身当来日,留住弓月城在。(66TAM61:23[b],27/2[b],27/1[b]《唐西州高昌县上安西都护府牒稿为录上讯问曹禄山诉李绍谨两造辩辞事》)

例(17)中"见"通"现",为"现今"义,句中作时间副词,"在"为存在动词,句末"在"去掉后整个句子的意思发生改变,属于强制性分布,因而"在"还是动词,只是位置上居后。例(18)第一个"在"位于动宾短语后,表存在义,同时也表达一种"确信"语气,即肯定"家口存在"这一事实;第二个"在"前也有表存在义的动词短语"留住"。此时"在"具备了语气词"在"的句法位置和"有 NP 在"这样的句法环境,尤其是"留住"与 NP 结合更紧密,"在"对 NP 的支配能力减弱,此时的"在"属于选择性分布,删掉"在"对句子影响不大。所以,书信语气词"在"的语法化程度明显高于同时期公文。

另有相关研究表明,语气词"在"在口语性强的唐代笔记、唐诗、唐宋禅宗语录中已经形成且出现频率较高(曹广顺,1995:171-172;孙锡信,1999:88-91;李小军,2011;卢烈红,

① 敦煌文献用例参考黄征、张涌泉校注《敦煌变文校注》,《全唐诗》用例来自于北大 CCL 语料库,已核对原文。

2016)①。其中孙著提到直至宋代,“在”仍处于虚实之间,如《祖堂集》中相关用例:

(19)仰山云:“汝见解犹有心境在。”(《祖堂集》卷一八)

(20)师曰:“犹有这个彩纹在。”(《祖堂集》卷二)

(21)对曰:“诸事已备,只缺点眼在。”(《祖堂集》卷五)

(22)洞山云:“总未曾见你问在。”(《祖堂集》卷一五)

(23)若也与老僧隔三生在。(《祖堂集》卷六)

上述用例中“在”均处于对话语境,例(19)(20)与例(18)句式相似,即“有 NP 在”,按孙锡信所说,这种“在”的实词义并未褪尽。《祖堂集》的用例呈现出“在”虚化至语气词的不同阶段,从例(19)至例(23)“在”的存在义减弱至于消失,叙实语气不断增强,孙著将后三例看作从“有……在”派生出的句式。书信中未见“有 NP 在”的用例,句末“在”前的动词都不表存在义,“在”肯定语气功能凸显。

卢文列举了唐宋禅宗语录的语气词“在”的四种用法②,我们观察到书信中的“在”缺少用于肯定句中表事象将然和用于否定句表事象未然两种用法,转引用例如下:

(24)他时向孤峰顶上立吾道在。(《景德传灯录》卷一五)

(25)师曰:“老和尚脚跟犹未点地在。”(《五灯会元》卷七)

例(24)“他时”表示将来时间,说明事件或在将来发生;例(25)句中有否定词“未”,上文例(22)中有否定词“未曾”,都表示事件尚未发生。受限于书信的数量和质量,我们没有看到书信语气词“在”的更多用法。

卢文还提到语气词“在”在古代用于专业性谈话,今天主要用于方言区平民的日常用语。若考虑唐代书信材料,观点可以得到更正。吐鲁番出土书信用于西州平民之间相互问候,极少用专业性词汇,都是很通俗的口语,可将其视作一种特殊的平民对话,这种对话不是同步的,写作者预先设想接收者会询问的话题并对此进行回答,因此书信读来就像是“面对面的交谈”。

曹广顺(1995:173)较早注意到宋代一些“在”用于疑问句的例子③,摘录如下:

(26)吉震威一喝曰:“这沙弥,更要我与你下注脚在?”(《五灯会元》卷二〇)

(27)云门云:“且道是牛外纳?牛内纳?直饶说得纳处分明。我更问尔:觅牛在?”(《密庵和尚语录》,《大藏经》卷四七)

(28)须知杀中有活擒纵人天,活中有杀权衡佛祖,直饶说得杀活倜傥分明,山僧更问尔:觅剑在?(《圆悟佛果禅师语录》,同上)

上述几例“在”位于句末进一步加强语气,这一点与书信中用于疑问句的“在”相同。不同之处概括为以下三点:一是宋代几例疑问句中的“在”都位于动宾短语后,而书信“在”主要

① 据吴福祥(1996:334),敦煌变文文献表申明、强调语气用“里”不用“在”。据笔者考证,敦煌文献中位于句末的“在”仍是动词,表存在义,未见其句末语气词的用法。变文里用于非疑问句表申明、强调语气的“里”与吐鲁番书信中语气词“在”的分布和功能大致相同,同处于西北地区,却呈现出不同的词汇选择。

② 除后面提到的两种,还有用在肯定句表示事象现时存在、依然存在和用于问句表示反诘或真性询问。

③ 曹广顺(1995:173)和向熹(2010:510)均引用《古尊宿语要》中的一例,原文为“如今学者不得病在,甚处病在?不自信处”,该句断句有误,应为“如今学者不得,病在甚处?病在不自信处”。“在”还是处所动词,并非是语气词。

位于形容词谓语后；二是宋代几例均为对话语境，“在”后未出现其他疑问小词，而书信中“在”并非出现在对话语境，需要特定的语法标记“不”来进行提示；三是宋代几例“在”出现的疑问句都是表示反问或质问，而书信中“在”出现的疑问句只是表中性的询问。宋代“在”用于疑问句的用例可以看作是书信“在”的新发展。

三　语气词“在”在汉语方言中的继承和发展

语气词“在”主要见于唐宋，元明清时期便极少使用，但没有马上消亡（卢烈红，2018：220－225）。“在”在汉语方言中广泛存续，且有一定的功能扩展。

（一）方言中语气词“在”的分布和功能

语气词“在”主要分布在西南官话、江淮官话、湘语、闽南语、赣语、粤语及少部分中原官话等方言区。现简列部分方言用例，如下表所示：

表2　方言中语气词“在”的分布情况①

方言点		例句	资料来源
西南官话	武汉	妈妈打电话在。/窗户开倒在。	汪国胜 1999
	宜都	帽子挂底墙上在。/灯亮倒在。	李崇兴 1996
	成都	他还睡到在。/路远起在。	鲜丽霞 2002
江淮官话	英山	外头落雨在。/姐在灶下舞饭在。	项菊 2012
	孝感	他在地上跍倒在。	王求是 2007
中原官话	安康	刚才人还好好在。/她在睡觉在。	周政 2009：363，杨静 2012
	光山	他做饭在。/自行车放在门口在。	吴早生 2008
湘语	泸溪	我望倒电视在。	瞿建慧 2007
赣语	宿松	我盛着饭在。/鞋洗干净在。	黄晓雪 2006
闽语	漳州	牙齿犹疼在。/还无见过这么恶毒的人在。	黄伯荣 1996：632
	黄流	否（饱）在。	邢福义 1995
粤语	苍梧	水剩滚在。	谢木连 2020
	博白	其晾住衫在。/其肚痛在。	私人交流

①　安康方言系属不定，介于中原官话和西南官话之间。中原官话和苍梧粤语的例子并不典型，按作者所说，或许是受到西南官话和江淮官话的影响。博白白话（粤语）的语料由北语吕腾崟同学提供，语气词“在”有时与进行体“住”共现，有时单独出现，二者分工不同，语气词“在”主要表持续体功能。表格并非穷尽性统计，卢烈红（2018：226－227）还列举了一些晋语用例，“在”多与“哩”连用，我们这里没有考虑语气词连用的情况，虽然语气词“在”南北均有分布，但主要还是分布在南方方言区。

大体看来，方言中句末语气词“在”有以下四种功能①：

a. 肯定动作正在进行。

(29)妈妈打电话在妈妈正在打电话。(武汉话，汪国胜1999)

(30)姐在灶下舞饭在姐姐正在厨房里做饭。(英山话，项菊2012)

b. 确认状态持续。

(31)灯亮倒在灯一直亮着。(宜都话，李崇兴1996)②

(32)自行车放在门口在自行车一直放在门口。(光山话，吴早生2008)

c. 确认事态达成后状态的存续，相当于“了$_2$”③。

(33)鞋洗干净在鞋洗干净了。(宿松赣语，黄晓雪2006)

(34)这本书我看脱一个星期在这本书我看了一个星期了。(同上)

d. 肯定或强调某种事实，带有夸饰语气。

(35)他还睡倒在他还睡着呢。(成都话，鲜丽霞2002)

(36)路远起在路还远着呢。(同上)

方言中句末语气词“在”还可以用于疑问句和否定句中④。如下：

(37)你没看到我忙倒在吗?(个人调查)

(38)水龙头还开起在不?(成都话，鲜丽霞2002)

(39)还无见过这么恶毒的人在。(漳州闽语，黄伯荣1996：632)

(40)吃饱非?

否(饱)在。(海南闽语，邢福义1995)

可见语气词“在”自明清衰退以后退居在方言中继续使用，句法组合更加多样，可与时体助词、时间副词、情态副词等搭配使用；功能上更为丰富，除了表示肯定或确认语气，还可以表示状态进行、持续或完成。至于其用于疑问句和否定句主要继承近代汉语的语气词“在”。

(二)书信中语气词“在”与现代汉语方言的关联

书信中的语气词“在”主要位于形容词、动词和动宾短语后，这一点与方言基本一致；另外，在表达疑问时，书信采用“VP不”句式，现代汉语方言也会采用“VP-neg”是非问结构式。差异主要体现在以下两处：

一是书信中的语气词“在”不与时体助词、时间副词等共现；而方言中时间副词“在”常与语气词“在”共现，表示对当下正在进行的某种状态的肯定；“倒/起/住”作用相当于“着”，一般视为进行体标记，也表示主语当下的状态。书信不与其他时体成分共现的原因有两方面：一方面是书信文体本身具有时效性，书信写作者询问的多是对方当下所处的状态，不需要再

---

① 这里的“进行”和“持续”是基于谓词特点来分类，实际情况是二者无法真正区分开来。

② 李崇兴(1996：62)，认为宜都方言的“在”不表达语气，只表达状态持续。但我们认为“在”还带有确认语气。

③ 汪化云(2016：40)，提到湖北黄冈团风县的“得”是与“了$_2$”相近的语气词，其意义与宿松方言句末对事态出现某种变化加以确认的“在”类似。宿松方言这种相当于“了$_2$”的“在”是否为本字有待考证。

④ 据陈爽(2006：55)，句末助词“在”主要分布在陈述句、感叹句、反问句、疑问句末尾，在否定句中很少出现，没有用于祈使句的情况。我们的观察与其一致。

搭配其他成分；另一方面与时体助词本身的发展有关，唐初期体助词还未发展成熟。二是语用上，方言中的“在”所在句子有时还有夸饰的意味，这种用法不见于书信。

第一种差异也见于现代汉语方言与唐宋其他口语文献，属于汉语方言语气词“在”的新发展；第二种差异所反映的用法不见于书信，但见于唐宋禅宗语录，属于方言对近代汉语的继承。

汉语方言（尤其是西南官话区）语气词“在”很少直接位于动词后表状态持续，必须在动词后添加一些时体助词；广西苍梧粤语“在”可以直接位于动词后，这说明语气词“在”在汉语不同方言区的分布和功能上还存在细微差异。吐鲁番出土唐代书信在肯定语气词的选择上与大多数南方方言保持一致，说明语气词“在”产生初期先在通语中使用，只是发展到了后期才有了地域上的分布限制。

四　语气词“在”相关问题补议

（一）肯定语气词“在”的来源和形成问题

关于语气词“在”的来源和形成，学界已达成一些共识：(1)由句末存在动词虚化而来；(2)虚化的句法格式为“V＋NP＋在”兼语结构；(3)“V”从“有”“余”类动词扩展为其他与存在义无关且动作性较强的动词，“在”支配 NP 的能力减弱，伴随的是语气功能的凸显（黄晓雪，2007：235-236；李小军，2011：120-122；卢烈红，2018：218-219）。举例说明如下①：

(41)王遇盗于云中，余受其戈，其所犹在。（《左传·定公五年》）

(42)楚邦之法，禄臣再世而收地，唯孙叔敖独在。（《韩非子·喻老》）

(43)子曰：“有父兄在，如之何其闻斯行之？”（《论语·先进》）

(44)其曹果毅、曹二是胡，客京师，有家口在。（66TAM61：23[b]，27/2[b]，27/1[b]《唐西州高昌县上安西都护府牒稿为录上讯问曹禄山诉李绍谨两造辩辞事》）

(45)五嫂咏曰：“他家解事在，未肯辄相嗔。径须刚捉著，遮莫造精神。”（《游仙窟》）

(46)闻阿嫂共阿婆一处活在。（64TAM24：30《唐赵义深与阿婆家书》）

例(41)(42)句中唯一存在动词“在”处于句末；例(43)(44)句中出现另一个存在动词“有”，与句末存在动词“在”构成兼语句，这几例“在”都需要重读，承担着句子的主要信息焦点。例(45)(46)中“有”扩展为其他动作性较强的动词或不及物动词，“在”不再支配 NP，此时兼语句变为动宾结构（或单个动词）加语气词，“在”的肯定语气功能随其动词性的消失而凸显。

上述讨论只是解释了“在”语气词用法的来源和形成过程，并未解释肯定语气如何发展而来。关于句末“在”表肯定语气的来源，我们认为应追溯到语气词“在”之前的用法。

“在”（[illegible]甲骨文、[illegible]金文）本义为“存在”（《说文·土部》：“在，存也。”），后发展出处所动

① 除文书外的语料主要来源于中国基本古籍库和“中研院”历史语言研究所研发的汉籍电子文献资料库，使用时已核对原文。

词、介词等功能。用例如下：

(47)君子在野，小人在位。(《书·大禹谟》)

(48)关关雎鸠，在河之洲。(《诗·周南·关雎》)

(49)子在齐闻韶，三月不知肉味。(《论语·述而》)

(50)王司州在谢公坐。(《世说新语·豪爽》)

例(47)(48)“在”作处所动词，例(49)(50)“在”为处所介词。“在”标示了射体(句子主语)和地理界标(处所宾语)的位置，具有定位和定向的作用，另外也排除了处所宾语之外的其他可能，具有排他性，这些认知特征使得句中的处所动词和处所介词“在”带有肯定和强调的功能，当处所介词结构移到句末，介词宾语就算省略，“在”的定位等作用也没有消失，肯定功能依然存在①。

(二)肯定语气词“在”与持续体标记“在”

汉语史中的肯定语气词“在”是由句末存在动词发展而来，其肯定语气功能与“在”作动词和介词时，“在”的基元“处在”义和定位定向等特征相关。而汉语方言的持续体标记“在”还需经历处所介词阶段，即“处所动词>处所介词>持续体标记”(吴福祥 2010:14)。

唐初期书信及唐宋禅宗语录、笔记和诗歌中的“在”主要还是表示肯定或确认语气，还不算典型的持续体标记，但现代汉语方言和东南亚语言里“在”已经有典型的体标记用法。卢烈红(2018:230)认为现代方言中的“在”从根本上说不是表进行态、持续态的体标记或动态助词，它总体上看还是表肯定语气的语气词，只是在一些方言点有新的发展，吸纳了表动态的语素，可以不依赖别的表动态成分而兼表进行态或持续态。我们认为此观点值得商榷，汉语方言中典型的持续体标记“在”来自处所介词结构，并非是受其他动态语素的影响。

刘丹青(1996:18)较早注意到吴语、闽语都用来自有处所义的词在动词前表进行、在动词后表持续；李崇兴(1996:63)认为宜都方言的助词“在”可能是“在这(那)里”进一步虚化的产物，并列举大量《水浒传》里位于句末的“在这(那)里”用例；吴福祥(2010:12)提到吴、闽、赣等南方方言里用作体标记的双音形式由于高度虚化往往会发生弱化而省略一个音节，当被省去的是后一音节时，留下来的便是与处所介词同形的持续体或进行体标记形式，吴文还提到樟树方言在表示动作进行时动词前必须用“在里”而不用单个的“在”。可见方言的进行体和持续体标记与处所介词结构关系最密切，前者极有可能是从处所介词结构演化而来。

所以，我们不能将语气词“在”等同于持续体标记，虽然汉语史中有些用例确实带有一些状态持续义，但主要是受其搭配成分的影响，并非是我们所说的持续体标记。

五 结 语

本文主要观点如下：

① 薛宏武(2017:5)，立足“在”的基元“处在”义，将“在”的基本特征概括为[定位]/[定向]与[排他]，并认为“在”无句法宾语，“在”的三项特征必然消失，消失必会引发语法化，最终只能专一发展为表达肯定功能。我们认为“在”无句法宾语，也可以有定位的功能，比如方言中一些省略处所结构发展而来的“在”。

其一，吐鲁番出土唐代书信中位于句末的“在”，性质上可视为肯定语气词，兼带有一些状态持续义。语气词“在”在唐初期书信中就可用于疑问句，但只表中性的询问。书信句末语气词“在”的语法化程度很高，别于唐代正式公文，而与同时期及之后口语性强的文献一致。

其二，现代汉语方言中的语气词“在”既有对近代汉语的继承，也有自身新的发展。继承在于语气词“在”表肯定语气的功能、表夸饰语气的用法以及可以用于疑问句和否定句。扩展在于语气词“在”可与时体助词、时间副词、情态副词等搭配使用，功能上还可以表示状态进行、持续或完成。可见书信中的语气词“在”虽已完成虚化，但其分布和功能还比较单一。

征引书目

唐长孺主编《吐鲁番出土文书》(全四册)，文物出版社，1992－1996。
荣新江、李肖、孟宪实主编《新获吐鲁番出土文献》，中华书局，2008。
陈国灿整理《斯坦因所获吐鲁番文书研究》(修订本)，武汉大学出版社，1997。
黄征、张涌泉校注《敦煌变文校注》，中华书局，1997。

参考文献

[1]白维国主编. 近代汉语词典[M]. 上海：上海教育出版社，2015.
[2]曹广顺. 近代汉语助词[M]. 北京：语文出版社，1995.
[3]陈爽. 汉语方言句末助词“在”的类型学考察及历时探源[J]. 惠州学院学报(社会科学版)，2006(1)：55-60.
[4]董秀芳. 汉语的词库与词法(第二版)[M]. 北京：北京大学出版社，2016.
[5]黄晓雪. 安徽宿松方言的事态助词“在”[J]. 长江学术，2006(3)：85-88.
[6]黄晓雪. 说句末助词“在”[J]. 方言，2007(3)：232-237.
[7]黄伯荣主编. 汉语方言语法类编[M]. 青岛：青岛出版社，1996.
[8]罗骥. 北宋语气词及其源流[M]. 成都：巴蜀书社，2003.
[9]吕叔湘. 汉语语法论文集(增订本)[M]. 北京：商务印书馆，1984.
[10]李小军. 语气词“在”的形成过程及机制[M]//南开语言学刊(总第17期)，北京：商务印馆，2011.
[11]李崇兴. 湖北宜都方言助词“在”的用法和来源[J]. 方言，1996(1)：61-63.
[12]卢烈红. 语体语法：从“在”字句的语体特征说开去[J]. 长江学术，2016(4)：95-99.
[13]卢烈红. 禅宗语录中“在”字句的发展及相关问题析论[M]//语言学论丛(第五十七辑)，北京：商务印书馆，2018.
[14]刘丹青. 东南方言的体貌标记[M]//张双庆主编. 动词的体(中国东南部方言比较研究丛书·第二辑)，香港中文大学中国文化研究所吴多泰中国语文研究中心，1996.
[15]瞿建慧. 湖南泸溪(浦市)方言的助词“在”[J]. 语文研究，2007(2)：53-56.
[16]孙锡信. 近代汉语语气词：汉语语气词的历史考察[M]. 北京：语文出版社，1999.
[17]汪国胜. 湖北方言的“在”和“在里”[J]. 方言，1999(2)：104-111.
[18]汪化云. 黄孝方言的“在”类词研究[J]. 语言研究，2016(4)：35-44.
[19]王启涛. 吐鲁番出土文献语言导论[M]. 北京：科学出版社，2012.
[20]吴福祥. 东南亚语言“居住”义语素的多功能模式及语法化路径[J]. 民族语文，2010(6)：3-18.

[21]吴福祥. 敦煌变文语法研究[M]. 长沙:岳麓书社,1996.
[22]吴早生. 光山方言体助词“在”[J]. 阜阳师范学院学报(社会科学版),2008(2):87-90.
[23]王求是. 孝感方言的语气助词“在”[J]. 孝感学院学报,2007(5):10-12,85.
[24]向熹. 简明汉语史(下)(修订本)[M]. 北京:商务印书馆,2010.
[25]邢福义. 否定形式和语境对否定度量的规约[J]. 世界汉语教学,1995(3):5-11.
[26]薛宏武,何雪飞,董继和. 现代汉语“在”的体类型及其表达功能、特征与形成[J]. 语言与翻译,2017(3):5-15.
[27]鲜丽霞. 成都话中的语气助词“在”[J]. 四川师范大学学报(社会科学版),2002(4):93-96.
[28]项菊. 湖北英山方言“在”的用法及相关问题[J]. 方言,2012(3):266-273.
[29]谢木连. 广西苍梧县话体助词“在”的用法[J]. 汉字文化,2020(21):34-36.
[30]杨静. 安康汉滨方言的句末助词“在”[J]. 安康学院学报,2012(5):9-11,62.
[31]周政. 平利方言调查研究[M]. 北京:中华书局,2009.

Sentence-final Affirmative Particle *Zai*(在)of the Tang Dynasty Letters Unearthed in Turpan

Ding Ailing

Abstract: Sentence-final partical *Zai*(在) of the Tang Dynasty letters unearthed in Turpan can be regarded as an affirmative particle in nature, which mainly expresses the confirmation or affirmative in function, and also has some continuous meaning of state. This paper finds that the particle *Zai*(在) can be used in interrogative sentences in letters in the early Tang Dynasty, and it is highly grammaticalized, which is different from the official documents in the Tang Dynasty, but is consistent with the Spoken Literature in the same period and later. Based on its functions and syntactic behaviors in modern Chinese dialects, this paper argues that particle *Zai*(在) in Chinese dialects is derived from early modern Chinese and it underwent some expansion.

Key Words: Letters of Tang Dynasty unearthed in Turpan, Affirmative particle, *Zai*(在), function

通信地址:重庆市南岸区南山街道崇教路1号重庆第二师范学院文学与传媒学院
邮　　编:400065
E-mail:1353106421@qq. com

郭在贻教授致洪成玉教授书札九通

《汉语史学报》编辑部

（一）

成玉先生：

手教奉悉。冯君学有根底，又经名师指教，论文答辩决不成问题，至于考试一门课程，亦不过程续[编者按：当为“序”。]而已，当无大碍，答辩时间容另商议，以宽裕从容为原则。

匆覆，即颂

著安

一九八七年
郭在贻顿首
十二月十八日

（二）

成玉先生：

廿二日大札顷已奉悉。年前惠寄大著亦已收到。先生近年来著述甚丰，令人既钦且羡。

关于冯君论文答辩事，先生所提各点，我均极赞成。曹先擢兄学问深醇，且为人笃实，为组成此次答辩委员会之最合适人选，另外我系祝鸿熹老师，是我所在教研组的组长，当亦在必须邀请者之列。至于古汉语课的考试问题，因杭大研招办坚持必须如此做，似难通融，唯考试题目，由我来出，不会太难，以冯君之学力，必能得优异成绩无疑。请转告冯君：目前可将全副精力用于论文写作，考试无需作任何准备。（似可采用开卷考的办法，由冯君在北京将题目做好带来。）

匆此，即请

著安

一九八八年
郭在贻顿首
二月廿六日

（三）

成玉先生：

三月四日函奉悉。先生所提冯生答辩三事，顷经请示本校“研招办”，答覆如下：

地点在杭州。

时间为七月上旬。（根据我们自己的要求，因七月下旬祝先生有会，八月份我有会。）

答辩委员所缺一名由我们提名，从本地请人。

先生如无异议，是不是就这样办？如觉得有不妥之处，请来信见告，我跟祝先生再找研招办商量。

专此，即颂

教安

一九八八年
郭在贻顿首
三月八日

（四）

成玉先生：

三月十五日手教奉悉。据“研招办”负责人见告：来杭答辩时间能早一些更好，因七月上旬已届学期结束，庶务丛脞，可能不太方便。但仍以冯生的论文完成日期为准，亦不可太过匆忙。考试事，为求保险起见，我特地向“研招办”负责人作了请示，并提出开卷考以及以文章代替试卷的办法，承他应允，我也就放心了。现将题目抄奉另纸，请转达冯生，俾其能于来杭之前做好，答辩时带来即可。

我校传统：凡有关研究生招生、考试、论文答辩诸事宜，概由“研招办”大权独揽，我辈导师不过驯服工具耳。言之愤愤，然亦无如之何也。顺颂

撰安

一九八八年
郭在贻顿首
三月廿一日

（五）

成玉先生：

十一日手教祗悉。所提两方案，窃以为第二方案较为合适。因为若照第一方案（即先向南大申请硕士学位，再向杭大申请博士学位），则须打乱原来的安排，杭大研招办的老爷们必

不会同意。为冯生答辩事(诸如答辩组成员,开卷考等等),在下已向杭大研招办多次交涉,颇费唇舌(其间细节不必多说),倘突然更张,他们将大不高兴。是以目前只能按第二方案办,即在杭大申请硕士学位,然后视冯生论文之水平,决定是否进一步向外单位申请博士学位。

目前国内汉语史专业的博士点共有四个,即川大张永言先生,复旦张世禄先生,厦大黄典诚先生,再加上敝校。川大等三家均可供选择,何家为好,由先生酌定。

匆此,即颂

撰安

一九八八年

郭在贻顿首

四月十七日

(六)

成玉先生:

两函均奉悉。人尚未到,而已准备洗尘,盛情厚意,令我惭感交并。乃事有不凑巧者:内子忽于近日患急性肠胃炎,先是送医院输液抢救,虽已转危为安,而行动坐卧必须有人照顾,思之再三,乃不得不取消北京之行。先生原所计划者,自亦必须相应地作出改变。但先生及贵校的盛意,我是敬领之。

杭大按惯例每年九月份将召开一次学位委员会,讨论有关事宜。我已跟负责具体工作的同志商妥,届时我将到会介绍冯蒸同学的学业情况,以争取学位委员会应允给予博士答辩的机会。

天热不及细谈,顺颂

教安

一九八八年

郭在贻顿首

八月十六日

(七)

成玉先生:

两函均已奉到。得第二函后,当即在先生所起草之报告书上签了名,并请祝、曾二公也一道签名,今晨即将报告上交研究生部有关负责同志,并力陈冯生为一特殊人才,万望校方本着人才难得,奖藉后进的精神,给予博士答辩之机会,听其口气似有松动,略谓"既确属特异人才,我们当然应破格提拔,将来还可在报上加以报道"云云。仆揣摩其意,复进言曰:"杭大能发现和提拔这样的人才,表现了我们杭大有魄力,也是杭大的光荣嘛"云云。彼即答应将报告转学位委员会,并让我于学位委员会例会时出席介绍冯生情况。(大约九月底开会,比往年为迟。)但这位同志是副职,还得再找正职试试看。(上次找的是正职,此次则发现正、副职之间意见并不一致。)下午我即再去找正职。虽云成事在天,而谋事究在人也。为冯生事,我当尽最大努力!

匆匆不尽欲言。如有新情况,当再续告。顺颂

教祺

一九八八年
郭在贻顿首
九月十四日

(八)

成玉先生:

九·廿一日函奉悉。昨晚我又找了研究生部主任,态度较前有明显好转,渠谓所有资料已看过,情况亦全部了解,准备将冯生破格问题,上报校学位委员会付诸讨论。学位委员会按惯例是每年九月中旬开例会,但今年因晋升职称事而一再延搁,大约要推迟到十月初。这对于我们有利而无弊也。但仍不能过于乐观,因冯生之破格,在他们看来乃石破天惊之举,因不能不有所踌躇顾瞻也。若会上多数委员不赞成,则前功将尽弃矣。故仆仍觉得此事只有十之二三的希望,先生以为然否?

匆此,即颂

教祺

冯生处均此不另

一九八八年
郭在贻顿首
九月廿八日

(九)

成玉先生:

经过不懈的努力,冯蒸事终告成功,杭大学位委员会已同意冯蒸继续进行博士论文答辩。但下面要做的事还有许多:一、论文需送三位审阅人、五至十位审议人进行评阅,审阅人必须是博士生导师,其意见起决定性作用,审议人的意见仅供参考。二、必须补足博士学位课程(具体怎么搞法,我也无数)。以上两点,杭大研招办将正式跟你们联系,我只是先通下气。审阅人和审议人的名单,按规定由我来决定,但我想也争求一下您的意见,请即开一个名单给我,然后由这边发出聘请书。冯蒸的论文是由你们寄?还是寄到杭大再由我们寄给各专家?待我打听清楚了再说。答辩经费可能要比硕士学位多出一倍,具体算法我全然不懂,这将由研招办跟贵校联系。为了冯蒸的答辩,我们这里还要委派一名专职秘书,负责具体事务性工作,因为这些事情如果都由我来干,不但焦头烂额,而且也干不好。按捺不住喜

悦的心情，今天我打了一个电报给您，告以此事，冀与我同乐也。

冯蒸处均此不另。顺颂

教祺

一九八八年

郭在贻顿首

十月八日

附注：

2005 年 10 月 17 日至 21 日，我们汉语史研究中心在杭州玉皇山庄主办“新世纪汉语研究暨浙江语言学研究回顾与前瞻国际高级论坛”（其实就是邀请在外地的浙籍语言学家参加的会议），浙江乡贤、前辈洪成玉先生应邀光临杭州参会，洪先生带给我 7 封郭在贻老师写给他的信，这些信《郭在贻文集》未收，我答应洪先生会刊登出来。后来因我习惯不好，乱放东西，这批信件不知放在哪里了。去年底，偶然找到，遂交《汉语史学报》发排。洪成玉先生（1928—2021），浙江桐庐人，首都师范大学文学院教授。著有《古汉语同义词辩析》《词义分析和语法分析》《古今字概说》《论词的本义》等论著，主编《古代汉语教程》。这 7 封信的写作时间，从 1987 年岁末，到 1988 年 10 月，主要是围绕着洪成玉先生高足冯蒸老师向当时的杭州大学申请博士学位的相关事宜，体现了洪先生爱护弟子、郭先生不拘一格奖掖人才的博大胸襟。

方一新　附记

2023 年 12 月 1 日

新发现郭在贻先生信札四通*

尤 澳 杨祖荣

内容提要 从拍卖网站上辑得郭在贻先生致周雷、潘仁山、姜新茂、张道贵信札合计四封，本文对信札内容进行释读，并钩沉其中涉及的学术信息，丰富有关郭在贻先生著述、生活等史料。从中也可以展现出郭在贻先生治学的纯朴品质，继承了浙江大学老一辈学者专注学术、脚踏实地的时代学风。

关键词 郭在贻 信札 拍卖

郭在贻(1939—1989)，20世纪著名的语言文字学家、敦煌学家，曾为中国语言学会理事、中国敦煌吐鲁番学会理事、中国训诂学会副会长。关于郭在贻先生著作出版情况，陈东辉的《浙大汉语史研究中心整理出版本校前辈学者论著述要——兼论学术界的相关研究及评介》已作介绍，在此不加赘述。郭在贻先生与友人来往的信札主要收在《郭在贻文集》(下称《文集》)第四卷中，《函札存稿》收入他写给70人248封，《友朋函札选录》辑入他人致郭氏来信192通。但是《文集》也存在漏收的情况，如《〈郭在贻文集〉未收往来书信选录》补充了致许嘉璐、郭连贻书信各一封，殷孟伦、沙孟海函各一通，在郭在贻旧居存了很多书札未得到整理出版。近日，浙江古籍出版社出版了《郭连贻郭在贻信札合集》(2021.3，下称《合集》)，该书收录郭在贻致郭连贻信札51通，郭连贻致他人信札42通，每封信札均原件影印，配有释录，书后附《郭连贻先生传略》《郭在贻教授传略》，这为我们了解郭在贻个人心路历程和治学之路，以及先生的相关著述出版情况提供了更为丰富的文献材料①。

笔者一直关注郭在贻先生信札留存和整理情况，近日，在相关拍卖网站上发现四通郭在贻先生致他人信札(致周雷、潘仁山、姜新茂、张道贵)，这四封信札未被人著录和作释读。以现有图版来说，第一封信札部分活页因为折叠有所遮挡，后三封清晰可见，今试对这四封信札进行考证与研究。限于学力，错谬难免，尚祈读者君子雅正。

一 致周雷

第一封见广东崇正拍卖有限公司的2015春季拍卖会“古逸清芬·信札、古籍、善本”专场上，LOT号:1079。这是一组信札，包括了李硕之、郭在贻、程代熙、吴恩裕致周雷四封，最

* 论文撰写过程中，匿审专家以及二位友生吴丽莎、段琪辉同学给了许多意见，特此感谢！谨以此文，祝贺浙江大学古籍研究所成立四十周年！

① 笔者曾经利用这些信札对郭在贻先生的第一部著作《训诂丛稿》的出版情况做了梳理，对《训诂丛稿》的出版缘起、出版过程等做了史料钩沉，发现此书出版过程充满曲折，不算顺利。见《郭在贻〈训诂丛稿〉出版始末——以信札为中心》(未刊稿)。

后以 RMB5750 元成交。此封信札具体文字内容拍卖图版多有遮挡(如图 1),但仍有部分可以释读。

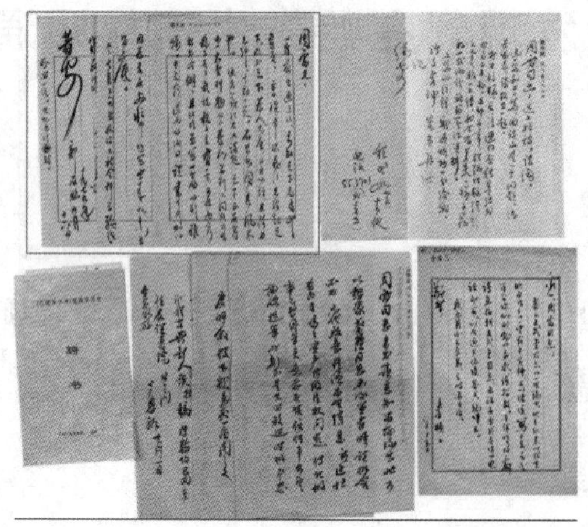

图 1 广东崇正拍卖一组信札图(包含郭在贻致周雷一封,见框内)

信札内容考释为:

周雷兄:

一年前曾通过信,未知足下尚有印象否?平日经常跟义江兄谈起足下,颇知足下为人忠厚,事业心强,且精力充沛,干劲十足,不禁想闻其风采也。近者义江兄又谈起足下正在筹办一大型刊物曰《燕山学刊》,问我可有稿子否?我说稿子是有一些,可惜内容都太冷僻,且让我另写一篇以副雅嘱。于是乃退而将旧日读书卡片加以……因为是在匆忙中赶写出来的,未曾留底。又,七月上旬投给《社会科学战线》……(死)罪死罪。

著安,郭在贻。一九七九年九月十六日。

盼回一信,地址见信封。

1978 年吉林省社科院主办《社会科学战线》创刊,周雷(1937—2019)时任编辑部副主任。周雷,原名周程武,浙江诸暨人,除了任《社会科学战线》编辑部副主任,也是"红学"研究大家,为 1987 版《红楼梦》编剧组组长。郭在贻先生与《社会科学战线》的交集可以追溯到 1978 年第 3 期在上面发表的《〈说文段注〉与汉语词汇研究》一文,信中提及的一年前通过信,估计也是关于此文发表相关事宜。信中所说 1979 年 7 月上旬投给《社会科学战线》的文章由于信札被遮挡无法知晓,但是根据《郭在贻先生著作目录》可以知道,1978 年后在《社会科学战线》发表的有《也谈"莫须有"》(1980 年第 1 期)、《俗语词研究与古籍整理》(1983 年第 4 期)。又因为此信写作时间是 1979 年 9 月,故当时向编辑周雷询问审稿意见的文章很有可能是《也谈"莫须有"》,信末期盼周雷有回信。当然,也可以看到此文在隔年也旋即发表了。

而信中提到的义江兄则指的是蔡义江(1934—),其于 1954 年从杭州大学(今并入浙江大学)毕业,旋即留校,1978 年借调入京筹创《红楼梦学刊》,是当代著名的红学家。当时蔡义江与郭在贻同在杭州大学任教,所以郭在贻和蔡义江有互相交流的机会。而蔡义江与周雷同研究《红楼梦》,一同还参与了《红楼梦学刊》的创刊,故二人也有所联系往来。信中还提及周雷筹办的《燕山学刊》似乎没有正式发行,故郭在贻投送的稿件也没有在《燕山学刊》正式刊出。此信可以反映郭在贻等老一辈学者的学风扎实严谨,旧日读书多有思考,随之用卡片记录,待到积累一定数量之后,就可以整理成短小精悍的札记类的文章发表,虽小亦可见其功力之深厚与视野之广阔。

二　致潘仁山

此封信札见于北京雍和嘉诚拍卖有限公司的2015年春季大众艺术品拍卖会“小雅观心——藏名家手札、手稿作品”专场，LOT号：1767，最后以RMB575元成交。信札图如图2：

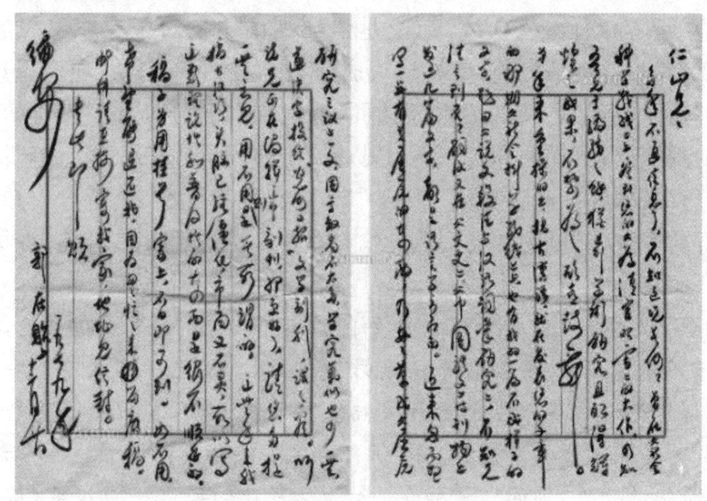

图2　郭在贻致潘仁山信札一通

根据信札，内容释读为：

仁山兄：

多年不通信息了，不知近况如何？曾在《社会科学战线》上看到您的《为清官昭雪》的大作，乃知吾兄于编务之余，犹进行学术研究，且取得辉煌之成果，不禁为之欣喜鼓舞。

弟年来重操旧业，搞古汉语，就在发表您的文章的那期《社会科学战线》上，也有我的一篇不成样子的文字，题曰《〈说文段注〉与汉语词汇研究》，不知兄注意到否？嗣后又在《文史》《中国语文》等刊物上发过几篇文字，都是语言学方面的。近来忽而想写一点有关屈原的东西，乃匆匆草成《屈原研究三议》一文，因字数尚不太多，学究气似也少一些，遂决定投给《光明日报》文学副刊试试看。听说兄正在编辑这个副刊，那更好了，请您多提一些意见，用不用则是无所谓的。这些年来我搞古汉语，头脑已经僵化，市面又不灵，所以写这类理论性和普及性的东西是很不顺手的。

稿子另用挂号寄上，不日即可到。如不用，希望能退还我，因为匆匆忙忙未留底稿。邮件请直接寄给我家，地址见信封。

专此即颂

编安

郭在贻上　一九七九年十二月廿日

此信写于1979年，郭在贻此时在杭州大学工作。潘仁山（1928—2015），著名的文艺评论家，笔名岩波，浙江浦江县人，1960年毕业后分配至《光明日报》社文艺部任文艺理论编辑，1978年在《社会科学战线》第3期发表《为清官昭雪》理论文章，即郭在贻先生在信中提到的。又，郭在贻先生还提起自己在同期《社会科学战线》上发表的《〈说文段注〉与汉语词汇研究》，此文在《郭在贻教授论著目录》中的系年无误。郭在贻在信中所说的"嗣后又在《文史》《中国语文》等刊物上发过几篇文字"即发表《〈说文段注〉与汉语词汇研究》到写信这期间陆续发表的文章，见刊于《中国语文》上指的是《古代汉语词义札记》(《中国语文》1979年第2期)，《文史》上的则是《〈楚辞〉解诂》(《文史》第6辑，1979年6月)，当然除了这几篇还有在《杭大学报》《语文战线》上发表的。

郭在贻先生对于楚辞有深入研究，无论是语词训诂还是对于屈原思想的探讨，多有建树。在1979年12月写这封信之前，就早已写成《论屈原》①一文，从"屈原思想的阶级实质、屈原思想同先秦各哲学流派之间的关系、屈原的爱国和忠君、屈原同人民群众的关系问题"等方面研究屈原，那么这篇《屈原研究三议》又是关于屈原的哪三议呢？笔者翻检郭在贻高足张涌泉先生编著的《郭在贻教授论著目录》中却没有发现此文，笔者今仅在周明初先生的《郭在贻先生楚辞研究述评》见到作者提到此文，并注明是"未刊稿"，今将《屈原研究三议》主要内容转引如下：

> 该文反思了30年来屈原研究方面存在的三个弊端：一是架空立论，二是被古人牵着鼻子走，三是硬拉关系、硬拍娘家。如第一个弊端，该文说："在有关中国古代史的分期问题未取得定论以及屈原生平资料极端缺乏的情况下，就冒然采用郭沫若同志的古史分期说，认为屈原时代的楚国存在着新兴地主阶级和没落的奴隶主贵族的斗争，屈原是新兴地主阶级的代表，因而是进步的，云云。可是如果进一步追究，假如不用郭老的古史分期说，而采用另外的说法，则屈原时代楚国的阶级划分和阶级斗争形势又将怎样呢？屈原又是代表什么阶级或阶层了呢？对屈原的进步性又当怎样加以说明呢？这一来，则屈原代表新兴地主阶级的说法便将如同沙上之塔，不能不轰然倒塌了。

可见这篇《屈原研究三议》和之前的《论屈原》是不同的，不再是单纯地论述屈原，而是具有反思重构性质的，是对屈原研究的进一步思考和深化，更具有思辨性。根据《郭在贻教授论著目录》的著录和《郭在贻先生楚辞研究述评》提及情况，郭在贻先生的此文并没有得到发表，或许潘仁山认为此文不便在《光明日报》文艺副刊见载。据郭在贻先生在信中提到的"如不用，希望能退还我"之语推测，此底稿仍然在世并未丢失。今《郭在贻教授论著目录》应该补入这一文章，以丰富先生的著述情况，更可睹见先生学术之渊博。另一方面也希望底稿持有者能够早日公布，将先生此文加以整理发表，以告慰先生在天之灵。

最后，提一下郭在贻在此信末尾说的"如不用，希望能退还我，因为匆匆忙忙未留底稿"。学者之间的信札，是一份珍贵的纪念凭证，有的甚至还是学术写作手稿，那么对作者来说意义更重要了。如胡适先生在给友人写信时，最后经常交待要将写去的信札原稿寄回，这样我们才可以一览胡适秘藏的大量书信稿件。郭在贻先生也会注重这些稿件的收集，如在1980年9月2日给兄郭连贻的信中曾说："附上友人裘锡圭君的信一封，看后务必寄回，还有殷孟伦教授、朱季海先生、沙孟海先生三位的信，不知你还保存着否？如找出，请一道寄来，我想

① 《杭州大学学报》1978年第3期。1979年3月13日，郭在贻写给郁贤皓的信中就说到"顷在《杭大学报》所发表之《论屈原》一文，乃十五年前旧作，稚子声口，无甚高论，看来只能作为自己前进路上的印痕，而不中高明者一哂也"(《文集》236页)。可见此文早就写成。

编一个书信集子(现已有五十几封专家的来信,里面对拙作颇多誉扬之词,但这些我并不想让我的上司们知道,此之谓书生之傲气也)。”(《文集》103页)可见郭在贻早已收集数封相关信札,并想将其结集。再如已经发表的杂志期刊原件,他一般会珍藏下来,待日后需要评职称和出书的时候,便可拿出来。如郭在贻先生出版《训诂丛稿》的时候,在上海古籍出版社答应可以出版之后,郭氏急切地给远在家的哥哥郭连贻写了一封信,希望兄长能够将之前发表过寄回家的稿子整理后寄回。

> ……为出论文集,我分别给四处出版社去信商洽,现已得距最近之上海古籍出版社信,说愿意出,但要我先将原稿整理一份去看一看,我只好先把手头仅有的一份寄去。但系里有可能给我破一下“格”,即提升副教授……手头无货,交什么?所以请你尽快将我历次寄你的文章搜集齐全(已借出的务必索回,不须客气),如能剪贴整理成一本最好,如不能,将原杂志全数寄来亦可,用牛皮纸包装,挂号。十万火急,安全第一。估计北京中华书局也可能答应为我出集子,到那时我就将稿子寄送两处,然后择善而从,这是大事,所以请你务必大力帮忙。(1980.8.24,《文集》101页)

郭在贻每次有即将发表的文章,会告知郭连贻。有新发表的文章,会将发表的刊物寄回家给兄长郭连贻一份,这在《合集》中多次提到。如在此信之前,告知或寄送给郭连贻的有:

1974.5.28寄《杭大学报》中的《论红楼梦》;《语文战线》中的《荀子的天论》。(7)(表示《合集》中51通中的第7通)

1974.10.13告知将有《章太炎尊法反儒言论辑注》《古汉语知识漫谈》将要发表。(8)

1975.2.1可知之前曾寄《古汉语知识漫谈》(9)

1978.8.25可知年前寄《杭大学报》一本。五月份将陆续在《杭大学报》发表(16)

1978.12.13告知《楚辞解诂》《汉语词汇史札记》《说文段注方法论》《论衡字义札记》《汉书字义札记》将要发表,《论屈原》不久寄上。(17)

1979.8.20告知8.19《光明日报》第三版及《南开大学学报》有文章发表。(20)

三 致姜新茂

此封信札见于2020年10月10日杭州困学堂画廊书画微拍,第162期。此组信札还收姜亮夫、倪士毅、郑云山、张君川、何嘉荪、郑小明、沈文倬、采壬侯、严德一、周采泉等27通。以上学者都与杭州大学有关,且察信封内容均涉及当时分房事宜,应该是一起作为同类型公文信件流出。信札如图3:

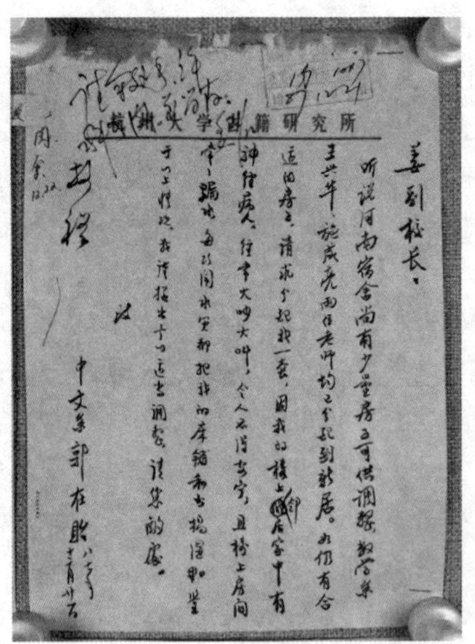

图 3 致姜新茂信札一通

信札内容释读为：

姜副校长：

听说河南宿舍尚有少量房子可供调整，数学系王兴华、施咸亮两位老师均已分配到新居，如仍有合适的房子，请求分配我一套。因我的楼上邻居家中有神经病人，经常大吵大叫，令人不得安宁；且楼上房间常常漏水，每次闹水灾都把我的床铺和书搞湿。鉴于以上情况，我谨提出予以适当调整，请您酌处。

致

敬礼

中文系 郭在贻 八七年十二月廿一日

文中的上款“姜副校长”，据《杭州大学校史(1897—1997)》记录“1993 年 10 月 8 日，浙江省省委任命谢庭藩、金锵、姜新茂为副校长”可知是姜新茂。郭在贻先生于 1989 年去世，此时身体已经抱恙。如在 1986 年 9 月 4 日给王宁信中就说到“我的身体大概不会有彻底好转的希望，加之近来在家庭问题上颇不遂心，我被弄得心力交瘁”(《文集》175 页)。根据信件内容，郭在贻所住的环境不算太好，楼上常吵闹，这势必影响休息，不利于病情调养。此外，房间质量也堪忧，存在漏水情况。郭在贻宿舍中必定存有颇多书籍，漏水情况将影响书籍寿命，这也可以看出郭在贻先生嗜书如命，是一个非常爱书之人。

四 致张道贵

此封信札见于 2016 年 6 月布衣书局有底拍第 38 期“大百科及黄埔同学会手迹专场”。信札图如图 4：

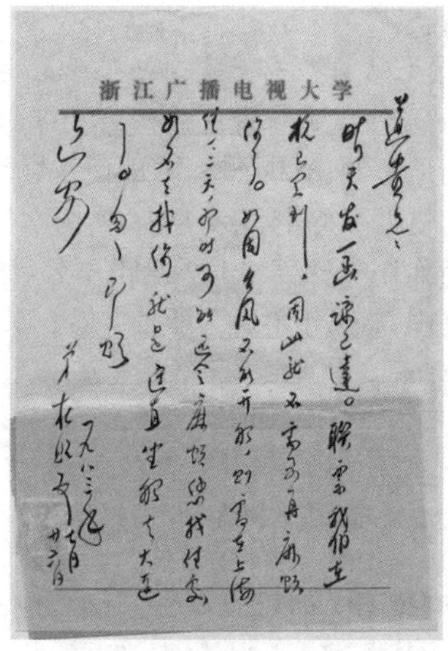
浙江广播电视大学

图 4　郭在贻致张道贵信札一通

此信札备注:毛笔·1 通 1 叶带封·著名学者·《中国大百科全书·中国文学卷》编纂往来存札,可知此信札与大百科全书的编纂有关。

根据信札,内容释读为:

道贵兄:

昨天发一函,谅已达。联票我们在杭已买到,因此就不需要再麻烦你了。如因台风不能开船,则需在上海住一二天,那时可能还会麻烦您找住处。如不去找你,就是径直坐船去大连了。匆匆,即颂

近安

弟在贻顿首　一九八三年七月廿六日

首先,张道贵是中国大百科全书出版社上海分社的工作人员或者是编辑。关于中国大百科全书出版社,在 1978 年,中共中央、国务院批准编辑出版《中国大百科全书》,并成立中国大百科全书出版社负责此项工作,而且决定在具有相当丰沛的编辑、出版与印刷资源的上海市成立中国大百科全书出版社上海分社,承担出版、发行《中国大百科全书》及其他百科全书和知识性读物的工作,可以说上海是《中国大百科全书》出版发行的中心。至 1993 年,《中国大百科全书》(第一版)合计 74 卷全部出版完。在《中国百科年鉴 1981》由邓绍基、张道贵写的"文艺研究"条就有"中国大百科全书出版社出版的《中国大百科全书·中国文学》卷编写工作已经开始进行。全书约 300 万字,分上、下卷"。在同场拍卖场还收有光夷、孙静、姜昆武、吴汝煜、洪湛侯、曹础基、钱仲联、李廷先、顾易生、姜亮夫(2 通)致张道贵的信札,多是有关大百科编辑的事情。根据郭在贻先生的《自订年谱》的记载"1981 年 11 月曾赴上海参加大百科全书编辑会议",这与《中国百科年鉴 1981》中所说的开始时间相吻合。在给其兄郭连贻的家书中也记载:"十一月下旬,我曾到上海审定《大百科全书》先秦文学稿。"(1981. 12. 5,《合集》31)在此时,先生的身体状况已经不算太好,1982 年元旦写给陈增杰的信中就说:"弟近来境遇殊不佳:十一月在上海修订大百科稿,曾因过劳而昏厥一次,回杭不慎而摔断了大腿骨。"(《文集》96 页)那么信中所说的大连之行又是怎么回事呢?《自订年谱》中说 1983 年暑假赴大连训诂讲习班讲学,归途中回家探亲,应该就是对应的这件事,当年 5 月的时候在

给兄郭连贻写信就曾说到此事：

> 今年暑假（七—八月份），我可能到大连训诂讲学班去讲学，初步打算带郭昊，一则减轻那祺的负担，再则也好带郭昊回家看看奶奶。（1983.5.13《合集》35）

郭在贻先生一生都在不断地思考、不断地写作，即使在最困难的年代也没有放弃孜孜不倦地求学，治学之风淳朴扎实，惜天妒英才，不幸早逝，实为学界一憾事。罗宗强先生在给傅璇琮先生的《唐诗论学丛稿》所作序中曾言："上天真也不公，浮滑钻营而富贵寿考者往往有之；而勤谨耕耘者，却常常贫寒困顿，英年早逝"，即是学界一叹。

参考文献

[1]陈东辉. 浙大汉语史研究中心整理出版本校前辈学者论著述要——兼论学术界的相关研究及评介[M]//汉语史学报(第十二辑). 上海:上海教育出版社,2012.

[2]蔡义江. 为促进《红楼梦》研究的科学发展作贡献——写在《红楼梦学刊》创刊三十周年之际[M]//追踪石头 2 蔡义江论红楼梦. 杭州:浙江文艺出版社，2014.

[3]傅璇琮. 唐诗论学丛稿[M]. 北京:京华出版社,1999.

[4]郭在贻. 郭在贻文集[M]. 北京:中华书局,2002.

[5]郭宪玉. 郭连贻郭在贻信札合集[M]. 杭州:浙江古籍出版社,2021.

[6]郭在贻.《郭在贻文集》未收往来书信选录[M]//汉语史学报(第九辑). 上海:上海教育出版社,2010.

[7]杭州大学校史编辑委员会编. 杭州大学校史 1897—1997[M]. 1997.

[8]李浴洋. "旻庵先生旧居"所藏郭在贻先生遗墨述略[M]//汉语史学报(第九辑). 上海:上海教育出版社,2010.

[9]周明初. 郭在贻先生楚辞研究述评[M]//中国屈原学会. 中国楚辞学(第十四辑):2007 年浙江杭州屈原及楚辞学国际学术研讨会论文集. 北京:学苑出版社,2011.

[10]《中国百科年鉴》编辑部. 中国百科年鉴 1981[M]. 北京:中国大百科全书出版社,1981.

Four Newly Discovered Letters from Guo Zaiyi

You Ao　Yang Zurong

Abstract: In this paper, four letters from Guo Zaiyi to Zhou Lei, Pan Renshan, Jiang Xinmao and Zhang Daogui were collected from the auction, and the contents of the letters were interpreted, and the academic information involved in them was collected to enrich the historical materials about Guo Zaiyi's writings and life. It can also show Guo Zaiyi's simple academic quality, and inherit the academic style of the older generation of scholars in Zhejiang University, focusing on academics and down-to-earth.

Key words: Guo Zaiyi, Letters, Auction

通信地址：
尤澳，四川省成都市四川大学中国俗文化研究所
邮　　编：610207
E-mail：1850415348@qq.com
杨祖荣，福建省福州市福建师范大学（仓山校区）文学院
邮　　编：350007
E-mail：yzr_pku@163.com

编者的话

现在大家看到的是我们学报的第二十九辑，本辑的编辑、校对已近尾声，照例要写几句编者的话。

在这一辑里，既有徐丹、周志锋、曾良等几位名家大咖的文章，也有张文国、刘文正、郑伟等知名学者的力作，当然，更多的则是年轻学子的文章。

对语法、语音（音韵）等我是外行，不能评价，仅就本辑刊发的词汇训诂方面的文章，略为评介一二，以窥豹一斑。

曾良教授《古籍俗写的音义及词义梳理》一文，共3条，都很见功力。其中如第2条辩“萧郎”“萧娘”的来源，认为它们并非来自“姓萧的男子”或“姓萧的女子”，而是来自箫子弄玉的典故，简称“萧郎”“萧娘”，分指心仪的俊男美女，“萧”同“箫”，纠正了《汉语大词典》等的疏误，令人信服。

再如，两篇读书札记类文章，也很有意思，各有创获。在早期道教文献中，有“青牛薄板车”，也作“薄笨车”，田启涛考证“薄板车”“薄笨车”即“薄畚车”，“板”“笨”均通“畚”，指一种以蒲苇等编织的帘席为车篷的车子，纠正了辞书的疏误。吴语、徽语多称针线筐为“帻箜（篮）”，此词清范寅《越谚》已有收录。“帻”，又作“綵”，指绩好的苎麻线，时贤已有考释。黄沚青释“帻箜（篮）”之“箜”的本字为“簦”，也即元代王祯《农书》卷二六“农器图谱”所收的“绩簦”，是“盛麻绩器”，指竹篮。两篇文章都能列举实证，考溯源流，较有说服力。

本辑的“研究生论坛”共收有6位年轻的研究生（主要是博士生）文章，这些文章大多篇幅不长，要言不烦，论述、考订一事、一词，都能有根有据，不为凿空之言，给人不少启发。例如，《郭店简·唐虞之道》有“大明不出，万物皆訇”一句，关于“訇”字，解者纷如。孙兴金《郭店简〈唐虞之道〉“訇”字诸解平议及新释》释《唐虞之道》“大明不出，万物皆訇”之“訇”为“訡”，“訡”即“吟”之异写，本义是闭口，《史记·淮阴侯列传》：“虽有舜、禹之智，吟而不言，不如瘖聋之指麾也。”引申有闭藏义；“大明不出，万物皆訇”谓“太阳不出，万物都闭藏不生”。这样，文意就怡然理顺了。又如，从《庄子》“每下愈况”到后来的“每况愈下”，已有多位学者讨论过。戴佳文梳理诸说，指出其间经过两次误读：从《庄子》“每下愈况（滋、甚）”先到北宋“每况（比照）愈下$_1$”，再到两宋之交“每况（情况）愈下$_2$”，才形成今义。再如，清人叶昌炽《语石》卷二引唐五代蜀地《罗汉寺碑》有“后有外人侵夺者，愿此生来生常受百牛之大疾”，《王董龛报国院记》有“行藏不吉，染患百牛”等语句，学者不详其义，吴慧欣《唐五代碑刻所见“百牛”词义考》认为“百牛”可能出自《论语》“伯牛有疾”，结合《论语》邢昺疏引《淮南子》“伯牛癞”，今《淮南子·精神》“冉伯牛为厉”等记载，认为“伯牛之疾”就是癞疾（一种恶疮），“百”“伯”古常通作，所释可信。

此外，论坛里袁也对“准联绵词”理据的探求（见《探寻“准联绵词”理据的一种方式——

以“婵娟”及相关词语的考源为例》),张永惠对两种唐代墓志典故词语“异形同源”和“同形异源”词语的举例揭示(见《异形同源和同形异源——两种值得注意的唐代墓志典故词语例释》),丁爱玲对吐鲁番文书中肯定语气词“在”的考求(见《吐鲁番出土唐代书信中的肯定语气词“在”》)等,也都能结合实例,予以阐明揭示,给人不少启迪。

总体上看,本辑所收各篇或论,或考,大抵能从语言事实出发,论证一种现象,一个问题,从不同角度提出新见,各擅胜场。

感谢各位作者的赐稿,感谢各位匿名审稿专家的把关,也感谢编辑部王诚老师、刘芳博士认真负责、勤勤恳恳的编校工作。

本辑执行主编 方一新

2023 年 11 月 15 日

图书在版编目（CIP）数据

汉语史学报. 第二十九辑 / 王云路主编. — 上海：上海教育出版社，2023.12
ISBN 978-7-5720-2295-1

Ⅰ. ①汉… Ⅱ. ①王… Ⅲ. ①汉语史－丛刊 Ⅳ. ①H1-09

中国国家版本馆CIP数据核字(2023)第227511号

责任编辑　殷　可　徐川山
特约审读　王瑞祥
封面设计　陆　弦
编　　务　王　诚　刘　芳

汉语史学报　第二十九辑
王云路　主编

出版发行　上海教育出版社有限公司
官　　网　www.seph.com.cn
地　　址　上海市闵行区号景路159弄C座
邮　　编　201101
印　　刷　上海叶大印务发展有限公司
开　　本　787 × 1092　1/16　印张 16.75　插页 2
字　　数　400 千字
版　　次　2023年12月第1版
印　　次　2023年12月第1次印刷
书　　号　ISBN 978-7-5720-2295-1/H·0076
定　　价　98.00 元

如发现质量问题，读者可向本社调换　电话：021-64373213